행복한 삶의 지혜를 찾는

생활 속의 사주명리 上

행복한 삶의 지혜를 찾는 생활 속의 사주명리 上

초판 1쇄 인쇄   2014년 06월 13일
초판 1쇄 발행   2014년 06월 20일

지은이   배 창 희
펴낸이   손 형 국
펴낸곳   (주)북랩
편집인   선일영   편집   이소현, 이윤채, 조민수
디자인   이현수, 신혜림, 김루리   제작   박기성, 황동현, 구성우
마케팅   김회란
출판등록   2004. 12. 1(제2012-000051호)
주소   서울시 금천구 가산디지털 1로 168, 우림라이온스밸리 B동 B113, 114호
홈페이지   www.book.co.kr
전화번호   (02)2026-5777   팩스   (02)2026-5747

ISBN   979-11-5585-249-1 14150(종이책)   979-11-5585-250-7 15150(전자책)
          979-11-5585-255-2 14150(SET)

이 도서의 국립중앙도서관 출판예정도서목록(CIP)은 서지정보유통지원시스템 홈페이지(http://seoji.nl.go.kr)와
국가자료공동목록시스템(http://www.nl.go.kr/kolisnet)에서 이용하실 수 있습니다.
(CIP제어번호 : 2014018074)

행복한 삶의 지혜를 찾는

생활 속의
사주명리 上

배창희 지음

book Lab

　많은 사람들이 자신의 운명運命에 대한 관심과 호기심이 많지만 배우기가 어렵고 힘든 것으로 알거나, 또는 단순한 점술占術이나 미신迷信으로 호도糊塗하거나 사술邪術로 여기는 경우도 많다.

　이에 동양사상과 철학의 진수眞髓인 명리命理의 참 가치와 의미를 온전하게 파악하여, 원리와 개념을 정립하고 개개인이 정신과 물질의 조화를 이루어 행복한 삶을 추구하는 방안을 찾고, 제 자신의 몸과 마음의 수양을 위해 부족한 필력이지만 6년여의 시간동안 혼신의 힘을 쏟아 책으로 만들어보았다.

　운명철학運命哲學의 근본이 되는 역학易學은 결코 요행僥倖을 바라는 주술呪術이나 귀신鬼神의 말도 아니고, 혹세무민惑世誣民하는 미신迷信이나 종교도 더더욱 아니다.

　오직 수천 년 동안 음수陰數와 양수陽數, 십진법과 십이진법을 대표하는 수리학數理學이며, 자연과 환경의 변화에 대처하는 방안을 제시하는 과학이면서 개개인의 발전과 성공을 돕는 인문학이라고 할 수 있다.

　역경易經 중에서도 명리의 원리原理와 개념槪念은 개개인의 삶의 가치價値와 희망希望을 찾고, 스스로 사랑하고 존경하면서 주변사람과 조화調和를 이루는 방안을 제시한다.

　명리학命理學은 변하지 않는 타고난 명命과 시간에 따라 변하는 운기運氣를 분석하여 좋은 기회와 시기를 파악하고, 좌절의 시기에 용기와 희망을 찾는 인생의 십진법이며 미래예측의 학문이라고 할 수 있다.

나아가 인생의 좌표를 설정하는데 도움을 주는 지혜로운 처세술處世術이며 실용학문實用學問이다.

근본적으로 명리는 천지인天地人의 조화와 균형을 추구하여 사람들이 지구상에서 함께 행복하게 살아갈 수 있는 정신과 물질의 조화를 찾아 지혜롭게 처신處身하는 방법을 찾는 학문이면서 사상이라고 할 수 있다.

인간이 공동체를 구성하여 대립對立하는 가운데 공존하는 지혜智慧를 익히고, 자연의 변화와 시간과 공간의 변화에 슬기롭게 적응하여 조화와 균형을 이루면서 현재와 미래를 행복하게 살아가는 지혜로운 방법을 예측豫測하고 사전에 대비하는 마음가짐과 행동의 방법을 제시하는 실용학문이라고 할 수 있다.

명리는 기독교나 불교 유교 또는 이슬람교나 천주교 등 모든 종교를 부정하거나 거부하는 것이 아니며, 새로운 미신이나 우상을 만드는 것은 더더욱 아니다. 단지 개개인이 지혜롭게 살면서 풍요로운 삶을 누리는 방안을 끊임없이 추구하는 생활 속의 철학哲學과 사상이면서 보편적인 처세술이라고 할 수 있다.

자신과 조화를 이룰 수 있는 인간관계와 생활방식을 찾고, 좁게는 자신의 타고난 본성이나 적성을 파악하여 실생활에 적극적으로 활용할 수 있다. 또한, 정신精神과 육체肉體의 조화와 균형을 찾아 건강하게 성공과 행복을 추구하고, 타고난 그릇에 맞는 삶을 살면서 자신이 속한 가정과 사회를 조화롭게 만들 수 있다.

누구나 한 평생을 살아가면서 경험하는 성공成功과 실패失敗, 기쁨과 슬픔은 단지 그 시기와 공간에 처한 삶의 부분적인 과정일 뿐이므로 좌절하거나 두려워할 이유도 없다.

천하의 영웅호걸英雄豪傑이나 절세미인絶世美人도 달이 차면 기울듯이 밝음과 어둠을 경험할 수밖에 없고, 또한 정상頂上에 오른 사람도 때가 되면 반드시 내려올 수밖에 없다.

잃는 것과 얻는 것, 삶과 죽음이 모두 자연의 섭리攝理라고 생각하고 담대하게 받아들이면서 단지 스스로 처한 공간空間과 시기時期를 알고 나아가거나 기다리거나 물러설 때와 장소를 사전에 예측하고 지혜롭게 행동하면 된다.

여기서는 실사구시實事求是의 실용학문인 명리의 기본 원리와 개념을 누구나 쉽게 익혀 개개인의 삶의 방향과 좌표를 설정하는데 활용하고, 나아가 동양의 정신문화와 서양의 물질문명이 서로 조화를 이뤄 누구나 참된 행복과 건강을 누릴 수 있는 방안을 제시하였다. 또한 타고난 개개인의 적성適性과 천성天性에 적합한 학과나 진로를 선택하여 자신을 사랑하고 존경하면서 한 평생을 주변 사람과 더불어 건강하고 행복하게 살아갈 수 있는 방안을 찾아보았다.

마지막으로 이 책은 3권으로 나누어 억지로 암기하기보다는 읽으면서 내용을 저절로 깊이를 더하면서 이해할 수 있도록 반복적 · 점진적으로 서술하였으며, 필요한 부분만 골라 읽어볼 수 있도록 항목을 세부적으로 분류하였다.

　1권은 4장으로 구성되고 명리의 기본이 되는 음양과 오행의 원리와 개념을 바탕으로 사주를 작성하고 기본적인 판단을 하는 방법을 설명하였다.

　2권은 3장으로 구성되고 명命과 운運의 흐름에 따라 실생활에 활용하는 방법과 용신과 격을 판단하는 구체적인 방법을 제시하고, 3권은 2장으로 구성하여 오행과 음양으로 분별한 십성을 구체적으로 분석하여 개개인이 실생활에서 상황에 따라 대응하고 활용하는 방안을 제시하였다.

　이 책이 서양의 탈무드와 같은 지혜의 반려자가 되어 확고한 인생의 가치관을 정립하고 실생활에 적극적으로 활용하여 자신만의 행복과 보람된 삶을 만드는 밑알이 되고, 나아가 명리학을 독학獨學하는 분이나 체계적으로 공부하는 분들과 전문적인 상담을 하는 분들에게도 훌륭한 지침이 되기를 간절히 염원한다. 또한 사업을 하는 분이나 기업의 관리자는 인력의 효율적인 관리나 적재적소의 배치에 활용하여 큰 도움이 되기를 바란다.

2014. 6. 仁谷 命理 學堂에서 裵 晋 隨 昌熙.

동양철학의 근원이 되는 음양陰陽과 오행五行은 무엇인가?

음양은 하늘과 땅에서 나타나는 모든 현상을 서로 다른 의미를 지닌 음과 양의 기운으로 분리하고 다양하게 표현하여 지혜롭게 일상생활에 활용할 수 있게 글과 형상으로 표현한 것이라고 할 수 있다.

예를 들면 밤과 어둠을 상징하는 달(月, 陰)과 낮과 밝음을 상징하는 태양(日, 陽)을 음양이라고 하며, 남자와 여자, 안과 밖, 물과 불, 정신과 육체, 음수와 양수, 강건함과 부드러움 등등으로 다양하게 분류하여 사람들이 인식하고 실생활에 적절하게 활용할 수 있다.

오행은 우주의 기운과 구성 물질을 5가지의 기본요소로 표현하여 제반 현상을 이해하고 실생활에 유용하게 활용할 수 있는 것을 말한다.

즉, 우주와 자연의 구성 요소를 나무木와 열기와 온기를 제공하는 불火과 생명체가 존립하게 하는 대지土와 형체를 유지하게 하는 단단한 광물질金과 생명의 원천이 되는 물水을 오행五行이라고 한다.

달리 표현하면, 일日, 월月, 목木, 화火, 토土, 금金, 수水의 일곱 글자가 바로 동양사상과 운명철학의 근간인 음양陰陽과 오행五行이며 합쳐서 음양오행陰陽五行이라고 한다.

명리의 기본원리가 바로 陰陽과 五行이며, 음양과 오행으로 구성된 한 주일은 성경에서 말하는 천지창조의 완성과 조화를 의미할 수 있다.

오행에 해당하는 일주일 중의 火, 水, 木, 金, 土 5일을 본인의 사주와 기운의 흐름에 상관없이 효율적으로 활용할 수 있으면, 정신과 육체가 건강할 수 있고 일의 능률성能率性이나 수익성收益性도 더욱 향상될 수 있다.

나아가 음양에 해당하는 日요일과 月요일을 포함한 일주일을 지혜롭게 활용할 수 있는 사람은 자신이 원하는 목표나 꿈을 이룰 수 있고, 스스로를 존중하고 사랑하면서 자신에게 늘 감사하는 마음을 지니고 살아갈 수 있다. 또한 대자연의 무한한 혜택에 감사하고 가족과 주변사람들에게 배려와 사랑으로 넉넉하고 여유로운 마음으로 살아갈 수 있다.

음양과 오행의 조화와 균형의 원리는 우리나라를 비롯하여 중국이나 일본 그리고 일부 동남아 국가의 정신적 · 문화적인 바탕이 되었고 현재도 건축이나 실내장식 건강관리 등에 실질적으로 활용하고 있다.
나아가 타고난 운명을 직시直視하고 적극적으로 직업이나 진로의 결정에 활용하고, 정신과 물질의 조화를 추구하여 자신만의 삶의 가치와 행복을 실현하는 방안으로 활용하고 있다.
이 밖에도 작명을 비롯하여 대인관계나 자신에게 적합한 음식과 방향과 장소 등에 다양하게 활용하여 지혜롭게 현실생활에 응용할 수 있고, 많은 분야에서 상식과 판단의 기준으로 활용할 수 있다.
1권에서는 음양과 오행, 개별 천간과 지지의 의미를 파악하여 실생활에서의 활용방안을 제시하고, 사주의 기본적인 용어와 강약을 분석하여 적합한 대응방안을 제시하였다.
억지로 읽기보다는 자신의 정신과 육체를 편안하게 하고 교양을 쌓고 휴식을 취하는 마음으로 음양과 오행의 이치를 이해하는 것이 도움이 될 수 있다. 이러한 과정을 통하여 익힌 지혜를 자신의 처지와 환경을 개선하는 방법으로 활용하면 마음과 육체의 수양에도 도움이 되고 건강에도 도움이 될 수 있다. 더불어 행복과 존엄을 추구하는데도 많은 도움이 될 수 있다.

第 1 章 역학易學과 음양오행陰陽五行

第 2 章 천간天干과 지지地支

第 3 章 명리학命理學의 기본원리

第 4 章 오행五行과 일간日干의 강약 분석

第 9 章 기본적인 간지干支의 신살神殺

역학(易學)과 음양오행(陰陽五行)

1. 역학易學

1) 역易의 개념概念

역易의 기본 개념은 만물은 시간과 공간에 따라 바뀌고 변하는 것을 의미하고, 이러한 바뀌고 변하는 원리와 이치를 정립한 것이 역학易學이라고 할 수 있다.

역이라는 글자의 유래는 다양하지만 대표적으로 도마뱀이나 거북의 형상을 보고 만든 상형문자象形文字라고 하며, 때로는 도마뱀의 머리모양을 본떠서 일日을 만들고 발모양을 본떠서 월月을 만들어 역易이라고 하였다고도 한다.

도마뱀은 나무에 올라가면 나무의 색상으로 바뀌고, 땅에서는 흙색으로 변하며, 갈색이 많으면 갈색으로 변한다. 즉 자신의 생존과 번식을 위하여 무려 12가지 이상의 다양한 색상으로 몸의 색깔을 변화시키면서 자신을 보호하고 이러한 변화를 통하여 주변 환경과 조화를 이루어 생존의 지혜를 찾는다.

역의 의미는 뜻이나 생각을 바꾸다, 고치다, 바뀌다, 새로워지다, 교환하다, 도마뱀 등으로 사용한다. 기본적으로 태양을 나타내는 일日과 달을 나타내는 월月은 밝음과 어둠을 나타내며 음陰과 양陽으로 표현할 수 있다. 지구는 태양을 중심으로 자전自轉과 공전公轉을 하고, 달은 지구의 가장 가까운 곳에서 지구의 주변을 돌면서 다양한 영향력을 끼친다.

역은 처음에는 개인이나 부족 또는 국가의 길흉吉凶을 판단하는 데 활용되었지만 시대의 흐름에 따라 인류의 미래를 예측하고 대비하는 방법으로 발전하여 의술이나 학문, 정치, 경제, 사회, 문화 등 다양한 분야에 영향을 끼치면서 오늘날까지 지속적으로 발전하였다.

역이 단순한 점을 보는 방법에서 벗어나 철학적인 체계와 사상적인 의미를 지니고 전성기를 이룬 시기는 주周나라시대이며, 오늘날 전해지는 역은 주나라시대에 거의 완성되었으므로 역경易經 또는 주역周易이라고 한다.

특히 공자孔子와 그의 제자들이 이러한 역의 원리를 십익十翼으로 설명하여 이론적인 정립과 철학으로서 확립하였다고 한다. 또한 많은 사람들에게 쉽게 역을 익혀 생활 속의 고난과 어려움을 이겨나가는 방법으로 활용할 수 있다는 의미로 글자의 의미에 쉬울 이易를 추가하였다고 한다.

이러한 역경易經의 원리는 개인이나 국가의 역경逆境과 좌절을 극복하는 방안과 전화위복轉禍爲福의 도道가 되었다.

진시황의 시기에 분서갱유焚書坑儒가 발생하였을 때 수많은 서적들이 불태워졌지만 역서易書만 불태워지지 않고 온전하게 남았던 것은 단지 점占을 보는 책, 즉 사상이나 철학보다는 일반인들이 단지 농사나 일상생활에 활용하는 실용서적으로 판단했거나, 또는 역서를 쓴 사람들의 뛰어난 선견지명先見之明이라고도 할 수 있다. 왜냐하면 기득권자나 권력을 가지고 지배하는 자는 시대정신의 변화를 유도하는 사상이나 철학 또는 변화나 개혁을 좋아하지 않기 때문이며, 동시에 변동이나 저항은 권위나 권력의 불안정을 초래할 수 있고, 동시에 자신들의 지위가 안정된 상태에서 오랫동안 유지하는데 방해나 장애물이 될 수 있기 때문이다.

2) 역易의 활용

역은 우주자연의 변화와 이치를 비롯하여 사물들을 각각의 음양陰陽으로 표시하여 음양에 해당하는 다양한 요소들을 인간사에 적용하여 생산과 농기구의 개발에도 활용하였고, 질병의 치료 방법, 전쟁이나 험난한 상황에서 전략이나 전술을 세우는 방법, 처세술 등으로 활용하였다. 또한 사람의 생生·노老·병老·사死와 희喜·로怒·애哀·락樂과 같은 길흉화복吉凶禍福을 미리 예측하고 방책을 마련하는데 활용되었다.

사람들은 불안하고 불확실한 미래에 대한 대처방안을 자신의 능력으로 판단하거나 결정하기 힘든 경우가 많기 때문에 종교에 의지하거나 토속신앙의 힘을 빌리기도 하고 때로는 점占의 힘을 빌리려고 하는 마음이 나타날 수 있다. 그러므로 역학도 미래의 불확실한 상황에 능동적이고 적극적인 자세로 대처하기 위한 가장 지혜로운 방안을 찾는 역할을 해야 한다.

주역周易 또는 역경易經은 흔히 점을 치는 방법으로 알고 있지만 실제로는 정치, 군사, 경제, 교육, 문화, 천문 등의 다양한 방면에서 개인이나 국가가 활용하는 치세술治世術이면서 처세술處世術로 활용되었다.

즉, 역경은 하늘天이 자신에게 부여한 천시天時와 자신이 기반으로 삼는 땅地과 자신에게 도움이 되는 사람人을 조화시켜서 천하의 대권大權을 쟁취하는데 필요한 판단과 결정을 하는데 도움을 주었고, 개인에게는 어려움을 딛고 일어서는 용기와 희망을 주고 전화위복의 계기를 만들어 주었다.

특히 중국의 춘추전국시대와 한대漢代에 발생한 수많은 전쟁에서 군웅할거群雄割據하던 영웅들이 역의 원리를 병법에 활용하여 요충지를 확보하고 세력을 확장하였으며, 권력을 쟁취한 후에는 백성을 다스리는 방법으로 활용하였다.

국가기관에서는 별도의 관직을 두고 지속적인 연구를 통하여 정치나 경제, 국가의 미래에 대한 예측에 필요한 이론적인 바탕을 만들어 체계적인 학문으로 계승 발전시켰다. 또한 글을 아는 사람들은 주역의 이치와 괘의 상卦象을 통하여 자신의 미래에 대한 예측을 하고, 생활 속의 도의道義를 정립하기도 하였다.

좁게는 개개인의 성공을 위한 방책으로 활용하고, 성공하거나 실패했을 때도 처신과 결단의 방법으로 활용하였다. 즉 새롭게 시작하는 때와 장소를 찾고, 목표를 달성할 수 있는 시기와 공간을 예측하고, 나아가 필요한 사람을 선택하는 방안으로도 활용하였다.

제정祭政분리가 된 이후로는 후세의 사람들이 역을 신성시하여 특히 주周나라에서는 모든 정치와 사상의 근본원리가 되었고, 조선시대에는 주역에 바탕을 둔 유교儒敎를 정치와 학문 나아가 사회생활의 규범規範으로 삼기도 하였다.

유교를 정치이념으로 한 조선시대에는 사대부士大夫집안의 여인들에게 주역을 가르쳐 시집을 가면 시댁의 가문과 남편의 출세에 도움을 주었고, 자녀교육에도 효과적으로 활용하여 문무文武의 방향을 정하고 학문이나 무예를 가르쳤으며, 역의 이치에 따라 벼슬길로 나아갈 시기와 장소를 알고 여유롭게 행동하여 불안해하거나 초조해하지 않았다고 한다. 즉 상수역象數易과 도의역道義易의 원리를 익혀 자신들의 올바른 역할을 하면서 자녀를 양육하였고 가문의 명예를 지키고 발전을 도모하였다고 한다. 또한 이순신장군의 난중일기亂中日記에도 주역을 통한 점을 치고 자신의 처신과 몸가짐을 신중하게 한 경우가 여러 번 나오기도 한다.

역의 이치를 올바르게 파악하여 활용할 수 있으면 사람들의 정신과 물질을 더욱 윤택하고 풍요롭게 하는 활력소가 될 수 있다. 힘들고 어려운 사람에게는 희망의 방책方策을 마련해줄 수 있고, 성공한 사람에게는 성공의 결실結實을 오랫동안 유지할 수 있는 방법을 제시할 수 있으며, 다른 사람의 삶에 대한 참된 조언을 할 수 있다.

역을 행하는 사람들은 정도正道를 행하고 실증實證과 검증檢證의 깊이를 더해야한다. 특히 타인의 운명을 점칠 경우에는 사술詐術이나 사술邪術, 더더욱 혹세무민하여서는 안 된다. 또한 반드시 아는 것만 말하고 알지 못하는 것은 함부로 말하지 말아야한다. 함부로 사람의 명命을 단언하는 것은 말하는 본인이 천벌을 받을 수도 있음을 명심해야 할 것이다. 운명은 시간의 흐름에 따라 변하고 주변의 환경이나 사람에 의해 바뀔 수 있기 때문이다.

역학은 기본적으로 개개인이 스스로 역의 원리와 개념을 익혀 자신과 관련된 일에 대해 망설이고 결정을 하기 어려울 때 최종적인 결정을 하는 방안으로 활용하는 것이다.

이 때, 몸과 마음을 단정하고 평온하게 한 후에 결정할 일에 대해 깊이 생각하였으나 의심스럽거나 판단에 확신이 없을 때 객관적인 입장으로 물러나 점을 쳐서 나온 결과에 따라 미래나 현재의 행동이나 처신의 방법을 정한다. 그런데 역학을 모르면, 역학을 공부한 사람을 찾아서 자신과 관련된 문제를 해결하기 위하여 점을 보게 되고, 그 점의 결과에 따라 본인의 의사와 행동을 결정하고자 하는 것이다.

즉 점의 결과가 좋지 않은 방향으로 나오면 진행하고자 하는 일을 뒤로 미루거나 방법을 달리하여 조심성을 지니고 실행할 수 있고, 점의 결과가 좋게 나오면 더욱 적극적으로 자신이 달성하고자 하는 목표를 추진할 수 있다.

3) 역易의 원리原理와 성쇠盛衰

(1) 역易의 원리原理 : 역의 기본적인 원리는 사람이나 만물은 천지만물에 존재하는 음양의 기운에 따라 다양한 영향을 받으면서 한 평생을 살아가는데 있다.

천지에는 음과 양으로 분류할 수 있는 기운이 존재하며, 개개인도 태어날 때부터 죽을 때까지 음양의 기운의 변화에 따른 영향력을 받으면서 살아간다. 자연의 이치도 陰陽의 기운에 따라 생성·발전·쇠퇴·소멸을 반복하면서 순환한다. 그러므로 개개인이 받고 있는 천지와 자연의 기운을 알고 활용할 수 있으면 가장 바람직한 삶을 살 수 있고, 또한 행복할 수 있다는 것이다.

역의 원리는 성립될 당시부터 유일하고 절대적인 불변의 법칙이 존재하는 것은 아니다. 즉 개개인에 따라 동일한 현상을 놓고 각기 다른 해석이나 판단을 할 수 있다. 그러므로 역학은 사람들에게 강한 의지와 집념으로 도전하고 변화하여 새롭게 성취하게 하는 적극적인 삶의 방식을 제공할 수 있고, 개개인이 易의 근본개념과 원리를 터득하여 현실과 미래에 대한 스스로의 운명을 개척하고 어려움을 타개하는 일련의 방법으로 활용할 수 있다.

참고로 64괘卦와 384효爻로 판단하는 주역 점周易占은 음양의 원리를 바탕으로 괘卦와 효爻로 표현하여 象象의 변화를 보고 개인이나 국가의 나아갈 방향을 설정하거나 정치나 전쟁 등의 전략과 전술로 다양하게 활용하였다. 또한 한자로 점을 나타내는 복卜이라는 글자의 의미는 길흉이나 복福을 미리 알기위해 자신이 직접 점을 치는 것을 말하고, 점칠 점占은 지키거나 수호한다는 의미와 다른 사람이 대신 복卜을 입으로 알려주는 의미가 있으며, 길흉이나 복福의 결과를 자신이 차지하는 의미도 있다. 참고적으로 점을 치는 마음가짐을 알아보자.

① 먼저 점占을 보려고 하는 문제에 대하여 자신이 구체적으로 분석하고 파악한 후에 그 문제에 대하여 정성을 다해 해결방법을 찾으려는 간절한 마음이 있어야 한다. 의심스럽고 망설이는 부분의 일을 결정하기 위한 것이므로 정성을 다하지 않고 임하면 점의 결과를 믿고 신뢰할 수 없기 때문이다.

② 같은 일로 두 번씩 점을 치지 않아야 한다. 최종적인 결정을 하는데 두 번씩 점을 치는 것은 자신의 마음정리가 되어있지 못함을 의미하고, 온전한 결정이나 천지의 순리를 따르기보다는 자신의 고집이나 신념을 따르기를 원할 수 있기 때문이다.

③ 남을 헤치거나 부정한 일을 점쳐서는 안 된다. 역경이 다른 점법과 차별되는 이유는 윤리적이고 도덕적인 점단占斷이라는 것이다. 즉 남에게 해를 끼치거나 사악하고 부정한 일을 점쳐서는 안 된다는 것이다.

(2) 역학易學의 성쇠盛衰 : 과학이나 정보통신이 발달하기 이전에는 사람들에게 발생하는 대부분의 문제나 어려움이 하늘과 땅을 다스리는 신이 내리는 재앙으로 생각하고 항상 불안하고 두려워하는 마음으로 다양한 신의 존재를 설정하여 의지하는 경우가 많았다.

문명과 과학이 발달하지 못한 부족국가시대에는 신의 뜻을 받들고 섬기는 제사장祭司長을 두기도 하였고, 다양한 우상이나 신을 만들어 한 국가나 지역을 관리하고 통치하는 방법으로 활용하기도 하였다. 특히 국가나 사회가 혼란할 시기에서 신에게 선택되었다고 하는 사람이나 예언자를 자칭하는 사람들이 늘어나기도 하고, 때로는 개인도 별도로 사당이나 기도하는 곳을 정하여 자신과 가족의 건강과 안위安慰를 기원하기도 했다.

우리나라의 경우에도 한 때 역학이 단순한 점술占術이나 미신으로 둔갑

하여 원리나 개념도 파악하지 않고 무분별하게 성행하여 개인이나 사회에 해악을 끼치기도 하였다.

이러한 해악으로 인하여 서양의 문물이 들어오면서 본래의 가치와 의미는 사라지고 미신이나 점술로 둔갑하였고, 우리의 전통적인 사상과 철학인 역학은 새로운 종교나 서구학문에 급속하게 자리를 내주었다. 한편으로는 실용적인 역학은 철학으로 분리되어 점점 체계화되고 검증되어 신뢰도가 높게 발전하기도 하였다. 물론 우리나라의 경우에도 과거 조선시대까지도 농사일이나 건축 외에 제사나 정치, 천문이나 인문학 등에 역인易人이 참여하여 큰 역할을 하였다.

특히 조선시대에는 일관日觀이나 소경小卿, 당상복자堂上卜者등의 직함을 지닌 역학자들이 국사國事에도 참여하였고 조선중기에는 서민들이 활용할 수 있는 이지함李之菡선생의 토정비결土亭秘訣이라는 대중적인 역서易書가 나왔으며 오늘날에 활용되기도 한다.

역학의 기본원리를 부분적으로 응용하거나 활용하는 방법은 어림잡아 130여 종류 이상이며, 이 중에는 학문으로 정착한 분야도 있지만 많은 경우에 원리가 부족하거나 신뢰하기 어려운 경우도 많으므로 개개인이 피해를 보지 않도록 유의해야 한다.

4) 주역周易의 실천원리

역경 또는 주역을 실생활에 활용하여 개개인이 원하는 삶의 목표나 뜻을 이루는 방법으로 활용할 수 있지만, 여기서는 주역의 상수역象數易과 도의역道義易 가운데 상수역의 대표적인 철학자인 주자朱子가 요약하여 표현한 주자십회朱子十悔만 보도록 하자.

행복한 삶의 지혜를 찾는 생활 속의 사주명리 ⓒ

주자십회는 부모와 형제가족이 지켜야 할 도리, 젊은 시절에 할 일, 항상 사전에 대비하고 준비하는 생활의 자세, 여유로울 때 해야 할 행동과 마음 가짐, 부지런히 일하는 근면한 자세, 술과 여자와 친구를 대하는 방법 등에 대하여 일목요연하게 나타내고 있다.

여기에 함축된 역경의 기본적인 상象의 원리를 개개인이 활용하여 자신의 행동과 사고를 한다면, 누구라도 다른 사람의 존경과 사랑을 받으면서 후회하지 않는 여생을 보낼 수 있고, 스스로의 가치를 발현하여 축복받는 삶을 영위할 수 있을 것이다.

【주자십회朱子十悔】

1	불효부모 사 후회 (不孝父母 死 後悔)	부모가 살아계실 때 효도하지 않으면 돌아가신 후에 후회한다.
2	불친가족 소 후회 (不親家族 疎 後悔)	가족과 친밀하게 지내지 못하면 멀어진 뒤에 후회한다.
3	소불근학 노 후회 (少不勤學 老 後悔)	공부할 젊은 시기에 근면하지 않으면 늙어서 후회한다.
4	안불사난 패 후회 (安不思難 敗 後悔)	안락할 때 어려움을 대비하지 않으면 패한 뒤에 후회한다.
5	부불검용 빈 후회 (富不儉用 貧 後悔)	부유할 때 검약하지 않으면 가난해져서 후회한다.
6	춘불경종 추 후회 (春不耕種 秋 後悔)	봄에 씨 뿌리고 밭 갈지 않으면 수확을 하는 가을에 후회한다.
7	불치원장 도 후회 (不治垣墻 盜 後悔)	집안의 창문이나 문단속을 하지 않으면 도둑을 맞고 후회한다.
8	색불근신 병 후회 (色不謹愼 病 後悔)	여색을 삼가고 조심하지 않으면 병든 뒤 후회한다.
9	취중망언 성 후회 (醉中妄言 醒 後悔)	술을 마시고 망령된 소리를 하면 술이 깬 후에 후회한다.
10	부접빈객 거 후회 (不接賓客 去 後悔)	손님이나 방문객을 대접하지 않으면 가고 난 후에 후회한다.

2. 음양陰陽

1) 역易과 음양陰陽의 관계

음양의 원리와 사상은 역경에 잘 나타나 있다. 음양의 변화와 조화를 바탕으로 세상사를 판단하는 역은 치세治世의 학문이며 제왕학帝王學이라고 할 수 있다. 특히 춘추전국시대와 한대漢代에 발생한 많은 전쟁 가운데 수많은 영웅들이 군웅할거하면서 권력을 쟁취하는 방법으로 역의 대가들을 활용하였으며, 이들은 병법을 연구하고 가르쳤다. 또한 전쟁에서 패했을 경우에는 재기再起의 발판을 마련하는 방법과 새롭게 시작하는 적절한 시기와 장소와 사람을 찾는 방법론方法論을 제시하기도 하였다.

나아가 권력을 쟁취한 후에는 백성을 다스리는 치세술治世術로 역경의 원리를 활용하였으며, 동시에 개인의 처세술處世術로도 활용하였다. 즉 역경은 하늘이 자신에게 부여한 천시天時와 자신이 기반으로 삼아야하는 땅地과 자신에게 도움이 되는 사람人을 조화시켜서 천하의 대권을 쟁취하는데 필요한 판단과 결정을 하는데 크게 활용되었다.

역경 또는 주역은 상경上經 30괘와 하경下經 34괘의 64괘로 이루어져 있으며, 상수역象數易과 의리역義理易으로 나눌 수 있다.

상수역은 중국의 소옹[소강절邵康節]과 주자[주희朱熹]가 대표적이라고 할 수 있고, 이것은 나타나는 현상을 보고 세상을 사는 방법과 지혜를 얻는 것이라고 할 수 있다.

의리역은 왕필王弼과 정이[정이천程伊川]가 대표적이라고 할 수 있고, 이것은 세상을 다스리고 통치하는 도리에 해당하는 의리義理나 도의道義를 중시하여 도의를 실천하는데 있다.

　기본적인 상象을 팔괘八卦로 나타냈으며, 팔괘는 하늘과 땅과 물과 불을 중심으로 이루어지며, 양을 나타내는 강효剛爻와 음을 나타내는 유효柔爻로 구성된다.

　괘를 나타내는 부호로서 陽은 —으로 표시하고 陰은 --으로 표시하였다. —와 --은 무엇을 형상화하였는지는 명확하지 않지만, 고대에 남녀의 역할에 따라 나타나는 특성을 생식기生殖器의 모양으로 표현한 것으로 추정하기도 한다. 과학이 발달하지 않은 원시시대에는 별다른 무기가 없기 때문에 종족을 보존하는 방법으로 남녀가 종족 번식을 많이 해야 하고, 나아가 외부의 침입이나 전쟁에서 자신들을 보호할 수 있는 방법이 되므로 성기의 모양을 우상화偶像化하여 글자가 없는 시절에 글자나 숫자를 대신하여 활용하였다고도 한다.

　음양으로 8괘를 만들 때 양중의 양은 ☰ 으로 표시하고, 양중의 음은 ☱으로 표시하며, 음중의 음은 ☷으로 표시하고, 음중의 양은 ☵으로 표시하였다. 이것은 오늘날에도 사상체질四象體質이라고 하여 한방이나 민간요법으로 사람의 4가지 체질에 맞는 음식이나 약재를 선택하는 방법으로 활용되고 있다.

　특히 조선시대에는 이제마李濟馬선생이 사람의 체질에 따라 각기 다른 약이나 음식을 활용하는 사상의학四象醫學을 만들어 치료에 활용하였으며 오늘날에도 자신의 체질에 맞는 음식을 찾는데 활용되고 있다.

　사상체질은 양중의 양은 양의 기운이 강하여 태양인太陽人의 체질이라고 하고, 양중의 음은 양의 기운이 강하고 음의 기운이 약하므로 소음인少陰人의 체질이라고 한다. 음중의 음은 음의 기운이 강하므로 태음인太陰人의 체질이라고 하고, 음중의 양은 음의 기운이 강하고 양의 기운이 약하므로 소양인少陽人이라고 한다.

네 가지의 형상에서 다시 세분화하여 팔괘를 만들었다. 즉 陽중의 陽인 ☰에 일양─陽을 더하여 ☰ 건(乾: 하늘, 임금)이라고 하고, 일음─陰을 더하여 ☱ 태(兌: 서방, 빛나다, 기뻐하다)라고 하고, 陽중의 陰인 ⚌에 일양─陽을 더하여 ☲ 리(離: 떼어놓다, 분리하다, 이별하다)라고 하고, 일음─陰을 더하여 ☳ 진(震: 벼락, 천둥, 놀라게 하다, 움직임)이라고 하였다.

다시 陰중의 陽인 ⚍에 일양─陽을 더하여 ☴ 손(巽: 동남쪽, 유순, 공손, 바람)이라고 하고, 일음─陰을 더하여 ☵ 감(坎: 구덩이, 험난하다, 위험하다)이라고 하고, 陰중의 陰인 ⚏에 일양─陽을 더하여 ☶ 간(艮: 어긋나다, 거스르다, 어려워하다, 그치다)이라고 하고, 일음─陰을 더하여 ☷ 곤(坤: 땅, 대지, 포용)이라고 하여 이를 합쳐서 팔괘八卦라고 한다.

팔괘를 가로 세로로 각각 놓고 괘를 연결한 것이 64괘라고 한다. 괘가 모두 양인 ☰를 노양老陽이라고 하고, 모두 음인 ☷를 노음老陰이라고 하며, ☰ ⚍·⚌ ☷처럼 하나의 양이 온전한 경우를 양괘라 하고, ⚏ ⚍ ☲ ☷처럼 하나의 음이 온전한 경우를 음괘라고 한다.

※ 역의 기본 바탕이 되는 팔괘의 원리를 간략하게 살펴보았다. 역을 공부하는 입장에서 참고로 한 것이며, 주역의 원리도 팔괘의 괘를 천간과 지지로 만들어서 합한 64괘와 384효를 바탕으로 인간사의 징조를 미리 판단하고 사전에 적합하게 대처하는 방안을 찾는 것이라고 할 수 있다.
팔괘라고 하면 생소하지만, 팔괘는 방향과 방위를 나타내면서 음양의 변화를 나타내는 기본적인 개념이다. 즉 동東, 서西, 남南, 북北의 사방四方과, 남동南東, 남서南西, 북동北東, 북서北西의 팔방八方을 나타내고, 이러한 음양의 변화를 파악하여 일상생활의 다방면에서 유용하게 활용할 수 있다.

2) 음양陰陽의 분류와 개념槪念

(1) 음양陰陽의 분류 : 음양은 기본적으로 물질적인 음양과 정신적·기적
氣的인 음양으로 분리할 수 있고, 좁게는 하나의 물질이나 생각을 각각 음
양으로 다양하게 분리할 수도 있다. 또한 정신精神에서 별도로 음양을 분
리할 수도 있고, 육체에서 따로 음양으로 분리할 수도 있다.

예를 들면 사람을 남녀의 음양으로 구분할 수 있고, 몸의 내부와 외부를
음양으로 분리할 수도 있다. 세부적으로 음양을 분류할 수도 있지만 여기
서는 기본적인 음양의 분류를 알아보도록 하자.

단, 음양으로 분리를 하지만 양중에도 음이 존재하고 음중에도 양이 존재
하며, 음과 양은 따로 분리되어 존재하지 않는다는 것이다. 즉 양의 기운이 더
욱 강하거나 음의 기운이 더욱 강할 경우에 음과 양으로 각각 분리한 것이다.

① 기본적인 음양陰陽의 분류방법 : 하늘이 양이면 땅은 음이 되고, 천
간이 양이면 지지는 음이 되고, 낮이 양이면 밤은 음이 되고, 해가 양이면
달은 음이 되고 해가 뜨는 것이 양이면 해가 지는 것은 음이 되고, 더운 날
씨가 양이면 추운 날씨는 음이 되고, 맑은 날씨가 양이면 흐린 날씨는 음
이 되며, 덥다暖가 양이면 춥다寒가 음이 되고, 건조燥하다가 양이면 축축
하다濕가 음이 되고, 따뜻하고 포근한 것이 양이면 쌀쌀하고 차가운 것은
음이 되고, 활발함이 양이면 차분함은 음이 되고, 활동적인 것이 양이면
사색적인 것은 음이 되며, 완고함이 양이면 유연함은 음이 되며, 주관적인
생각이 양이라면 객관적인 생각이 음이 되며, 불이 양이면 물은 음이다. 이
밖에도 많은 부분을 상대적으로 다양하게 음양으로 분류할 수 있다.

여기서는 우리가 일상생활에서 활용하고 있는 음양에 대한 기본적인 개
념을 간단한 표로 만들어 살펴보도록 하자.

음陰	양陽	음陰	양陽
내부	외부	정신	육체
부드럽다	까칠하다	달	해(태양)
지지地支	천간天干	오목(ᴗ)	볼록(ᐱ)
밤	낮	물	불
춥다(겨울)	덥다(여름)	땅	하늘
흐림	맑음	식물	동물
사색적思索的	활동적	산의 꼭대기	계곡
침착하다	덤벙되다	일몰	일출
객관적	주관적	바다	산
유연하다	완고하다	개인	국가나 사회
냉정하다	온정적	주택	빌딩
작다, 적다	크다, 많다	도덕과 윤리	헌법과 법률
불안	여유	사무직	영업직
수축收縮	확장擴張	직장생활	사업
서西	동東	북北	남南
부하	상사	종업원	사장
음수陰數	양수陽數	짝수(2, 4, 6, 8, 0)	홀수(1, 3, 5, 7, 9)

② 사람과 관련된 음양의 분류방법 : 남자와 여자, 할아버지와 할머니, 아들과 딸, 남편과 아내, 아버지와 어머니, 노인과 아이, 시아버지와 시어머니, 남자친구와 여자친구, 상반신과 하반신, 머리와 다리, 오장과 육부 등 역시 많은 부분으로 분리할 수 있다.

양陽	음陰	양陽	음陰
남자	여자	할아버지	할머니
아들	딸	아버지	어머니
남편	아내	시아버지	시어머니
노인	아이	남자친구	여자친구
큰아버지	큰엄마	고모부	고모
외삼촌	외숙모	삼촌	숙모
머리	다리	상반신	하반신
육부六腑	오장五臟	웅변雄辯	침묵沈黙
담膽; 쓸개	간장肝臟; 간	소장小腸; 은창자	심장心臟; 염통
위장胃腸; 밥통	비장脾臟; 지라	대장大腸; 큰창자	폐장肺臟; 허파
방광膀胱;오줌통	신장腎臟; 콩팥	아저씨	아주머니

③ 기타 : 이밖에도 다양한 방법으로 양과 음으로 분류하여 사람이나 사물의 특성이나 성격을 판단하고 분석하는데 활용할 수 있다. 한 번 살펴보도록 하자. 양극과 음극, 위와 아래, 앞과 뒤, 밖과 안, 오른쪽과 왼쪽, 더운뷻것과 추운寒것, 홀수와 짝수, 밝음과 어두움, 강함과 약함, 정자와 난자, 몸과 마음, 미래 지향과 현실안주, 적극적인 성격과 소극적인 성격, 대인 지향적인 성격과 자기중심적인 성격, 육체적인 활동과 정신적인 활동, 남성적인 성격과 여성적인 성격, 진취적인 사고와 보수적인 사고, 명예를 중시하는 성격과 물질과 실리를 중시하는 성격 등등 상대에 따라 다양하게 분류할 수 있다.

양陽	음陰	양陽	음陰
양극	음극	위	아래
오른쪽	왼쪽	앞	뒤
건조하다燥	축축하다濕	밖	안
더위暑	추위寒	홀수	짝수
정자	난자	몸	마음
딱딱하다	부드럽다	육체적 활동	정신적 활동
강하다	약하다	남성적	여성적
적극적	소극적	동적動的	정적靜的
진취적	보수적	명예를 중시	실리를 중시
본인 중심적	사회 중심적	외향적 성격	내향적 성격
행동하고 생각	생각하고 행동	발산發散	수렴收斂
과감성	신중	결단력	망설임
감정적感情的	이성적理性的	폭발적	내구력
조급躁急	인내忍耐	변화變化	안정安定

(2) **음양**陰陽의 활용과 작용 : 음양의 기본개념은 역경의 근본이면서, 음양으로 인간을 포함하여 우주만물의 변화와 생성과 소멸의 모든 이치를 분석하고 판단하는 기준으로 활용하였다. 살펴보도록 하자.

① 음양陰陽의 개념과 활용 : 음과 양은 본래 하나의 기운인 태극太極에서 2개의 기운으로 분리된 것이라고 할 수 있다. 그러므로 동일한 기운이 각각의 다른 기운으로 분리되면서 동시에 상호작용相互作用을 하므로, 독립적으로 완전한 음과 완전한 양으로 존재하지 않으며 항상 공존한다. 단지

양의 기운이나 음의 기운이 더욱 강하게 작용하는 것을 음이나 양이라고 표현하였다. 즉, 완전하거나 무극無極의 상태에서 시간과 주변 환경의 변화에 의해 양극兩極의 상태로 변할 수 있다. 이 과정에서 음과 양의 기운이 불균형과 부조화를 이루어 서로 대립할 수도 있고 균형과 조화를 이루어 공존할 수도 있다. 그러므로 음과 양은 완전하게 분리하여 선악을 논하거나, 좋고 나쁘거나, 맞고 틀리다고 할 수는 없다.

조선시대에는 음과 양의 원리에 의해 인간과 세상의 모든 이치를 파악하려고 하는 음양학陰陽學인 주역이 철학이나 사상으로서 크게 발전하였고 유교의 바탕이 되어 치국治國의 도의道義로서 활용되기도 하였다. 한편으로는 음양의 2진법으로 수리과학數理科學에 활용하여 생활의 편리함을 추구하였다. 즉 음수와 양수의 분리는 수학과 과학의 발전에 크게 기여하였으며, 정신과 육체의 개념은 정신세계의 연구와 질병의 치료에도 지대한 공헌을 하였다.

사회적으로는 음양에 해당하는 물과 불의 관계를 연구하여 인간생활에 편리하고 안전하게 활용하는데 기여하였으며, 해시계나 물시계와 같은 실생활의 도구를 개발하기도 하였다.

정신적으로는 음과 양의 과다불급過多不及을 파악하여 균형과 조화를 이루려는 수양과 교육을 통하여 중용中庸의 도道와 가치를 정립하고, 나아가 개인이나 사회와 국가의 윤리나 규범으로 적극적으로 활용하였다.

② 음양陰陽의 작용 : 사회적으로는 음양이 상생相生하면 문화와 물질의 조화와 발전이 이루어지고, 상생의 결과인 혜택을 음과 양에 해당하는 모든 사람과 조직이 조화롭게 공유할 수 있으며, 개인이나 조직 또는 사회는 평화와 안정을 누릴 수 있다. 그러나 음양이 대립만 하는 경우에는, 개인이

나 사회 또는 조직은 분열과 혼란이 발생할 수밖에 없다.

예를 들면, 가정에서 음과 양에 해당하는 부부간에 서로 우애가 있고 배려하고 이해하는 마음을 지니고 서로 상생相生한다면 남녀 모두에게 힘과 위안이 되어 해결하기 어려운 문제도 의외로 쉽게 해결할 수 있다. 사회적인 문제도 역시 마찬가지다.

음양이 대립對立하는 경우에도 항상 공존共存이라는 전제를 두고 문제해결을 위한 방안이나 대책을 강구할 경우에는 지혜로운 방법을 찾을 수 있다. 그러나 대립을 위한 대립, 차별을 위한 차별은 공존할 수 없으므로 항상 의견이나 결정이 평행선을 달리면서 문제해결을 위한 방안도 찾을 수 없다.

물리적으로는 자석의 음극과 음극이 만나거나 양극과 양극이 만나면 서로 밀어내고, 음극과 양극은 서로 끌어당기는 것처럼 개개인의 주장이나 의견 표출을 상호존중相互尊重하면서 경청敬聽할 때 비로소 화합이나 조율 또는 합리적인 의사결정이 이루어질 수 있는 것과 마찬가지다.

가정에서 부부나 가족 간의 대립이 발생하거나 여당과 야당 간에 정책적인 대립이 발생할 경우나, 사회적으로 이념이나 종교적인 대립과 갈등이 발생할 경우에도 공존과 조화를 염두에 두고 서로 만나고 타협하는 경우에는 대부분의 경우에 더욱 발전할 수 있는 계기가 될 수 있다. 하지만 단지 대립과 일방의 극단極端으로 치닫는다면 가정이나 사회, 나아가 국가도 온전하게 존재하기 어려운 상황이 될 수 있다. 그러므로 음양의 원리를 적절하게 활용하면 개인이나 조직 또는 국가도 생산적이고 발전적인 활력소를 찾을 수 있고, 지혜롭고 행복한 삶의 방안을 얻을 수 있다.

세상에서 가장 위대한 발견이나 발명은 소수의 천재나 한 사람에 의해 이루어지는 것처럼 보이지만 실상은 가장 보편적이고 일반적인 사람들의 행위나 일 또는 자연의 법칙에서 영감을 얻은 개인에 의해 이루어지는 경우가 많다.

흔히 정치적인 의미로 쓰이는 변화와 개혁도 지극히 일상적이고 보편적인 일이나 습관을 음에서 양으로 바꾸는 것에 불과할 수 있다. 단지 거창하게 들릴 뿐이다. 즉 음양의 원리를 올바르게 이해하면 조화를 이룰 수 있는 변화와 개혁도 찾을 수 있고, 무엇을 어떻게 변화시키고 어떤 방향으로 개혁할 것인가의 고민도 쉽게 해결할 수 있다.

달이 차면 기울고 음양의 기운도 계절의 변화처럼 자연스럽게 순환하듯이 사람도 불통不通이 아닌 소통疏通과 상생相生의 방법을 찾기 위하여 끊임없이 노력해야 하고, 사회나 집단은 획일화보다는 화합과 조화의 상생방안을 모색하면서 늘 변화와 개혁을 지속적으로 순환시켜야 발전할 수 있다.

역의 원리를 음양에서 찾았던 것처럼 음양의 원리와 특성을 올바르게 이해하고 사주원국을 분석할 때, 자연의 순리에 따라 살아가는 과정에서 발생하는 갈등이나 충돌 혹은 혼란과 회복의 방법을 올바르게 파악할 수 있고, 주어진 환경이나 공간에 대하여 슬기로운 대처방안을 찾을 수 있다.

주역의 계사전繫辭傳에서는 음양의 작용과 특성을 요약하여 건지대시乾知大始 곤작성물坤作成物이라고 하였다. 즉 양陽에 해당하는 건乾은 만물의 이치를 처음으로 파악하여 먼저 시작하여 나아가는 기운이고, 음陰에 해당하는 곤坤은 새롭게 시작한 일을 실행하여 결과나 결실을 만드는 과정이라고 할 수 있다. 그러므로 음양이 조화를 이루면 개물성무開物成務할 수 있다고 하였다. 즉 사물의 이치를 알고 힘써 노력하여 결과를 만드는 과정이 음양의 공존과 조화라고 할 수 있다. 기본적인 음양의 원리를 살펴보도록 하자.

(3) **음양**陰陽의 **원리**原理 : 음양의 원리에 대해서는 일상생활에서 유용하게 활용할 수 있는 기본적인 원리와 법칙으로 한정하여 살펴보도록 하자.

기본적으로 음과 양은 서로 필요한 상대相對이며 동시에 동일한 음과 양일지라도 강약의 차이가 있다. 또한 陰은 陽을 만나야 조화를 이룰 수 있고, 陽도 陰을 만나야 상호 공존하고 발전할 수 있다.

음과 양의 내외는 겉으로는 양이지만 속으로는 음인 경우가 있고, 겉으로는 음인데 속으로는 양인 경우도 있다.

사람의 경우에는 여자지만 남자처럼 행동하거나 남자지만 여자처럼 행동하는 경우가 있을 수 있고, 밖으로는 활발하고 활동적이지만 내면으로는 차분하고 침착하여 의사결정이나 판단을 쉽게 하지 않는 경우가 있고, 반대로 외부적으로는 차분하고 침착하지만 내면으로는 열기가 강하고 판단과 결정을 신속하게 하는 경우도 있다.

음과 양에 해당하는 남녀가 서로 조화를 이루면 마음과 육체가 평화롭고 안정되므로 서로에게 힘이 되어 위기나 어려움을 극복할 수 있지만, 반대로 서로 대립하는 경우에는 가정이나 사회가 모두 피로감과 적대감만 쌓여 생산적이고 발전적인 방안을 찾기가 어려울 수 있다.

陰은 陽을 생생生生하고 陽은 陰을 생생生生하는 상호 순환작용循環作用을 하며, 陰이 지나치게 강하거나 많으면 陽이 죽거나 소멸할 수 있고, 陽이 지나치게 강하거나 많으면 반대로 陰이 죽거나 소멸할 수 있다.

남녀가 상호순환작용을 하는 관계가 되면 몸이 건강하고 서로간의 의견조율이 수월할 수 있으며, 설령 병이 나고 힘들어도 위로가 되어 완쾌될 수가 있다.

반대로 한사람이 지나치게 강할 경우에는 의견조율이나 원만한 의사결정을 하기가 어려워 사소한 일에도 다툼과 분쟁이 발생할 수 있고, 한사람이 병이 나거나 고통을 받을 때 서로에게 위로와 도움이 되지 못할 수 있다.

이런 경우에는 비록 자신의 고집이나 의견을 강하게 주장하기보다는 상대방의 의견이나 주장도 경청敬聽하여 항상 상식적인 판단을 하는 것이 중요하며, 동시에 타인을 배려하는 마음을 가지는 것이 필요하다. 특히 부부는 서로 다른 음양이 모여 이루어지지만 실제로는 화합하여 조화를 이룰 때 더욱 강한 힘이 되어 밖으로 뻗어나갈 수 있다.

숫자의 2는 음이고 1은 양이다. 부부가 결합하여 1의 양이 되면 서로가 활발하게 활동하고 긍정적으로 성장하고 발전할 수 있지만, 부부가 결합하여 2인 2색이 되면 서로 나아가기도 어렵고 함께하기도 어려울 수 있다. 이경우에는 하나가 되지도 못하고 둘이 되지도 못하여 다시 0으로 변할 수 있다.

한편으로는 음이 변하여 양이 될 수 있고 양이 변하여 음이 되는 변화가 이루어지므로 변화된 陰과 陽은 한 쪽으로 치우치지 않는 중화中和 즉, 중용中庸을 이루는 것이 필요하다.

음이든 양이든 지나치게 강한 것과 지나치게 약한 것은 행동이나 사고방식이 편협偏狹되거나 집착하는 면에서는 유사하다.

부부가 서로 음양이 조화를 이루지 못하고 음이나 양으로 편협하여 한쪽이 지나치게 강하면 고집이나 아집我執으로 인하여 함께하지 못하고 혼자 살아갈 수가 있으므로 자주 대화할 수 있는 분위기를 만들고 열린 마음과 이해할 수 있는 마음을 지니는 것이 필요하다.

음은 음을 생하고 양은 양을 생하는 유전遺傳과, 음이 극極에 이르면 양의 기운이 발생하고 양이 극에 이르면 음의 기운이 발생하는 절처봉생絶處

逢生의 경우도 생길 수 있다.

　유전遺傳은 부모를 닮은 자식이 태어나는 것처럼 부모가 하는 행동이나 성격을 자식이 물려받을 수 있고, 절처봉생은 지극히 가난하고 부족한 집안에서 성장하면서 온갖 고통과 수난을 감수하여 마침내 재물을 크게 모아 집안을 새롭게 일으키는 경우를 생각할 수 있다.

　음양에 해당하는 남녀가 연애를 하다가 사랑이 무르익으면 화합하여 가정을 만들어 자녀를 출산하고 서로 이해하고 협력하면서 살아가면 집안을 발전시킬 수 있지만, 남녀가 서로 반목하고 대립하면 서로 헤어지거나 자신의 삶 자체가 혼란스럽고 피폐해질 수 있다.

　나아가 양쪽 집안을 파멸로 몰아갈 수 있으므로 늘 공존하면서 조화를 이루려는 상호간의 노력을 하는 것이 중요하다.

　음양의 원리는 사주원국에서 음양의 조화와 균형을 살피는데 필요하고, 특히 음양이 부조화를 이루면 인간적인 측면에서 편고偏枯한 성품을 가질 수 있다. 이러한 음양의 변화를 좀 더 자세히 살펴보도록 하자.

　① 상대相對의 원리와 공존共存의 원리 : 음양의 원리는 서로 다른 상대가 있으므로 상호 협력하고, 대립하지만 공존하므로 개인이나 사회가 발전하고 성장할 수 있다. 양극으로 치닫는 극한 대립이나 투쟁은 상호간에 피해와 희생이 따를 뿐 개인이나 사회에 도움이 되지 못한다. 그런 것을 알면서도 때로는 극한 대립으로 치닫는 경우를 종종 볼 수 있는 것은 바로 중화시킬 수 있는 매개체가 없거나 방법을 알지 못하기 때문이다.

　대립과 투쟁의 해결책은, 강한 힘으로 제압하는 방법과 중간 매개체를 활용하는 방법과 소통의 방법으로 찾을 수 있다.

　극단적인 대립과 투쟁을 하는 경우에는 음이나 양의 한 기운이 지나치게 강하게 작용하는 경우이며, 이러한 경우에는 해결책을 찾기가 쉽지 않을 수 있다.

특히 기업에서 이런 극단의 기운을 가진 사람이 노조를 장악할 경우에는 건설적인 대안이나 합리적인 해결책을 찾기보다는 투쟁이나 대립을 위한 행동과 선동을 하여 기업이나 근로자 양쪽에 도움이 안 될 경우가 많다. 그러므로 노조의 위원장이나 간부를 선출할 경우에는, 음양이 조화를 이루어 원만한 성품을 지니고 상생할 수 있는 사람을 뽑아야 기업의 분위기도 개선되고 생산성도 향상되며 나아가 조합원의 복지증대와 회사에 대한 자긍심과 애사심도 나올 수 있다.

대립하는 이유는 상대가 있기 때문이며 상대가 있으면 공존하는 방법도 찾을 수 있다. 상대와 공존의 원리를 알아보도록 하자.

- 상대相對의 원리 : 상대의 원리는 음과 양에 해당하는 사물이나 사람이 시간과 공간에 따라 각기 다른 의미를 지니고 독립적으로 존재하는 것을 의미하며, 기본적으로는 상호 대립對立하고 있는 상태를 나타낸다. 그러나 음과 양은 공존할 수 있고, 서로 변화하고 조화를 이루고자 하는 힘 또는 에너지를 지니고 있다.
  음의 특성인 사색과 차분함은 양의 특성인 활동성이나 적극성과는 상대적이지만 잘 조화시키면 우리의 정신과 육체를 편안하게 하는 좋은 활력소가 되어 발상의 전환에도 도움이 되고, 치매나 질병의 예방에도 도움이 되므로 정신적인 건강과 육체적인 건강을 함께 유지할 수 있다.

예를 들면 남자와 여자는 상대적이지만 서로 조화를 이루면 화목한 관계가 되고, 더욱 서로를 사랑하게 되면 결혼合을 하여 부부가 될 수 있다. 그런데 세월이 흘러 서로 다른 음양의 상대적인 기운으로 대립하게 되면 좋은 인연이 적敵이 되기도 하고, 또다시 조화나 공존을 찾을 경우에는 적이었다가 다시 소중한 은인이 되기도 한다.

이런 기운의 변화에 따라 자신의 마음가짐과 행동이 때로는 적과도 공존할 수도 있고 영원한 원수가 될 수도 있는 것이다.

그러므로 모든 현상을 관찰할 때는 자신이 받는 음양의 기운을 알고 객관적인 입장에서 상대를 관찰하고 파악한 후에 주어진 일이나 목표를 달성하기 위한 지혜로운 방안을 찾아야 한다.

기본적으로 한 쪽으로 치우친 기운을 받을 경우에는 자신이 지나친 편견偏見이나 선입관先入觀으로 상대를 대할 수 있으므로 득得보다는 실失이 많을 수 있다. 흔히 지나침은 부족함보다 못하다는 격언이 있듯이 중용中庸의 자세를 항상 생각하면서 처신하는 것이 필요하다.

가정에서도 음에 해당하는 부인이 모든 일을 남편과 상의하지 않고 독단적으로 처리하고 결정하게 되면 양에 해당하는 남편은 상대적으로 의기소침하거나 무력하게 되어 외부에서 안식처를 찾으려할 것이며, 반대로 양에 해당하는 남편이 모든 일을 부인과 상의하지 않고 일방적으로 행동하고 일처리를 한다면 음에 해당하는 부인은 상대적으로 무력하거나 무관심하게 되어 역시 삶의 의욕을 상실하거나 바깥을 겉돌 수 있다. 또한 부모가 지나치게 자식의 일에 나서고 간섭하면 자식이 무력하게 되고, 자식이 지나치게 설치면 부모가 무력하게 되는 경우를 종종 볼 수 있다. 상대가 되는 상호간에 이해하고 존중하는 마음가짐을 가질 때 가정도 화목하고 발전할 수 있다.

열심히 공부하고 도전하는 자신이 바로 소우주小宇宙이며, 세상사의 위대한 주인공이므로 상대에 대하여 지혜롭게 생각하고 행동하면 가정이나 사회에서 원하는 목표나 결실을 맺을 수 있다.

- 공존共存의 원리 : 공존의 원리는 기본적으로 음중에 양陰中陽이 있고, 양중에 음陽中陰이 존재하는 것을 의미한다.
  외음내양外陰內陽의 경우에는 겉으로는 陰의 성정을 지니고 있지만 내면으로는

陽의 성정을 지니고 있는 것을 말하고, 외양내음外陽內陰의 경우에는 겉으로는 陽의 성정을 지니고 있지만 속으로는 陰의 성정을 지닌 경우를 말한다.

외음내양의 경우에는 겉으로는 여자 같지만 실제 행동하고 생각하는 방식은 남자 같을 수 있고, 외양내음의 경우에는 겉으로는 남자 같지만 실제 행동하고 생각하는 방식은 여자 같을 수 있다.

사회에서는 남녀가 공존하면서 그 가운데도 키가 큰 사람과 작은 사람, 키가 크고 뚱뚱한 사람과 키가 크고 야윈 사람, 키가 작고 뚱뚱한 사람과 키가 작고 야윈 사람도 있다. 한편으로는 키가 크고 늘씬한 미남미녀인데 우둔한 사람이 있는가 하면, 키가 작고 야윈 추남추녀인데 영리한 사람이 있을 수 있다.

또한 키가 작으므로 나약하고 부족하다고 할 수 없고, 키가 크므로 강하고 온전하다고 할 수 없다. 동시에 부자라고 모든 것이 풍부하고 행복한 것은 아니며, 가난하다고 모든 것이 부족하고 불행한 것은 아니다. 왜냐하면 밝음 가운데 어둠이 존재하고 어둠 가운데 빛이 공존할 수 있기 때문이다.

자연현상에서는 추운 겨울기간 동안에도 따뜻한 날이 있고 더운 여름기간 동안에도 시원한 날이 있는 경우도 음양이 공존하는 경우라고 할 수 있다.

사람의 운명도 사주원국의 명命이 나쁘더라도 좋은 운을 만나면 그 기간 동안에는 원하는 일이나 계획이 성공적으로 이루어질 수 있고, 반대로 비록 타고난 명이 좋을지라도 나쁜 운을 만나면 그 기간 동안에는 일이나 계획이 생각대로 이루어질 수 없다.

기운이 불리할 경우에는 조급하게 욕심을 내거나 무리하지 말고 침착하게 대책을 강구하면서 때를 기다려야 한다. 즉 새로운 지식이나 기술을 습득하거나, 운동이나 취미생활 또는 동우회 활동 등을 통하여 정신과 육체를 강하게 만들어 다시 좋은 기운이 오는 시기를 기다리는 인내와 노력이 필요하다. 동시에 여유롭고 안정된 마음과 생각으로 현재의 상태를 유지하고 관리할 수 있도록 해야 한다.

이처럼 사람과 사물에 대한 음양도 상대적이면서 동시에 공존하는 다양한 요소들을 함께 지니고 있다. 그러므로 누구나 주어진 환경과 시기를 올바르게 파악하고 지혜로운 처신의 방안을 찾으면 행복한 미래를 얻을 수 있고, 좌절하거나 포기하지 않고 기회나 시기가 올 때까지 끝까지 기다리면서 성실히 임하면 반드시 원하는 목표를 이룰 수 있다. 왜냐하면 사람은 누구나 살면서 성공과 실패, 길과 흉이 항상 공존하고 넉넉한 재물도 순식간에 사라질 수 있고 부족한 재물도 풍부해질 수 있기 때문이다.

오직 포기하거나 좌절하지 않고 끊임없이 자연의 사계절이 순환하는 것처럼 미래의 시간 앞으로 뚜벅뚜벅 나아갈 때 자신이 이루고자 하는 목표를 반드시 달성할 수 있는 기회가 오며, 이것은 만사에 음양의 이치가 공존하기 때문이다.

② 변화變化와 조화調和의 원리 : 정반합正反合의 원리처럼 주어진 환경이나 여건의 변화가 이루어지면 다시 변화에 대처하고 적응하기 위한 적절한 조화를 찾는다.

사람들은 대부분의 경우에 변화에 순응하여 적응하려는 노력을 통하여 조화를 이루려고 한다. 그러나 환경이나 시간의 변화에 적절하게 대응하지 못하면 국가나 개인 또는 조직도 발전이나 성장을 기대하기 어렵고 오히려 퇴보退步하거나 때로는 도태될 수도 있다. 음양의 변화와 조화에 대한 기본적인 원리를 알아보도록 하자.

- 변화變化의 원리 : 음이 극에 도달하면 음의 기운이 변하여 양의 기운이 발생하기 시작하고陰極則始陽, 양이 극에 도달하면 양의 기운이 변하여 음의 기운이 발생하기 시작한다陽極則始陰.

  절기節氣상으로는 낮과 밤의 길이가 같아지는 춘분春分에서부터 낮이 점점 길어져서 낮의 길이가 가장 긴 하지夏至가 되고, 하지가 지나면 낮의 길이는 서서히 짧아지고 상대적으로 밤의 길이는 늘어나 마침내 밤낮의 길이가 같아지는 추분秋分이 되며, 다시 밤이 점점 길어져서 밤이 가장 긴 동지冬至에 이르는 자연의 원리와 유사하다. 동지를 지나면 밤은 짧아지기 시작하고 상대적으로 낮은 길어지기 시작하여 밤과 낮의 길이가 같아지는 춘분으로 다시 돌아간다. 이처럼 자연이나 사람의 기운은 변화하면서 궁극적으로는 순환한다.

사람의 경우에는 자신에게 적합한 때와 장소도 시간과 환경의 변화에 의해 부적합하게 변할 수도 있고, 어려운 시기와 환경도 변화에 적응하여 지혜롭게 넘기면 반드시 행복한 시기가 올 수 있다.

이처럼 변화의 원리는 행복이 최고極에 도달하면 이미 불행이 싹트기 시작할 수 있고, 불행이 극極에 도달하면 이미 행복의 싹이 돋아날 수 있는 여건이 마련될 수 있는 것을 의미한다.

자신에게 필요하고 원하는 유용한 방향의 변화를 만들고 오랫동안 유지하기 위해서는 인내와 중용의 마음을 유지하고 관리하는 노력이 필요하다.

속담에 노인의 흰 머리카락이 검게 변하거나 없던 이빨이 나면 자손을 먼저 저승에 보낸다는 말이 있다. 이것은 자연의 순리에 적합하지 않은 변화는 자신이나 주변 사람들에게까지 영향력을 미칠 수 있는 것을 나타낸 것이라고 할 수 있다

주의해야할 것은 극에 도달하면 불가항력不可抗力으로 좋아지거나 나빠질 것이라고 생각하는 것이다. 단언하면 그렇지 않다.

자연도 스스로 멈추거나 소멸하지 않고 계속하여 조절하고 인내하면서

다가오는 기운을 맞이하듯이, 사람도 포기하거나 중단하지 않고 지속적으로 현실과 미래에 대한 긍정적인 사고와 판단을 하면서 다가오는 시기와 환경에 대한 지혜로운 대처방안을 찾아 희망적이고 긍정적인 변화를 유도하는 기다림의 인내와 노력을 해야 한다는 것이다.

큰 나무는 온갖 풍상風霜을 겪으면서 꿋꿋하게 견딜 수 있는 줄기와 뿌리를 갖추고 있듯이 사람도 수많은 시련과 고통을 이겨나갈 수 있는 강인한 정신력과 체력을 잘 유지하고 관리하여 현재와 다가오는 미래의 일을 기쁨과 즐거움으로 맞이하려는 긍정적인 자세가 필요하다. 즉 변하는 시기와 환경에 적극적이고 능동적으로 대응하는 유연한 사고와 행동을 할 때 원하는 결실을 맺을 수 있고, 그 결실을 오랫동안 향유할 수 있다.

- 조화調和의 원리 : 陰과 陽은 공존하면서도 변화에 따른 적절한 조화를 이뤄 공생할 때 더욱 가치가 있다.

  음은 양의 도움을 받아 조화를 이룰 때 성장·발전하고 공생할 수 있고陽生陰, 陽은 陰의 도움을 받아 조화를 이룰 때 더욱 발전하고 성장할 수 있다陰生陽.

  사람의 경우에는 남자가 여자를 만나 여자가 남자의 부족함을 도와주거나, 여자가 남자를 만나 남자가 여자의 부족함을 보완하고 도와줄 때, 두 사람은 서로 조화와 균형을 이뤄 성공적인 가정을 꾸리고 공동의 지향하는 목표나 계획을 달성할 수 있다. 동시에 참된 사랑과 배려의 마음도 생겨날 수 있고 그 결과로 자식도 사랑스럽고 훌륭하게 성장할 수 있다.

  반대로 조화를 이루지 못할 경우에는, 남자는 여자를 괴롭히거나 장애물로 생각할 수 있고 여자도 남자를 괴롭히거나 무시할 수 있다.

  가정에서도 자식이 미운 오리새끼가 되거나 부모를 존중하지 않을 수 있고, 나아가 가족이나 가정의 사랑과 소중함을 알지 못하고 인생과 시간을 낭비浪費할 수 있다. 이런 만남의 경우에는 서로 잃는 것이 얻는 것보다 클 수밖에 없다. 물론 개인과 사회나 국가와의 관계도 서로 조화를 이룰 때 발전하고 성장할 수 있다.

상호 조화와 공존이 이루어지지 못할 경우에는 결국 주어진 환경에 의

하여 음이 더욱 강해져서 陽을 죽일 수 있고陰生陽死, 동시에 양도 더욱 강해져서 陰을 죽일 수 있다陽生陰死.

이것은 음의 기운이 지나치게 득세하거나 강하게 되면 陽이 죽거나 사라지는 것을 의미하고陰多陽死, 또한 양이 지나치게 득세하거나 강하게 되면 陰이 죽거나 사라지는 것을 말한다陽多陰死.

음생양사陰生陽死와 양생음사陽生陰死나 음다양사陰多陽死와 양다음사陽多陰死의 경우에는 승자는 존재하지 않고 오직 패자만 존재하는 것을 의미한다.

자연의 현상에서 보면 아침이 오면 어둠은 사라지고 밤이 오면 밝음은 사라지는 이치와 다를 바가 없고, 봄이 오면 겨울은 사라지고 여름이 오면 봄은 사라지는 이치와 같다. 그러나 자연의 현상은 음양이 일정하게 순환하면서 공존하므로 음양이 본래의 모습을 온전하게 유지하고 조화를 이룰 수 있다.

최근에는 부富가 세습되는 분위기이지만 자연의 원리나 명리의 원리에서 보면 부자가 되면 결국에는 가난하게 되는 일만 남은 것이며, 가난한 자는 부자가 되는 일만 남은 것이라고 할 수 있다.

단지 개개인의 지혜로운 처신과 노력, 도전과 인내에 의하여 음과 양의 균형이 오랫동안 지속되거나 또는 빨리 사라질 수 있을 뿐이다. 즉 가난한 사람은 포기하거나 좌절하면 결코 상황의 변화가 이루어지지 않으며, 부자는 변화에 따르는 조화를 지속적으로 유지해야만 새로운 환경에 적응하여 장기간 부를 관리하고 유지할 수 있다.

부자가 부를 오랫동안 유지할 수 있는 방법과 가난한 자가 가난을 벗어나는 방법은 동일할 수 있다. 왜냐하면 음양은 서로 대립할 수 있지만 지속적으로 공존하는 방법을 찾으면 변화를 이루고 변화에 따르는 발전이 이루어질 수 있기 때문이다. 이러한 원리를 알고 실행하는 지혜로운 사람은 자연의 순리와 음양의 이치를 따라 행복하게 살아갈 수 있다.

부귀富貴한 사람이 빈천貧賤한 사람과 조화를 이루려고 노력하는 것은, 자신의 부와 명예를 장기간 유지하고 관리하는 방법이 될 수 있다. 즉 부유한 자가 가난한 자와 더불어 살기위해 자신의 재물을 가난한 자와 조화롭게 나누는 것은 가난한 자의 존경과 신뢰를 얻어 그들로부터 보호를 받을 수 있으므로 오랫동안 부를 유지하면서 공생할 수 있다. 그러나 자신의 부귀를 오직 움켜지려고 하는 자는 결국 뭇사람들의 지탄과 두려움 속에서 부를 잃어야만 겨우 자신의 생명을 부지扶持하거나 가족의 고통이나 희생을 감소시킬 수 있을 것이다. 이것이 자연의 순환과 조화의 법칙이다.

기업의 입장에서 보면 기업주企業主가 자신의 욕망만을 채우려고 하면 종업원從業員이 기업주를 업신여기고 반발하여 함께 패망할 수 있고, 종업원이 부패하고 사리사욕을 챙기면 역시 종업원과 기업도 성장하지 못하고 짧은 기간에 도태될 수 있다.

상호 유익하게 공존하는 방법을 연구하여 고용주雇用主와 고용인雇傭人이 함께 조화를 이루어 발전하고 성장하는 전략을 실행할 수 있어야 한다.

③ 환경環境과 유전遺傳의 원리 : 환경과 유전은 인간의 끊임없는 노력과 의지에 의해 어느 정도 변화시킬 수 있고, 좋은 인연과의 만남을 통하여 부정적인 것을 긍정적으로 만들어 어느 정도 극복할 수 있다.

자신의 부족한 부분을 알고 보완할 수 있는 배우자를 만나 어느 정도 보완할 수도 있고, 스스로 끊임없는 절제節制와 수양修養을 통하여 다음 세대의 유전자를 다소 개선할 수도 있다.

자연의 생명체들도 변화하는 환경에 적응하여 생존하면서 유전 인자를

후대에 물려주고 있다. 물론 돌연변이가 가끔 나타나기도 하지만, 요행儌倖
은 존재하지 않는다고 자연의 원리가 인간에게 명확하게 보여준다. 살펴보
도록 하자.

- 환경環境의 원리 : 여자가 많은 가정환경에서 성장하는 남자는 비교적 여성적인 사
  고와 행동을 하는 경우가 많고, 남자가 많은 집안에서 성장하는 여자는 남성적인 사
  고와 행동을 하는 경우를 종종 볼 수 있다.
  잡초가 많은 논밭에서는 곡식이 제대로 성장하여 알찬 결실을 맺기 힘들고, 부자동
  네에서는 가난한 사람이 함께 살기가 힘들 수 있다. 또한 큰 나무 밑에서는 큰 나무
  가 자라기 힘들 수 있고, 소통疏通하거나 경청敬聽하지 못하는 무소불위無所不爲의
  권력자 주변에는 악취가 나는 부패한 사람이나 인의仁義를 모르는 소인배들이 머
  무는 것도 당연할 수 있다. 그러므로 발전적인 변화가 이루어지지 못하면 악순환이
  계속될 수 있다.

자연환경의 변화에 따라 동식물이 적응하는 과정을 면밀히 살펴보면 때
로는 신비로움을 느낄 때가 많다.

계절의 변화에 따라 거주지를 수천 킬로미터 이동하면서 생존과 종족보
존을 하는 철새나, 봄과 여름에는 잎과 줄기가 무성하게 성장하다가 가을
이 오면 결실을 하고 마침내 겨울이 오면 오직 자신의 생명을 유지하기 위
해 모든 생장활동을 멈추고 줄기와 뿌리만으로 혹독한 추위를 견뎌내는 나
무나 식물도 있다. 또한 늦가을이 되면 겨울을 나기 위해 몸에 영양을 가득
축적하고 겨울잠을 자면서 봄을 기다리는 동물도 있다.

사람이 살아가는 일생도 역시 이런 자연이나 동·식물이 생존을 위한 혹
독한 환경적응의 과정이 수반되는 것처럼 변하는 환경에 적응하는 것은 필
연적으로 겪어야 하는 과정일 뿐이다.

자연의 현상을 살펴 지혜롭게 활용하면 행복한 삶의 방안을 스스로 찾을
수 있고 새로운 환경에 적극적으로 적응하면서 대응할 수 있다. 이것은 단

순한 운명의 장난이 아니라 삶의 필연적인 과정이므로 긍정적이고 적극적으로 받아들이는 것이 대단히 중요하다.

새롭게 시작할 때의 환경은 그 시기와 장소에 적절하고 진취적일 수 있지만, 시간이 흐르고 주변의 환경과 여건이 변하면 스스로 변하지 않으면 존재하기 어려울 수 없다.

환경의 변화에 적절하게 대처하지 못하는 동식물이나 사람은 소속된 사회나 서식지에서 자연스럽게 도태淘汰될 수밖에 없다. 그러므로 사회적인 환경이 변하면 개인도 변화에 따라 새로운 정보나 지식을 습득하고 변화에 순응하는 방법을 찾아야 하며, 기업이나 정치도 시대의 트렌드(Trend)를 읽고 소통하고 포용할 수 있는 방법을 간절하게 찾을 때 스스로 존재할 수 있고 현상을 유지할 수 있다.

기본적으로 사람은 환경의 영향을 강하게 받는다. 환경의 변화가 일어나면 변화에 따르는 새로운 조화를 만들어 낼 수 있는 것이 바로 음양조화의 원리이며, 새로운 환경의 창조는 곧 발전과 성장의 원동력이 될 수 있다.

- 유전遺傳의 원리 : 유전의 원리는 콩 심은데 콩 나고 팥 심은데 팥 난다는 속담처럼 같은 형태와 성정을 지니고 대代를 이어 나타나는 것을 말한다. 즉 陰은 陰을 생生할 확률이 높고, 陽은 陽을 생生할 확률이 높은 유전의 법칙이 존재하는 것을 의미한다. 동식물이나 사람의 경우에도 자신이 지니고 있는 유전자가 어느 정도 다음세대에 계승된다는 유전의 원리는 많은 과학자들의 연구를 통하여 통계적으로 입증되었다.

기본적으로 조상이나 부모를 통하여 음과 양의 인자가 후대에 유전되므로 자녀가 부모와 유사한 성격이 되거나 행동을 할 수 있고, 유사한 천성이나 적성을 물려받을 수 있다. 즉, 음악가의 집안에서 음악가가 태어날 확률이 높고, 학자의 집안에서 교육자가 태어날 확률이 높은 것처럼 자연계뿐만 아니라 혈통이나 가문에도 유전의 법칙은 어느 정도 존재한다.

불교에서는 선善한 행동을 1,000번 정도 베풀어야 하나의 나쁜 인연이나 흉한 것이 좋은 것으로 바뀐다고 말한다. 이렇게 우전이라는 것은 쉽게 바뀌거나 고칠 수 있는 것이 아니다. 그러므로 선은 선을 낳을 확률이 높고, 악은 악을 낳을 확률이 높으며, 부富는 부를 더하고 빈貧은 빈을 더할 수도 있다.

3) 사주원국의 음양陰陽 활용

실생활에서 활용되는 음양의 원리는 집의 방위와 구조를 선택하는 양택陽宅과 묘墓의 자리를 선택하는 음택陰宅으로 나누어 풍수지리風水地理를 살피는데 유용하게 활용되고, 작명作名이나 행운의 숫자를 정하는 방법으로도 활용되며, 주역의 괘를 활용한 다양한 점술에도 활용된다.

여기서는 단지 사주에 나타난 음양만 보고 분석하는 방법을 살펴보고, 사주의 용어는 참조만하고 점진적으로 살펴보도록 하자.

	시時	일日	월月	연年
사주四柱	시주時柱	일주日柱	월주月柱	연주年柱
천간天干	시간時干	일간日干	월간月干	연간年干
간干	丁	丁	癸	丙
지支	未	亥	巳	申
지지地支	시지時支	일지日支	월지月支	연지年支

(1) 배우자의 선택 : 기본적으로 음양으로만 배우자관계를 단정하는 것은 적절하지 않다. 그러나 사주에 존재하는 음과 양의 기운를 파악하여 서로의 관계를 어느 정도 조화를 이루게 할 수 있다. 여기서는 단지 陰陽으로만 알아보도록 하자.

① 일간이 양陽이고 陽의 기운이 강한 사주일 경우 : 양의 기운이 강한 오행으로 원국이 구성되어 있으면, 배우자는 차분하고 침착한 음의 기운이 적당한 원국으로 구성이 될 때 서로 조화를 이룰 수 있다. 즉 陽의 기운이 강한 사람이 배우자를 선택할 경우에는 배우자의 일간이 陰이면서, 전체적으로 陽의 기운보다 비교적 陰의 기운이 강한 사주의 배우자가 무난할 수 있다.

서로 양의 기운이 강할 경우에는 가정에서 큰 소리가 나고, 자신의 생각이나 주장을 양보할 수 없어 불화가 자주 발생할 수 있다.

② 일간이 음陰이고 陰의 기운이 강한 사주일 경우 : 陰의 기운이 강한 오행으로 원국이 구성되어 있으면, 배우자는 활발하고 긍정적이고 적극적인 양의 기운이 적당한 원국으로 구성이 될 때 서로 조화를 이룰 수 있다.

서로 음의 기운이 강할 경우에는 지나치게 조용하고 내성적이므로 집안이 쥐 죽은 듯이 조용하거나 침울할 수도 있고 추진력이나 활동성이 미약할 수 있다.

다음에 배우겠지만 자신과 배우자의 사주를 비교하여 일주日柱나 월주月柱의 오행끼리 서로 생生하거나 합슴하는 관계이면서 음양이 조화를 이루면 상호 배려하고 이해하는 원만한 관계가 될 수 있고, 배우자로 인한 전반적인 보완효과와 에너지의 상승작용이 나타날 수 있다.

③ 배우자 사주四柱의 음양배합 : 배우자와 본인의 사주를 비교하여, 즉 연주는 연주끼리, 월주는 월주끼리, 일주는 일주끼리, 시주는 시주끼리 서로 비교하여 음양이 서로 다르면서 생生하거나 합合의 관계를 이루면 좋은 상대가 될 수 있고, 음양이 같은 오행이면서 상호 극剋이나 충沖을 하면 배우자와 정신적·육체적으로 조화를 이루기가 어려울 수 있다.

뜨거운 열정과 감정으로 서로 사랑하는 동안에는 모든 것을 눈감아주거나 이해할 수 있지만, 오랫동안 함께할 경우에는 맹목적인 복종이나 대립하는 관계는 서로를 피곤하게 할 수 있고 동시에 각종 스트레스로 인한 질병이나 가정파탄의 원인이 될 수 있으며 서로에게 상처를 줄 수 있다. 왜냐하면 사람은 궁극적으로는 자신의 감정과 성격이 드러나기 때문에 일방적으로 항상 이해하고 인내할 수 없기 때문이다. 음양의 조화를 파악하는 것은 궁합宮合을 보는 방법 중의 하나로 활용할 수 있다.

서로 간에 음양의 조화를 이루지 못할 경우에는, 각자의 직장이나 직업을 가지고 자신의 일에 몰두하는 것도 서로 간에 간섭하거나 다투는 것을 예방하는 좋은 방법이 될 수 있고, 서로 멀리 떨어져 직장생활을 하는 주말부부가 되어 늘 새롭게 만나는 분위기를 연출하는 것도 방법이 될 수 있다.

음양의 대립과 조화의 원리를 알면 자신이 스스로 알고 대책을 강구하여 고통이나 스트레스를 덜 받을 수 있다.

배우자를 만나는 것도 본인의 선택이고 본인의 운명일 수 있기 때문에 관계가 나쁜 경우에도 운의 흐름이 좋은 경우에는 그 운의 기간 동안에는 사이가 좋아질 수 있으므로 포기하거나 체념하지 않아도 된다. 음양의 원리처럼 부부도 대립하면서 공존할 수 있다. 단 공존하려면 자신이 변하여 조화를 이루도록 노력해야 하며, 때를 기다리는 인내심과 지혜가 필요하다.

변화는 조화를 이루기 위한 노력이 될 수 있고, 이러한 변화를 통하여 스스로 조화를 이루는 삶의 지혜를 얻어 한 단계 성숙하고 발전하는 인간관계를 만들어낼 수 있다.

(2) **직업과 진로선택** : 여기서도 음양으로만 분석하고, 다양한 요소들을 종합하여 분석하는 것은 점진적으로 하도록 하자.

① 일주日柱가 음陰이고 월주月柱도 陰인 경우 : 일간의 기본적인 성품은, 수렴收斂하는 陰의 성정을 지니고 있으므로 차분하고 현실적이며 끈기와 인내심이 강한 대신에 자기주장이 강하지 않으므로 자영업이나 사업을 하는 경우에는 기본적으로 실질적이고 수익을 창출할 수 있는 소규모의 전문적인 일이 무난할 수 있고, 자영업보다는 직장생활이나 전문직이 유리할 수 있다. 또한 외부의 활동적인 일보다는 연구하고 분석하는 분야의 일이나 직장의 아이디어맨이 되어 기획을 하거나 참모 또는 비서의 역할을 하는 것이 무난할 수 있다.

동시에 지나치게 큰 목표나 계획을 설정하기보다는 실현가능한 목표나 계획을 설정하고 단계별로 목표를 달성하고 실행하는 방법을 선택하는 것이 무난하다.

학생이 계열이나 학과를 선택할 경우에도 지나치게 육체적인 활동이 요구되는 학과나 계열보다는 陰의 성정에 맞는 연구나 교육 또는 기획을 할 수 있는 계통의 학과가 무난할 수 있다. 물론 사주의 운한運限에서 오는 음양의 영향을 받으면서 시기적으로 변화가 이루어지기도 하지만 근본적인 자신의 행동이나 사고의 방식은 가지고 있다.

② 일주日柱가 음陰이고 월주月柱가 양陽인 경우 : 이 경우에는 일간 본인

의 정신적인 면이나 추구하는 방향은 차분하고 침착하면서도 끈기와 인내심이 강하고 부드러운 면을 지니고 있다. 그러나 실제 행동하는 면에서는 양의 성정性情이 강하게 나타나므로 상황이나 공간의 변화에 따라 활발하고 활동적이다.

사주와 운의 구성을 살펴서 파악해야 하지만, 기본적으로는 상황이나 공간의 변화에 따라 활발하고 적극적인 면을 지니고 있으므로 자신이 연구하고 기획한 일이나 업적을 외부에 드러내기를 좋아하고 완벽을 추구하려는 성정이 강하다. 그러므로 가르치는 일이나 기획을 하여 결과를 외부에 드러내는 일은 적성에 적합할 수 있고, 역시 지나치게 큰 사업을 벌이는 경우에는 불리할 수 있다. 작은 사업은 자신이 잘 이끌어갈 수 있다. 또한 다양한 직장생활도 무난하고, 연구나 강의 등 교육계통이나 봉사활동이나 환경보호활동 등과 같은 활동적인 일도 무난할 수 있다.

학과나 직업을 선택할 경우에도 활동성이 있으면서 음의 성정이 드러나는 자연과학계열이나 의약계열, 공학계열이나 교육계열, 관리나 기획 등을 할 수 있는 계통의 학과나 직업을 선택하면 무난할 수 있다.

③ 일주日柱가 양陽이고 월주月柱도 양陽인 경우 : 일간의 기본적인 성격은 대단히 활발하고 활동적이며 적극적이다. 또한 주관이나 주장이 강하고 주체성이 뚜렷하므로 타인의 간섭이나 지배를 받는 것을 싫어한다. 그러므로 직장이나 조직생활보다는 오히려 자영업이나 활발한 대외활동을 통하여 성공하기를 원하고, 직업을 선택하더라도 자신의 능력이나 기술 또는 자격증을 활용하여 상사나 조직의 통제나 간섭을 덜 받는 직장이나 업무를 선택하는 것이 무난할 수 있고 스트레스도 줄일 수 있다. 또한 육체적인 활동이 많은 영업직이나 건설계통의 직종이나 일을 선택하여 자신을 빛내는 경우도 많고, 활발하고 활동적인 예체능계통의 직업이나 일도 무난

할 수 있다. 즉 자신의 발산하는 힘으로 대외적으로 자신을 나타내고 활발하게 활동할 수 있는 일은 도전할만하다.

학과나 진로를 선택할 경우에는 인문계열이나 사회계열, 또는 예체능계열, 상경계열 등에서 자신의 의지와 뜻을 발산할 수 있는 일은 모두 무난할 수 있다.

④ 일주日柱가 양陽이고 월주月柱가 음陰인 경우 : 일간의 기본적인 성품은 陽의 활발하고 적극적인 성정을 지니고 있지만 실제 행동을 할 때는 차분하고 침착하게 심사숙고하므로 실리적이고 소극적일 수 있다.

이 경우에는 직장생활을 하더라도 무난하고, 자영업을 하더라도 함부로 확장하거나 무리수를 두지 않고 냉철하게 계산하고 일을 진행하므로 무난할 수 있다. 물론 원국의 구성을 종합적으로 살펴 판단해야 한다.

학생의 진로 선택에 있어서도 역시 꾸준하게 과정보다는 내실을 중시하는 계통의 인문계열이나 사회계열, 교육계열, 자연계열, 의약계열의 원하는 학과를 선택해도 무난할 수 있다. 왜냐하면 음양의 조화가 이루어져 있으므로 결과나 결실을 맺을 수 있기 때문이다.

(3) **생활환경의 개선** : 주거나 생활환경은 기본적으로 자신의 타고난 사주상의 성격이나 특성에 의해 유익한 장소와 환경이 있다.

자신에게 주어진 여건이나 환경이 어려울 경우에도 주어진 상황에 맞게 최적의 주거환경을 만들 수 있고, 다양한 방법을 활용하여 생활환경과 분위기를 개선할 수 있다. 물론 각종 정보나 지식을 활용할 수도 있지만, 진정 자신만의 차별화된 최적의 환경과 분위기를 만드는 것은 음양과 오행을 활용한 명리의 지혜를 활용하는 것이 큰 도움이 될 수 있다.

① 일주日柱가 음陰이고 월주月柱도 음陰인 경우 : 특히 일주와 월주가 金, 水의 陰이 강할 경우에는 음에 해당하는 성정이 뚜렷하게 나타나므로 양의 기운을 필요로 한다. 이 경우에는 우선 자신에게 양에 해당하는 인人·사事·물物을 보완하는 것이 필요하다. 물론 다른 천간과 지지의 음양도 참조하면 더욱 신뢰도가 높을 수 있다.

- 주거나 이사 여행 : 거주지를 선정하거나 이사를 할 경우에는 양에 해당하는 火의 방향인 남방이나 木의 방향인 동방으로 정하는 것이 도움이 될 수 있고, 음陰에 해당하는 金의 서방이나 水의 북방은 불리할 수 있다. 土의 중방은 무난할 수 있다. 여행을 할 경우에도 바닷가나 강가보다는 전원지역이나 내륙에 있는 산을 찾는 것이 도움이 될 수 있다. 여유가 있으면 겨울에는 필리핀이나 태국 등의 남방으로 여행이나 골프를 가는 것도 체력이나 에너지를 충전하는 방법이 될 수 있다.

- 실내장식 : 커튼이나 벽 또는 가구의 색상도 흰색계통이나 검은색 계통은 더욱 차갑고 차분한 느낌을 주므로 의기소침하거나 중압감을 느낄 수 있다. 역시 이 경우에도 포근하고 따뜻하게 느낄 수 있는 양의 색상인 분홍색계통이나 초록이나 하늘색계통의 색상을 사용하여 안정감과 적극성을 높이는 것이 도움이 될 수 있다. 물론 황색계통의 색상도 무난할 수 있다.

- 음식과 운동 : 차가운 음식보다는 더운 음식을 선호할 수 있고, 특히 탕이나 끓인 음식을 먹는 것이 체질에 적합할 수 있다. 또한 회나 날것보다는 익히거나 끓여서 만든 음식이 적합하고 육류를 섭취하는 것도 자신의 몸을 보호하는데 도움이 될 수 있다. 운동을 하는 경우에도 유산소운동보다는 땀이 날 정도의 육체적인 활동이나 근력운동을 하는 것이 도움이 될 수 있다.

② 일주日柱가 양陽이고 월주月柱도 양陽인 경우 : 특히 일주와 월주에 陽火의 기운이 강할 경우에는, 양의 성정이 강하게 나타나므로 반대로 음의 기운을 보완하는 것이 필요하다.

이 경우에는 우선 자신에게 음에 해당하는 금金과 수水의 인人·사事·물

物을 보완하는 것이 필요하다. 역시 사주의 다른 천간과 지지의 음양도 참조하면 더욱 신뢰도가 높을 수 있다.

- 주거나 이사 여행 : 거주지를 선정하거나 이사를 할 경우에는, 음에 해당하는 金의 서방西方이나 水의 북방北方으로 정하는 것이 도움이 될 수 있고, 양에 해당하는 火의 방향인 남방南方이나 木의 방향인 동방東方으로 하는 것은 불리할 수 있다. 역시 土의 중방中方은 무난할 수 있다.
  여행을 할 경우에도 도시나 산을 찾는 것보다는 시원한 바닷가나 강가를 찾는 것이 도움이 될 수 있다. 또한 여유가 있을 경우에는 여름에 시원한 국가나 서늘한 지역을 찾아 몸을 식히는 것이 체력과 에너지를 보충하는 방법이 될 수 있다.

- 실내장식 : 커튼이나 벽 또는 가구의 색상은 포근하고 따뜻하게 느낄 수 있는 양陽의 색상인 분홍색계통이나 초록 또는 하늘색계통의 색상은 오히려 답답하거나 후덥지근한 느낌을 받을 수 있으므로 본인에게 포근함이나 여유로움을 제공하지 못할 수 있다.
  반대로 흰색계통이나 회색이나 옅은 검정색계통으로 장식을 하여 차분하고 중후한 느낌을 지니게 하므로 휴식과 에너지를 충전할 수 있다. 또한 옅은 황색계통의 색상도 무난할 수 있다.

- 음식과 운동 : 더운 음식보다는 차가운 음식을 선호할 수 있고, 특히 생선이나 해조류 또는 수산물을 섭취하는 것이 피로회복이나 재충전에 도움이 될 수 있다.
  특별한 경우를 제외하고는 생선회나 육회 등의 날것과 신선야채나 과일이 건강이나 피로회복에 더욱 도움이 될 수 있고, 끓인 음식이나 불에 익힌 음식은 싫어할 수 있다.
  운동을 하는 경우에는 가벼운 조깅이나 달리기 등의 유산소운동을 하는 것이 피로회복이나 활력을 돋우는데 도움이 될 수 있고, 지나친 순발력을 요하는 운동이나 근력운동을 하는 것은 피로감을 높일 수 있다. 무엇보다도 자신의 체질에 적합한 운동을 하는 것이 도움이 될 수 있다.

※ 일주日柱가 양陽이면서 사주원국에 陽의 기운이 강할 경우에는 발산發散하는 기운이 강하므로 활발하고 적극적이며 이상이나 꿈이 크고 낙관적樂觀的인 성정이 나타나고, 일주日柱가 음이면서 陰의 기운이 강할 경우에는 수렴收斂하는 기운이 강하므로 차분하고 실리적이며 현실적인 성정이 나타날 수 있다. 사주 분석의 기본적인 접근방법이 바로 음양의 성정과 특성이다. 그러므로 음양의 인人·사事·물物에 대한 개념槪念이나 원리原理를 잘 이해하는 것이 중요하다.

3. 오행론五行論

1) 음양陰陽과 오행五行의 관계

오행五行은 음양을 더욱 세분화하여 만물의 구성요소로 표현한 것이며, 음양에서 발생한 오행이라는 구성요소를 통하여 하늘과 땅과 사람 즉 천지인天地人의 다양한 상호 순환작용을 분석하는 동양철학과 사상의 근간이 된다.

목木, 화火, 토土, 금金, 수水를 오행이라고 하며, 음양과 오행은 인간과 우주만물의 생성·성장·쇠퇴·소멸에 큰 영향을 미치는 기본적인 요소라고 할 수 있다. 또한 음양과 오행은 동양철학과 사상 중에서도 운명철학인 명리학命理學의 근간이라고 할 수 있고, 그중에서 음양은 이진법의 바탕이 되었고, 오행을 음양으로 분리한 10천간十天干은 십진법의 바탕이 되었으며, 12지지十二地支는 12진법의 바탕이 되었다고 할 수 있다.

음양과 오행으로 표현한 60진법이라고 할 수 있는 60갑자六十甲子는 연월일시年月日時의 연대와 시간을 정확하게 표현하는 방법으로 현재도 활용하고 있으며, 명리에서는 우주 대자연과 인간의 상호관계를 파악하고 분석하는 방법으로 활용되고 있다.

음양과 오행의 기본적인 관계를 살펴보도록 하자.

(1) 양陽의 오행 : 기본적으로 木 火는 발산하는 양의 기운이 강하므로 활동성이 강하고 적극적이다. 음양의 개념으로 木 火의 기본적인 표상을 알아보도록 하자.

- 木 : 음기陰氣가 약화되고 양기가 증가하는 木은 물질로는 신선한 공기와 바람을 제공하는 나무나 식물을 의미하고, 양중의 음陽中之陰이 되어 비록 陽이지만 陽의 기운이 강하지 않아 소음少陰이라고 한다. 계절로는 봄春에 해당하고, 봄에는 여자가 남자를 생각하는 정情이 생긴다고 하며, 방향은 동방東方이 된다. 木의 색상은 나무나 하늘의 색상을 연상하면 되는데 청색이나 남색 또는 초록색이며, 오장육부五臟六腑에서는 간장肝臟(간)과 담膽(쓸개)이 된다. 木의 기氣는 희망과 꿈을 펼치는 의미가 강하다.

- 火 : 火는 오행 중에서 발산하는 양기가 가장 강하고 음기가 가장 약하여 양중의 양陽中之陽이라고 할 수 있고 태양太陽에 해당한다. 물질적으로는 陽의 기운이 강한 태양이나 불을 의미하고, 계절로는 여름夏에 해당하며, 방향은 남방南方이다. 색상은 일반적으로 적색이나 분홍색 또는 밝은 자주색이며, 오장육부에서는 심장心臟(염통)과 소장小腸(작은창자)에 해당한다. 火의 기는 열정과 정열을 나타낸다.

(2) 음陰의 오행 : 기본적으로 金 水는 음陰에 해당하므로 차분하고 침착하며, 내면적으로는 단단하고 현실적이며 실리적實利的이다.

- 金 : 양기가 쇠하고 음기가 증가하는 金은 물질적으로는 땅 속에 묻혀 있거나 가공된 금석金石을 의미하고, 음중의 양陰中之陽이므로 비록 陰이지만 陽의 기운이 있으

므로 소양小陽이라고 한다. 계절로는 가을秋이고, 방향은 서방西方이다. 색상은 흰색이며, 오장육부에서는 폐장肺臟(허파, 폐)과 대장大腸(큰창자)이 되고, 단단하고 강한 의미를 지니므로 결실을 의미한다. 가을은 결실과 마무리를 나타내며, 나무의 나이테는 가을에 형성되어 나무를 단단하게 하여 추운 겨울을 견디게 하고 성장하게 하는 작용을 한다. 金의 기는 강인함과 숙살肅殺이라고 할 수 있다.

- 水 : 음기가 강하고 양기가 쇠약한 水는 생명의 근원을 나타내고, 물질적으로는 강물이나 바닷물 또는 식음용수를 의미한다. 水는 五行가운데 음기가 가장 강하고 양기가 가장 약하므로 음중의 음陰中之陰에 해당하므로 태음太陰이라고 한다. 계절로는 겨울冬이 되고, 방향은 북방北方이며, 색상은 검정 또는 짙은 흑색을 나타낸다. 오장육부에서는 신장腎臟(콩팥)과 방광膀胱(오줌통)이 되고, 水의 기는 부드러움과 차가움을 함께 지니고 있다. 기본적으로 물은 유연하고 융통성이 강하지만 응결凝結하고 수축收縮하는 특성과 위에서 아래로 흘러가는 특성을 가지고 있다.

(3) 중화中和 : 마지막으로 土는 金 水의 음과 木 火의 양의 중간에 있으므로 중화의 기中和之氣라고 한다. 물질적으로는 인간이나 동식물이 존재할 수 있게 하는 토양이나 대지를 의미하고, 계절로는 춘春 하夏 추秋 동冬 사계절의 변환기이므로 사계四季 또는 환절기換節期라고 하며, 방향은 중앙을 나타내고, 색상은 황색이나 갈색 또는 흑색을 나타낸다. 오장육부에서는 비장脾臟(지라)과 위장胃腸(밥통)이 해당하고, 土의 기는 중력의 작용처럼 중간에서 중심을 잡아주는 역할과 변화의 중심에서 조절과 중재를 한다.

2) 오행五行의 발생과 기본개념

(1) 오행五行의 발생 : 무극無極에서 태극太極의 기가 발생하여 陰과 陽으로 나누어지며, 음陰은 음중의 음인 태음太陰과 음중에 양이 존재하는 소양少陽으로 나누어지고, 양陽은 양중에서도 양인 태양太陽과 양중에 음이

존재하는 소음少陰으로 나누어진다.

태음은 겉과 속이 모두 陰으로 음의 기운이 강한 것을 말하고 오행으로는 수水에 해당하고, 소양少陽은 겉은 陽이지만 속은 陰인 경우를 말하고 오행으로는 金에 해당한다.

태양은 겉과 속이 모두 陽인 것을 말하고 오행으로는 火에 해당하고, 소음少陰은 속은 陽이지만 겉은 陰인 경우를 말하고 오행으로는 木에 해당한다. 여기에 음과 양의 중간에 해당하는 土를 더하여 오행五行이라고 한다.

(2) 오행五行의 기본개념 : 지구에는 하늘과 땅이 존재하고 하늘과 땅 사이에 인간과 그 밖의 많은 동식물의 생명체가 살아가고 있다. 생명체가 존재하는데 필요한 절대적인 요소가 오행이며, 오행은 각각의 기운을 가지고 있으면서 다시 음과 양으로 나누어져 시간과 공간에 따라 끊임없이 인간이나 동식물에게 영향력을 끼친다. 이러한 생명체의 절대적인 요소를 자연에서는 음양에 해당하는 해와 달과 오행에 해당하는 나무木 불火 흙土 쇠金 물水로 인식하고, 지구상의 모든 생명체는 음양과 오행의 기적氣的·정신적·물질적인 영향력에 의해 생성되고 소멸되는 것으로 인식하였다.

오행의 기적·정신적·물질적 변화는 다시 자석의 음극과 양극처럼 음과 양으로 나눌 수 있으며, 눈에 보이지 않는 전자파와 같은 기로써 존재하기도 하고, 눈에 보이는 물질로도 존재하고 또한 정신으로도 존재하면서 지속적으로 생명체에 영향력을 행사한다.

우주대자연이 음양과 오행의 기운과 영향을 받으면서 생성·발전·쇠퇴·소멸하는 과정을 거치는 것처럼, 소우주인 인간도 음양과 오행의 기운과 영향을 받으면서 생生·노老·병病·사死와 길吉·흉凶·화禍·복福의 순환과정을 거친다고 할 수 있다. 즉 오행은 우주만물의 생성·발전·쇠퇴·소멸과 인간의 생·노·병·사와 길·흉·화·복을 좌우하는 근원이며 물질을 구성하는 단위요소라고 할 수 있다.

여기서는 운명철학의 중심이라고 할 수 있는 명리를 공부하는데 필요한 기초적인 개념에 한정하여 논하도록 하자.

오행은 상호간에 상생相生과 상극相剋의 작용을 하고, 또한 상합相合과 상충相沖의 작용을 한다. 그 가운데 변화와 조화를 끊임없이 추구하는 치열한 생존과 발전의 기본원리가 존재한다.

음양과 오행의 원리는 자연의 법칙에 따라 다양하게 변화하면서 조화를 이루고 동시에 대립하면서 공존한다. 이러한 원리를 활용하여 인간의 흥망성쇠와 길흉화복의 시기와 공간을 분석하여 개인이나 기업 또는 국가의 발전과 행복을 추구하는데 유용하게 활용할 수 있다.

우주, 대자연과 인간의 근본 구성요소인 오행의 기운이 인간에게 끼치는 영향력을 물질적·정신적·기적氣的으로 나누어 기운의 흐름과 변화를 정밀하게 분석하고 검증하여 실생활에 지혜롭게 활용할 수 있는 방안을 알아보도록 하자.

3) 오행五行의 음양과 물질과 기氣

【간지干支】

10천간	甲	乙	丙	丁	戊	己	庚	辛	壬	癸	
12지지	子	丑	寅	卯	辰	巳	午	未	申	酉	戌	亥

(1) 木의 음양과 물질과 기氣 : 木은 천간天干과 지지地支의 양목陽木과 음목陰木으로 분리할 수 있다. 양목은 천간의 갑목甲木과 지지의 인목寅木이

해당하고, 음목은 천간의 을목乙木과 지지의 묘목卯木이 해당한다.

음목과 양목을 물질적으로 설명하면 물속이나 습지에서 자라는 나무를 陰木 또는 습목濕木이라고 하고, 산이나 전원 또는 땅에서 자라는 나무를 陽木 또는 조목燥木이라고 할 수 있다. 때로는 살아있는 나무生木와 죽은 나무死木, 큰 나무와 작은 나무, 수명이 긴 나무와 수명이 짧은 나무, 잔디나 덩굴 또는 과일나무와 소나무 또는 전나무 등으로 나눌 수도 있다.

木의 기는 나무에 의하여 발생하는 눈에 보이지 않는 바람과 하늘의 우레가 될 수 있고, 사람의 경우에는 큰 나무처럼 굳건하고 어질고 점잖은 陽木의 성정과, 덩굴나무나 잔디처럼 생명력이나 인내심이 강한 陰木의 성정으로 분리할 수 있다. 이 밖에도 사색을 통하여 다양한 木의 인·사·물과 기운을 음양으로 나누어 유추할 수 있다.

(2) 火의 음양과 물질과 기氣 : 火는 천간과 지지의 양화陽火와 음화陰火로 분리할 수 있다. 양화는 천간의 병화丙火와 지지의 사화巳火가 해당하고, 음화는 천간의 정화丁火와 지지의 오화午火가 해당한다.

물질적으로는 화산이나 용광로처럼 강한 열기를 지닌 陽火와 촛불이나 화롯불처럼 제한된 열기를 지닌 陰火로 분리할 수 있고, 기적氣的으로는 태양처럼 뜨거운 열기와 빛을 가진 陽火와 별이나 달 또는 형광등이나 반딧불처럼 빛만 지니고 열이 거의 없는 陰火로 분리할 수도 있다. 사람의 경우에는 큰 불처럼 활활 타오르는 뜨겁고 정열적인 陽火의 성격이나 정신을 지닌 사람과 작은 등불처럼 어둠을 밝혀주고 포근하고 따뜻한 성품을 지닌 陰火의 성정을 지닌 사람으로 분리할 수 있다.

(3) 土의 음양과 물질과 기氣 : 土는 천간과 지지의 양토陽土와 음토陰土로 분리할 수 있다. 양토는 천간의 무토戊土와 지지의 진토辰土와 술토戌土

가 해당하고, 음토는 천간의 기토己土와 지지의 미토未土와 축토丑土가 해당한다.

물질적으로는 지리산이나 사막의 거칠고 메마른 흙인 陽土와 문전옥답과 같은 비옥한 흙인 陰土로 분리할 수 있고, 가뭄으로 갈라진 메마른 陽土와 장마로 진흙탕이 된 陰土나, 나무나 곡식이 자라기 힘든 사막이나 고원의 토양인 陽土와 곡식이나 생명체가 성장하기에 적당한 토양인 陰土로 나눌 수 있다. 사람의 경우에는 땅은 만물을 황량하고 메마르게 하는 힘과 만물을 포용하고 감싸주는 힘이 있듯이, 사막이나 가뭄으로 갈라진 땅처럼 편굴偏屈된 성품을 지닌 사람과 넓고 포용력이 있는 성품을 지닌 사람으로 분리할 수 있다. 기적氣的으로는 언제나 존재하는 무한한 공기나 대기와 같은 의미가 있다.

(4) 金의 음양과 물질과 기氣 : 金은 천간과 지지의 양금陽金과 음금陰金으로 분리할 수 있다. 양금은 천간의 경금庚金과 지지의 신금申金이 해당하고, 음금은 천간의 신금辛金과 지지의 유금酉金이 해당한다.

물질적으로는 땅속이나 자연 속에서 가공되지 않은 광물질이나 금속에 해당하는 陽金과, 칼이나 보석처럼 가공된 금속인 陰金으로 나눌 수 있다. 즉 바위나 광물자원과 같은 원형 그대로의 陽金과 강이나 개울에 있는 모래나 자갈과 같이 변화가 이루어지거나 칼이나 도구로 가공된 陰金으로도 분리할 수 있다. 사람의 경우에는 굳고 단단하며 의지가 강한 陽金의 성품을 지닌 순수한 사람과 산전수전을 겪어 냉정하거나 아름답고 빛나는 陰金의 성품을 지닌 사람으로 분리할 수 있다. 기적氣的으로는 숙살肅殺과 강인함으로 표현할 수 있다.

(5) 水의 음양과 물질과 기氣 : 水는 천간과 지지의 양수陽水와 음수陰水

로 분리할 수 있다. 양수는 천간의 임수壬水와 지지의 해수亥水가 해당하고, 음수는 천간의 계수癸水와 지지의 자수子水가 해당한다.

물질적으로는 강이나 바다에 있는 많은 양의 물을 의미하는 陽水와, 개울이나 호수에 고인 적은 양의 물을 의미하는 陰水로 분리할 수 있다. 또한 사람이나 동식물에게 유용한 생명수나 음·용수로 활용되는 陰水와 오汚·폐수廢水처럼 생명체가 사용하기 어려운 오염된 물의 陽水로 나눌 수 있다.

물론 陽水의 경우에도 농작물과 대지를 비옥하게 하는 물과 홍수와 범람으로 인한 재앙이 되는 물이 될 수 있고, 陰水의 경우에도 생명수가 되어 나무나 곡식이 자라는데 꼭 필요한 영양소의 역할을 하는 물과 부족한 수분으로 인한 갈증과 무용지물의 물로 분리할 수 있다.

기본적으로 물은 하늘에서는 습기나 수증기로 존재할 수 있고, 땅에서는 얼음과 물로 존재할 수 있다. 사람의 경우에는 생명수와 같이 맑고 순수하면서 착한 성정을 지닐 수 있고, 홍수와 범람으로 인한 재앙처럼 감당하기 어려운 성정을 지닐 수도 있다. 기적氣的으로는 유연성과 활동성이라고 할 수 있다.

다음에는 오행의 개별적인 특성을 일반적으로 검증되고 실제생활에서 유용하게 활용되고 있는 내용을 중심으로 살펴보도록 하자.

4) 오행五行의 표상表象

기본적으로 인간은 음양과 오행을 갖춘 소우주이므로, 누구나 존재의 가치와 존엄성이 있고, 타인과 구별되는 자신만의 특별한 재능과 천성을 지니고 있다. 이것은 달리 말하면 스스로 자신을 소중하게 여기고 존경하면서 사랑해야 할 이유이며, 동시에 타인의 가치와 존엄도 자신과 마찬가지로 존중하고 인정해야 할 이유라고 할 수 있다.

기본적인 가치는 개개인의 힘의 원천이 되는 가정을 소중히 가꾸고, 사회의 필요한 소금과 빛이 되어 자신을 포함하여 주위를 밝고 따뜻하게 만드는 데 있다. 나아가 사회나 국가에 필요한 열매와 가치를 창출하고, 살면서 자신을 사랑하면서 행복한 삶을 영위하는데 있다.

오행의 행동과 마음가짐에 해당하는 오상五常은 동양사상의 근간이 되는 인仁, 의義, 예禮, 지智, 신信을 말하며, 이것은 행복한 삶의 방안을 찾는 지혜로운 처세술이 될 수 있다.

자신의 타고난 본성과 처지를 알고 사전에 대비하는 것은, 자신을 돌아보고 생각하는 시간을 가질 수 있고, 동시에 복잡하게 얽힌 자신의 일이나 삶의 과정을 한 발 물러나서 객관적으로 살펴보고 판단할 수 있는 냉철함과 지혜로운 처신의 방법을 찾는데 도움이 될 수 있다.

사람들이 자연과 우주로부터 자신이 받고 있는 오행의 기운을 알고 현명하게 대응할 수 있다면, 살면서 경험하고 뒤늦게 후회하고 깨닫는 대다수의 곤란한 문제나 어려움을 어느 정도 해결할 수 있고, 또한 감당하기 어려운 정신적인 스트레스나 육체적인 손상 또는 재물의 손실이나 가정의 불행 등을 줄이거나 사전에 방지할 수 있는 지혜를 얻을 수 있다.

나아가 자신의 적성이나 능력을 올바르게 파악하여 최대한 발휘할 수 있고 생활의 즐거움을 찾을 수 있다.

세부적으로 개개인에게 적합한 일이나 좋은 기회를 놓치지 않고 적극적으로 활용하여 스스로 목표하는 결과를 창출할 수 있는 방법들을 찾을 수 있고, 불행한 일이 생기거나 좌절과 고통을 받을 때는 긍정적인 힘으로 인내하면서 자신의 지식과 지혜를 충전하는 시기로 만들 수 있다. 또한 진퇴의 시기와 장소를 알고 사전에 미리 대비할 수 있으므로 더욱 행복한 삶을 영위할 수 있다.

음양이 조화를 이루고 오행을 두루 갖추고 있는 명命은 주변의 사람이나 자연과 조화를 이루고 원만하게 살아갈 수 있고, 성품도 모나지 않은 경우가 많다. 반면에 원국이 2 ~ 3개의 오행으로만 구성되고 음양이 편굴된 경우에는 개성이 강하고 장점과 단점이 확연하게 구별될 수 있다.

개별적인 오행의 특성과 실생활에서 활용하는 부분을 자세히 살펴보도록 하자.

(1) 木의 인人·사事·물物의 특징

① 木의 오성五性과 기본특성 : 木은 오행 중에서 유일한 생명체이며, 자연에서의 木은 소나무나 전나무처럼 위로 똑바로 솟아오르는 직直의 성질과 잔디나 덩굴처럼 옆으로 뻗어나가거나 굽는 곡曲의 성질을 함께 지니고 있으므로 木의 오성을 곡직曲直이라고 한다.

즉 양목陽木은 크고 높이 솟아오르면서 우람하고, 음목陰木은 높이 오르기는 쉽지 않지만 휘거나 멀리 퍼질 수 있다. 木은 오행중의 유일한 생명체이므로 꿈과 희망이 크고, 새로운 시작과 전개를 의미한다.

② 실생활의 木 : 실생활에서 활용되는 木은 계절로는 봄에 해당하며, 봄은 만물이 소생하는 시기이며, 일을 새롭게 시작하고 펼치는 것을 의미한다. 인생의 시기로는 시작과 출발을 의미하므로 태어나서부터 청소년기에 해당하며, 청소년은 새로운 희망과 꿈을 찾는 시기이므로 하늘을 솟아오르는 청룡靑龍을 의미한다. 木은 하루의 시작인 새벽과 아침寅卯時을 나타내고, 방위는 아침의 태양이 떠오르는 방향인 동방東方을 나타낸다.

木에 해당하는 달은 寅, 卯월이며, 봄에는 새싹이 파릇파릇 청색을 나타내므로 색깔로는 청색(또는 청록색)이 되고, 소나무(정이품 소나무)가 임금이 지나갈 때 가지를 비켜주는 어진 모습을 보여주었다고 하는 것처럼 근본根本이 어질고 인자할 수 있다. 그러나 어질고 선함이 지나칠 경우에는 신의가 부족할 수도 있다.

木의 기운이 필요한 경우에는, 종교적으로는 천주교나 유교 또는 도교가 마음의 안정과 기쁨을 줄 수 있고, 건강을 위해서는 바다보다는 나무와 숲이 우거진 산으로 가는 것이 활력을 주고 피로회복에 큰 도움이 될 수 있다. 이런 원리를 활용하면 몸의 회복에 많은 도움이 될 수 있다.

예를 들면 간암은 木에 해당하므로 나무나 숲이 많은 곳을 찾거나 야채나 녹즙을 먹으면 큰 도움이 될 수 있다. 다른 경우도 이와 같이 유추할 수 있다.

인자요산仁者樂山처럼 木의 기운이 강한 사람은 산을 좋아한다는 것도 木의 의미를 잘 살린 말이다. 즉 어질고 선한 사람은 나무나 숲을 즐긴다는 것이다.

③ 신체상의 木과 맛 : 木의 계절인 봄에 나는 나물들은 푸릇푸릇한 초록색을 띠면서 신맛이 나고, 얼굴에서는 선악을 파악하는 눈을 의미한다. 즉 맛으로는 신맛이고, 얼굴에서는 눈을 의미한다. 또한 나무는 수분을 뿌리에서 흡수하여 잎사귀까지 전달하므로 몸의 신경계나 분비계통에 해당한다. 오장육부에서는 몸에 해로운 독을 제거하는 해독작용을 하고 몸을 신선하게 하는 간장肝臟과, 간에서 분비되는 쓸개즙을 저장하고 보관하는 담膽 즉, 쓸개가 된다. 더하여 나무에는 가지나 줄기가 뚜렷한 경우도 있고 잔디나 잡초처럼 가지나 줄기가 가늘고 약한 경우도 있다. 그러므로 줄기

나 가지에 해당하는 사람의 신체부위는 머리나 목 혹은 팔다리가 해당하고, 동시에 손발이 된다. 또한 몸의 줄기가 되는 동맥이나 관절이 되고, 잔디나 잡초처럼 신체에서는 모발毛髮이 해당한다.

④ 경제적·문화적인 의미의 木 : 木의 물상은 침엽수, 활엽수, 초목, 잔디, 화초 등으로 분류할 수 있고, 삼림이나 목재 또는 나무를 가공한 상품도 해당한다. 木의 성질을 지닌 경제활동으로는 섬유나 의류, 지물과 문구, 가구와 목재상, 건축이나 목가공업 등등으로 유추할 수 있다. 시작이나 꿈과 희망을 의미하는 木은 아동이나 청소년에 해당하므로 청소년이나 교육과 관련된 경제적인 활동이나 문화적인 활동을 할 수 있고, 오행 중에서 유일한 생명체에 해당하므로 생명관련 경제적인 활동이나 봉사활동도 해당한다. 또한 木은 바람을 일으키므로 기로는 바람을 뜻하는 풍風이며, 작명에서 활용하는 1·2의 수數와 어금니 소리인 ㄱ, ㅋ에 해당한다. 우리나라의 보물 1호의 동대문東大門은 木이 나타내는 동쪽의 문을 말하고, 木의 오상五常인 어질 인仁을 붙여 어진 선비나 점잖은 사람을 맞이하는 문이라고 하여 흥인문興仁門이라고도 부른다. 물론 동방東方을 수호하는 호랑이의 의미도 있다. 이밖에도 다양한 의미가 있다. 우리나라는 동방에 위치하고 木의 특성이 강하므로 새로운 문명이나 문화를 자연스럽게 받아들이고 새롭게 창조하는 능력이 뛰어난 국가이며, 본질이 어질고 선하다고 할 수 있다. 동방의 우리나라가 대표적인 木의 국가라고 할 수 있다.

(2) 火의 인人·사事·물物의 특징

① 火의 오성五性과 기본특성 : 火는 오행 중에서 빛이나 열기를 의미하므로 기적氣的인 의미가 가장 강하며, 자연에서는 불을 의미하고 불꽃은

위로 솟아오르면서 퍼져나가므로 염상炎上의 특성을 지니고 있다. 火는 빠른 속도로 전달되는 전기나 빛과 열기를 지닌 태양이나 화산폭발과 같은 강열한 양화陽火와, 온기와 열기를 지닌 포근한 난로나 촛불과 같은 음화陰火가 있다. 火는 급하게 위로 타오르거나 확장하는 특성이 강하므로 확장과 팽창 혹은 폭발의 기운이 강하다.

② 실생활의 火 : 불이 급히 뜨겁게 타오르듯이 처신을 할 때에도 예禮를 중시하면서 시시비비是是非非를 확실하게 가리기를 좋아한다. 또한 陽火처럼 정열적이고 불같은 성격이 될 수 있고, 陰火처럼 포근하고 따뜻하며 예의바른 성격이 될 수도 있다. 인생의 시기로는 불처럼 타오르는 청·장년기에 해당하고, 활동적이므로 급히 바람을 타고 번져나가면서 동시에 활동이 정지되면 쉽게 꺼져 버릴 수도 있다.

火의 오상은 예에 해당하며 사람이 예를 지나치게 추구할 경우에는 의리를 저버릴 수도 있으므로 서로 조화를 이루는 행동이 필요하다.

火는 계절로는 여름이며 해당하는 월은 巳, 午월이고, 하루 중에는 한낮이나 대낮이 되고巳午時, 방위로는 따뜻한 남방南方을 나타낸다. 색상은 붉은 불처럼 적색赤色이나 홍색紅色 또는 자색紫色을 의미하고, 불은 밝고 뜨거운 열정과 투쟁을 의미하므로 활발하고 활동적이다. 火의 기운이 필요한 경우에는 종교적으로는 기독교나 이슬람교 등이 심신의 안정과 활동에 도움이 될 수 있고, 火가 부족하여 나타나는 질병이나 건강을 회복하기 위해서는 따뜻한 남쪽지역의 숲이 있는 장소가 도움이 될 수 있다.

③ 신체상의 火와 맛 : 火는 불같이 성급하게 화를 내거나 조급하여 당하는 사람은 몹시 쓸쓰레할 것이므로 맛으로는 쓴맛이 되고, 얼굴에서는 맛을 보는 혀舌를 의미한다. 열이 많이 나면 혓바늘이 돋는 것도 같은 이

치라고 할 수 있다. 신체에서는 필요한 영양소를 흡수하여 혈액을 만드는 조혈造血작용과, 만든 피를 심장의 압박을 통하여 순환시키는 순환계의 작용을 한다.

오장육부로는 음화는 혈액을 펌프질하듯이 강제 순환시키는 몸의 심장에 해당하고, 양화는 영양분을 흡수하는 작은창자에 해당한다.

신체부위로는 가슴근처의 부위로서 양팔의 활동 중심이 되는 어깨肩가 되고, 빛이 나는 눈동자나 눈꺼풀이 해당하며 눈빛이나 시력이 된다. 또한 열과 연관이 있는 인후咽喉나 편도선이 해당하고, 피를 순환시키는 혈관이 된다.

火의 기운이 부족하면 혈관이 막혀 혈액순환이 원활하지 못하여 혈압이 상승할 수 있고 심하면 심근경색이나 심장마비가 일어날 수 있다.

火의 기운이 지나치게 강하면 체온이 높아지고 열이 나므로 목구멍咽喉이 아프고 편도선이 나타날 수 있다. 때로는 열이 올라 눈빛이 흐려지고 시력이 약해지거나 얼굴이 붉거질 수 있으며, 심장에 이상心胞絡이 올 수 있다.

④ 경제적·문화적인 의미의 火 : 火의 물상은 불이나 열기와 빛을 유추하여 용광로나 촛불, 태양이나 달, 번개나 광선, 전기나 전자, 전자파, 방사선이나 자외선 또는 적외선 등과 연관할 수 있다. 또한 전파에 의한 전화나 통신계통, 폭발물이나 위험물, 소방이나 난방용품, 화공이나 화학계통, 동력발전 등으로 경제활동에 응용할 수 있다.

火는 열기를 나타내므로 기氣로는 열熱을 의미하고, 작명에서는 3·4의 수數와 혓소리에 해당하는 ㄴ, ㄷ, ㄹ, ㅌ이 된다. 특히 火는 기적氣的인 의미와 영적靈的인 의미가 강하므로 신령이나 심령을 의미하기도 하고, 높은 하늘을 나는 날개 달린 조류를 火로 분류한다. 국가로는 중동이나 열대의 아프리카 국가가 火에 해당할 수 있다.

우리나라의 국보 1호인 남대문은 남쪽에 있으므로 남대문이면서 火의 성정인 예를 지키는 문이라는 의미에서 숭례문崇禮門이라고 하였다.

(3) 土의 인人·사事·물物의 특징

① 土의 오성五性과 기본특성 : 흙土은 만물이 성장하고 존재할 수 있는 터전이며, 나무나 곡식이 뿌리를 내리고 성장할 수 있는 토양이므로 가색 稼穡(곡식농사를 의미)의 특성을 지니고 있다.

土는 거대한 산과 같이 본연의 모습으로 꿋꿋하게 존재하며 자기중심이 흔들리지 않는 양토陽土와 온갖 생명체가 성장하기에 적당한 온기와 수분을 함유한 음토陰土로 나눌 수 있다. 사람의 경우에는 산처럼 중후하고 함부로 경거망동하지 않지만 속을 알 수 없는 무뚝뚝한 陽土와, 텃밭처럼 부드럽고 포근한 陰土로 분류할 수 있다. 흙에는 북극이나 남극의 흙처럼 차갑고 얼어붙은 한토寒土도 있고, 열기가 넘치는 사막의 흙처럼 메마르고 황량한 조토燥土도 있다. 또한 진흙탕과 같은 습토濕土와 열기가 많고 습기가 적은 조토燥土도 있다. 다양한 흙이 있듯이 다양한 성정이 나타날 수 있다.

② 실생활의 土 : 土는 봄, 여름, 가을, 겨울의 사계절이 바뀔 때마다 계절의 중간에서 급격한 변화를 막아주고 무난하게 적응하도록 조절하고 숙성시키는 역할을 하므로 환절기換節期에 해당한다. 계절이 바뀌는 환절기에 몸이나 정신이 적응하지 못하여 병이 나거나 사고가 많이 나기도 하며, 특히 노약자나 환자들은 이 시기에 많이 아프거나 때로는 사망하는 경우가 다른 시기보다 많다. 인생의 시기로는 중·장년기에 해당하고, 계절의 중간에 있으므로 환절기에 해당한다. 방위는 사방위의 가운데에 해당하는 중

앙을 나타낸다. 사대문의 중앙에 있는 문이 광화문光化門이며, 광화문은 모든 방위의 문을 통합하고 중심을 잡는 역할을 한다고 할 수 있다.

여름으로 변하기 전인 진辰월은 봄의 환절기에 해당하고, 가을로 변하기 전인 미未월은 여름의 환절기에 해당하며, 겨울로 변하기 전인 술戌월은 가을의 환절기에 해당하고, 봄으로 변하기 전인 축丑월은 겨울의 환절기에 해당한다. 즉 계절의 중간에 있으면서 급격한 날씨나 기온의 변화를 적절하게 조절하여 동식물이 변화에 적응할 수 있게 하는 역할을 한다.

색상은 흙의 색인 황색이나 밤색 혹은 황토색이고, 하루의 시간은 아침과 대낮의 경계시간辰時이 되고 낮과 저녁의 경계시간未時이 되며 저녁과 밤의 경계시간戌時이 되고 밤과 새벽의 경계시간丑時이 된다.

土의 기운이 필요한 경우에는, 민속신앙이나 조상을 섬기거나 천도교와 같은 신앙을 가질 때 정신적인 위안과 건강에도 도움이 될 수 있다.

土에 의한 질병의 치유나 건강을 회복하기 위한 방법으로는 논밭이나 과수원이 있는 공간에서 생활하는 것이 정신건강이나 육체의 회복에 많은 도움이 될 수 있고, 음식은 황색계통의 음식이나 고구마나 감자와 같은 구근류球根類를 먹는 것이 도움이 될 수 있다.

③ 신체상의 土와 맛 : 土는 대다수의 사람들이 좋아하는 맛인 단맛(감:甘)을 나타내고, 신체부위는 흙이 나무의 뿌리를 덮어주고 영양을 흡수할 수 있게 하듯이 사람의 뼈와 각종 기관을 보호하는 몸의 피부나 근육 또는 살이나 살갗이 된다.

몸의 기관으로는 소화기계통을 나타내고, 오장육부는 림프구를 만들고 노폐한 적혈구를 파괴하여 몸의 활력을 유지시키는 음토에 해당하는 비장脾臟(지라)과, 음식물의 소화를 담당하는 양토에 해당하는 위장胃腸(밥통)이 된다.

몸의 중심을 잡는 역할을 하는 몸의 가운데인 배와 등, 허리를 나타내고, 얼굴에서는 입과 입술을 나타낸다. 또한 몸의 옆구리에 있는 갈빗대를 나타내고, 걸을 때 중심을 잡아주는 무릎이나 넓적다리와 명문命門(명치)을 나타내기도 한다.

과일에서는 과육果肉에 해당하고, 과일의 씨는 金에 해당한다.

④ 경제적·문화적인 의미의 土 : 자연의 土는 산이나 해안 또는 물가의 제방이나 방벽과 같은 양토陽土와 논밭이나 대지를 의미하는 음토陰土로 나눌 수 있고, 변화된 의미로는 부동산이나 토건, 중개업이나 토산품, 곡물이나 농수산물과 연관될 수 있다.

土는 기본적으로 습기를 지니고 있어야만 응집되어 역할을 할 수 있듯이, 사람의 경우에는 조절과 중재의 의미와 숙성의 의미를 지니고 있으므로 관공서와 같은 공직의 일을 하는 경우에는 공정하고 합리적으로 업무를 처리할 수 있다.

土는 작명에서 활용하는 5·6의 수數가 되고 목구멍소리에 해당하므로 ㅇ, ㅎ이 된다.

해당하는 국가는 중국이 대표적이며, 흔히 중국인을 만만디라고 하는 이유가 土의 성정이 강하기 때문이며, 중재의 역할을 하면서도 때로는 속을 알 수 없다고 하는 것도 마찬가지다.

⑷ 金의 인人·사事·물物의 특징

① 金의 오성五性과 기본특성 : 金은 물질적으로는 순수하고 자연 상태로 가공되지 않은 원석 그대로 존재하는 광석이나 암석을 나타내는 양금陽金과, 변화가 이루어지거나 가공된 금 은 모래 보석 등의 음금陰金으로

분리할 수 있다.

金은 견고하고 단단한 물질이지만 열기나 불에 의해 변화가 쉽게 이루어지기 때문에 종혁성從革性을 지니고 있고, 五常은 의義를 나타낸다.

金의 물상은 결실과 단단함을 의미하는 씨앗이나 열매를 의미하고, 겉껍질이 딱딱한 갑각류에 해당하는 거북이나 악어, 게와 같은 부류가 해당한다.

사람의 경우에는 양금처럼 가공되지 않은 자연 그대로의 순수하고 완고한 성품과, 음금의 칼이나 보석처럼 빛나면서 예리한 성품을 지닐 수 있다.

② 실생활의 金 : 金의 계절인 가을은 곡식이나 열매를 수확하고 결실을 하는 의미와 그 동안의 일을 마무리하는 의미가 강하다. 계절로는 건조하면서도 냉기를 지닌 가을을 나타내고 달로는 申, 酉월을 나타내며 하루 중에는 해가 서쪽으로 기우는 시간(申, 酉시)이므로 오후부터 초저녁을 나타낸다.

인생의 시기로는 자신이 계획하고 목표한 일의 결실과 정리를 하는 시기이면서 자녀의 결혼이나 관련된 일을 정리하고 마무리하는 시기로 장년기에 해당할 수 있다. 또한 자신이 살아온 과정을 되돌아보고 최종적으로 새로운 삶의 방향을 준비해야하는 시기라고 할 수 있다.

방위는 인생의 황금기가 기울어지는 시기이듯이 해가 지는 서방西方을 나타내고, 색상은 보석이나 광물질이 빛나는 것을 의미하는 백색이나 흰색 계통을 의미한다.

金의 기운이 필요한 경우에는 정신적으로는 자신의 단련과 수양을 강조하는 불교의 조계종이나 요가와 참선 등을 하는 것이 마음의 안정과 피로회복에 도움이 될 수 있고, 질병의 치료나 건강의 회복이 필요한 경우에는 바위와 광물질이 많은 산이나 산사山寺에서 생활하는 것이 도움이 될 수 있다.

金의 기운이 필요한 경우에는 음식으로는 단단하면서 속이 흰색계통인 무나 양배추, 조개류, 갈치, 멸치, 호두, 건과 등등이 도움이 될 수 있다.

③ 신체상의 金과 맛 : 金의 맛으로는 얼얼하고 매운 맛이다. 식품회사가 '辛라면'이라고 상표를 붙인 것도 음금陰金인 천간의 辛의 맵고 깔끔한 의미를 활용한 것이라고 할 수 있다.

얼굴부위에서는 단단하고 자존심이나 고집을 나타내는 코를 의미하고, 코는 냄새를 맡는 기관이므로 취각臭覺을 나타낸다. 사주에 金의 기운이 강할 경우에는 비음이나 콧소리가 많이 나거나 쇳소리처럼 날카로울 수 있고, 조화를 이룰 경우에는 맑고 초롱초롱한 옥구슬이 구르는 아름다운 소리가 날 수 있다.

인체에서는 단단한 의미로 골격이나 근골, 치아가 해당하고, 오장육부로는 몸 안의 이산화탄소를 산소로 교환하여 몸을 활성화하고 호흡작용을 담당하는 음금陰金에 해당하는 폐장肺臟(허파)과, 수분을 흡수하고 변을 만드는 양금陽金에 해당하는 대장大腸(큰창자)이 된다.

폐는 조금만 건강하게 남아 있어도 자기 기능을 다할 수 있으므로 아플 경우에도 인지하지 못하는 경우가 많고, 폐가 단단하게 굳으면 재생이 어렵고 호흡작용이 마비될 수 있으므로 조심해야 한다.

신체기관은 단단하고 녹슬지 않는 근골계筋骨系와 평생 동안 숨을 쉬는 호흡기계呼吸器系를 관장하며, 기본적으로 金에 해당하는 호흡기계통의 질병으로는 기관지와 성해聲咳(목기침), 축농증이나 콧병이 생길 수 있고, 대장大腸에 해당하는 질병으로는 치질痔瘡(치창)이 발생할 수 있다.

④ 경제적·문화적인 의미의 金 : 金은 숙살지기肅殺之氣와 의義를 나타내

므로 엄격한 법이나 규율을 담당하는 군인이나 경찰 또는 검찰이나 감찰 계통 등의 직업이 적합할 수 있다. 그러나 의義와 지조志操를 지킬 때는 나라의 충신이며 애국자가 될 수 있지만, 쇠가 강한 불에 녹는 것처럼 한 번 녹으면, 변절자나 역적이 될 수도 있다. 또한 지나치게 의리를 강조할 경우에는 어질고 선한 마음이 부족할 수 있으므로 알고 실천하는 것이 도움이 될 수 있다. 생활 속의 金은 금속이나 차량, 철물이나 기계류, 병기나 무기, 총칼이나 금속기구, 철제 가구나 건축물 등을 의미한다. 이러한 특성을 경제활동에 활용할 수 있다.

가을의 황량한 벌판을 생각할 때 건조하고 메마른 느낌이 강하므로 오기五氣로는 메마름 조燥로 표현되고, 작명에서는 7·8의 수數가 되고, 잇소리에 해당하는 ㅅ, ㅈ, ㅊ이 된다.

국가로는 미국이나 유럽처럼 강인하고 결속력이 강하면서 과정보다는 결과를 중시하는 나라들을 나타낸다. 황야의 무법자도 金의 성향이 강할 수 있지 않을까?

서대문은 서쪽의 문을 나타내고, 金의 오성인 의義를 표현하여 의리를 돈독하게 하는 문이라고 하여 돈의문敦義門이라고 하였다.

(5) 水의 인人·사事·물物의 특징

① 水의 오성五性과 기본특성 : 水는 물질적으로는 강이나 바다, 호수나 냇물, 샘물이나 빗물 등의 지구상의 모든 물을 의미한다. 물은 위에서 아래로 흐르는 윤하성潤下性을 지니고 있으며, 기체나 액체 또는 고체로 다양하게 존재하는 특성이 있다. 오상五常은 지智가 된다.

사람의 경우에는 근본적으로 생각이나 처신이 유연하고 다재다능하고,

사물에 대한 판단이나 결정을 할 경우에도 융통성과 포용력이 강할 수 있다. 물水은 바닷물이나 강물처럼 속이 보이지 않는 거대한 양수陽水와 샘물이나 빗물처럼 속이 맑고 투명한 음수陰水로 나눌 수 있다.

물상으로는 강·호수·바다·비·구름·물방울·수증기 등을 의미하고, 어패류魚貝類와 수산물, 얼음이나 빙과 등으로 나타낼 수 있다.

水는 기적氣的으로는 차고寒 어두운 의미가 있으므로 사람의 경우에는 걱정이나 수심이 많고 우울할 수 있고, 사색과 궁리를 좋아할 수 있다. 또한 어둡고 차가운 가운데 새로운 생명의 씨앗을 썩지 않게 저장하여 새로운 생명의 시작을 준비할 수 있고, 동시에 세상의 수많은 경험을 한 노인의 의미도 있다.

② 실생활의 水 : 물이 위에서 아래로 흐르듯이 사람의 심성으로 보면 음수陰水는 순종적이면서 여리고 순수할 수 있고, 양수陽水는 깊은 물속을 알 수 없듯이 사람의 그릇이 크고 포용력이 클 수 있으며 때로는 흉포함과 음흉하거나 교활한 면을 지닐 수 있다.

심리적으로는 서로 어울려 응집凝集하기를 좋아하고, 위압감이나 압력에 눌려 수축되기도 한다.

계절로는 겨울을 의미하고 해당하는 달은 亥子월이며, 하루 중에는 한밤중의 해자시亥子時에 해당하므로 휴식과 음양의 교류시간이라고 할 수 있다.

사람의 인생으로 보면 활발한 사회활동이 줄어들고 삶을 관조觀照하며 사회에 봉사하거나 베풀고 감사하며 휴식을 취하는 노년기에 해당할 수 있고, 색상으로는 밤은 어두우니 검정색이나 흑색이고, 방위는 추운 곳을 나타내는 북방北方을 의미한다.

水의 기운이 필요할 경우에는 정신적으로는 냉철한 두뇌와 지혜를 요하므로 선방을 찾거나 몸과 마음을 편안하게 할 수 있는 해안가에서 머무는 것이 도움이 될 수 있고, 水의 질병이나 건강을 회복하려고 하는 경우에는 산이나 들보다는 바다나 강 또는 호수가 있는 지역에서 요양을 취하는 것이 유리할 수 있다. 지혜로운 사람은 물을 좋아하고 인자한 사람은 산을 좋아한다고 하는 지자요수知者樂水와 인자요산仁者樂山이라는 사자성어도 이와 무관하지 않으며, 水에 해당하는 종교로는 천주교나 원불교 등이 심신의 휴식과 위로에 도움이 될 수 있다.

③ 신체상의 水와 맛 : 맛으로는 바닷물이 증발하여 소금이 되듯이 짠맛이 되고, 지혜로운 자는 귀를 활짝 열고 듣는 의미가 있으므로 얼굴부위에서는 귀에 해당하고 감각으로는 청각에 해당한다.

신체부위로는 자궁이나 고환, 음부나 요도, 생식기 등이 해당하며, 입안에서는 침이 되고, 몸속에서는 정자나 난자와 몸의 70%를 차지하는 생명의 원천인 혈액이 된다.

신체기관으로는 생식기나 비뇨기계에 해당하고, 오장육부에서는 몸 안의 불필요한 물질이나 독성을 해독하여 오줌으로 걸러주는 음수에 해당하는 신장腎臟(콩팥)과, 오줌을 저장하여 방출하는 기능을 하는 양수에 해당하는 방광膀胱(오줌통)이 해당한다.

水의 부족으로 발생할 수 있는 질병은 각종 생식기 계통의 질병이나 신장염이나 방광염, 성기의 질병 등이 해당한다.

土에 해당하는 살이 지나치게 찌거나, 火나 土에 해당하는 양의 기운이 지나치게 강할 경우에는 水의 기운이 약할 수 있으므로 여성의 경우에는 출산을 할 때 고통을 받을 수 있고, 남성의 경우에는 열정은 강하지만 의외로 性的인 매력이 약할 수도 있다고 한다.

④ 경제적·문화적인 의미의 水 : 水는 지혜롭고 머리가 유연하므로 조직

의 참모參謀나 연구·기획 등의 업무가 적합하고, 물과 관련되는 업종으로는 식품, 주류, 수도, 목욕탕, 해양이나 선박, 선원, 조선, 수산업, 해양관련업, 수산계통 등의 다양한 업종을 선택할 수 있다. 또한 물상으로는 어패류와 수산물, 얼음이나 빙과 등을 의미하므로 경제활동에 참조할 수 있다. 작명에 활용할 때는 9·10의 수數가 되고, 입술소리에 해당하는 ㅁ, ㅂ, ㅍ이 된다. 국가로는 북쪽의 추운지방에 해당하므로 북극지방과 러시아나 슬로바키아 등이 해당할 수 있다.

북대문北大門은 북쪽의 문을 나타내고 오상이 지智이므로 숙지문熟智門이라고도 불렀는데, 밤에 꾀가 많고 머리 좋은 신하들이 궁궐의 쪽문으로 드나들며 계집질을 하거나 음흉한 작당을 하는 것으로 생각하여 폐쇄하였다는 얘기도 있다. 지나치게 지혜를 중시하면 예도禮度를 모르는 사람이될 수 있고, 때로는 남을 속일 수도 있으므로 정도를 행하도록 노력해야한다.

5) 오행五行의 심리 및 행동특성

흔히 전인적全人的교육의 덕목으로 인仁·의義·예禮·지智·신信을 말하며, 이것은 온전한 오행의 심리와 행동특성을 오상五常으로 표현한 것이다.

오행의 심리와 행동특성은 청소년의 윤리교육이나 인성교육에도 활용할수 있고, 공공기관이나 기업의 인력활용에도 특성에 따라 적재적소適材適所에 배치하여 생산성이나 능률성을 향상시킬 수 있으며, 업무의 만족도와활기를 고취시킬 수 있다.

오행의 심리와 행동특성을 파악하여 실생활에서도 균형과 조화를 이룰수 있는 대인관계와 행동방식을 찾을 경우에는 개인의 삶이나 사회의 발전에 이바지할 수 있고, 동시에 각자의 삶의 질을 윤택하게 할 수 있다.

오행의 물질적·기적氣的·정신적인 특성이 사람에게 어떤 성품이나 행동으로 나타나는가를 알아보자. 여기서 표현하는 오행의 인간적인 특성은 주변의 환경이나 공간 또는 시간의 개념을 적용하지 않고 단지 오행이 지닌 일반적인 특성을 표현한 것이다. 이런 특성은 사주와 운의 간지를 분석할 때 활용할 수 있다.

(1) 木의 성정性情과 행동특성

① 기본적인 성정 : 木의 오상五常은 어질고 선함을 나타내는 인仁이며, 자연적인 특성은 곡직성曲直性이라고 하였다.

곡曲(굽을, 휘다, 마음이 바르지 못하다, 굽히다)은 한자의 뜻이 나타내는 것처럼 굽거나 휘어지는 것을 의미하고, 이것은 음목陰木의 특성을 나타낸다. 기본적으로 음목은 잔디나 덩굴처럼 주어진 환경이나 장소에 적응하는 힘이 강하고, 현실적이며 끈질긴 생명력을 지니고 있다. 끈질기고 현실의 적응력이 강하다고 하는 것은 인내심과 집착력이 강하고 유연성과 생활력이 강한 의미를 내포하며 동시에 재물에 대한 집착이나 욕심이 강할 수 있다.

직直(바를, 바른, 道, 바른 행위, 바루다)은 한자의 의미처럼 곧고 바른 것을 의미하며, 이것은 솟아오르는 양목陽木의 특성을 나타낸다. 기본적으로 양목은 바른 행동을 하고 곧게 나아가려고 하는 고집스런 특성과 함께 어질고 인자한 성품을 지니고 있다. 동시에 곧게 위로 높이 올라간 나무는 휘어지기 어렵기 때문에 음목과 달리 어려움이나 난관에 부딪히면 부러지거나 좌절하기 쉽고, 한 번 부러지면 다시 원래의 모습으로 회복하기가 어려울 수 있다. 실제 행동을 할 경우에도 주변사람이나 생활환경에 강한 영향을 받으므로 지속적인 관심과 좋은 인간관계를 가지는 것이 자신의 발전과 성장을 위해 대단히 중요하다.

② 심리와 행동특성 : 木은 오행 중에서 유일한 생명체로서 환경과 시간의 영향을 크게 받으므로 환경변화에 민감하게 반응할 수 있다. 그러므로 부모나 주변의 도움이 적절하면 크게 성공할 수 있고, 거꾸로 환경이나 여건이 뒷받침되지 못하면 성공하기가 쉽지 않을 수 있다. 木은 기본적으로 사람에게 유익한 작용을 하면서 피해를 끼치는 경우가 없고 선하고 어질다는 의미에서 인仁으로 표현하고, 생명체로서 새로운 시작과 전개를 잘한다고 하였다.

양목陽木에 해당하는 천간 甲木이나 지지 寅木의 성품과 행동특성은 희망과 꿈이 원대하고 항상 긍정적이고 활동적인 성품을 지니고 있으므로 쉽게 좌절하거나 꺾이지 않지만, 한번 좌절하면 재기하기가 쉽지 않을 수 있다. 그러므로 항상 희망과 꿈을 가지고 긍정적으로 생활할 수 있도록 부모나 주변사람들이 보살피고 관심을 가져주는 것이 성장과 발전에 큰 도움이 될 수 있다.

음목陰木에 해당하는 천간 乙木이나 지지 卯木의 성품과 행동특성은 끈기와 인내심이 강하고, 어질고 부지런하면서도 잡초나 덩굴처럼 끈질기게 집착하는 면이 강하며, 쉽게 좌절하거나 포기하지 않는 강한 생명력을 지니고 있다. 실제 행동을 할 경우에도 흉포하거나 난폭하지는 않지만 재물이나 일에 대한 애착과 집착이 대단히 강할 수 있다.

③ 木의 환경과 활용 : 나무가 크게 성장하기 위해서는 적당한 물水과 비옥한 대지土가 필요하다. 또한 나무를 얼지 않게 하는 온기火와 견고하고 단단하게 높이 오르게 할 수 있는 금金의 기운이 적절하게 조화를 이루어야 한다.

대체적으로 木의 성향은 희망적이고 낙관적이다. 또한 인자하면서 당당하고 매사에 긍정적인 행동과 생각을 하지만 고집이 완고할 수 있다. 반면에 어질고 착하여 정에 약해 신뢰하기가 어려운 사람이 될 수 있고, 새로운 일을 시작하거나 희망과 꿈을 제시하지만 정작 결실을 맺지 못하는 경우가 나타날 수 있다.

木이 자신의 역할을 못하는 경우에는 정치인이나 지도자가 공약空約만 남발하는 경우와 유사할 수 있다. 그러나 오행이 조화를 이룰 경우에는 청소년을 지도하고 꿈을 심어주는 교육계통이나 미래의 희망과 꿈을 실현하는 국가나 사회의 선구자나 훌륭한 지도자가 될 수 있다.

경제적으로는 특히 부동산이나 땅에 대한 집착과 여자와 돈에 대한 집착이 강할 수 있다. 아마도 나무는 흙에 뿌리를 내려야 온전하게 성장할 수 있기 때문일 수 있다.

(2) 火의 성정性情과 행동특성

① 기본적인 성정 : 火의 오상五常은 도덕적인 의미가 강한 예禮이며, 오성五性은 염상성炎上性이라고 하였다. 염炎(불타다, 불이 타오르는 모양, 덥다, 뜨겁다)은 한자의 뜻처럼 활발하고 열정적이며 투쟁적인 성향을 나타낸다. 행동이나 말이 직선적이고 직접적이며, 때로는 독선적인 면을 나타내지만 뒤끝은 없다. 흔히 화끈한 사람이라고 할 수 있다.

염상炎上의 상上(위, 하늘, 임금)은 불꽃이 위로 솟아오르는 것을 의미하므로 염상은 솟아오르면서 퍼지는 陽의 기운을 말한다. 양화陽火의 경우에는 태양처럼 높은 곳에 있으면서 구석구석을 밝고 따뜻하게 만드는 성정이므로 행동이나 말을 할 때 더욱 치열하고 강할 수 있고, 음화陰火의 경우에는 촛불이나 난롯불처럼 포근하면서도 잔정이 많아 다정다감할 수 있다.

② 심리와 행동특성 : 기본적으로 예의를 중시하는 행동을 한다.

양화陽火에 해당하는 천간 丙火나 지지 巳火의 경우에는 옳고 그름에 대한 자신의 의견이나 판단을 분명하게 주장하므로 독선적이거나 자기주장이 강할 수 있다.

음화陰火에 해당하는 천간 丁火나 지지 午火의 경우에는 포근하고 따뜻하면서 타인을 배려하고 이해하는 마음과 화술이 뛰어나면서 사교성이 강할 수 있다. 또한 종교나 토속신앙에 관심이 많고 기도하는 것을 즐기는 경우가 많다.

근본적으로 火는 입안의 혀를 나타내므로 화술話術이 뛰어날 수 있지만 조화를 이루지 못할 경우에는, 말이 많거나 자신의 주장만 강하게 내세우고 남의 말을 무시하는 성급한 행동을 하여 외톨이가 되거나 따돌림을 당할 수 있다. 또한 火의 기운이 지나치게 강할 경우에는 숙면을 하지 못하여 예민하거나 불면증으로 고생할 수 있다.

③ 火의 환경과 활용 : 火는 기본적으로 대지土에 온기와 열기를 제공하여 동식물이 살아갈 수 있게 하고, 광물이나 금속金을 녹여 생활에 필요한 도구나 장치를 만들 수 있다. 그러나 강하고 뜨거운 불이나 열기를 식힐 수 있는 적절한 물水도 필요하다.

火의 심성은 기본적으로 확산하고 팽창하고자 하는 마음이 강하고, 오행 중에서 양기가 가장 강하므로 외부로 잘 드러나고 적극적일 수 있다.

그러므로 동적動的이고 활발한 육체적 활동을 선호할 수 있다. 오행이 조화를 이룰 경우에는 기업체의 CEO나 단체의 리더(Leader)가 되어 성공적으로 활동하는 사람들이 많다. 또한 자신의 의견이나 생각을 주저하지 않고 직접적으로 표현하고, 다른 사람의 잘못에 대하여 직선적으로 꾸짖거나 바른말을 하므로 자신의 의도와 달리 다른 사람에게 마음의 상처나 피해를 줄 수도 있고, 종종 구설수에 오르기도 한다. 그러므로 항상 말을 조심하는 것이 필요하다. 특히 술을 많이 먹으면 火의 열기가 폭발하여 종종 시비나 다툼이 발생할 수 있으므로 술은 적당히 마셔야 한다.

火의 성정은 기본적으로 밝고 명랑하며 예의나 경우境遇에 어긋나지 않는 행동을 한다. 그러나 예의가 지나치면 의리가 없을 수도 있으므로 유의해야 한다. 즉 지나치게 예를 갖추다가 의義를 손상시킬 수도 있다火克金.

(3) 土의 성정性情과 행동특성

① 기본적인 성정 : 土의 성정은 가색稼穡성이고, 오상五常은 믿음과 신뢰를 중시하는 신信이다. 가稼(심다, 농사, 익은 벼, 베지 않은 벼)는 한자의 뜻처럼 나무를 심거나 농사를 짓는 것을 의미하고, 식물이 뿌리를 내리고 중심을 잡고 균형을 유지하는 것을 의미한다. 이러한 土는 기본적으로 땅속을 알 수 없듯이 사람의 속마음을 알기 어렵고, 표정이나 감정을 밖으로 쉽게 표출하지 않는 특성을 지니고 있다.

색穡(거두다, 곡식, 농사, 아끼다)의 의미처럼 땅에서 수확하는 곡식은 뿌린 대로 거두는 것을 나타낸다. 사람의 경우에는 기본적으로 어머니가 믿음과 신뢰를 가지고 자녀를 위해 자신을 희생하고 봉사하면서 농사를 짓는 마음으로 표현할 수 있다. 그러므로 土의 성정은 희생하고 배려하는 마음이 강하고 자신을 가급적 내세우지 않는다. 즉 자신의 주장을 강하게 표출하지 않으면서도 중심이 흔들리지 않고 든든하며 타인의 버팀목이 될 수 있다.

모성애의 특성은 주로 음토陰土에 해당하는 천간 己土와 지지 丑土나 未土에서 잘 나타날 수 있고, 중후하고 모든 것을 수용할 수 있는 공기와 같은 심성은 양토陽土에 해당하는 천간 戊土와 지지 辰土나 戌土에서 나타날 수 있다.

② 심리와 행동특성 : 기본적으로 안정과 조화를 중시하고 보수적이며 변화를 싫어한다. 또한 계절의 변화를 조절하는 역할처럼 투쟁적이기보다는 타협적妥協的이고 사안에 대한 중재자로서 조정하고 절충하는 역할을 원만하게 할 수 있다. 중재와 조정을 하는 경우에는 기본적으로 화술(土는 입을 의미)도 좋아야 하지만 상대방에게 신의와 믿음을 주는 것이 중요하다. 土의 심리와 행동의 특성은 기본적으로 신의가 있고 믿음이나 신앙심이 돈독하며, 타인을 위하는 마음을 지니고 있다. 그러나 오행이 조화를 이루지 못할 경우에는 행동력이나 실천력이 미약하고 말이 많을 수 있으며, 때로는 상식적이고 당연한 묵은 소리를 자주 할 수 있다. 또한 주저하고 망설이면서 앞뒤를 재느라고 좋은 시기나 기회를 실기失期할 수도 있고, 환절기換節期의 특성이 나타내는 것처럼 다양한 형태의 성품이 나타날 수 있다. 그러므로 土의 심리와 행동의 특성을 분석할 때는 신중해야 한다.

③ 土의 환경과 활용 : 土는 나무나 동식물이 자랄 수 있는 환경을 갖추고 자신을 희생할 때 빛날 수 있다. 기본적으로 동식물의 생존을 위한 적절한 온기火와 수분水을 함유해야 하고, 흙이 쉽게 흘러내리거나 무너지지 않도록 하는 단단한 물질인 金도 필요하다. 또한 곡식이나 나무와 같은 생명체가 있어야 흙의 가치가 빛날 수 있으므로 木도 중요하다.

土의 성정에 해당하는 우직하고 신용이 있는 사람이 때로는 유연성과 융통성이 있는 행동이나 지혜로운 처신을 못할 수 있다. 왜냐하면 신의를 중시하므로 지혜롭게 처신하지 못할 수 있기 때문이다.

중재와 조정의 역할을 하는 土는 사람들과 함께 하는 일을 해도 적합할 수 있고, 자신의 중심을 확고히 하면서 타인에게 헌신하고 봉사할 수 있으므로 다양한 분야에서 자신의 진가를 발휘하는 경우가 많다. 이념적으로는 진보進步와 보수保守의 중간에 위치하는 중도中道로 파악할 수 있다. 그러나 土가 지나치게 많을 경우에는 첩첩이 쌓인 흙이 되어 아무도 말릴 수 없을 정도의 고집불통固執不通이 될 수 있으므로 이런 경우에는 자신에 대한 수양의 방법으로 신앙을 가지거나 유연성을 기르는 것이 중요하다.

근본적으로 土는 중후하고 함부로 경거망동하지 않으므로 속을 알 수 없는 특성과, 차분하면서 봉사하고 희생하는 모성애가 상존할 수 있다. 동일한 土일지라도 환경에 따라 차갑고 냉정한 한토寒土의 성정이 나타날 수 있고, 메마르고 황량한 조토燥土의 성정도 나타날 수 있다. 또한 활동적이면서 감싸주고 포용력이 있는 온토溫土의 성정과 끈적끈적하고 미적미적하면서 변덕스러운 습토濕土의 성정이 나타날 수 있다. 다양한 흙이 있듯이 다양한 성정이 나타날 수 있다.

(4) 金의 성정性情과 행동특성

① 기본적인 성정 : 金의 기본적인 성정은 종혁성從革性이고, 오상五常은 단단하고 쉽게 변하지 않는 의미를 지니고 있으므로 의리나 충정을 나타내는 의義가 된다.

종從의 의미는 순순히 순종하며 따라간다는 의미를 지니고 있으므로 주어진 환경과 조직이나 국가의 명령이나 지시를 철저히 따르는 의미가 있다.

혁革은 단단하고 견고한 가죽을 의미하며 동시에 고쳐서 새롭게 한다는 의미를 지니고 있다. 그러므로 종혁성從革性은 단단하고 견고하지만 환경에 의해 전혀 새로운 모습으로 바뀐다는 의미를 지니고 있으며, 사람의 경우에는 심성이 근본적으로는 순종하고 복종하지만, 환경이나 여건이 변하거나 바뀔 경우에는 전혀 다르게 변할 수 있는 것을 의미한다.

이것은 金의 양면성兩面性을 의미하므로 근본은 의롭고 충성스런 사람이지만, 변화가 이루어지면 개혁의 새로운 선봉이 될 수도 있음을 의미한다.

근본적으로 순수하고 자연 그대로의 가공되지 않은 양금陽金에 해당하는 천간 庚金과 지지 申金의 성정은 순수純粹하면서 고집이 세고, 의리를 중시하지만 유연성이나 융통성이 부족할 수 있으며, 대신에 원칙이나 소신이 강하고 과묵하며 의지와 집념이 강할 수 있다.

가공되거나 변화가 이루어진 음금陰金에 해당하는 천간 辛金과 지지 酉金은 금석이나 금은보석을 말하므로 쉽게 손상되기도 하지만, 견고하고 아름다운 모습을 지닐 수 있다. 때로는 가시가 있는 장미를 생각할 수도 있다.

② 심리와 행동특성 : 金은 기본적으로 가을이면서 결실을 의미하므로 결과나 결실을 중시하고, 결단성과 정리와 마무리를 중시한다. 또한 불로 가공하거나 새롭게 변형하여 창조물이 되는 것처럼 강한 인내심과 의지를 지니고 있다.

모질고 매섭게 단련된 음금陰金은 과시하기를 좋아하거나 다른 사람에게 인정받기를 원하고, 동시에 자신을 인정하지 않거나 무시하는 사람에 대해서는 냉혹하거나 함께하기를 거부할 수 있다. 또한 양금陽金의 순수하고 고집스러운 면은 지조와 의리로 나타날 수 있고, 원국이 조화를 이루지 못할 경우에는 자기주장만 내세우는 융통성이 없고 고지식하거나 무모한 사람이 될 수도 있다.

원국의 金이 다른 오행과 균형과 조화를 이룰 경우에는, 조직이나 국가에서 맡은 책무에 대하여 최선을 다하는 의무감과 사명감이 뛰어나고 희생정신이 강할 수 있다. 대신에 국가나 사회 또는 조직에서 맡은 일에 대하여 책임과 충성을 다하지만, 대인관계나 사소한 일에는 소홀하거나 무관심할 수 있으며, 특히 가정생활이나 가족관계를 등한시하는 경우가 발생하여 가정적이지 못할 수 있다.

세상사世上事가 동전의 양면과 같은 것처럼 음양의 이치도 다를 바가 없다. 즉 만사를 원만하고 만족하게 할 수 없는 것이 사람의 한계이면서 인간적인 모습일 수 있다.

③ 金의 환경과 활용 : 자연환경의 金은 불火에 녹여야 생활에 필요한 도구나 기계로 활용할 수 있고, 나무木를 켜서 유용하게 활용해야 한다. 또한 땅 속에서는 흙土의 보호를 받아야 안전할 수 있고, 물水에 의해 깨끗하게 닦여야 빛날 수 있다.

사람의 경우에는 원칙과 소신이 분명하고 결단성과 과감성을 지니지만, 한편으로는 날카로운 무기나 도구가 되어 파괴적이고 두려움을 모르는 극단적인 행동을 할 수 있는 숙살지기肅殺之氣의 특성을 가지고 있다.

金의 오상五常인 의리 강한 사람은 어질고 착한 심성이 약할 수 있으며金克木, 이것은 의義를 위해 인仁의 마음이 약할 수 있는 것을 의미한다.

또한 의리를 중시하므로 냉정하고 차가울 수 있고 때로는 살기를 띨 수도 있으며, 차갑고 냉정한 결단성과 과감성은 지나치게 결과를 중시하여 속단할 수도 있다. 그러므로 시키면 시키는 대로 하는 깡패나 조폭이 될 수도 있고, 원칙과 명령에 복종하고 충성하는 검사나 군인 또는 경찰이 될 수도 있다.

(5) 水의 성정性情과 행동특성

① 기본적인 성정 : 水의 기본적인 성정은 윤하潤下이며 오상五常은 지智로 서 지혜를 나타낸다고 하였다. 그러므로 윗사람이나 높은 지위의 사람에게 순종하고 자신을 낮추는 겸손함을 지니고 있고, 유연성이나 융통성이 많고 지혜로울 수 있다.

윤하潤下는 물이 위에서 아래로 맑게 흐르는 의미가 있고, 특히 윤潤은 모여서 물이 불어나거나 윤기나 빛이 나는 것을 의미한다. 한편으로는 깊은 물속도 칠흑같이 어둡고 차가우며 역시 속을 알 수 없는 특성을 지니고 있다. 양수陽水에 해당하는 천간 壬水와 지지 亥水의 경우에는, 바다나 강의 깊은 물속이 보이지 않는 것처럼 사람의 속마음을 알기 어려울 수 있고, 주변과 조화를 이루지 못할 경우에는 큰물은 모든 것을 쓸어버릴 수 있는 힘이 있듯이 노도怒濤와 같이 흉포하고 광폭할 수도 있다. 음수陰水에 해당하는 천간 癸水와 지지 子水의 경우에는 샘물이나 시냇물처럼 깊이가 얕고 맑기 때문에 바닥의 자갈이나 모래가 훤히 보이듯이 거짓말을 못하고 순진하고 착하며 여릴 수 있다. 음수陰水의 성정은 사람이 여리다 보니 원국이 조화를 이루지 못할 경우에는 감상이나 우수에 젖어 홀로 눈물을 흘리기도 하고 소심할 수 있다.

② 심리와 행동특성 : 水는 기본적으로 차고 냉철하며, 동시에 환경의 변화에 민감하게 반응하고 유동적이라고 할 수 있다. 물이 흘러가듯이 생각이나 행동이 유동적이고 유연하지만 반대로 인내심과 끈기가 부족할 수 있다. 그러므로 한 가지 일이나 직업에 장기간 종사하지 못하고 직업을 바꾸거나 또는 2 ~ 3개의 직업을 동시에 가질 수도 있다. 또한 생각이나 발상이 유연하고 지혜로울 수 있다. 사주원국이 조화를 이루지 못할 경우에는, 생각이

나 발상이 비천하거나 꾀를 내어 남을 속일 수도 있고, 새로운 지식이나 정보를 활용하기보다는 고지식하고 융통성이 없는 얼음처럼 굳어버릴 수 있다. 즉 환경과 사람에 따라 다양하게 변할 수 있기 때문에 상대하기가 쉽지 않을 수도 있고, 지혜롭고 인내심과 포용력도 있지만 한번 폭발하면 성난 파도처럼 흉폭할 수도 있다.

③ 水의 환경과 활용 : 물은 모든 생명의 근원이면서 생명체의 젖줄이다. 자연에서의 물은 나무木를 성장하게 하고, 지나친 열기나 화기火를 조절하여 생명체가 존재할 수 있게 한다. 동시에 대지土에 수분을 제공하여 생명체가 뿌리내릴 수 있게 하고, 광물질金의 도움을 얻어 맑고 영양이 풍부한 물이 될 수 있다.

물은 차면 고체의 얼음으로 변하여 부피가 늘어나면서 응고凝固되고, 더우면 기체의 수증기로 수축되어 증발한다. 평상시에는 액체의 물로 존재한다. 이러한 특성은 냉정하고 쌀쌀하게 마음의 문을 닫아버리기도 하고, 여러 사람과 함께 어울려 응집하고 모이기를 좋아할 수 있다. 또한 생명의 씨앗이 썩지 않게 저장하고 관리하여 생명을 싹트게 할 수 있다.

원국의 水가 균형과 조화를 이룰 경우에는 슬기롭고 지혜로우며, 포용력과 유연성을 겸비하고 순발력과 융통성이 뛰어날 수 있다. 그러므로 水는 새로운 시작의 원천이 될 수 있고, 특히 두뇌와 지혜를 활용할 수 있는 일들의 근원이 될 수 있다.

6) 오행으로 판단하는 적성適性 및 직업군職業群

오행의 특성을 활용하여 적성이나 진로를 살펴보도록 하자. 많은 사람들은 자신이 가장 잘 할 수 있는 일이나 타고난 능력이 무엇이며, 어떤 분야에서 얼마나 큰 성공이나 기량을 발휘할 수 있고 행복할 수 있는가에 대한 답을 얻기를 원한다. 또한 누구나 일생을 가치와 보람을 느끼면서 가족이나 주변사람들과 즐겁고 행복하게 살고 싶고, 재물에 대한 걱정 없이 하는 일을 평생토록 하면서 살고 싶다. 특히 부모는 자식이 잘 되기를 바라고, 자신은 나이가 들어도 질병이나 물질의 고통을 받지 않고 건강하면서 복된 삶을 영위하고자 하는 희망과 꿈이 있다. 때로는 희망과 꿈이 헛된 것임을 알면서도 끊임없이 삶의 무거운 수레를 반복해서 끌면서 살아간다. 사람이 태어나서 성장하여 활동을 하다가 늙어서 죽는 과정을 거치는 것은 자연의 순리이며 누구나 순응해야 하는 진리다. 이러한 거역할 수 없는 자연의 순리를 바탕으로 지혜롭게 자신의 삶을 영위할 수 있는 방법을 찾는 것 중의 하나가 오행으로 적성과 진로를 결정하는 것이다. 물론 오행으로 적성과 진로를 분석하는 것은 기본적인 방법이며, 궁극적으로는 원국의 간지干支구성을 파악하고 대운의 흐름을 판단한 후에 결정하는 것이 통계적으로 신뢰도가 높다.

오행에 의한 기본적인 적성 및 진로는 五行이 의미하는 기적氣的, 물질적, 정신적인 의미를 고려하여 판단할 수 있다. 자신의 능력과 적성에 맞고 주어진 환경과 여건에 적합한 일을 선택하여 최선을 다해 노력하고 도전한다면, 미래의 발전과 성공은 미리 티켓을 예약해놓은 것과 마찬가지일 수 있다. 이러한 경우에는 자신의 일이나 직업에 대한 만족도가 높고 자신감도 강하며 업무성과도 높게 나타날 수 있다.

기업을 운영하는 사람은 종업원의 천성이나 적성과 재능에 맞게 인력을 적재적소適材適所에 배치하여 생산성과 수익성을 향상시킬 수 있으며, 동시에 개개인의 업무 만족도를 높이고 전문성을 향상시킬 수 있다. 또한 조직의 구성원들끼리 생산을 담당하는 부서와 관리나 영업을 담당하는 부서 간에 상호 협력하는 좋은 분위기를 만들 수 있다.

오행의 특성을 파악하여 조직의 개별적인 업무에 적합하고 필요한 적성과 재능을 갖춘 사람을 배치하면 업무에 대한 적극성과 긍정적인 동기를 유발하여 경쟁력을 강화할 수 있고, 자신과 부서의 능력을 다른 부서와의 유기적인 상호보완관계를 만들어 효율의 극대화를 노릴 수 있다. 그러므로 오행의 원리를 기업이나 가정 또는 공직에 적용한다면, 최소의 비용으로 최대의 효과를 낼 수 있는 경제원칙을 충족시킬 수 있으며, 개개인의 성취욕과 업무에 대한 만족감을 향상시킬 수 있다.

자녀의 경우에는, 적성이나 진로를 결정하기 전에 기본적으로 자녀들이 어릴 때부터 스스로 생각하고 행동할 수 있는 환경과 분위기를 만들어주는 것이 중요하다. 지나치게 통제하고 간섭하여 자녀를 부모의 생각이나 희망의 틀 안에 가둘 경우에는, 자녀는 부모의 영향을 강하게 받기 때문에 특성이나 적성을 개발하기 어려울 수 있다. 또한 개개인이 지니고 있는 진정한 가치價値와 존엄尊嚴을 무시하고 기존사회에서 말하는 성공과 출세라는 제한된 틀 안에 자녀를 가두려고 할 경우에는 예상하지 못한 극단적인 좌절과 체념에 빠뜨릴 수도 있다.

자녀의 타고난 적성과 좋아하는 분야나 관심이 많은 분야에 대해 부모가 함께 관심과 반응을 나타내면서 항상 긍정적으로 인정하고 칭찬과 격려를 해주는 것이 더욱 중요하다. 이러한 과정을 통하여 자녀가 성장하면서 정체성正體性을 확립하고 자립하여 진로를 결정할 수 있게 유도해야 한다.

부모가 자녀를 도와줄 수는 있지만 인간은 누구나 소우주로서의 특성과 가치를 지니고 있으므로 스스로의 삶을 보람되고 행복하게 영위할 수 있게 해야 한다. 명리는 종교나 사술詐術이 아닌 생활 속의 실천학문이므로 행동하고 도전하는 것이며, 어려움이나 곤란을 사전에 미리 알고 대비하고 방책을 마련하는 것이다.

(1) 木의 적성 및 직업군

적성 및 직업을 결정하는 기본적인 방법은 첫 번째로 원국의 강한 오행의 기운 즉 타고난 자신의 천성天性을 살피고, 두 번째로 일간日干의 음양과 오행의 특성을 파악한 후 일간의 강약을 살핀다. 세 번째는 부모의 영향력을 나타내고 동시에 자신의 성장환경이면서 성격이 형성되는 월주月柱의 음양과 오행, 즉 격格이나 격국格局을 살펴야 한다. 마지막으로 나에게 필요하고 도움이 되는 희喜·용신用神을 찾고 대운大運의 흐름을 살펴야 한다. 여기서는 단순하게 해당하는 오행으로 진로와 적성 및 직업을 포괄적으로 알아보도록 하자.

① 물질적物質的인 의미의 木 : 오행 중에서 유일한 생명체인 木의 물질적인 특성을 살려 적성이나 직업의 종류를 알아보도록 하자.

- 자연의 木 : 임업, 목공업, 가구, 목재가공이나 목조건축, 목공예, 죽공예, 화원이나 화훼농업, 과일이나 채소 관련업, 농작물재배, 과수원, 농원, 약초재배 등등의 木의 물질적인 의미를 살린 업종.

- 변화된 木 : 나무를 활용한 섬유나 가구, 목조건축 등의 의미를 살펴서 생각할 수 있다. 섬유도매업, 의류 판매업, 의상 디자인, 섬유 디자인, 서적, 문구점이나 팬시점, 화장지 제조업이나 판매업, 천막이나 텐트의 제작이나 임대, 가구 제조업이나 판매업, 인쇄업, 인테리어 디자인 등.

② 기적氣的인 의미의 木 : 앞에서 배운 木의 기적氣的인 의미를 참조하면서 살펴보자. 일의 시작과 전개를 잘하는 특성과, 청소년의 희망과 꿈,

인仁의 특성과 유일한 생명체의 특성을 살릴 수 있다.

- 시작始作과 전개展開의 木 : 木은 가정이나 조직의 시작이 되는 가장家長이나 조직을 끌어가는 장長이나 우두머리를 나타내므로 국가나 단체 또는 조직의 장을 의미할 수 있고, 어디에서나 리더(Leader)가 될 소질이 많다. 그러므로 조직에서의 성실한 생활을 통해 리더로 성장할 수 있는 적성에 맞는 기업이나 공직을 선택하면 도움이 될 수 있다.

- 청소년의 木 : 청소년을 대상으로 하는 교육계통(교직)이나 학원, 독서실이나 문구, 서점, 고시원, 출판이나 강의, 10대를 대상으로 하는 패스트푸드점이나 퓨전음식점 또는 오뎅이나 떡볶이 라면 등을 함께 파는 분식점, 청소년 수련원 등등.

- 생명체로서의 木 : 사람의 생명이나 건강을 다루는 의약분야나 약사, 간호사, 의약품제조나 판매, 생명공학이나 유전공학계통, 생물학, 보건위생계통, 신경계통이나 관절계통의 전문의, 간肝계통의 전문의, 안과眼科나 안경점, 모발관련업, 보험업 등.

- 희망과 꿈의 木 : 희망과 꿈을 심어줄 수 있는 교사나 교수, 전도사, 종교지도자, 문화산업계통의 공무원, 인사나 총무계통, 청소년소아과 전문의, 청소년상담의 직업, 교육자, 직업이나 진로 상담사, 입시학원 강사 등. 이 밖에도 木과 관련된 다양한 직업이나 적성을 유추할 수 있다.

(2) 火의 적성 및 직업군

① 물질적物質的인 의미의 火 : 火의 물질적인 특성인 열이나 빛과 관련된 적성이나 진로를 판단할 수 있다.

- 자연의 火 : 열풍기나 온풍기관련 업무, 조명기구 판매나 설비, 열처리 관련업이나 방사선계통, 화력발전, 가스나 보일러, 난방기구, 야금, 금속의 제련, 미용실, 태양열 발전 등과 같은 일이나 직업을 참조할 수 있다.

• 변화된 火 : 전기나 전자, 전화나 통신, 인터넷분야, 화장품이나 주유소, 발열품의 제조판매, 화학계통, 광고간판이나 홍보물제작, 끓이는 음식점(삼계탕, 보신탕집, 뱀탕집), 화약이나 폭발물 관련업무, 화공약품 관련 직업, 심장계통이나 내과 전문의, 광학렌즈(안경점), 항공기 승무원 등의 일이나 직업을 참조할 수 있다.

② 기적氣的인 의미의 火 : 火의 특성인 예禮, 확장과 팽창의 의미, 화술, 열정과 투쟁 등의 의미를 활용할 수 있다.

• 열정과 정열의 火 : 선교사나 목회자, 스포츠용품 제조판매, 연극배우나 영화배우, 스포츠 마사지, 헬스클럽이나 사교클럽, 화가나 가수, 각종 행사를 대행하는 이벤트 업종, 실내장식, 도안이나 디자인, 탤런트나 모델 등등. 이 경우에도 火와 土가 함께 하는 경우에 더욱 빛날 수 있다.

• 화술을 이용한 火 : 신문이나 방송의 논설, 아나운서나 사회자, 상담이나 강의, 중개업이나 결혼 중매인, 교관이나 연설가, 비평가, 논설위원, 기타 서비스업종 등. 특히 火와 土의 오행이 균형과 조화를 이룰 경우에는 달변達辯이면서 예의가 바르고 신용이 있는 사람이므로 화술을 이용한 다양한 직업의 분야에서 성공할 수 있다.

(3) 土의 적성 및 직업군

① 물질적物質的인 의미의 土 : 土의 물질적인 특성인 토양이나 산과 관련된 적성이나 진로를 판단할 수 있다.

• 자연의 土 : 흙과 관련된 일, 임업이나 농업계통, 광업, 토건업, 밭농사나 논농사, 토지개발, 농촌개발, 야산이나 임야개발, 농산물의 재배 등의 직업이나 적성을 유추할 수 있다.

• 변형된 土 : 도자기관련 업종, 부동산업이나 건축, 건설이나 토목공사, 식용작물 재배, 묘지나 장의葬儀 관련업, 목축업, 한의사, 내과의사, 피부과전문의, 소화기계통의 전문의, 한약사나 한의원, 건강원, 피부 미용관리를 하는 업종 등을 참고할 수 있다.

② 기적氣的인 의미의 土 : 土가 상징하는 믿음과 신뢰, 과일이나 고기의 과육果肉, 계절의 급격한 변화를 된장처럼 익혀 숙성하는 역할과 사물이나 업무를 조정하거나 중재하는 역할을 음미하면서 논하여 보자. 또한 土는 입을 의미하므로 말을 잘 한다는 것과 피부와 관련하여 함께 생각해보자.

- 숙성과 조절의 土 : 교사나 공무원, 종교인(목사, 승려, 신부, 비구니, 종교나 사원 관련 업무, 토속신앙, 전통 종교, 수도사), 민속학이나 고고학, 토속음식점 또는 전통 음식점, 골동품, 철학 등.

- 화술과 신용의 土 : 보험업, 부동산중개업, 결혼 중매인, 상담, 강의, 창고업, 정치, 사업이나 자영업 등등. 특히 火와 土의 오행이 균형과 조화를 이룰 경우에는 달변가이면서 예의를 지키므로 신뢰와 화술을 이용한 직업이나 일을 하는 것이 유리할 수 있다.

(4) 金의 적성 및 직업군

① 물질적物質的인 의미의 金 : 金의 물질적인 특성과 관련된 적성이나 진로를 찾을 수 있다.

- 자연의 金 : 금석金石과 관련된 적성이나 직업군을 파악하여 보자. 광물자원관련 업종, 금속제련, 기계제작, 주물이나 금형, 선반, 광업, 철제구조물, 금속기구, 금은보석의 제조판매, 무기제조, 정밀가공, 철제기구, 철강, 자동차와 기계관련 산업분야, 건축, 건축자재, 석재石材관련업, 광산관련업 등의 직업이나 일을 유추할 수 있다.

- 변형된 金 : 치과나 외과의사, 정형이나 성형외과, 정육점, 운수업, 차량운전, 차량을 활용한 관광업, 대리운전, 유리나 거울관련 업종, 액세서리, 금은보석상이나 이미테이션(imitation), 침술이나 접골, 모험가, 스턴트맨, 해저유물탐사, 첨단산업분야(반도체나 IT분야), 신문이나 방송의 보도기자, 공정거래위원, 소비자보호단체 등의 직업이나 일을 고려할 수 있다.

② 기적氣的인 의미의 金 : 의리와 원리원칙原理原則을 중시하고 법이나 규범을 엄격히 지키는 의미와 가을의 결실과 정리의 개념으로 살펴보자.

• 결실結實과 정리整理의 金 : 금융기관계통이나 금전관리, 품질검사나 감사, 법관이나 검사, 경찰이나 군인, 교통기관, 감정사, 무관武官계통, 경비나 경호, 국정원의 조사관이나 수사관, 장년의 건강관리를 위한 침술원이나 건강원, 격투기나 운동선수 등과 같이 결과를 중시하는 직업이나 일이 적성에 적합할 수 있다.

• 원리원칙原理原則의 金 : 형 집행자나 교도관, 조사나 감사관련 업무, 세무나 회계계통, 행정집행관, 수술을 담당하는 외과나 내과의사, 호흡기계통이나 폐질환계통의 전문의, 비밀이나 보안이 요구되는 업무, 군경軍警이나 검찰계통, 보안업체와 같은 업무나 일을 참고할 수 있다.

(5) 水의 적성 및 직업군

① 물질적物質的인 의미의 水 : 기본적으로 水의 물질적인 특성을 활용하여 적성이나 진로를 찾을 수 있다.

• 자연의 水 : 수산업계통의 유통이나 판매, 수산물의 연구나 증식, 양식업, 어업이나 선원, 해운업이나 상하수도사업, 수자원계통, 주류나 음료수, 생수, 포도당, 증류수, 얼음이나 빙과제조 및 판매사업, 목욕탕이나 온천, 염전 등의 직업이나 일이 적성에 적합할 수 있다.

• 변형된 水 : 유흥업이나 레스토랑, 주류업이나 일반음식점, 혈액이나 생명관련업종, 식품이나 차茶의 판매 및 제조, 식품의 도소매업, 물류나 유통관련업, 소방대원, 냉동이나 냉장업종, 천연염색이나 날염捺染, 성생활용품 판매나 생산, 약국 등의 업무나 일도 적합할 수 있다.

② 기적氣的인 의미의 水 : 지혜로움과 자유자재로 모양을 바꾸는 유연성

이나 융통성과 노년기를 의미하는 것을 상기하면서 알아보자.

- 노년기의 水 : 실버산업용품, 건강관련산업, 사회복지산업, 여행관련업종, 실버타운 건설업, 노인질병 연구나 노인복지관련업, 독거노인도우미, 노인놀이방이나 휴식처 등의 직업이나 일을 고려할 수 있다.

- 지혜智慧의 水 : 조사, 분석, 기획, 연구, 아이디어맨, 무역, 광고기획이나 출판업, 기업의 비서나 참모기능, 혼인중매 등등과 관련된 직업이나 진로를 참고할 수 있다.

- 생명生命관련 水 : 생명공학이나 유전공학, 생명관련 의약품 및 식품, 부인과전문의, 비뇨기전문의, 신장이나 방광계통의 전문의, 한의사나 건강원 등과 같은 업종이나 직업을 참고하면 도움이 될 수 있다.

- 변화變化와 이동의 水 : 접객업이나 서비스업, 무역업이나 운수업, 여행업이나 관광업, 각종 대여업, 변호사, 물류유통계통, 행정직이나 봉사계통 등의 직업이나 일을 참고할 수 있다.

※ 음양오행의 기본적인 특성을 활용하여 사주원국에 나타난 본인의 성격性格, 지능知能, 적성適性 등을 살펴본 후 자신의 사고방식과 행동방식을 연관시켜 스스로 판단하여 타당성이 있으면서 본인이 좋아하고 즐길 수 있는 진로를 선택하면 큰 위안과 힘이 될 수 있다. 다른 사람의 만족보다는 자신의 만족이 우선이며, 자신의 현재가치보다는 미래가치가 보장될 수 있는 일이나 진로를 선택하는 것도 중요하다. 특히 기대수명이 점점 늘어나기 때문에 자신이 즐기면서 오랫동안 할 수 있는 분야의 일이나 직업을 고려해야 한다. 진로나 직업을 선택한 후에는 그 분야에서 적어도 20 ~ 30년 이상 오랫동안 종사하여 전문가專門家가 되어야 자신이 원하는 성공적인 삶을 향유할 수 있다. 전문가가 되기 위해서는 자신이 하는 분야에 집중하여 노력하되 중단하지 않고 지속적으로 종사하면서 실천해야 한다. 특히 자신에게 적합한 직업이나 일을 젊은 시절에 선택하여 지속적으로 실행하면 누구나 삶의 보람과 가치를 찾을 수 있고, 적절한 선택과 집중은 삶의 어려운 시기나 고비를 경감할 수 있고 여유로운 삶을 사는 비결이 될 수 있다.

	木	火	土	金	水
자연의 물질	나무	불	흙	광물	물
계절(음력)	봄	여름	환절기	가을	겨울
월(음력)	1, 2월	4, 5월	3,6,9,12월	7, 8월	10, 11월
하루의 시간	새벽 ~ 아침	낮	변화의 시기	석양	밤
방위	동방	남방	중앙	서방	북방
색상	청색계통	적색계통	황색계통	백색계통	흑색계통
맛	신맛酸(산)	쓴맛苦(고)	단맛甘(감)	매운맛 辛(신)	짠맛鹹(함)
감각感覺	촉각觸覺	시각視覺	미각味覺	후각嗅覺	청각聽覺
오성五性	인정	예의	신용	의리	지혜
	곡직曲直	염상炎上	가색稼穡	종혁從革	윤하潤下
	꿈과 희망	열정과 조급	여유와 안정	결과와 계산	응집과 포용
	시작과 전개	확장과 팽창	숙성과 조절	결실과 정리	수축과 저장
오관五官	눈	혀	입	코	귀

	木	火	土	金	水
오곡五穀	보리麥	기장黍	조粟	벼稻	콩豆
오과五果	자두李	살구杏	대추棗	복숭아桃	밤栗
오장五臟	간肝臟	심장心臟	비장脾臟	허파肺臟	신장腎臟
육부六腑	쓸개膽	소장小腸	위장胃腸	대장大腸	방광膀胱
인체계통	신경	순환계	소화기	근골의 대사	혈액
	내분비 계통	심장계통	피부계통	호흡기 계통	비뇨생식 계통
인체부위	손, 발, 머리, 모발	얼굴, 눈빛, 시력	살, 허리, 갈비, 복부	기관지, 치아, 뼈, 골격	음부, 생식기, 수분
오기五氣	풍風	열熱	습濕	조燥	한寒
발음 오행	ㄱ, ㅋ	ㄴ, ㄷ, ㄹ, ㅌ	ㅇ, ㅎ	ㅅ, ㅈ, ㅊ	ㅁ, ㅂ, ㅍ
생수·성수	3 · 8	2 · 7	5 · 10	4 · 9	1 · 6
천간·수	1 · 2	3 · 4	5 · 6	7 · 8	9 · 10
소리	어금닛 소리	혓소리	목구멍 소리	잇소리	입술소리
성격	강직剛直	조급躁急	중후重厚	냉정冷情	원만圓滿
풍수風水	청룡靑龍	주작朱雀	등사螣蛇	백호白虎	현무玄武

이밖에도 오행의 의미를 실생활에서 다양하게 분류하여 활용하고 있다.

7) 오행五行의 상호작용相互作用 원리

오행은 상호간에 상생相生과 상극相剋을 하면서 다양한 변화와 조화를 이룬다. 기본적으로 상생하는 경우에는 서로 간에 원만할 수 있고, 상극하는 경우에는 서로 간에 대립할 수 있다. 그러나 상생은 좋고, 상극은 나쁘다고 할 수는 없다. 단지 상생이 필요한 경우와 불필요한 경우가 있고, 상극이 필요한 경우와 불필요한 경우가 있다. 필요한 오행을 상생하는 경우에는 도움이 될 수 있고, 불필요한 오행을 상생하는 경우에는 부작용이 나타날 수 있다. 반대로 불리한 오행을 상극하면 오히려 나쁜 기운이 사라지므로 유리할 수 있고, 도움이 되는 오행을 상극하면 좋은 기운이 약해지므로 불리할 수 있다. 오행의 상생과 상극의 관계를 살펴보도록 하자.

나무가 성장하기 위해서는 먼저 대지에 뿌리를 내려야 한다. 이때 나무木는 필요에 의해 흙土을 극剋해야 하고, 땅에 뿌리를 내리고 성장하기 위하여 물의 도움 즉 생生을 받아야 한다. 또한 나무가 크게 성장하기 위해서 물이나 땅이 얼지 않아야 하므로 불火의 온기가 필요하다. 즉 물의 도움을 받은 나무는 불火의 온기를 상생하므로 자신이 꽃을 피우고 성장할 수 있다.

또한 나무가 튼튼하고 단단해야만 높이 올라갈 수 있으므로 단단한 금金의 기운이 필요하다. 이것은 성장을 잠시 멈추더라도 뿌리와 줄기를 단단하게 하여 부러지지 않게 하는 역할을 한다. 즉 나무木는 단단한 金의 상극을 어느 정도 받는 것이 크게 성장하는데 도움이 된다. 그러나 나무가 약할 경우에는 지나치게 강한 金의 극克을 받으면 부러지거나 또는 성장할 수 없고, 지나치게 온기나 열기가 강할 경우에는 나무의 강도가 약한 열대지방의 나무처럼 견고하지 못할 수 있으며, 지나치게 흙이 많고 물이 없으면서 뜨거울 경우에는 사막이 되어 나무가 성장하기 어려울 수 있다. 이러한 과정이 오행의 상호작용원리이며, 생生과 극剋이 조화와 균형을 이룰 경우에는 최상의 성장조건이 될 수 있다.

　사람의 경우에도 마찬가지라고 할 수 있다. 즉 오행 상호간의 생과 극이 조화와 균형을 이룰 경우에는 각각의 오행은 자신의 역할을 다할 수 있고, 생각과 행동이 균형과 조화를 이루고 성공적인 사회생활과 가정생활을 유지할 수 있다. 살펴보도록 하자.

　(1) 오행五行의 상생相生원리 : Ⓜ 生 Ⓕ 生 Ⓣ 生 Ⓖ 生 Ⓦ 生 Ⓜ이 오행의 상생相生원리이며 순환循環한다.

　상생이란 서로 돕는다는 의미도 되지만 낳다, 주다, 나아간다, 시작한다, 발생하다, 희생하다, 보호하다, 배려하다 등의 의미도 가지고 있다. 상생의 경우에도 필요하고 도움이 되는 유정有情한 生이 있고, 충분하여 필요하지 않은데 지나치게 도움을 주는 무정無情한 生도 있다.

　자연현상에서 상생은 나무木는 땔감이 되어 불火을 피울 수 있고, 불은 흙土과 물水과 나무木에 적당한 온기를 제공하여 나무나 물이 얼지 않게 하며, 흙은 나무가 자랄 수 있는 바탕이 된다. 즉 木은 火를 生하고 水의 生을 받으며, 火는 土를 生하고 木의 生을 받을 수 있다. 이 경우에도 나무는 열기火가 지나치게 강할 경우에는 나무가 불에 타거나 말라죽을 수 있고, 흙土이 지나치게 두텁고 메마를 경우에는 나무가 뿌리를 깊이 내리기 어려우며, 금기金氣가 지나치게 강할 경우에는 오히려 부러질 수 있다. 또한 물水이 지나치게 많아도 나무는 물에 뜰 수 있고, 나무가 지나치게 많아도 물이 부족할 수 있다. 흙土은 암석이나 광물金을 보호하고 오랜 기간에 걸쳐 생성生成한다. 동시에 바위나 암석 등의 광물질金은 물水을 생성할 수 있고, 좋은 광물질은 천연 미네랄을 풍부하게 하여 사람이나 동식물에게 필요한 영양분을 공급할 수 있다. 즉 土는 金을 生하고, 火의 生을 받으며, 金은 水를 生하고, 土의 生을 받는 것을 말한다. 물水은 나무를 성장하게 하는 가장 중요한 요소이면서, 대지와 동식물이 생명력을 유지할 수 있게 하는 절대적인 존재다. 즉 水는 木을 생하고 金의 生을 받는다.

계절적인 상생은 봄에 해당하는 木은 여름의 火를 生하고, 여름의 火는 가을의 金을 生하고, 가을의 金은 겨울의 水를 生한다. 水의 겨울이 지나면 다시 木의 봄이 오는데 겨울의 水는 다시 봄의 木을 生하여 계절의 순환작용을 지속적으로 반복하게 한다. 이때 사계四季에 해당하는 土의 적절한 조절능력에 의해 자연스럽게 사계절의 변화와 순환이 이루어진다. 相生이 적절할 경우에는 서로가 도움이 되고 유익할 수 있지만 지나치게 많으면 오히려 불리할 수 있다. 다른 오행의 경우에도 마찬가지로 유추할 수 있다. 이러한 相生의 관계를 가족관계에서 살펴보면, 부모는 자녀를 생하여 무한한 회생과 도움으로 성장시키고, 자녀는 성장하여 결혼을 하면 다시 자녀를 낳아 자녀에게 무한한 도움을 주어 성장하게 한다. 이것은 거역할 수 없는 자연의 순리이며 사람의 도리라고 할 수 있다. 이러한 관계는 유정한 상생관계이며, 인간관계에서는 어미와 자식의 관계처럼 운명적인 관계를 나타내므로 천륜天倫이라고 할 수 있다. 기본적인 生의 관계를 간략하게 정리해보자.

- **水 生 木 生 火** : 물水은 나무木에 영양을 공급하여 나무를 성장하게 하고, 성장한 나무木는 온기火를 활용하여 꽃火을 피울 수 있으며, 땔감이 되어 불火의 기운을 도와줄 수 있다.

- **木 生 火 生 土** : 나무木는 불을 생할 수 있고, 불火의 온기는 흙土을 얼지 않고 따뜻하게 생하여 동식물이 안정적으로 성장하고 생활할 수 있게 한다.

- **火 生 土 生 金** : 불火의 적절한 온기는 흙을 생하여 얼지 않게 하고, 흙은 땅속의 광물金을 보호하고 생성할 수 있다.

- **土 生 ⾦ 生 水** : 메마르지 않은 흙土은 바위나 암석⾦등을 온전하게 생하고, 바위나 암석에 해당하는 금은 각종 미네랄을 함유한 좋은 물水을 생성하여 생명체가 살아갈 수 있게 한다.

- **⾦ 生 ⽔ 生 木** : ⾦의 도움을 받은 물水은 동식물이 생명을 유지할 수 있도록 수분과 영양분을 공급하고, 나무木나 생명체를 성장하게 할 수 있다.

(2) 오행五行의 상극相剋원리 : Ⓜ 剋 Ⓣ 剋 Ⓦ 剋 Ⓕ 剋 ⓖ 剋 Ⓜ이 오행의 상극相剋원리이며 순환한다.

상극이란 서로 억압하고 간섭하고 못살게 군다는 의미와 함께 이기다, 다스리다, 관리하다, 개척하다, 극복하다, 정복하다, 제거하다, 취한다, 갖는다, 획득하다 등의 다양한 의미를 가지고 있다. 극剋이 필요하고 도움이 되는 경우에는 유정지극有情之剋이라고 하고, 불필요하거나 해害가 되는 경우에는 무정지극無情之剋이라고 한다. 그러므로 극하는 경우에도 필요한 극과 해로운 剋으로 나눌 수 있다.

기본적인 상극의 이치는 나무木는 흙土에 뿌리를 내려야만 생존할 수가 있기 때문에 木은 土를 극하고, 불火은 쇠⾦를 녹여서 칼이나 공구 또는 농기구로 가공을 하여야 유용하게 활용할 수 있기 때문에 火는 ⾦을 극하며, 흙土은 나무가 자랄 수 있도록 물水이 필요하기 때문에 土는 水를 극한다. 쇠⾦는 나무를 잘라 가공해야 재목으로 활용할 수 있기 때문에 ⾦은 木을 극하고, 물水은 솟아오르는 열기나 불길火을 통제하고 조절하여 온기를 유지하기 위하여 水는 火를 극하는 것을 말한다.

계절의 상극은 한 해의 시작과 씨앗을 뿌리는 봄木과 한 해의 마무리와 결실을 하는 가을⾦, 뜨거운 여름火과 차가운 겨울水의 서로 상반되는 계절을 나타내고, 방위의 상극은 동쪽木과 서쪽⾦, 남쪽火과 북쪽水의 상반되는 방위方位를 나타낸다.

극은 남녀관계나 부부관계처럼 세상에서 서로 만나서 이루어지는 인륜人倫관계라고 할 수 있다. 그러나 相剋도 相生처럼 적당할 경우에는 서로가 도움이 되고 유익할 수 있지만, 지나치면 손실과 피해를 당할 수 있다. 여기서 극剋과 극尅은 동일한 의미의 한자로 혼용하여 사용되니 혼돈하지 말아야 한다. 기본적인 剋의 관계를 간략하게 정리해보자.

- **金 剋 ㊍ 剋 土** : 나무木는 金의 克을 받아 훌륭한 재목으로 활용할 수 있고, 나무는 흙土에 깊숙하게 뿌리를 내려야만 크게 성장할 수 있으므로 木은 金의 극을 받고 土를 극할 수 있다.

- **木 剋 ㊏ 剋 水** : 흙土은 나무木가 뿌리를 내려야 황량하거나 메마르지 않을 수 있고, 나무木는 흙土을 극하여 뿌리를 내려야 성장할 수 있다. 흙土은 메마르면 생명체가 성장하기 어려우므로 적당한 물水을 저장하거나 흡수하여 활용하기 위하여 水를 극할 수 있다.

- **土 剋 ㊌ 剋 火** : 물水은 증발하거나 없어지면 활용할 수 없으므로 土의 극을 받아 땅속에 저장하거나 제방이나 방벽을 활용하여 가두어 야 활용할 수 있고, 물은 火의 지나친 열기나 온기를 극하여 치열하지 않게 관리해야 활용할 수 있다.

- **水 剋 ㊋ 剋 金** : 불火은 무한정 팽창하고 뜨거워지면 모든 것을 태워버릴 수 있으므로 水의 극을 적당하게 받아야 제 역할을 할 수 있고, 불은 金을 극하여 녹여야만 농기구나 생필품을 만들어 활용할 수 있다.

- **火 剋 ㊎ 剋 木** : 금석金은 제련되고 가공이 되어야 톱이나 칼이 되어 활용할 수 있으므로 火의 극을 받아 유용한 도구가 될 수 있고, 도구金가 된 금金은 나무木를 잘라야 유용한 재목으로 활용할 수 있으므로 木을 극한다.

(3) 상생相生과 상극相剋의 인간관계 : 상생과 상극의 관계는 기본적으로 성장과 성숙의 관계라고도 할 수 있고, 기쁨과 슬픔, 고통과 열매, 일의 과

정과 결과의 관계라고도 할 수 있다.

인간관계에서 상생相生은 천륜天倫이며, 상극相剋은 인륜人倫이라고 할 수 있다. 즉 부모가 자식을 낳아 기르는 것生은 천륜이라고 할 수 있고, 남녀 관계나 부부사이처럼 서로 필요에 의해 만나서 극을 하고 극을 받으며 살아가는 것은 인륜이라고 할 수 있다. 천륜은 근본적으로 자신의 의지와 상관없이 이루어지는 하늘과 자연의 도道를 나타내고, 인륜은 서로간의 필요에 의해 이루어지는 사랑과 박애의 정신을 나타내며, 천륜과 인륜은 인류의 공존과 번영의 바탕이 되어 행복한 삶을 만드는 인도주의人道主義정신의 근간으로 나타날 수 있다.

상극相剋에 해당하는 인륜人倫이 조화를 이루지 못할 경우에는 개인과 가정, 사회와 국가, 나아가 지구상의 모든 나라가 서로 싸우거나 뺏고 빼앗기는 불안정한 일이 나타날 수 있다. 그러므로 상극이 서로 조화와 균형을 이루어야 개개인의 삶이 행복할 수 있다.

사회나 국가도 相生과 相剋이 서로 균형과 조화를 이룰 경우에는 성장하고 발전할 수 있으며, 동시에 구성원 간에 사랑과 배려의 마음으로 상호 협력하면서 경쟁하여 효율과 능률을 극대화할 수 있다. 인륜에 해당하는 부부는 서로 사랑하고 배려해야 하며, 천륜에 해당하는 부모와 자녀는 서로 사랑하고 존경하면서 화목해야 행복할 수 있다.

사람은 태어나면 부모의 도움을 받아 성장하여 열심히 사회활동을 하게 되고, 사회활동을 통하여 스스로 의식주를 해결할 수 있을 정도가 되면 배우자를 만나서 가정을 꾸미게 된다. 배우자를 만나 가정을 이룬 후에는 자녀를 낳고, 가족 간의 사랑과 책임감을 느낄 때 더욱 강한 열정과 노력으로 인생의 목표나 꿈을 실현할 수 있다. 이러한 과정이 상생과 상극의 상호작용이며, 상생과 상극의 상호보완관계라고 할 수 있다. 그러므로 상생과 상극은 공존하며, 세상을 살면서 누구나 상생과 상극의 연속적인 삶을 살아간다. 상생과 상극은 개인이나 사회가 비록 힘들고 어려운 시기일지라도 좌절하거나 포기하지 않고 참고 견디면, 어느 시기가 되면 틀림없이 더 좋은 결과나 목표를 달성할 수 있다. 결과나 목적을 달성하고 나면 이전과는 또 다른 어렵고 힘든 문제나 고통이 닥쳐올 수 있는 것이 삶의 이치라고 할 수 있다. 즉, 상생과 상극은 성공과 실패가 반복되듯이 정지하지 않고 반복적으로 순환한다.

상생相生을 통하여 서로 도우면서 발전하고 성장할 수 있지만, 상극相剋이 없다면 무한정 성장하면서 발전할 수 있을까? 사람이 청소년기에 갑자기 키가 많이 크고 팔다리가 길어지면 성장통이 나타나므로 적당히 성장하면 극剋을 통하여 단단하게 성숙하는 과정이 필요하듯이 상생과 상극도 서로 조화와 균형을 이루는 것이 필요하다. 나무도 여름에 성장하여 가을이 오면 나이테를 만들어 성장을 멈추고 몸체를 단단하게 해야만 겨울의 찬바람과 추위에 견딜 수 있는 강인한 힘을 가지게 되어 다가오는 봄의 기운을 맞이하고 성장할 수 있고, 다시 눈보라가 몰아쳐도 부러지지 않고 견딜 수 있다. 개인이나 조직, 또는 사회나 국가도 마찬가지라고 할 수 있다.

국가 간에도 전쟁과 평화가 반복되고 기업 간에도 경쟁과 협력이 연속되듯이 개개인의 삶의 과정도 기쁨과 슬픔의 연속이며, 성공과 좌절의 연속이라고 할 수 있다. 결코 멈춰진 영원한 행복과 멈춰진 영원한 불행은 존재하지 않으며 단지 시간과 공간을 두고 순환할 뿐이다. 그러므로 개개인은 항상 여유로운 마음과 긍정과 희망의 적극적인 마인드를 가지고 생활에 임하면서 좌절하지 않고 때를 기다리는 성실함과 인내심이 필요하다. 이러한 긍정적이고 적극적인 처신은 자신의 몸과 마음을 온전하게 보존하는 방법이 될 수 있고, 미래의 발전과 성공을 기약할 수 있는 최선의 방법이 될 수 있다. 오행의 상생과 상극의 원리를 생활에 적극적으로 활용하여 어려움이나 행복을 관리하는 방안으로 활용할 수 있다.

어린 자녀를 안고 있는 부인이 남편에게 담배를 피우지 못하게 하는 것도 유정지극有情之剋이라 할 수 있겠지요. 왜냐하면 부인이 아이를 위해 남편에게 "애가 있는데 집에서 담배 피우면 어떻게 해! 나가 피워!" 하면 우람한 남편도 자녀를 위해 부인 앞에서 꼼짝 못하고 밖으로 나가야한다. 이런 가정은 부부와 자식 간에도 상생과 상극이 조화를 이루므로 화목할 수 있다. 때로는 부모가 나이가 들면 자식과 트러블(trouble)이 생기거나 소원한 관계가 될 수 있고, 돈을 많이 주지 못하면 자식으로부터 剋을 받을 수 있다. 그래도 자녀와 부모는 천륜이므로 부모가 죽을 때까지 자녀의 뒷바라지를 하면서 고통가운데 기쁨과 보람도 느낄 수 있다. 딸이 시집가면 사위가 장모를 도와주고 힘이 되어주니 五行의 순리를 따라 사는 것도 세상사는 재미가 있다. 아버지는 어쩌라고? 아버지도 걱정 말아라! 자식이 극剋해도 장가를 가고 며느리가 시아버지를 편들어주니 받는 것 없어도 마음만은 흐뭇하다. 이것도 五行의 순리를 따라 사는 즐거움樂이 아니겠는가! 이와 같이 상생과 상극이 유정有情하면 양가兩家의 화목도 이룰 수 있다. 이것도 저것도 다 아니면 이것도 내 운명이려니 생각하고 짜증도 내지 말고, 싸운다고 되는 일도 아니니 그저 편안한 마음을 가지고 일이 있으면 열심히 일하고, 일이 없으면 등산이나 소일거리 찾아서 몸과 정신을 관리하는 것도 오행의 순리를 따라 사는 방법이 될 수 있다. 오직 자기 자신을 진지하게 사랑하고 위로하면서 때를 기다리는 지혜를 가지고 성실히 참고 살아가면 剋이 生으로 바뀌는 때가 오므로 언젠가는 반드시 행복한 시절이 온다.

8) 오행五行의 활용

오행의 특성을 분석하는 것은 원국을 분석하는 것과 다를 수 있다. 그러나 원국분석의 기본이 될 수 있고, 오행에 대한 지식이 많으면 많을수록 더욱 정밀한 원국분석이 가능하고 분석한 결과의 신뢰도가 높을 수 있다. 이왕에 시작한 동양사상에 대한 공부이므로 이번 기회에 지식의 폭도 넓히고, 나와 사회에 도움이 되면서 가족이나 친구의 현재나 미래에 대한 올바른 조언을 할 수 있을 정도로 실력을 만들어보자.

오행의 원리와 개념을 알고 실행하면, 자신의 삶의 여정을 우주 대자연의 순리에 순응하면서 지혜롭게 살아갈 수 있고, 사회생활을 할 때도 때와 장소를 알고 함부로 나서거나 오만하지 않으므로 대인관계가 원만할 수 있고, 가정과 이웃을 서로 화목하게 만들 수 있으며, 서로 이해하고 사랑하는 관계를 자신이 만들어낼 수 있다.

지피지기知彼知己 백전불퇴百戰不退라는 말이 있듯이 나를 알고 남을 알면 자신감과 함께 성공의 열매를 얻을 수 있고, 성공하는 방법과 시기를 알면 스트레스나 걱정을 줄일 수 있으며 타인이나 사회를 탓하지 않고 긍정적이면서 적극적으로 살아갈 수 있다. 또한 음양과 오행으로 자신의 상황과 기운을 알게 되면 스스로를 개선하고 다스릴 수 있기 때문에 정신도 맑아지고 건강도 좋아질 수 있으며, 때로는 여행을 하다가 다른 사람의 인생 상담을 해주고 고맙다고 선물을 받거나 아니면 막걸리라도 한잔 공짜로 얻어먹을 수 있는 즐거운 일이 생길 수 있다. 특히 힘과 능력도 없는 사람이 지나치게 욕심을 내어 패가망신敗家亡身하지 않을 수 있고, 자신의 한계와 능력의 범위 내에서 최선을 다하여 원만한 결과를 창출할 수 있으며, 다른 사람과 비교하지 않는 행복한 인생을 만들어갈 수 있다.

사람들은 종종 때와 장소를 알지 못하고 자신의 욕망이나 탐욕을 드러내기도 한다. 마치 모든 것을 가질 수 있을 것이라고 생각하면서! 그래서 인간은 가장 영리하고 지혜로운 영장동물이라고 하지만 가장 우둔하게 행동하여 지구상의 살아있는 모든 동식물보다도 가장 비참하고 고통스러운 삶을 살 수도 있고, 반대로 자신과 타인을 사랑하고 존경하면서 유유자적悠悠自適하면서 살 수도 있는 양면성兩面性을 지니고 있다.

토끼는 사자가 될 수 없고 소나무는 잡초가 될 수 없듯이, 사람도 타고난 천성과 적성에 맞는 일을 선택하여 자신의 그릇에 해당하는 분수와 능력에 맞는 목표와 계획을 세우는 것이 중요하다. 행복幸福과 불행不幸의 차이는 자신의 욕망과 만족을 추구하는 기준의 차이라고 할 수도 있고, 시간과 공간에 적합한 일과 행동을 선택하여 순리에 따라 지속적으로 실행할 수 있느냐 없느냐의 차이가 될 수도 있다.

9) 음양陰陽과 오행五行에 의한 십성十星의 분류

십성十星에 대한 분석은 지속적으로 학습을 하도록 하고, 여기서는 기본적인 용어를 파악하여 원국을 이해하는데 도움을 주는 정도로만 살펴보도록 하자.

(1) 오성五星 : 木 火 土 金 水의 오행五行을 현실적인 인人·사事·물物에 적용할 경우에는 오성으로 나타낼 수 있고, 오행을 다시 음과 양으로 분리하여 10개의 통변성通變星으로 나누어 인·사·물에 적용할 경우에는 십성十星으로 나타낼 수 있다. 즉 오행의 작용을 생활 속의 인·사·물에 적용한 것이 오성五星이라고 할 수 있고, 五星을 다시 음양으로 분리하여 생활 속의 인·사·물에 적용한 것이 십성十星이라고 할 수 있다. 또한 五星은 오행간의 생과 극의 관계를 비겁比劫, 식상食傷, 재성財星, 관성官星, 인성印星이라는 용어로 표현한 것이라고 할 수 있다. 용어의 의미를 간략하게 살펴보도록 하자.

- **비겁**比劫 : 주체가 되는 오행과 서로 동일한 오행일 경우에는 비겁比劫이라고 하고, 비겁比劫은 비견比肩과 겁재劫財를 합쳐서 부르는 용어이며, 나와 동일한 오행이므로 비아자比我者라고 한다. 예를 들면 주체가 되는 오행이 木일 경우에 木에 해당하는 陰木과 陽木을 합쳐 비겁比劫이라고 하고, 이 중에서 주체가 되는 木과 음양이 동일하면 비견比肩이라고 하며 陰陽이 다르면 겁재劫財라고 한다.

- **식상**食傷 : 주체가 되는 오행이 스스로 생하는 오행일 경우에는 식상食傷이라고 하고, 식상은 식신食神과 상관傷官을 합쳐서 부르는 용어이며, 자신이 스스로 생하는 오행이므로 아생자我生者라고 한다. 예를 들면 주체가 되는 木 일간이 스스로 생하는 陰火와 陽火를 합쳐 식상食傷이라고 하고, 이 중에서 주체가 되는 木과 陰陽이 동일하면 식신食神이라고 하며 陰陽이 다르면 상관傷官이라고 한다.

- **재성**財星 : 주체가 되는 오행이 스스로 극하는 오행을 재성財星이라고 하고, 재성은 편재偏財와 정재正財를 합쳐서 부르는 용어이며, 자신이 스스로 극하는 오행이므로 아극자我克者라고 한다. 예를 들면 주체가 되는 木 오행이 스스로 克하는 陰土와 陽土를 합쳐 재성財星이라고 하고, 이 중에서 주체가 되는 木 오행과 음양陰陽이 동일하면 편재偏財라고 하며 陰陽이 다르면 정재正財라고 한다.

- **관성**官星 : 재성과 반대로 주체가 되는 오행이 다른 오행의 극을 받을 경우에는 극하는 오행을 관성官星이라고 한다. 관성은 편관偏官과 정관正官을 합쳐서 부르는 용어이며, 자신을 강제로 극克하는 오행을 말하므로 극아자克我者라고 한다. 예를 들면 木 오행을 극하는 陰金와 陽金을 합쳐 관성官星이라고 하고, 이 중에서 木과 음양이 동일하면 편관偏官이라고 하며 陰陽이 다르면 정관正官이라고 한다.

- **인성**印星 : 주체가 되는 오행이 다른 오행의 생을 받을 경우에는 生을 하는 오행을 인성印星이라고 한다. 인성은 편인偏印과 정인正印을 합쳐서 부르는 용어이며, 자신을 생하는 오행이므로 생아자生我者라고 한다. 예를 들면 木 오행을 生하여 주는 陰水와 陽水를 합쳐 인성印星이라고 하고, 이 중에서 木과 음양이 동일하면 편인偏印이라고 하며 陰陽이 다르면 정인正印이라고 한다.

(2) 오성五星의 생극生剋 관계 : 오성은 五行의 생극관계를 다른 통변성通辯星으로 부른 것이라고 하였다. 그러므로 오행에 해당하는 木 火 土 金 水의 생과 극의 관계를 연상하면서 오성을 이해하면 수월할 수 있다.

자신의 오행과 동일한 비겁比劫은 식상食傷을 生하고 재성財星을 스스로 剋하며 관성官星의 剋을 받고 인성印星의 도움生을 받으며, 비겁比劫은 자신과 동일한 힘이 된다. 식상食傷은 재성을 生하고 관성을 克하며 인성의 克을 받고 비겁의 生을 받으며, 식상은 동일한 힘이 된다. 재성財星은 관성을 生하고 인성을 克하며 비겁의 克을 받고 식상의 生을 받으며, 재성은 동일한 힘이 된다. 관성官星은 인성을 生하고 비겁을 克하며 식상의 克을 받고 재성의 生을 받으며, 관성은 동일한 힘이 된다. 인성印星은 비겁을 生하고 식상을 克하며 재성의 克을 받고 관성의 生을 받으며, 인성은 동일한 힘이 된다. 오성五星의 상호관계를 도표로 만들어 살펴보도록 하자.

【오성五星의 생극生克표】

비겁比劫	生	식상食傷	生	재성財星	生	관성官星	生	인성印星
(木)克⇩		(火)克⇩		(土)克⇩		(金)克⇩		(水)克⇩
재성財星	生	관성官星	生	인성印星	生	비겁比劫	生	식상食傷
(土)克⇩		(金)克⇩		(水)克⇩		(木)克⇩		(火)克⇩
인성印星	生	비겁比劫	生	식상食傷	生	재성財星	生	관성官星
(水)克⇩		(木)克⇩		(火)克⇩		(土)克⇩		(金)克⇩
식상食傷	生	재성財星	生	관성官星	生	인성印星	生	비겁比劫
(火)克⇩		(土)克⇩		(金)克⇩		(水)克⇩		(木)克⇩
관성官星	生	인성印星	生	비겁比劫	生	식상食傷	生	재성財星
(金)克⇩		(水)克⇩		(木)克⇩		(火)克⇩		(土)克⇩
비겁比劫	生	식상食傷	生	재성財星	生	관성官星	生	인성印星
木		火		土		金		水

(3) 십성+星의 분류 : 십성+星은 오행에 해당하는 오성을 다시 음양으로 분리하여 10가지의 통변성으로 분리하여 이름을 붙인 것이라고 하였다.

주체가 되는 오행과 음양이 같은 경우에는 비견比肩, 식신食神, 편재偏財, 편관偏官, 편인偏印이 되고, 주체가 되는 오행과 음양이 다른 경우에는 겁재劫財, 상관傷官, 정재正財, 정관正官, 정인正印이 된다. 오성五星과 십성+星의 표를 만들어 보자.

【십성+星】

오성五星	음양陰陽이 동일	음양陰陽이 다름
비겁比劫	비견比肩	겁재劫財
식상食傷	식신食神	상관傷官
재성財星	편재偏財	정재正財
관성官星	편관偏官	정관正官
인성印星	편인偏印	정인正印

第 2 章

천간(天干)과 지지(地支)

1. 천간天干과 지지地支의 개념

1) 천간天干과 지지地支의 의미

천간天干과 지지地支는 근본적으로 양陽에 해당하는 하늘의 천간과 음陰에 해당하는 땅의 지지를 나타내고, 사주四柱의 구성도 천간과 지지로 이루어진다.

하늘을 의미하는 천간은 양의 기운과 양의 작용이 강하게 나타날 수 있고, 땅을 의미하는 지지는 음의 기운과 음의 작용이 강하게 나타날 수 있다. 즉 음양의 이치가 그대로 적용된다. 이러한 천간과 지지를 합쳐서 간지干支라고 표현한다.

천간天干은 陽의 성정을 나타내므로 정신적精神的·기적氣的인 의미가 강하고, 동적動的이므로 길흉화복吉凶禍福이 표면적으로 드러날 수 있다. 즉 명예나 체면 재물 또는 자존심 등의 특성이 외부로 그대로 표출될 수 있다.

지지地支는 陰의 성정을 나타내므로 실질적인 행동이나 생활태도를 나타내고, 정적靜的이면서 물질적인 면을 중시하고 작용력도 天干보다는 행동이나 결과가 밖으로 드러나지 않을 수 있다.

기본적으로 천간의 오행은 외부의 영향이나 운의 변화에 따라 작용력이 외부로 신속하게 나타날 수 있다. 특히 양간陽干일 경우에는 명확하게 밖으로 나타날 수 있고, 음간陰干일 경우에는 작용력이 양간보다는 비교적 늦게 나타나거나 뚜렷하지 않을 수 있다.

지지地支는 외부의 영향이나 운의 변화에 따라 천간보다는 작용력이 다소 늦게 나타날 수 있고, 외부로 나타나지 않고 내면적으로 나타날 수 있다. 이 경우에도 양지陽支일 경우에는 영향력이 비교적 신속하게 내면적으로 나타날 수 있고, 음지陰支일 경우에는 그 작용력이 양지에 비해 늦게 나타나거나 작용력이 덜할 수도 있다.

사람은 천간과 지지의 기운을 바탕으로 늘 새롭게 다가오는 운의 영향을 받으며 살아간다. 이 가운데 천간에 해당하는 오행의 기운은 천륜天倫이므로 오로지 하나의 기운으로 전일全—한 반면에 지지의 기운은 인륜人倫이므로 땅속처럼 다양한 기운이 함께 내포되어 있다. 그러므로 지지의 기운은 잘 살펴서 地支속에 내포된 천간의 기운인 지장간支藏干도 살펴야 한다. 지장간과 천간과 지지를 흔히 천지인天地人이라고 한다.

천지인天地人은 운명철학의 기본바탕이므로 동양학을 연구하는 학자나 철학관을 운영하는 사람 또는 굿을 하는 사람이나 심령心靈이나 신령神靈에 대한 연구를 하는 사람들도 천지인이라는 용어를 자주 활용하고 있다. 해당하는 천간과 지지를 살펴보도록 하자.

2) 천간天干과 지지地支의 구성

(1) **천간天干의 구성** : 10천간天干은 오행五行의 음양陰陽에 해당하는 갑甲, 을乙, 병丙, 정丁, 무戊, 기己, 경庚, 신辛, 임壬, 계癸의 10개의 기운으로 구성되고, 이 중에서 양陽의 천간은 甲 丙 戊 庚 壬이 해당하고, 음陰의 천간天干은 乙, 丁, 己, 辛, 癸가 해당한다. 모든 천간을 말할 경우에는 십간十干 또는 십천간十天干이라고 표현한다.

- **양간陽干과 수數** : 甲(1) 丙(3) 戊(5) 庚(7) 壬(9).
- **음간陰干과 수數** : 乙(2) 丁(4) 己(6) 辛(8) 癸(10).

(2) **지지**地支**의 구성** : 12지지地支도 오행의 음양에 해당하는 자子 축丑 인寅 묘卯 진辰 사巳 오午 미未 신申 유酉 술戌 해亥의 십이지지十二地支로 구성 되고, 이 중에서 양의 지지는 子, 寅, 辰, 午, 申, 戌이 해당하고, 음의 지지는 丑, 卯, 巳, 未, 酉, 亥가 해당한다.

- **양지**陽支**와 수**數 : 子(1) 寅(3) 辰(5) 午(7) 申(9) 戌(11).
- **음지**陰支**와 수**數 : 丑(2) 卯(4) 巳(6) 未(8) 酉(10) 亥(12).

【간지干支】

10천간	甲	乙	丙	丁	戊	己	庚	辛	壬	癸		
12지지	子	丑	寅	卯	辰	巳	午	未	申	酉	戌	亥

기본적으로 60갑자六十甲子의 천간과 지지의 결합은, 음은 陰과 결합하고 양은 陽과 결합한다. 여기서 유의할 점은 명리학에서는 본체本體는 양이지 만 陰으로 활용되는 지지가 있고, 본체는 음이지만 陽으로 활용되는 지지 가 있다. 즉 子와 午는 본체는 양陽이지만 음陰으로 활용되고, 巳와 亥는 본체는 음陰이지만 양陽으로 활용된다. 왜냐하면 명리는 실제생활에서 활 용되고 운용되는 실용성과 활용성의 개념을 중시하기 때문이며, 또한 지장 간支藏干의 구성요소를 파악하여 子와 午를 음으로 사용하고 巳와 亥를 양 으로 사용한다.

3) 천간天干과 지지地支의 발생

여기에서 간략하게 하도河圖와 낙서洛書에 대한 개념을 참고로 알아보도 록 하자.

하도河圖는 글자가 존재하기 전에 그림이나 부호符號를 활용하여 소통을 하던 시절에 복희伏羲씨가 하수河水에서 용마龍馬의 등에 나타난 흑백의 점點을 보고 고안하여 용마하도龍馬河圖 또는 하도河圖라고 하였다고 전하며, 이러한 그림을 보고 기후변화를 예측하여 절기節氣에 따라 곡식의 씨를 뿌리고 수확하는 시기를 백성에게 알려주었으므로 흔히 복희팔괘伏羲八卦라고 하고 문자가 없는 시절에 일상생활에 유용하게 활용하였다. 복희팔괘는 하늘의 변화를 나타내는 선천팔괘先天八卦를 의미하고, 선천팔괘는 상생相生원리의 기초가 되었다. 근본은 하늘의 변화는 일정하고 단순하며 만물을 생生하는 의미를 지니고 있으므로 극剋하는 의미는 실질적으로 없거나 약하다고 한다. 선천팔괘를 표시할 때는 북쪽에 하늘을 표시하는 火를 나타내고 남쪽에 水를 나타내어 하늘과 땅이 서로 상생하는 관계로 표시하였으며, 주역의 상괘上卦의 근본이 되었다고 한다.

낙서洛書는 약 4000년 전에 문자가 나타난 이후에 중국 하夏나라의 우禹임금이 낙수洛水에서 치수治水공사를 하다가 신비한 거북등의 갈라진 모습을 보고 신구낙서新龜洛書를 만들었다고 하며, 이것으로 음양의 조화와 변화의 원리를 찾아 생활에 활용하였다고 한다. 신구낙서新龜洛書를 주周나라의 문왕文王이 구체적으로 문왕팔괘文王八卦로 만들어 사람이 하늘의 기운을 받아서 땅에서 필요한 것을 상극相剋하면서 살아가는 실질적인 방법을 체계적으로 만들어 후천팔괘後天八卦라고 하였다고 전해진다. 후천팔괘後天八卦에서는 북쪽에 하늘을 표시하는 水를 나타내고 남쪽에 火를 나타내어 지구에서 살아가는데 필요한 물과 불이 만물의 생성과 변화를 주관하는 요소로 생각하여 사람들이 하늘의 기운을 땅에서 물과 불을 활용하여 실질적으로 활용하는 상극의 원리를 표현하였으며, 주역의 하괘下卦의 근본이 되었다고 한다. 후천팔괘가 역易의 원리를 처음으로 글자로 표현하여 실생활에서 많은 사람들이 유용하게 활용할 수 있는 단계로 발전한 것이라고 할 수 있다.

하도와 낙서의 상생과 상극의 원리는 과학이 발달하기 전인 19세기 까지도 천문天文과 지리地理, 기상氣象관측 과 수리數理 등에 방대하게 활용되었고 나아가 사람들의 다양한 생활과 생산 활동의 지침으로 활용되었다. 또한 역학易學의 근간이 되고 역경易經 즉 오늘날의 주역周易의 근간이 되었다고 할 수 있다.

기본적으로 하도에서는 이리理·기기氣·상상象·수수數의 이치와 오행상생五行相生의 원리와 자연수가 나왔다고 하고, 낙서에서는 오행상극五行相剋의 원리와 실생활에 활용할 수 있는 역학의 술수術數가 나왔다고 할 수 있다.

큰 틀에서 보면 하도는 하늘로부터 선천적으로 타고난 몸으로서 사주의 천간天干에 해당할 수 있고 기적氣的·정신적精神的인 면이 강하며 체體에 해당할 수 있고, 낙서는 타고난 몸이 후천적으로 성장하는 과정이므로 지지에 해당할 수 있고 실생활에 활용할 수 있는 물질이나 실질적實質的인 면이 강하며 용用에 해당할 수 있다. 그러므로 천간天干은 선천팔괘도先天八卦圖에 근거를 두고, 지지地支는 후천팔괘도에 근거를 두고 있다고 말하기도 한다.

4) 60 甲子의 구성

음양陰陽과 오행五行도 각각 천간天干과 지지地支의 음양과 오행으로 나누어져 10개의 天干과 12개의 地支로 분리할 수 있다. 천간과 지지로 분리된 음양과 오행을 순서대로 결합하여 60개의 조합을 만들어 연월일시年月日時의 연대와 시기를 표시하였고, 이것을 바탕으로 만세력萬歲曆을 만들어 계절의 변화에 따라 24절기로 표시하여 곡식을 심고 거두는 시기를 알려주기도 하고 기온의 변화나 계절의 변화를 알고 사전에 필요한 대비를 할 수 있게 하였다. 천간과 지지로 구성된 60개의 간지干支조합이 60甲子이며, 甲에서 시작한 10개의 天干은 각각 6번 지지와 결합하고, 子에서 시작한 12개의 地支는 각각 5번 천간과 결합하여 60甲子 즉 60년이 완성된다. 60년이 지나면 다시 처음 시작한 甲子의 간지로 돌아오고, 사람이 60년을 살면 한 甲子를 살았다고 하며 자신의 천명天命을 다했다고 생각하여 회갑回甲 또는 환갑還甲이라고 하여 축하를 하였던 것이다.

참고로 60갑자가 99회전하는 일원갑—元甲이 되는 과정을 살펴보도록 하자. 甲子의 양陽으로 시작하여 천간이 18회전하고 지지가 15회전하여 간지干支가 33회전하면 양순상원갑陽循上元甲 180년이 되고, 다음에는 음陰으로 시작하여 33회전하면 음순중원갑陰循中元甲 180년이 되며, 다시 양陽으로 시작하여 33회전하면 양순하원갑陽循下元甲 180년이 지나면, 천간이 54회전하고 지지가 45회전하여 총 99회전하면 540년으로 일원갑—元甲이 완료된다고 한다. 다음에는 다시 음순상원갑陰循上元甲으로 시작한다.

음순陰循으로 시작하는 경우에는 만물의 기운이 양기陽氣가 약해지고 음기陰氣가 강해지므로 생활방식이 음기가 상승하는 시기가 되고, 사람의 경우에는 여성이 득세하는 시기라고 한다. 현재는 음순의 시기라고 한다.

51	甲寅	41	甲辰	31	甲午	21	甲申	11	甲戌	1	甲子
52	乙卯	42	乙巳	32	乙未	22	乙酉	12	乙亥	2	乙丑
53	丙辰	43	丙午	33	丙申	23	丙戌	13	丙子	3	丙寅
54	丁巳	44	丁未	34	丁酉	24	丁亥	14	丁丑	4	丁卯
55	戊午	45	戊申	35	戊戌	25	戊子	15	戊寅	5	戊辰
56	己未	46	己酉	36	己亥	26	己丑	16	己卯	6	己巳
57	庚申	47	庚戌	37	庚子	27	庚寅	17	庚辰	7	庚午
58	辛酉	48	辛亥	38	辛丑	28	辛卯	18	辛巳	8	辛未
59	壬戌	49	壬子	39	壬寅	29	壬辰	19	壬午	9	壬申
60	癸亥	50	癸丑	40	癸卯	30	癸巳	20	癸未	10	癸酉
空亡	子丑		寅卯		辰巳		午未		申酉		戌亥

　※ 참고적으로 알아두면 도움이 될 수 있는 것이 60甲子表에 있는 숫자인데 태어난 간지의 숫자에 23을 더하면 태어난 연도年度를 알 수 있다. 단 이 경우에도 주의할 점은 태어난 해의 기준을 음력의 간지干支로 정해야 하며, 寅月을 기준으로 태어난 간지를 판단해야 하는 것이다. 또한 나이가 어릴 경우에는 60을 추가하여 더하면 된다. 예를 들면 壬辰생 용띠라고 하면 숫자가 29이므로 23을 더하면 1952년생이 되고, 壬午생 말띠면 숫자가 19가 되므로 23을 더하면 1942년생이 된다. 나이가 어릴 경우에는 추가로 60을 더하면 된다. 즉 壬午생 말띠라고 하더라도 19에 23을 더하고 다시 60을 더하면 2002년생이 된다. 우리 나이는 한 살을 더하므로 2012년을 기준으로 할 경우에는 71세와 11세가 되고 같은 말띠가 된다. 반대로 1984년에 태어나면 23과 60을 빼면 1이 되므로 태어난 해의 간지가 甲子가 된다고 쉽게 판단할 수가 있는데 이 경우에도 음력인지 양력인지를 살펴야 하고, 동시에 양력으로 1월이나 2월 초에 태어났지만 음력으로는 해가 바뀌기 전이면 1983년이 되어 癸亥가 될 수 있으므로 조심해야 한다. 특히 양력 1월이나 2월 초에 태어날 경우에는 유의해야 한다.

여기서 문왕팔괘와 수리數理를 나타내는 구궁도九宮圖도 참고로 보도록 하자. 이 표는 다양하게 변화되어 점술占術이나 풍수風水에 활용되기도 한다. 특이한 것은 가로 세로 대각선의 숫자의 합이 모두 15가 되는 것이다.

【구궁도九宮圖】

6, 戌 亥 건방乾方, 북서北西, 金	1, 子 정북正北, 감坎, 水	8, 丑 寅 간방艮方, 북동北東, 土
7, 酉 정서正西, 태兌, 金	5, 중앙中央 고庫 또는 묘墓, 土	3, 卯 정동正東, 진震, 木
2, 未 申 곤방坤方, 남서南西, 土	9, 午 정남正南, 리離, 火	4, 辰 巳 손방巽方, 남동南東, 木

외우는 방법은 임진왜란이 일어난 1592년의 숫자를 중앙에서 세로로 나열하여 반대로 된 영문의 'ㄴ'자를 생각하면 수월할 수도 있다. 관심이 있는 분은 참고하셔요. 이제 각각의 천간과 지지에 대하여 자세히 살펴보도록 하자.

2. 천간天干의 개별적인 속성屬性

天干의 기운은 전일全一하면서 동적動的이므로 작용력이 신속하고 빠르게 나타나고 외형적으로 남들이 알 수 있게 표출되며, 정신적인 면과 자존심이나 명예 체면을 나타낸다고 하였다. 또한 운의 흐름에 의한 결과가 지지地支보다 빠르게 나타나고 쉽게 영향을 받을 수 있다고 하였다. 그러므로 개개인의 정신이나 추구하는 생각은 기본적으로 천간天干의 오행과 음양으로 유추할 수 있고, 살면서 추구하는 정신이나 생각은 해당하는 운한運限의 천간의 음양과 오행으로 파악할 수 있다. 운運의 흐름에 따라 나타나는 천간의 의미를 파악하면 그 시기마다 자신이 원하는 생각이나 추구하는 방향을 파악할 수 있다.

천간의 간干은 한자로는 방패를 의미하지만 실제로는 줄기를 나타내는 간幹을 의미하고, 몸, 기둥, 뼈대를 의미한다. 개별 천간에 대하여 차례대로 살펴보도록 하자.

1) 갑목甲木의 속성屬性

- 천간의 甲木은 양목陽木을 의미하고, 한자의 뜻에는 천간 갑, 첫째 갑, 시작할 갑, 갑옷 갑, 껍질 갑 등이 있다. 기본적으로 木의 특성처럼 일의 시작을 잘하고 항상 희망적이고 긍정적이며, 미래지향적인 성격을 지니고 활발하고 활동적일 수 있다.
  甲木은 첫 번째 천간으로서 우두머리가 되는 의미를 지니고 있다. 즉 일간이 甲木일 경우에는 타인을 다스리는 지도자나 조직의 장長이 되기를 원하고, 가정에서는 가장家長이며, 국가에서는 최고 통치권자를 의미한다. 흔히 조직의 장長이나 지도자는 종종 상대방의 공격대상이 될 수 있고, 또한 항상 1인자가 되기를 좋아하므로 정신적으로는 외롭고 고독할 수 있다.

- 일간이 甲木일 경우에는, 가정에서는 장남이 되는 경우가 많고, 비록 차남이나 막내일 경우에도 장남노릇을 하는 경우가 많다. 또한 甲木은 己土의 정재와 합하는 것을 좋아하고, 갑옷과 단단한 껍질이 의미하는 것처럼 어질고 착하지만 고집이 세고 타인의 구속이나 지배 또는 간섭 받는 것을 기적으로나 정신적으로 싫어할 수 있다.

- 木은 물질적으로는 오행 중에서 유일한 생명체이므로 주변의 환경을 중시하며, 특히 甲木은 주변 환경의 영향을 강하게 받으므로 환경에 따라 성공과 실패가 반복될 수 있다.

즉, 주변 환경이 불량하면 자신감을 상실하고 남의 탓을 하거나 시기나 질투를 할 수 있고, 또한 꿈이나 희망이 크기 때문에 상대적으로 좌절이나 실패를 하면 재기再起하기가 쉽지 않을 수 있다. 아마도 곧은 성품으로 부러지는 한이 있어도 남에게 굽히기는 싫어하고, 명예나 체면을 중시하기 때문일 수 있다.

근본적으로 사람은 어질고 인자하지만 환경이나 여건이 불량하면 게으르거나 나태하고 겁이 많을 수 있고, 인체의 간肝과 담膽에 해당하므로 놀라거나 담력이 약할 수 있다. 또한 낙관적樂觀的이고 시작은 잘하지만 일간이 지나치게 약할 경우에는 비관적이거나 결과가 미약할 수 있고, 끈기가 부족하여 조급하고 변덕이 심할 수 있다. 왜냐하면 木은 신경계를 나타내기 때문에 신경이 예민하고 날카로울 수도 있기 때문이다.

• 甲木은 주변의 도움이 있으면 크게 성공할 수 있는 잠재력이 있지만, 극하는 金이 지나치게 강하면 좌절하게 되므로(금다목절: 金多木折), 이때에는 火의 기운으로 金을 다스리는 것이 필요하다. 그러나 火의 기운이 너무 강하면 불에 타버리므로(화다목분: 火多木焚) 속빈강정이 될 수 있다. 즉 실속이 없을 수 있으므로 水의 도움이 필요하며, 水의 도움이 있을 경우에는 자신의 목표를 달성할 수 있다. 또한 水의 기운이 지나치게 강하면 떠다니는 나무(수다목표: 水多木漂)가 되므로 土의 도움을 받는 것이 필요하다. 이 경우에도 土가 지나치게 많아 흙이 굳어버리면 뿌리를 내리기 어렵거나 잘릴 수 있으므로, 즉 토다목절土多木折이 되므로 木의 도움을 받는 것이 필요하다.

• 甲木은 하늘天에서는 우레雷(뢰 : 우레, 천둥, 큰 소리의 형용)에 해당하고, 땅地에서는 소나무나 전나무와 같은 살아있는 큰 나무(생목: 生木)를 의미하며, 때로는 대들보나 서까래와 같은 유용하게 활용되는 사목死木을 나타낼 수도 있다. 방위로는 동방東方이며, 색상은 녹색(또는 청색)이다.

인체부위에서는 머리와 뇌腦, 뇌신경, 담(膽: 쓸개, 담력, 마음, 충심) 등의 외부로 나타나는 부위를 의미하고, 물상物像으로는 교량이나 대로大路, 전신주나 똑바로 서 있는 높은 물체, 번화가 등으로 표현할 수 있다.

기본적으로 甲木은 유일한 생명체이면서 어질고 인자한 덕목을 겸비하고 있으므로 일간日干이 甲木일 경우에는 조직의 장長이나 지도자의 자질이 강하고, 특히 교육이나 건강, 사회복지나 청소년 계통의 일에 관심이 많고, 물질적인 특성으로 볼 때 인

쇄나 출판, 목재, 섬유, 지물 등과 연계를 할 수 있으며, 활동적인 면에서는 예·체능 계도 무난할 수 있다. 일간이 甲木일 경우를 가정하고 판단해보세요.

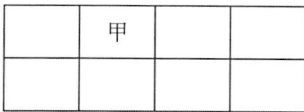

2) 을목乙木의 속성屬性

- 乙木은 음목陰木이며 한자의 뜻에는 두 번째 천간, 새, 굽을, 생선창자, 아무개, 범의 앞가슴 근처의 乙자 모양의 뼈를 의미하는 을골 을 등이 있다. 두 번째 천간이면서 陰木이므로 甲木을 계승하여 결실을 맺는 의미가 강하므로 실질적이고 현실적이며 실리추구에 강할 수 있다. 또한 새나 굽은 것 또는 생선창자를 생각할 때 甲木처럼 부러지는 것이 아니라 굽거나 휘어지는 성정이 강하므로 끈기와 인내심이 강하고 성실하며, 쉽게 좌절하거나 포기하지 않는다.

- 木의 성정에서 보듯이 乙木도 미래지향적이며 활동적이다. 또한 甲木보다 현실적이 므로 외적인 화려함보다 실속과 재물을 중시하고, 좋은 인연을 만나 명예나 체면도 공유하기를 원하므로 재물욕財物慾과 함께 명예욕名譽慾도 강할 수 있다. 즉, 현실 적이고 철저히 계산적이라고 할 수 있다. 그러나 木의 특성을 지니므로 실리에 밝지 만 모질고 악하지 않으며, 자신의 일을 스스로 처리하고 남에게 의지하거나 남의 탓 이나 변명을 하지 않는다. 또한 활목活木처럼 강한 생명력과 활동력을 가지고 최선 을 다하는 부지런한 성품이며, 부드럽고 편안한 상대이지만 다소 인색하고 인간미가 떨어지는 흠이 있다. 음목陰木이므로 역시 나서기보다는 실속을 차리는 2인자 역할 을 잘한다. 일간이 乙木일 경우에는 재물에 대한 욕심이 강하고 여자일 경우에는 庚 金의 정관과 합하기를 좋아하고 정관의 마음으로 살기를 원할 수 있다.

- 단점으로는 칡덩굴처럼 지형지물이나 타인을 활용하려는 힘이 강하고, 집착력이나 지나친 이해타산으로 소인배가 될 수 있으며, 이기적이고 자기중심적인 사람이 될

수 있다. 때로는 지나친 욕심이나 탐욕으로 인하여 주변사람에게 피해를 줄 수 있으므로 중심을 잡고 살아가는 것이 중요하다. 앞만 보고 허욕을 부리면 신경이 쇠약해지거나 마비의 증세가 발생하여 풍風을 맞을 수도 있다.

乙木도 생명체이지만 甲木보다는 환경의 영향을 덜 받으며 환경적응력이 뛰어나고 끈질긴 생명력을 지니고 있다. 그러나 원국의 구성이 균형과 조화를 상실할 경우에는 지나치게 타인을 이용하려고하거나 비현실적이며 줏대가 없고 신경질적인 성정을 나타낼 수 있다.

- 물질로는 화초나 잔디, 키가 작은 나무나 과일나무 또는 곡식을 의미하며, 벼, 보리, 콩, 옥수수, 당근, 감자, 고구마, 인삼, 배추, 초목, 채소 등과 머루, 다래, 칡, 더덕, 마 등의 근채류와, 습목濕木으로 미역, 다시마, 김, 파래, 청각 등의 해초류 등으로 분리할 수 있다.

乙木의 기氣는 바람(풍: 風)이며, 바람은 사람의 경우에는 풍류風流를 나타내므로 남자는 여색을 밝힐 수 있다. 특히 일간이 乙木이면서 합이 많은 여성은 미리 알고 조심해야 하고 만약에 바람이 심하면 늙어서 바람피운 죄로 신경쇠약에 걸리거나 또는 풍병風病을 얻을 수도 있으니 조심해야 한다. 신체부위로는 간(肝 ; 간, 간장)과 목(항; 項), 손가락이나 발가락을 나타내고, 모발毛髮과 내분비계통과 신경계통을 관장한다. 물상物像으로는 산림, 과수원, 화원, 공원, 녹지 등이 해당할 수 있고 관련되는 사물은 난간이나 창문, 출입구나 울타리 등이 해당할 수 있다.

- 乙木의 특성으로 볼 때 역시 木의 특성을 지닌 일이나 직업을 생각할 수 있다. 즉 재무나 경영계통도 무난할 수 있고, 목재계통이나 의류, 생명체와 연관된 생명공학이나 물리학계통도 무난할 수 있다. 乙木은 다양한 직업의 영역을 가질 수 있으므로 개념적으로 점점 좁혀 더욱 정밀한 분석을 하는 것이 필요하다. 일간이 乙木일 경우를 가정하고 다양하게 생각해보세요.

	乙	

3) 병화丙火의 속성屬性

• 丙火는 양화陽火이며, 한자의 뜻에는 세 번째 천간, 셋째 병, 불 병, 남녘 병 등이 있다. 기본적으로 뜨거운 열과 강한 빛을 발하는 태양과 같은 불의 기운이 강하므로 정열적이고 강열하며, 온기와 열기를 제공하고 누구에게나 공명정대할 수 있다. 그러므로 사심私心이 적고 바른말을 잘하며 뒤끝이 없다고 할 수 있다. 丙火는 스스로 빛과 열을 발산하므로 주관이 뚜렷하고 열정적이며, 본인 중심적인 사고와 행동을 하므로 주변 환경의 영향을 덜 받는다. 역시 丙火는 빛나는 辛金의 정재와 합하기를 원하며, 합하여 관성의 합리작인 생각을 할 수 있으므로 다소 강직한 성품이 완화될 수 있다. 또한 火의 오상五常이 예禮이듯이 예의가 바르고 원칙과 규범을 준수하고 우회적인 말보다 직선적인 말을 잘하며, 음성적陰性的인 일처리 방식보다는 공개적이고 공식적公式的인 일처리를 좋아한다. 丙火 일주日柱는 사업을 하더라도 여러 곳에 사업장을 벌리기를 좋아하며, 기본적으로 직원들에게 공평하고 공정한 대우를 하는 경우가 많다.

• 火는 확장擴張과 팽창膨脹의 성정性情을 지니고 있으므로 세상만물을 공명정대하게 밝히고 시시비비是是非非를 가리기를 좋아한다. 그러므로 丙火는 때로는 무모할 만큼 저돌적으로 일처리를 하기도 하고, 대인관계에서는 공격적이므로 타인에게 인격적인 모욕감을 줄 수도 있다. 또한 공격적이고 적극적인 행동은 다른 사람의 일에 지나게 간섭할 수도 있고, 자기주장만 내세우는 독선적이고 일방적인 언행言行으로 타인을 무시하거나 말실수를 하여 언쟁이나 마찰이 생기고 구설이 따르기도 한다. 때로는 이런 행동으로 인하여 사람들로부터 배척을 당하고 고독한 생활을 할 수도 있다. 그러나 뒤끝은 없다.

• 병화는 기적氣的인 의미가 강하며, 하늘天에서는 태양과 광명을 의미하고 땅地에서는 용광로의 불처럼 타오르는 뜨겁고 강력한 불을 상징한다. 또한 뜨거운 것을 보거나 만질 수 없는 의미에서 가장 기적氣的이며 정신精神을 대표하는 오행이라고 할 수 있다. 그러므로 병화丙火나 정화丁火가 많은 경우에는 종종 신기神氣를 보이기도 하고, 불면증을 경험하는 경우가 많다. 불같은 성정은 침착성과 유연성이 결여되어 감정적으로 일을 처리하여 종종 본인이 피해를 보는 경우가 많고 계산적이지 못할 수 있다. 나아가 타인의 의견이나 주장을 묵살하고 자기의 의견이나 주장을 강하게

관철하려고 하는 독선적獨善的인 행동을 할 수 있으므로 상호간의 타협이나 협상이 어려울 수 있다. 일간이 丙火인 노동조합 간부는 강성强性일 수 있다. 그러나 원국이 온전하고 유통되는 경우에는 비교적 유연하고 합리적일 수 있다.

- 신체에서는 소장(小腸:작은창자)과 어깨(견: 肩), 얼굴, 가슴 등에 해당하고 심장의 박동과 혈액순환을 관장하면서 몸의 열기를 담당한다. 물상物像으로는 제련소, 종교집회, 사당(祠堂: 제사를 모시는 향교나 집), 폭발물, 궁실宮室, 도자기를 굽는 가마 등을 생각할 수 있고, 관련되는 사물은 오락실이나 영화관, 공연장이나 찜질방, 나이트클럽이나 노래방 등을 생각할 수 있다. 丙火의 적성도 역시 다양한 일을 확장하고 펼치는 기운이 강하므로 위에서 밝게 빛나기를 원하고, 명예나 예의를 중시하므로 다양한 분야에서 적극적으로 활동할 수 있다. 다른 천간에 비해 더욱 적극적이고 뚜렷하게 각인될 수 있다. 일간이 丙火일 경우를 가정하고 다양한 판단을 해보세요.

	丙		

4) 정화丁火의 속성屬性

- 丁火는 음화陰火이며, 한자의 의미는 네 번째 천간, 장정壯丁 정, 왕성할 정, 일꾼 또는 하인 정, 벌목, 옥 소리 정, 물방울소리 정, 바둑돌 소리 정, 거문고 타는 소리 정 등 다양하다. 비록 음화陰火이지만 근본은 양陽이므로 활발하고 가정적이며, 화술이 뛰어나고 사교적이면서 부드럽고 여성적일 수 있다. 또한 乙木처럼 현실적이고 계산적인 면을 지니고 있으며, 한자의 의미(장정 丁)가 나타내는 것처럼 지나치게 힘이 강해지면 가정보다는 사회활동에 관심이 많아 가정에 소홀할 수 있다.

기본적으로 丁火는 난로나 화롯불 또는 촛불이나 등불처럼 따뜻하고 포근한 기적氣的인 의미가 강하므로 주변을 밝고 온화하게 만들 수 있고, 따뜻하게 감싸주고 배려하는 마음이 강할 수 있다. 또한 교회나 성당 또는 절에서 촛불을 켜놓고 기도나 예배를 보고 개인의 소원을 빌 때도 촛불을 켜놓는 것처럼, 일간이 丁火인 경우에는 영적감각靈的感覺이 뛰어나거나 기도를 많이 할 수 있고, 꿈을 자주 꿀 수 있으며 때로는 영적인 접신接神을 시도하기도 한다.

• 단점은 주변의 환경이 불안정하고 원국의 구성이 조화를 이루지 못하면 불의 특성처럼 산만하고 집중력이 떨어지며 감정적일 수 있고, 조급하고 신경질적이며 남의 탓을 잘할 수 있다. 때로는 다른 사람의 일에 지나친 간섭이나 말참견을 하여 소란을 피우거나 피해를 줄 수도 있다. 또한 주변 환경에 의한 감정변화의 기복이 심하고 변덕스러울 수 있으나, 평상시에는 예의가 바르고 타인을 이해하고 배려하는 마음과 온정溫情이 많은 사람이다.

기본적으로 丁火가 온전한 여성의 경우에는 가정에서는 어른을 존중하고 예의바른 행동을 하며, 자신을 희생하고 봉사하는 모성애적인 성정을 나타내며, 분위기 조성을 잘하고 현실적이며 활발하다. 그러나 지나치게 火가 많고 강하여 흉凶작용을 하는 경우에는 반대로 히스테리 증세를 나타낼 수 있다. 왜냐하면 丁火는 스스로 빛을 내기보다는 주변의 도움으로 빛을 발하거나 열을 발생하므로 주변 환경의 영향을 丙火보다는 많이 받고 환경에 따른 변화가 심할 수 있기 때문이다.

• 인체에서는 심장(心臟: 염통)과 안목(眼目: 눈구멍과 눈알)에 해당하고, 생활 속에서는 불빛이나 별빛 또는 달빛 등불 횃불 눈빛 등으로 나타난다. 물상物像으로는, 부엌, 향불, 후문(后門: 왕비나 임금이 드나드는 문을 의미), 신당, 홍등가 등과 같은 열정적인 상象을 의미한다.

근본적으로 丁火는 예의바르고 합리적인 사고를 하므로 직장생활이나 가정생활을 모두 무난하게 할 수 있으며, 음적陰的인 남자에게는 따뜻하고 포근하게 감싸주는 모성애를 보이므로 서로가 조화를 이룰 수 있다. 또한 丁火는 壬水의 정관과 합하기를 원하며, 온전하게 합하여 더욱 힘이 강해지고 안정적일 수 있다. 일간이 丁火일 경우를 가정하고 다양한 판단을 해보셔요.

	丁		

5) 무토戊土의 속성屬性

- 戊土는 양토陽土이며 한자의 뜻은 다섯 번째 천간, 무성하다, 우거지다, 오경五更 등을 의미한다.

  근본적으로 戊土는 생명체가 존재하는 근원根源이며 중력(重力: 지표 부근의 물체를 지구의 중심 방향으로 끌어당기는 힘)을 의미한다. 자연에서의 戊土는 황량한 들판이나 고원 또는 사막의 건조하고 마른 흙이므로 곧게 솟아오르는 나무가 왕성하게 성장하기에는 부적당하여 나무木의 성장을 위해서는 水의 도움이 필요하다. 더하여 戊土는 水와 결합하여야 촉촉한 땅이 되어 수목樹木이 성장하기 좋은 땅으로 변하여 제 역할을 다할 수 있다. 즉, 戊土는 癸水 정재와 합하기를 원하고 합하여 자신의 힘을 더욱 강하게 할 수 있다.

  土는 木 火와 金 水의 중간에 위치하므로 중재仲裁와 조절調節의 역할을 하고, 상하좌우의 조정과 균형을 맞추는 역할이 뛰어날 수 있다. 인간적으로는 심성이나 행동이 안정적이고 중심이 흔들리지 않으며 다른 사람에게 신뢰와 믿음을 줄 수 있고, 인간관계에서는 분쟁의 중재와 조정을 하거나 중계역할을 훌륭하게 할 수 있다.

- 土의 오상五常이 신(信: 믿음, 진실, 분명히 하다)이듯이 기본적으로 신용과 믿음을 중시하고, 씨를 뿌리고 노력한 만큼 거둬들이는 땅의 특성처럼 고지식하고 보수적이며 성실한 면을 지니고 있다.

  대인관계에서도 신용과 믿음을 중시하며, 치우치지 않고 중립적(중화지기: 中和之氣)이면서도 자기중심이 강하고, 전통적이고 보수적인 기질이 강할 수 있다. 그러므로 원국原局의 일간日干이 戊土이면서 조화와 균형을 이루고 있을 경우에는 장중한 지리산처럼 인품이 중후하고 자신의 중심이 뚜렷하여 사소한 일에 일희일비一喜一悲하지 않는 지도자나 리더의 속성이 강하게 나타날 수 있다.

- 단점은 戊土가 지나치게 강할 경우에는 메마르고 황폐한 흙처럼 유연성과 융통성이 결여되고 무뚝뚝하므로 부드럽고 사교적인 면이 약할 수 있다. 인간적으로는 황폐한 사막처럼 나무가 성장할 수 없는 땅이나 가뭄으로 물이 부족하여 논밭이 갈라지는 것처럼 고지식하고 무뚝뚝하여 정도 없으면서 고집불통이 될 수도 있으며, 자신의 능력이나 분수를 모르고 재물과 이성을 탐하여 천박한 인물이 될 수도 있다. 또한 土의 중립적이고 안정적인 사고를 상실하고, 땅속을 알 수 없듯이 자신의 감정

이나 생각을 솔직하게 드러내지 않고 감추거나 숨기기도 한다. 그러므로 내면의 생각을 알 수 없는 사람일 수 있고, 편견偏見으로 인하여 주변사람과 마찰이 자주 발생하고 소외될 수도 있다.

• 인체에서는 위장(胃腸: 밥통, 위)과 소화기 계통을 나타내고, 지방脂肪, 근육, 등과 허리 등이 해당한다. 물상物像으로는 산, 운동장, 광야 등이 해당할 수 있고, 관련되는 사물은 산봉우리, 제방(堤防: 둑), 사찰(절), 창고, 역이나 정류장, 사석장(沙石場: 돌이나 모래를 쌓아 놓은 곳) 등을 의미할 수 있다.

일간 戊土가 온전할 경우에는 기본적으로 土의 성정을 지니고 있으므로 항상 타인을 배려하고 이해하는 마음과 희생하고 봉사하는 마음을 지니고 있으며, 자기주장을 강하게 내세우지 않고 타인을 수용하는 포용력과 분쟁이나 곤란한 일을 조정하는 능력이 뛰어날 수 있다. 그러므로 큰일을 하는 정치인이나 종교지도자, 교육계통에서 성공하는 사람들이 많다. 일간이 戊土일 경우를 가정하고 다양한 판단을 해 보셔요.

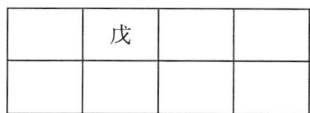

	戊		

※ 항상 음양과 오행의 조화調和와 균형均衡을 살펴서 명명命을 논해야 하며, 음양오행에 대한 많은 사색과 명상을 통하여 지혜로운 생활방안을 터득하고 실천하여 즐겁고 행복한 인생을 만들어보자.

운명運命은 정체되어 고정된 것이 아니며 항상 움직이면서 변하는 역동적인 소우주와 같다. 지구가 태양을 중심으로 공전과 자전을 하여 사계절이 순환하듯이 인간도 자연의 순리에 따라 순환循環하므로 시공(時空: 시간과 공간)에 따라 자신을 적절하게 관리하면 건강과 복록을 함께 누릴 수 있다.

6) 기토己土의 속성屬性

• 己土는 음토陰土이며 자연에서는 비옥肥沃한 양질良質의 토양土壤이라고 할 수 있다. 한자의 의미에는 여섯 번째 천간 기, 몸 기, 다스릴 기, 자기 기 등이 있다.
  己土는 흔히 문전옥답이라고 하듯이 기적氣的으로는 편안하게 쉴 수 있는 휴식이나 안식의 의미를 지니고 있다. 또한 사람이 흙에서 태어나 흙으로 돌아가는 것처럼 사람과의 관계가 긴밀하고, 인간과 동식물이 뿌리를 내리고 존재할 수 있게 하는 땅의 지배자라고 할 수 있다.
  촉촉하고 얼지 않은 대지大地가 되어 甲木 정관과 합하여 甲木이 온전하게 뿌리를 내리고 성장하는 것을 좋아하는 것처럼 사람들을 감싸주고 포근하게 할 수 있다.

• 기본적인 성정은 陰土이므로 주변을 포근하게 감싸주고 한없이 희생하고 봉사하는 마음과, 배려하고 이해하려는 모성애를 지니고 있으며, 만물의 뿌리를 잡아주는 역할을 하듯이 인간사회의 균형을 잡아주는 역할을 한다. 또한 차분하고 침착하게 논리정연한 말로 포용력과 중립성을 지키면서 중재자의 역할을 하여 대인관계를 원만하게 할 수 있다. 특히 일간이 己土인 여성은 기본적으로 남편과 가정위주의 생활태도와 남편의 성공이나 출세를 위해 자신을 희생하고 봉사할 수 있는 마음을 지닐 수 있다. 그러나 지나치게 강할 경우에는 역시 황량한 사막처럼 변하여 고집스럽고 남편이 존재하기 어려울 수 있다.

• 단점은 土가 편중되거나 다른 오행과 음양의 조화를 이루지 못할 경우에는, 土의 장점인 믿음과 성실하고 정직한 마음이 나타나지 못하고, 타인을 배려하고 이해하는 마음과 희생하고 봉사하는 근본적인 마음이 사라지고 오히려 비관적이고 배타적일 수 있다.
  원국에 土오행이 지나치게 많고 강할 경우에는 자기주장이 강하고 고집이 세고 독선적이며, 식견이 부족하고 속이 좁을 수 있다. 또한 유연성이 부족하고 속마음을 알 수 없으며, 의심도 많고 능글맞은 사람이 될 수도 있다. 己土가 자신의 역할을 할 수 없는 경우에는 戊土가 자신의 역할을 할 수 없는 경우와 유사하다.

• 인체에서는 비장(脾臟: 지라)과 복부, 피부나 살, 소화기계통 등을 나타낸다. 물상物像으로는 논밭, 묘지, 저지대, 평원을 의미하고 관련되는 사물은 침실이나 조산원,

집안의 마당, 정원庭園 등을 생각할 수 있다.

직업으로는 공평무사하게 일을 처리하는 공무원이나 교직계통의 일에 적성이 탁월한 경우가 많고, 대부분의 직장이나 조직에서 원만하고 무난하게 자신의 책임과 역할을 충실히 수행할 수 있다. 일간이 己土일 경우를 가정하고 다양한 판단을 해보셔요.

	己		

7) 경금庚金의 속성屬性

• 庚金은 양금陽金이며 가공되지 않은 금석金石이나 광물질을 의미한다. 庚의 한자의 의미에는 일곱째 천간 경, 고칠 경(更: 새로워질 경과 동자), 값을 경, 단단할 경, 나이 경, 길 경 등이 있다.

庚金은 견고하고 변화가 이뤄지지 않은 순수한 상태를 의미하므로 심성은 순수하면서 고집이 세고, 유연성이나 융통성은 부족하지만 자신이 옳다고 생각하는 것에 대한 소신이 분명하고 결단성이나 의지가 강하다. 그러므로 대인관계가 부드럽지 못하고 유연성이 부족하여 주변과 어울리지 못하고 고독할 수 있다. 또한 자신에게 주어진 책임이나 의무에 충직하므로 작은 일에는 소홀할 수 있고, 자녀나 가정에도 소홀할 수 있다.

• 庚金은 기본적으로 결단성이나 의지 또는 고집이 강하면서 순수하므로 한번 인연을 맺기가 쉽지 않지만 한번 맺은 인연에 대해서는 오랫동안 지속되고 변하지 않는 의리가 있다. 金의 오상五常이 쉽게 배신하거나 등을 돌리는 약삭빠른 성품이 아닌 의리義理를 나타내기 때문이다. 특히 庚金은 음중의 양陽이므로 기본적으로 침착하고 냉정하며 우직하면서도 의협심이 강할 수 있다. 그러나 원국이 조화와 균형을 이루지 못할 경우에는 배신감을 느끼면 숙살지기(肅殺之氣: 엄숙하게 베거나 죽이는 기운을 의미)의 살기殺氣를 띨 수 있으므로 포악하거나 잔인한 행동도 할 수 있다.

- 庚金은 가을의 기운을 나타내므로 곡식이나 과일은 결실을 시작하는 시기이며, 사람의 경우에는 장년기가 되어 인생의 결실을 준비하는 시기이므로 적극적이고 미래지향적인 사고는 약할 수 있다. 가을이 오면 나무는 줄기 속에 단단하게 나이테를 만들고 겨울의 추위에 대비하고 과일이나 곡식은 성장을 멈추고 속이 여물어지면서 결실을 준비하는 시기가 되기 때문이다. 또한 金의 특성이 결실結實과 정리整理이듯이 사람의 경우에는 마무리와 결실을 중시하며, 스스로 문제해결을 하려는 의지가 강할 수 있다.

- 장점이 있으면 단점이 있는 것이 또한 자연의 순리이며 법칙이다. 단점은 순수하지만 고집이 세고 고지식한 사람이 될 수도 있고, 때로는 극단적인 행동을 하거나 타인의 신체를 손상할 수도 있다. 이것은 검사나 경찰이 되지못하면 조직의 폭력배나 깡패가 될 수 있는 것과 유사하다. 특히 庚金이 강한 사람이 주먹을 휘두르면 뼈나 몸에 강한 손상을 줄 수 있으므로 폭력은 절대 금물이다.

- 일간에 해당하는 庚金이 조화를 이루지 못할 경우에는 순수하고 의리가 있는 행동을 하기 보다는 배신자가 되거나 지나치게 주변의 눈치를 살피면서 비굴하게 행동하며, 문제해결능력이 부족하고 무책임한 사람이 될 수 있다. 또한 유연성이나 융통성이 부족하므로 대인관계가 서툴고 경쟁력이 부족할 수 있다. 즉, 金의 특성인 정리와 마무리를 못하고 계획적이고 계산적인 행동을 못할 수 있다.

- 庚金의 신체부위는 대장(大腸: 큰창자)과 골격(骨格: 뼈), 배꼽과 어금니(아치:牙齒)에 해당하고, 몸의 경락經絡을 의미한다. 경락은 한의학에서 침을 놓거나 뜸을 뜨는 자리인 경혈과 경혈을 연결한 선을 말하며, 몸과 팔다리의 좌우에 12쌍이 있다. 물상物像으로는 금속물金屬物이나 굳고 단단한 물건, 중장비重裝備, 자동차, 철물, 철강, 대형석조물이나 포장된 대로大路, 복도, 광산, 채석장(採石場:석재를 떠내는 곳) 등을 의미할 수 있다.

- 庚金의 적합한 직업은 엄격하거나 잘못된 것을 바로잡는 군인이나 검찰, 경찰이나 공안, 감사나 조사계통 등이 적합할 수 있고 특히 기업에서 품질검사를 담당하는 부서일 경우에는 엄격한 검사를 통하여 불량품을 줄일 수 있다. 또한 자신이 소속된 조직이나 회사에 대한 긍지와 책임감 또는 사명감이 강하므로 회사나 공직을 위

해 자신이나 가정을 희생할 수도 있다. 일간이 庚金일 경우를 가정하고 다양한 판단을 해보세요.

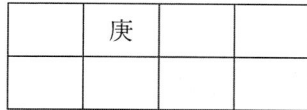

8) 신금辛金의 속성屬性

• 辛金은 음금陰金이며, 한자의 의미에는 8번째 천간이름 신, 매울 신, 독할 신, 슬플 신, 괴로울 신, 새로울 신 등이 있다. 辛金은 한자의 의미처럼 맵기도 하고 독하기도 하고 새롭기도 한 것이 특성이기도 하다. 온 유월酉月에 서리가 내린다고 하는 것처럼 차갑고 매서울 수도 있고, 칼처럼 사용 용도에 따라 유용할 수도 있고 흉기가 될 수도 있다.
辛金은 자연에서 변화가 이루어진 모래나 자갈 또는 조약돌처럼 인공적으로는 가공된 금은보석(다이아몬드)이나 금속기구 등을 나타낸다. 사람의 경우에는 만고풍상의 온갖 시련을 겪었기 때문에 내적으로 대단히 견고堅固하고, 성품은 차가우면서도 강하며 온갖 어려움을 겪은 후의 아름다움이나 인내심이 있다.

• 일간이 辛金인 경우에는 보석처럼 화려하게 빛나기를 원하지만, 보석을 관리하려면 세심한 주의와 보살핌이 필요하듯이 주변 환경을 의식하고 민감하게 반응하여 환경의 영향을 많이 받을 수 있다. 물론 이러한 성정은 陰의 특성이기도 하다.
辛金의 기본적인 심성은 보석처럼 자신을 과시하고 드러내고 싶은 마음이 강하고 다른 사람으로부터 인정받기를 원하며, 동시에 자신을 인정하고 알아주는 사람을 좋아하고 자신을 인정하지 않는 사람은 본인도 무시하거나 외면할 수 있다. 즉, 여인이 보석을 좋아하듯이 자신을 과시하고 빛나기를 좋아하며, 다른 사람이 알아주기를 원하고 자신을 이해하고 인정하지 못하면 쉽게 인간관계나 남녀관계에서 싫증을 느끼거나 변화를 추구할 수 있다. 또한 결실結實과 마무리를 하는 완연한 가을처럼 결과를 중시하고 계산적이며, 보석처럼 세련되고 아름다운 면과 깨끗하고 섬세한 면을 지니고 있으므로 청소나 정리정돈을 잘할 수 있다. 특히 日干이 辛金인 여성의 경우에는 포근하게 자신을 감싸주는 남자이면서 자신을 인정하고 사랑하는 사람에게 자신의 온 몸을 바칠 준비가 되어있는 사람이라고 볼 수 있다. 그래서 신금의 여성은 丙火의 남자와 丙辛 합을 원하며 이 경우에 여자는 더욱 빛날 수 있다.

- 일간 辛金이 원국에서 균형과 조화를 이룰 경우에는 외모가 아름답고 윤기가 나며, 지조志操가 강한 사람이면서 용모가 단정하고 깔끔할 수 있다. 대신에 한번 마음이 변하면 냉정하고 싸늘하게 돌변하여 때로는 독기를 품거나 살기殺氣를 지닌 단호한 행동을 할 수도 있다.

  辛金을 농기구나 칼이라고 가정하면 농사를 지을 때 필요한 농기구가 되거나 가정에서 음식을 조리할 때 식도나 과도가 되어 주방기구가 되기도 하지만, 살상용 무기나 흉기가 되면 전혀 다른 의미를 지닌다. 즉 주방기구와 흉기의 양면을 지닐 수 있으므로 사람의 경우에도 양면성을 드러낼 수 있다. 辛金이 역할을 할 수 없을 경우에는 庚金의 단점처럼 불량배나 깡패 또는 강도나 흉악범이 될 수도 있고, 냉혹하거나 신경질적일 수 있다.

- 辛金의 변화나 변덕은 고집이나 집착 또는 아집我執으로 나타날 수 있고, 이로 인하여 다른 사람으로부터 소외되거나 외롭고 고독할 수 있다. 특히 乙木이 강한 辛金의 극剋을 받으면 신경성 우울증이 나타날 수도 있으므로 이러한 운이 오는 시기에는 정신적인 수양과 안정을 가져야 한다.

  반대로 辛金이 약하면서 강한 극이나 충을 받을 경우에는 신경질적이고 타인이 접근하기 어려운 사람이 될 수 있으며, 결실을 제대로 하지 못하는 사람이 될 수 있다. 물론 원국과 운의 관계를 보고 그 시기를 판단하여 土나 金에 해당하는 인人·사事·물物의 도움을 받거나 알고 사전에 대비하면 무난할 수 있다.

- 辛金의 신체부위로는 폐(肺: 허파)와 치아齒牙에 해당하고(庚金처럼 경락이나 어금니를 나타내기도 함), 뼈와 호흡기계통을 나타낸다. 물상物像으로는 칼이나 창, 권총, 수술용 도구나 침, 주방용 금속도구, 농기구, 살상용 무기 등으로 표현할 수 있다.

  辛金의 심리적인 속성은 남자의 경우에는 경쟁심競爭心과 투지鬪志가 강하고, 여자의 경우에는 시기猜忌와 질투嫉妒가 강할 수 있다. 특히 일간이 辛金이면서 원국에 金이 많은 여성의 경우에는 의지가 강하고 신념도 강하므로 남자들이 바람을 피우거나 엉뚱한 짓을 하여 발각되면 당장 가정이나 부부관계에 변화가 생길 수 있다. 역시 직업이나 진로는 금융계통이나 의학계통(특히 수술관련), 침술이나 금속관련 업종이나 건설이나 중장비, 차량관련 업종이 기본적으로 무난할 수 있다. 일간이 辛金일 경우를 가정하고 다양한 판단을 해보셔요.

	辛		

9) 임수壬水의 속성屬性

• 壬水는 양수陽水이며, 한자의 의미에는 아홉 번째 천간 임, 간사할 임, 클 임 등이 있다.

壬水는 水의 특성인 유동성流動性과 변동성變動性이 강하고 임기응변의 능력이 뛰어나며, 水가 지혜智慧를 나타내듯이 두뇌회전이 빠르고 포용력과 순발력이 뛰어날 수 있다. 또한 壬水에 해당하는 강물이나 바닷물은 겉으로는 크게 드러나지 않지만 물밑으로 강한 소용돌이가 일어나면서 활발하게 움직이므로 언덕이나 제방이 있어도 미세한 틈만 보이면 침투하여 무너뜨릴 수 있는 힘이 있다. 사람의 경우에는 욕망이 크고 의연毅然하며, 융통성과 모두를 끌어들이는 흡입력이 강할 수 있다.

• 水는 기본적으로 위에서 아래로 흐르는 윤하성潤下性을 지니고 있으므로, 壬水도 윗사람에게는 자신을 낮추고 순응하며 함께 모여서 응집凝集하기를 원하고, 많은 사람의 차이점을 수용하여 결집시키는 힘이 강할 수 있다. 또한 물은 응집하고 응결凝結하는 특성이 강하므로, 작은 물이 모여서 큰물이 되기도 하고 얼음이 되어 응고凝固되기도 하며, 물이 증발하여 기화氣化하는 것처럼 다양한 변화와 새로운 시작을 준비하는 기적氣的인 의미도 강하다. 그러므로 일간이 壬水인 경우에는 주거지나 하는 일 또는 직업을 자주 바꿀 수 있고, 함께 모이고 흩어지기를 자주할 수 있다. 또한 壬水는 비록 양수陽水이지만 근본이 陰이므로 성격은 차분하고 침착하며 행동은 다소 소극적일 수 있지만, 지나치게 강할 경우에는 불의 재앙보다도 더 감당하기 어려울 수도 있다.

壬水가 지나치게 강할 경우에는 홍수나 물난리가 나는 것처럼 통제하기 어려울 정도로 흉포凶暴하거나 음흉할 수도 있다. 즉 성격이 사납고 포악스럽거나 변덕이 많고 감정조절을 못하는 면이 나타날 수 있고, 깊은 물속을 알 수 없듯이 속마음을 알 수 없으며 음란하거나 음흉할 수도 있다. 때로는 폭력적이고 거친 말을 함부로 할 수 있다. 또한 능력이나 권력이 있는 강자에게는 순종하지만 약자에게는 냉정하고 싸늘하게 무시하는 성향을 나타낼 수 있고, 궁리하고 사색하기를 좋아하지만 행동이 따르지 않는 비현실적인 사람이 되기도 한다. 이런 경우에는 유연하고 합리적인 사고를 하지 못한다.

- 기본적으로 일간이 壬水일 경우에는 물이 모여서 수평을 이루려고 하는 것처럼 모든 사람을 평등하게 대하고, 환경의 변화에 쉽게 적응하며, 이성異性에 대한 관심과 욕망이 클 수 있다. 그러나 어둠과 큰물을 의미하고 한기寒氣를 나타내는 壬水의 주변에 金과 水가 많고 강하면서 火의 기운이 약할 경우에는, 火의 기운을 보완하기 위해 따뜻하고 열을 줄 수 있는 술이나 여자를 찾아 주색酒色에 빠질 수 있으므로 조심해야 한다.
음수陰水와 양수陽水가 많고 혼잡할 경우에는 때로는 남을 기만欺瞞하거나 도박이나 도심盜心에 빠질 수도 있고, 시작이나 준비는 잘하지만 마무리나 결과를 얻지 못하는 허풍쟁이가 될 수도 있다. 물론 양토陽土로 통제가 될 수 있을 경우와 나무木가 울창할 경우에는 그렇지 않다.

- 壬水는 인체에서는 방광(膀胱: 오줌통)에 해당하고, 정강이 또는 종아리, 정맥이나 동맥의 혈액을 의미한다. 물상物像으로는 강, 호수, 바다, 차가운 물, 정지된 물이나 오염된 물 등을 의미한다.
기본적으로 水의 지혜롭고 유연한 사고와 융통성은 발명이나 발견 또는 기획과 창안, 새로운 아이디어의 개발 등에 적합할 수 있다. 그러므로 회사나 조직 안에서는 기획이나 참모 또는 비서의 일이 무난하며, 상품개발이나 기술개발 등의 업무도 적성에 맞을 수 있다.
인간적으로는 새로운 꿈과 희망을 가지고 다음 세대를 준비하는 단계이므로 끈기와 인내심이 강하고, 지혜의 원천이 되는 사색思索과 궁리窮理를 좋아한다. 또한 사색과 궁리를 통하여 인생의 종극終極을 논하는 종교나 철학에 대하여도 관심이 많고, 다양한 조직이나 업종에서 자신의 지혜로움을 다양하게 나타낼 수 있다. 일간이 壬水일 경우를 가정하고 다양한 판단을 해보세요.

	壬		

10) 계수癸水의 속성屬性

• 癸水는 음수陰水이며, 한자의 의미에는 열 번째 천간 癸, 북방 계, 물 계, 겨울 계, 헤아릴 계, 월경月經 계 등이 있다.

癸水는 생물체의 유지와 성장을 돕는 생명의 원천이며 음·용수를 의미하므로 흔히 생수生水라고도 한다. 생수는 속이 훤히 보이는 맑고 깨끗한 물이므로 음·용수가 되고 생명수가 되지만 동시에 주변 환경에 의하여 오염되기가 쉽다. 근본적으로 癸水는 항상 맑게 흐르는 물이어야 하고, 고이면 썩게 되어 주변의 생물이 죽거나 상하게 되며 인간도 병들거나 줏대가 없을 수 있다.

水의 오상이 지혜智慧이듯이 癸水는 기본적으로 슬기롭고 총명하여 일이나 업무처리가 섬세하고 꼼꼼할 수 있다. 또한 마음이 착하고 여리면서 순종적이므로 주변 사람이나 주어진 환경이나 공간의 영향을 많이 받고 사소한 일에도 예민하게 반응할 수 있다.

• 水는 金의 결실을 저장貯藏하고 수축收縮하는 의미가 강하고, 사람의 경우에는 활동을 멈추고 사색하는 의미와 새로운 생명의 씨앗인 정자와 난자를 생산하여 응축하고 있는 의미가 있다. 그러므로 항상 깨끗한 마음으로 새로운 일을 창조하고 주변 사람들에게 필요한 소금과 등불이 되는 생활을 하는 것이 건강과 정신에도 도움이 될 수 있다. 또한 水는 결실을 한 후에 엑기스로 만들어 저장하고 보관하면서 새로운 세대의 시작을 기다리는 끝과 시작의 양면성兩面性을 지니고 있다.

일간이 癸水인 사람의 기본적인 성정은 마음이 착하고 여리며 순종적이므로 악하거나 모질지 못하고 주변 사람을 못살게 굴거나 해를 끼치지 않으며, 잔정이 많고 주변사람과 잘 어울리면서 서로 협력하고 봉사하는 마음을 지니고 있다. 또한 속이 훤히 보이므로 거짓말을 못하고 눈물이 많은 사람일 수 있다.

- 癸水도 지나치게 많고 강할 경우에는 혼탁한 물이 될 수 있다. 이 경우에는 음·용수가 주변 환경의 영향으로 오염되면 음·용수가 될 수 없는 것처럼 깨끗하고 순수한 면이 사라지고, 남의 탓이나 변명을 잘하고 생각만 많고 실행을 하지 못할 수 있다. 특히 원국에서 壬水와 혼잡하고 흉작용을 할 경우에는 남을 속이거나 음모陰謀를 꾸밀 수도 있다.

- 일간 癸水가 조화를 이루지 못할 경우에는 성정이 까다롭고 변덕스러울 수 있으며 차갑고 냉소적일 수 있다. 또한 신경질적인 면과 함께 사회를 바라보는 관점이 긍정적이기보다는 부정적일 수 있고, 미래에 대한 희망적인 사고보다는 비관적인 사고가 강할 수 있다. 이런 성정으로 인하여 주변과 소외되거나 외롭고 고독한 생활을 할 수 있다. 심할 경우에는 정신적인 안정이나 여유가 없어 계획이나 목표를 자주 변경하기도 하고, 설정한 목표를 달성하려고 하는 강한 의지나 실천력이 부족하여 시작은 잘하지만 끝맺음을 못하고 우유부단할 수 있다.

- 癸水는 신체에서는 신장(腎臟: 콩팥)과 혈액을 의미하고, 자궁이나 질, 음경이나 고환, 난소 등이 해당한다. 동식물의 경우에는 정자나 난자 또는 암술이나 수술이 된다. 일간 癸水가 원국에 火나 土가 지나치게 강하고 조열燥熱할 경우에는 혈전(血栓 : 혈관 안에서 피가 엉기어 굳은 덩어리)이 생겨 혈관이 좁아지거나 막힐 수 있고, 여자는 월경月經이 원활하지 못하여 생리불순이나 생식기의 질환이 발생할 수 있으며 출산出産의 어려움을 겪을 수 있다.
  신체기관은 비뇨기계(泌尿器系: 오줌의 생성과 배설에 관련된 기관)와 생식기계生殖器系를 나타낸다.

- 물상物像은 샘물, 계곡물, 빗물, 이슬, 음·용수 등의 활수(活水: 흐르거나 솟아오르거나 움직이는 물)나 생수生水를 나타내고, 관련되는 사물은 지하실 정수기 목욕탕 뒷문 뒷길 등을 생각할 수 있으며, 하늘에서는 무지개나 수증기가 해당할 수 있다. 관련된 직업이나 일은 흐르는 물처럼 새로운 일을 계획하거나 연구하는 부분이 무난할 수 있고, 경쟁이 지나치게 심하지 않고 협력하여 일을 처리하고 마무리할 수 있는 분야의 일은 대부분의 경우에 무난할 수 있다. 항상 새롭고 신선한 아이디어맨이기 때문에 특히 기업이나 관공서의 기획이나 분석 또는 비서의 역할을 하는 것이 적합할 수 있고, 조직의 참모나 조언자의 역할도 능력을 발휘하기에 적합할 수 있다. 일간이 癸水일 경우를 가정하고 다양한 판단을 해보세요.

	癸		

※ 십간十干의 일반적인 특성과 심리적心理的인 면과 기적氣的인 의미를 살펴보았다. 십간은 음양과 오행의 변화를 천간에서의 작용으로 파악한 것이며, 원국의 분석에서도 중요한 역할을 하므로 정확하게 이해하고 학습하여 원국분석의 신뢰도信賴度와 정확도正確度를 높이는데 활용할 수 있다.

각각의 천간이 자신의 사주에서 하는 정신적인 역할과 기적氣的인 역할을 십간의 특성을 파악하여 판단할 수 있고, 특히 일간日干의 특성을 분석할 경우에 가장 많이 활용할 수 있다.

3. 지지地支의 속성屬性

지지地支의 속성을 알아보기 전에 다시 한 번 천간天干과 지지의 작용에 대하여 살펴보도록 하자.

天干은 근본이 양陽이고 하늘을 의미하며 정신적이고 기적氣的인 의미가 강하다면, 地支는 근본이 음陰이며 땅을 의미하고 실질적이고 현실적인 생활의 바탕을 의미하므로 물질적인 의미와 실질적인 행동의 의미가 강하다고 하였다. 또한 천간은 양陽이므로 동적動的이고 외부의 변화나 자극이 있을 경우에는 즉각적으로 작용력이 나타나는 반면에, 지지는 음陰이므로 정적靜的이고 외부의 변화나 자극에 의해 작용력이 서서히 나타난다고 하였다.

12지지도 역시 음과 양을 오행五行에 더하여 만들었으며, 음의 오행은 丑 卯 巳 未 酉 亥가 되고, 양의 오행은 子 寅 辰 午 申 戌로 분리할 수 있다. 단 명리에서는 亥와 巳는 체體는 음이지만 양으로 활용되고, 子와 午는 체體는 양이지만 음으로 활용된다. 또한 10개의 천간天干은 오직 하나의 기운氣運으로 전일專一하지만 12개의 지지地支는 각각 여러 개의 기운이 함께 섞여 있으므로 복잡하고 다양한 형상으로 나타나는 것을 알고 개별지지에 대하여 세밀하게 살펴보도록 하자.

1) 12지지地支의 함의含意와 괘卦

12지지는 연월일시年月日時의 해와 월과 일과 시간을 표시하는 방법으로 활용되고, 1년에 해당하는 12달과 4계절을 표시하며, 동서남북의 방위를 나타낸다. 이 밖에도 12종류의 동물을 상징하면서 사람의 띠를 나타내고, 천간보다는 다양하고 복잡한 구조를 지니고 있다.

12지지는 주역周易의 64괘중의 일부로 표현하여 설명할 수도 있다. 예를 들면 午월은 괘로는 5陽(—)과 1陰(--)이 되어 더위가 심한 한여름이 되지만 이미 1陰(--)이 생生하여 땅 아래로부터 음의 기운이 생성하기 시작하였다고 표현할 수 있고, 기적氣的으로는 이미 더위의 기운氣運이 극極에 달한 후에 수그러들기 시작한다고 표현할 수 있다. 여기서 기氣라고 하는 것은 새로운 힘이 나타나기 시작하는 의미의 기운氣運을 말하며 더위가 물러갔다는 의미가 아니고 무더운 여름이지만 이미 음의 기운이 나타나기 시작했다는 의미를 지니고 있다. 즉 기氣가 먼저 나타나고 점차 시간이 흐르면서 실질적인 기운의 변화가 나타나는 것을 의미한다.

참고로 12지지를 주역周易의 12괘卦로 표현하면 다음과 같다.

월	1월	2월	3월	4월	5월	6월	7월	8월	9월	10월	11월	12월
괘	䷊	䷡	䷪	䷀	䷫	䷠	䷋	䷓	䷖	䷁	䷗	䷒
지지	寅	卯	辰	巳	午	未	申	酉	戌	亥	子	丑

2) 당사주唐四柱의 개념

흔히 알고 있으면서도 궁금하게 생각하는 12지지의 당사주唐四柱의 기본적인 개념을 참고로 알아보도록 하자.

- 寅 : 寅년에 태어나면 범띠라고 하고, 의미는 인천권寅天權 또는 천권성天權星이라고 하여 사주에 있을 경우에는 권세를 누린다고 하며, 축간인丑艮寅이 되어 간방艮方을 의미하므로 북동쪽을 나타낸다.

- 卯 : 卯년에 태어나면 토끼띠라고 하고, 의미는 묘천파卯天破 또는 천파성天破星이라고 하여 사주에 있을 경우에는 깨어지거나 풍파風波가 많이 나타날 수 있다고 하며, 방위는 정동正東방을 나타낸다.

- 辰 : 辰년에 태어나면 용띠라고 하고, 의미는 진천간辰天奸 또는 천간성天奸星이라고 하여 사주에 있을 경우에는 간사하거나 교활하다고 하며, 방위는 진손사辰巽巳의 손방巽方이므로 동남쪽을 나타낸다.

- 巳 : 巳년에 태어나면 뱀띠라고 하고, 의미는 사천문巳天文 또는 천문성天文星이라고 하여 사주에 있을 경우에는 문장文章이나 글에 능하다고 하며, 방위는 진손사辰巽巳의 손방巽方이므로 동남쪽을 나타낸다.
  巽은 유순한 바람風을 의미하므로 일간이 木일 경우에 일日과 시時에 辰과 巳가 있으면서 운에 의해 다시 辰이나 巳가 오면 중풍에 걸릴 수 있다고 하니 이러한 시기에는 참조하세요.

- **午** : 午년에 태어나면 말띠라고 하고, 의미는 오천복午天福 또는 천복성天福星이라고 하여 사주에 있을 경우에는 복福이 많다고 하며, 방위는 정남正南방을 나타낸다. 흔히 백말이라고 하는 경우가 있는데 이것은 잘못된 해석이다. 왜냐하면 말에도 5종류의 색상이 있기 때문에 무조건 백말이 아니다.

- **未** : 未년에 태어나면 양띠라고 하고, 의미는 미천역未天驛 또는 천역성天驛星이라고 하여 사주에 있을 경우에는 떠돌아다닌다는 의미로 흔히 역마驛馬라고 하며, 미곤신未坤申의 곤방坤方이므로 남서쪽을 나타낸다. 주역에서 坤은 땅을 의미하고 만물을 포용하는 의미가 있다.

- **申** : 申년에 태어나면 원숭이띠라고 하고, 의미는 신천고申天孤 또는 천고성天孤星이라고 하여 사주에 있을 경우에는 고독하고 외롭다고 하며, 미곤신未坤申의 곤방坤方이므로 남서쪽을 나타낸다.

- **酉** : 酉년에 태어나면 닭띠라고 하고, 의미는 유천인酉天刃 또는 천인성天刃星이라고 하여 사주에 있을 경우에는 인刃은 칼이나 칼로 베다는 의미가 있으므로 살상殺傷의 액운이 많다고 하며, 방위는 정서正西방을 나타낸다.

- **戌** : 戌년에 태어나면 개띠라고 하고, 의미는 술천예戌天藝 또는 천예성天藝星이라고 하여 사주에 있을 경우에는 예술이나 기예技藝방면에 뛰어나다고 하며, 방위는 술건해戌乾亥의 건방乾方에 해당하므로 서북쪽이 된다. 주역에서의 乾은 하늘과 강함을 나타낸다. 戌과 亥가 함께 있을 경우에는 돈을 버는 재주보다는 자신의 명예나 이름을 알리는 경우가 많다고도 한다.

- **亥** : 亥년에 태어나면 돼지띠라고 하고, 의미는 해천수亥天壽 또는 천수성天壽星이라고 하여 사주에 있을 경우에는 수명이 길다고 하며, 방위는 술건해戌乾亥의 건방乾方이므로 서북쪽이 된다. 먹을 복을 타고 났다고도 한다.

- **子** : 子년에 태어나면 쥐띠라고 하고, 의미는 자천귀子天貴 또는 천귀성天貴星이라고 하여 사주에 있을 경우에는 신분이 높거나 귀하다고 하며, 재물을 항상 가지고 들어오는 특성이 있다고 한다. 방위는 정북正北을 나타낸다.

- 丑 : 丑년에 태어나면 소띠라고 하고, 의미는 축천액丑天厄 또는 천액성天厄星이라고 하여 사주에 있을 경우에는 재앙을 많이 당하거나 죽을 때까지 일을 많이 한다고 하며, 방위는 축간인丑艮寅의 간방艮方이므로 북동쪽을 나타낸다.

3) 개별 지지地支의 속성屬性

(1) 자수子水 : 子의 한자의 의미에는 아들, 자식, 맏아들 등이 있다. 음수陰水이며 색상은 흑색黑色이고, 방위는 정북正北이다. 子의 본체本體는 양陽이지만 음陰으로 활용한다.

- 하루의 시간(동경135도 기준)으로는 23시 30분 ~ 01시 29분까지를 의미하며, 하루 중의 시기는 한밤중에 해당한다. 흔히 말하는 자시子時는 밤 11시부터 다음날 1시까지를 의미한다. 그러나 우리나라는 동경 127.5도에 위치하지만 1961년 8월 10일 이후로 현재까지 표준시를 동경135도를 기준으로 하므로 약 30분의 차이가 난다. 그러므로 실질적인 子時는 밤 11시 30분부터 다음날 1시 29분까지가 된다. 또한 야자시夜子時와 조자시朝子時의 경우에도 0시를 기준으로 일주日柱를 정하는 경우가 있고 밤 0시 30분을 기준으로 일주日柱를 정하는 경우가 있는데 이것은 사주를 작성하는 사람의 의견이 중요시되는 부분이라고 할 수 있다. 여기서는 밤 0시 30분을 기준으로 일주日柱를 당일의 야자시夜子時와 다음날의 조자시朝子時로 분리하였다. 그러므로 야자시夜子時는 23시 30분 ~ 다음날 00시 29분까지에 해당하므로 출산을 하기 위해 준비를 한 당일의 일주日柱를 적용하고, 조자시朝子時는 00시 30분 ~ 01시 29분까지에 해당하므로 비록 전날에 출산을 준비했지만 다음날의 새벽으로 판단하여 다음날의 일주日柱를 적용한다.

- 子월의 시작은 초입절기初入節氣인 대설大雪이며, 대설은 눈이 한 해 중에서 가장 많이 오는 시기라는 의미가 있고, 중간절기中間節氣는 땅이 얼어붙는 동지冬至가 된다. 추분秋分에서 시작하여 동지冬至가 시작되기 전까지 3개월을 흔히 실질적인 가을 날씨라고 할 수 있고, 동지를 기준으로 본격적인 겨울날씨가 시작된다. 계절은 한겨울이며, 음력 11월에 해당하며 흔히 동짓달이라고 하고 방위는 정북正北을 나타낸

다. 동지冬至는 낮의 길이가 가장 짧고 밤의 길이가 가장 긴 날이며, 동짓날을 기준으로 밤의 길이는 짧아지기 시작하고 낮의 길이는 길어지기 시작한다.

• 상징동물은 쥐가 되고, 子의 해에 태어나면 쥐띠라고 한다. 子는 양일兩日에 걸쳐 있는데 아마 쥐의 앞발가락이 4개이고 뒷발가락이 5개라서 전날과 다음날에 걸쳐있다고 하는 재미난 얘기도 있다. 또 쥐가 12지지의 제일 앞에 자리하는 이유는 작은 쥐가 소의 머리에 올라타고 있다가 12지지의 제일 앞에 뛰어내렸다는 이야기도 있다. 그래서 쥐子와 소丑는 서로 合을 하는 것은 아닐까?
쥐의 특성은 동물 중에서 번식력이 대단히 강하고, 주변의 환경과 환경의 변화에 예민하게 반응하며, 주로 어두운 곳에서 활동하고 주위를 민감하게 살핀다. 또한 눈이 순수하고 착하게 보이며 곡식을 창고에서 물고와 저장하는 경우가 많다.

• 괘상卦象은 상괘上卦는 지(地;☷)가 되고 하괘下卦는 뢰(雷:☳ 우레, 천둥)가 되어 일양내복—陽來復의 지뢰복地雷復이 된다.
복復은 돌아올, 돌려보내다, 뒤집다, 회복하다는 의미가 있으며, 일양내복—陽來復은 양陽의 기氣가 나타나는 것을 의미하므로 동지冬至날을 기점으로 땅속에서는 이미 양기陽氣가 태동하고 있음을 의미한다. 이런 관점에서 중국의 하夏왕조시대에는 동지冬至를 한해가 시작되는 기준으로 삼기도 하였다.

• 子水의 일반적인 성정은 천간의 癸水와 유사하지만 실질적이고 행동하는 부분에서 차이가 있다. 천간天干 癸水의 성정을 이해하면서 子水의 의미를 파악하면 도움이 될 수 있다.
기본적인 행동특성은 癸水처럼 차분하고 침착하면서도 냉철하고 지혜롭게 행동한다. 그러나 주변의 변화에 민감하고 예민하게 반응하고, 환경에 따른 감정과 행동의 변화가 심할 수 있다. 또한 문장이나 필체가 유려流麗하고, 지혜롭고 유연하게 행동하며 순종적일 수 있다. 子는 중국의 훌륭한 사상가나 철학자에게 子를 붙인 경우가 많은데, 이것은 공자孔子, 맹자孟子, 순자荀子, 노자老子, 장자莊子 등과 같이 훌륭한 분이 물처럼 지혜롭다는 의미도 있다.

• 子水는 초목의 씨앗이나 종자를 의미하고, 사람의 경우에는 정자나 난자를 의미하며 성욕性慾을 나타내기도 한다. 신체에서는 귀耳, 회음會陰, 오줌液(액), 겨드랑이, 타액唾液(침), 혈액, 자궁, 성기 등을 나타낸다.

子의 지장간支藏干은 壬 - 약 10일, 癸 - 약 20일로 구성되어 있고 水의 기운이 강하므로 왕지旺支라고 한다. 지지에 子水가 있을 경우를 다양하게 표현하여 보자.

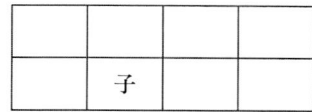

(2) **축토丑土** : 丑은 지지의 음토陰土에 해당하고 한자의 의미는 소나 수갑手匣을 나타낸다. 丑은 음토陰土이면서 습토濕土이고 얼어붙은 동토凍土에 해당한다. 색상은 짙은 황토색이며, 방향은 축간인丑艮寅이 되어 북동간방北東間方이 된다.

• 하루의 시간은 첫새벽이 오기 전인 밤 01시 30분부터 03시 29분까지를 나타내고, 음력 12월을 축월丑月 또는 섣달이라고 하며, 계절로는 늦겨울이면서 환절기에 해당한다. 축월丑月이 시작되는 기준은 초기절기初期節氣인 소한小寒이며 소한에서부터 본격적인 추위가 시작된다.
중간절기는 한 해 중에서 가장 날씨가 차가운 대한大寒이다. 흔히 대한추위나 소한추위라고 하는 것은 이런 절기를 보고 날씨를 미리 예측했던 것이다.
중국의 은殷왕조 때는 대한추위가 지나면 새로운 생명이 탄생할 수 있으므로 丑月을 새로운 한 해의 시작으로 삼기도 하였다.

• 丑의 상징동물은 소가 되고 丑년에 태어나면 소띠라고 한다. 소의 특성은 우직하고 고집이 센 동물이면서 앞만 바라보고 일만하여 농경시대에는 농기구의 역할을 하였고, 인간에게 꼭 필요한 유순하고 부지런한 동물로서 죽을 때까지 일만 하여 일복을 타고 났다고도 하며, 흔히 丑년에 태어난 사람은 대개 고생을 많이 한다고도 한다. 소는 초식동물이면서도 덩치가 크고, 선하게 보이는 큰 눈을 가지고 있으며, 늘 사람과 가까이 지내면서 사람의 마음을 헤아려 힘든 농사일을 맡아서 해주므로 재앙을 타고났다고 했을 수도 있다. 소를 당사주唐四柱에서 천액성天厄星이라고 한 것은 아마도 죽을 때까지 일만하므로 그렇게 부른 것은 아닐까 생각한다.

- 괘상卦象은 상괘上卦는 지(地;☷)가 되고, 하괘下卦는 택(澤;☱)이 되어 지택임地澤臨이 된다. 택澤은 연못이나 늪 또는 윤기가 나는 것을 의미하고, 임臨은 일에 임하거나 비추어본다는 의미와 군림君臨하다는 의미를 지니고 있다.

 사람의 경우에는 모체에서 양陽이 자라서 나올 때가 임박한 것을 의미하고, 새로운 일의 시작이 임박한 의미도 있다. 즉 세상에 태어날 때가 되었음을 의미하고, 일을 할 시기가 임박하였다고 할 수 있다. 그러므로 축토丑土는 초목의 성장이나 발육을 촉진시키는 토土가 아니고 식물의 종자나 인간의 태아를 안전하게 보관하고 숙성시키는 역할을 한다. 잘 보관하고 숙성된 씨앗은 봄이 오면 왕성하게 발육할 수 있고, 이 경우에는 火의 열기를 필요로 한다.

- 丑土의 기본적인 행동특성은 자신의 감정을 쉽게 드러내지 않으면서 차분하고 묵묵하게 자신의 책임과 맡은 일을 완수한다. 대인관계에서도 묵묵하게 수용하고 순응하지만 의외로 냉정하고 차가우며, 기본적인 생활방식이나 행동이 내성적인 경우가 많다. 또한 고집은 세지만 근면성실하게 묵묵히 자신의 일을 하는 내성적인 면과 변화나 변동을 싫어하는 보수적인 면을 함께 지니고 있다.

 丑土가 흉凶작용을 하는 경우에는 丑土의 긍정적인 역할을 제대로 할 수 없어 고집스럽고 음흉하며, 주변 환경의 영향으로 냉정하고 무뚝뚝하거나 편중된 행동을 할 수 있다.

- 신체에서는 복부, 맹장, 췌장, 피부, 살 등을 나타낸다. 천간의 己土와 유사한 면을 지니고 있으며, 丑의 지장간支藏干은 癸 - 약 9일, 辛 - 약 3일, 己 - 약 18일로 구성되어 있고, 金의 묘·고지墓·庫地에 해당한다. 지지에 丑土가 있을 경우를 다양하게 표현하여 보자.

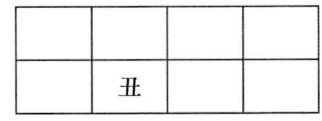

 (3) 인목寅木 : 寅木은 지지의 陽木이며 한자의 의미에는 공경할 인, 정월 인, 인시寅時 인, 삼가다, 크다, 동료, 동관同官 등이 있다. 색상은 청색 또는

녹색이고, 방향은 동북간방東北間方을 나타낸다.

- 寅은 하루의 시간으로는 새벽의 닭이 울기 전으로 표현하고, 첫새벽인 3시 30분부터 5시 29분까지를 나타내며, 새로운 한해의 시작이면서 새로운 한해를 시작하는 달이기도 하다. 계절은 봄의 기운이 나타나는 시기를 말한다.
  인월寅月의 시작은 초입절기初入節氣인 입춘立春일시이며, 중간절기는 대지를 촉촉이 적셔주는 비가 오는 우수雨水가 된다. 음력으로 인월寅月은 1월 달이 되고 정월正月이라고도 표현하며, 보통 음력 1월 1일을 한해의 시작으로 삼고 이 날을 설날 또는 구정이라고 한다. 寅月을 새로운 한 해의 시작으로 삼은 것은 주역周易이 번창하고 학문적으로 정립된 중국의 주周왕조부터라고 한다.
  물론 명리에서 말하는 달의 시작과 음력의 달이 시작되는 시기는 다르므로 조심해야 한다. 다른 지지의 경우에도 마찬가지다.

- 寅의 상징동물은 호랑이이며, 호랑이는 용맹하고 위엄이 있으며 강한 힘을 지니고 있다. 또한 스스로 먹이를 구하는 동물이면서 홀로 생활하므로 寅년이나 寅일에 태어난 사람의 경우에는 고독하다고도 한다. 동시에 호랑이는 권위와 강한 힘으로 악惡을 물리친다고 하여 호랑이 그림이나 사진을 부적符籍처럼 활용하여 소파나 벽에 걸어두기도 한다. 또한 음력 정월이 되는 寅월에는 한해의 시작과 더불어 행운과 좋은 일이 생기기를 바라는 마음으로 대문이나 방문에 입춘대길立春大吉이라고 붙이거나, 3개의 양陽이 발생하므로 새롭게 일을 복되게 시작하는 의미로 삼양개태三陽開太라고 붙이기도 한다. 기본적으로 호랑이寅는 원숭이申를 몹시 싫어하고 서로 다툰다고 한다.

- 초목으로는 소나무나 전나무와 같이 하늘로 솟아오르는 큰 나무를 의미하므로 환경이 나쁘면 크게 성장하지 못할 수 있고, 사람의 경우에도 환경의 영향을 많이 받으므로 천간의 甲木처럼 실제 행동을 할 때 환경의 영향을 많이 받는다.
  기본적으로 寅木은 선하게 행동하고 급한 마음이 없어 여유로우며 포용력이 있다. 또한 선하고 어진마음으로 타인을 이끌고 지도하는 리더나 지도자다운 행동을 하고, 남에게 지는 것을 싫어하며 고집이나 주장이 강할 수 있다.

- 기본적으로 어질고 인자한 행동을 하지만, 원국의 구성이 조화調和와 균형均衡을 상

실하였을 경우에는, 시기심이나 질투심이 많고 남의 탓을 잘하고 변덕이 심하며, 한 번 좌절하면 재기하기가 어려울 수 있다. 또한 쉽게 놀래거나 겁이 많을 수도 있다. 특히 寅木이 원국에서 흉작용을 하고 운의 흐름이 불리할 경우에는, 그 기간 동안에는 승진에 대한 과욕過慾을 부리거나 무리한 사업 확장 등을 자제自制하면서 가정과 직업, 재물 등을 철저하게 관리하는 것이 필요하다.

• 괘상卦象은 상괘上卦는 지(地;☷)가 되고 하괘下卦는 천(天;☰)이 되므로 지천태地天泰가 된다. 즉 하늘의 기운은 위로 올라가려고 하고 땅의 기운은 아래로 내려가려고 하니 상하가 화합하여 태평한 길을 가는 의미를 지니며 새롭게 큰 포부를 가지고 나아가는 것을 나타낸다.
초목의 입장에서는 봄을 맞이하여 흙속에서 줄기가 지상으로 뚫고 나오는 시기이며, 사람의 경우에는 어머니의 뱃속에서 세상에 나오는 새로운 출생出生을 의미하고, 새로운 시작이나 출발을 의미한다.

• 신체에서는 팔, 다리, 담(膽;쓸개), 근육, 맥(脈;혈맥 또는 이음), 관절, 무릎, 모발, 풍문혈風門穴 등을 나타낸다.
寅의 지장간支藏干은 戊 - 약 7일, 丙 - 약 7일, 甲 - 약 16일로 구성되고, 생지生支에 해당하므로 활발하게 펼치기를 좋아한다. 지지에 寅木이 있을 경우를 다양하게 표현하여 보자.

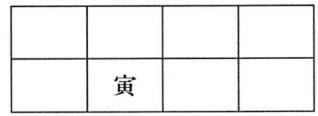

(4) 묘목卯木 : 卯木은 지지의 陰木이며 한자의 의미는 토끼, 넷째지지, 무성하다, 왕성하다 등을 나타낸다. 흔히 활목活木이고 생목生木이라고도 하고, 색상은 청색이나 파란색이며, 방위는 정동正東쪽이다.

• 하루의 시간은 닭이 우는 새벽 05시 30분부터 07시 29분까지이며, 하루 중의 아침을 나타내고 계절로는 완연한 봄의 기운이 나타나는 시기에 해당한다.

卯月의 시작은 초입절기初入節氣인 경칩驚蟄일시이며 경칩驚蟄에는 땅 속에서 겨울잠을 자던 동물이 밖으로 나올 준비를 하는 시기다. 중간절기는 낮과 밤의 길이가 같은 춘분春分이 된다.

동지冬至에서 春分이 시작되기 전까지 3개월을 흔히 실질적인 겨울날씨라고 할 수 있고, 春分을 시작으로 실질적인 봄의 포근한 날씨가 시작된다. 춘분에서 하지夏至까지의 3개월을 실질적인 봄이라고 할 수 있다. 왜냐하면 기氣가 먼저 나타나고 실질적인 현상은 뒤에 나타나기 때문이다.

춘분春分은 밤이 낮보다 긴 때에서 낮과 밤의 길이가 같아지는 시기가 되며 하지夏至까지 낮의 길이가 점점 길어진다. 음력으로는 2월을 의미한다.

• 卯의 상징동물은 토끼이며, 토끼의 특성은 귀가 발달되어 있으므로 주변 환경에 민감하고 신경이 예민하지만 선하고 순수한 동물이며 동작이 민첩하다. 그래서 토끼해에 태어난 사람은 민첩하고 착하며 순하다고 한다. 토끼卯는 닭酉을 보면 자신을 부리로 쪼면 죽을 수도 있으므로 몹시 싫어한다.

묘년생卯年生이 시지時支에서 巳나 未를 만나면 대귀大貴하다고 하는데 꽃을 피우고 결실을 할 수 있기 때문이라고 생각할 수도 있다.

기본적으로 卯木의 행동특성은 칡덩굴이나 아카시아처럼 지형지물이나 타인을 잘 활용하고, 생활력과 집념이 강하며, 재물이나 물건의 소유에 대한 욕심이 클 수 있다. 그러므로 자신의 욕심을 어느 정도 절제하는 것이 대연관계를 원만하게 할 수 있는 방안이 될 수 있다.

• 卯木은 자연에서는 잔디, 잡초, 화초목花草木, 덩굴식물, 곡식 등의 식물이나 관목灌木등을 의미한다. 관목灌木은 나무의 키가 작고 원줄기가 분덩하지 않고 밑동에서 가지를 많이 치는 나무를 말하며 무궁화, 진달래, 앵두나무가 해당할 수 있다.

卯木은 비록 陰木이지만 양의 기운이므로 칡덩굴이나 아카시아의 뿌리처럼 흙을 파헤치는 작용과 다른 물체를 이용할 수 있고, 활발하고 활동적이며 강인한 생명력을 지니고 있다. 그러므로 행동을 할 때 쉽게 좌절하거나 포기하지 않는 끈기와 인내심이 강하고, 유연성과 주변 환경에 대한 적응력과 친화력이 강할 수 있다. 이러한 특성은 원국의 구성이 부조화와 불균형을 이룰 경우에는 집착과 욕심이 지나쳐 타인을 이용하거나 피해를 줄 수 있으므로 근본인 선한 마음으로 임하는 자세가 필요하다. 단 스스로가 한 일에 대한 결과가 나쁘더라도 남의 탓은 하지 않는다.

- 괘상卦象은 상괘上卦는 뢰(雷;☳)가 되고 하괘下卦는 천(天;☰)이 되어 뇌천대장雷天大壯이 된다. 뇌천대장雷天大壯은 하늘에서 천둥이 치는 것처럼 몹시 시끄럽고 소란한 의미와 세력이나 힘이 강하고 왕성하여 뻗어나가는 기상이 대장大壯같다는 의미를 지니고 있다. 그러므로 卯월은 땅을 뚫고 나온 초목이 왕성한 생명력과 끈기를 가지고 성장하는 시기이며, 사람의 경우에는 태어나서 성장하는 청소년기로 볼 수 있고, 호기심이 많고 겁이 없는 시기라고 할 수 있다.

- 신체에서는 간肝, 손톱, 손가락, 발가락, 말초신경, 눈眼, 머리카락, 몸의 털 등을 나타낸다.
  천간 乙木의 특성과 유사하며, 卯의 지장간支藏干은 甲 - 약 10일, 乙 - 약 20일로 이루어져 모두 木의 기운이므로 왕지旺支라고 한다. 지지에 卯木이 있을 경우를 다양하게 표현하여 보자.

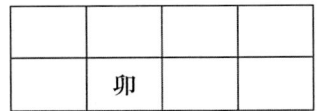

　(5) **진토**辰土 : 辰土는 지지의 陽土에 해당하며 한자의 의미에는 다섯 번째 지지, 별 이름, 날, 용龍 등이 있다. 辰은 비록 陽土이지만 물과 거름을 머금은 흙이므로 나무가 잘 자랄 수 있는 비옥한 땅이며, 색상은 황색 또는 흑갈색을 나타낸다. 방위는 진손사辰巽巳의 손방巽方이므로 동남간방東南間方이 된다.

- 하루의 시간으로는 아침식사를 한 후의 오전 07시 30분부터 09시 29분까지이며, 음력 3월을 나타내고, 계절로는 봄에서 여름으로 넘어가는 봄의 환절기에 해당한다. 辰月은 초기절기인 청명淸明일시에 시작되고 청명에는 하늘이 가장 맑고 푸른 시기이며, 중간절기中間節氣는 곡우穀雨가 되며 곡우穀雨에는 곡식을 잘 자라게 하는 비가 오므로 모내기를 준비하는 시기라고 할 수 있다.

- 과거에는 매년 만세력의 음력 정월(1월) 초하루부터 첫 번째의 진辰일을 찾아보고 그 해의 강수량降水量을 예측하였다고 한다. 즉 음력 정월에서 처음 진일辰日이 3일째에 있으면 3용치수三龍治水라고 하여 평균 3일마다 비가 오므로 물이 부족하지 않을 것이라고 예측하였고, 10용치수十龍治水가 되면 10일마다 비가 오므로 그 해에는 가물게 되어 물이 부족할 수 있다고 예측하여 농사나 생활에 활용하였다고 한다. 현재는 기상청에서 미리 예보를 하므로 어느 것이 잘 맞는지 과학科學과 책력冊曆을 비교해보는 것도 공부에 도움이 될 수 있다. 왜냐하면 미래에 대한 예측을 하는 것도 명리를 배우는 의미가 있기 때문이다. 만세력을 이용하여 해마다 참조해 보셔요.

- 辰의 상징동물은 용龍이므로 辰의 해에 태어나면 용띠라고 하고, 용은 상상의 동물이므로 변덕變德과 조화造化를 부린다고 한다. 특히 龍의 해에는 비가 많이 오거나 변화가 심할 수 있고, 사람의 경우에는 마음의 변화와 변덕이 심하고 기복이 심할 수 있다. 즉 승천昇天하면 큰 인물이 되고 승천하지 못하면 이무기가 되는 의미가 있다. 그러므로 辰의 해에 태어난 사람의 경우에는 꿈과 이상이 높고 진취적인 기상을 지니고 있지만, 동시에 비현실적이고 지나치게 이상만 추구할 수도 있고, 듬직하지만 작은 일에는 무감각하고 무정할 수도 있다.

- 초목의 입장에서는 성장하여 여름에 꽃을 피울 준비를 하는 시기에 해당하고, 날씨는 우레나 천둥이 자주 치는 시기이며, 사람의 경우에는 감정의 기복이 심하고 변덕이 많은 청소년의 사춘기思春期에 해당한다. 원국의 지지에 辰이 있을 경우에는 꿈이나 이상이 높지만 갈등이나 변화가 심할 수 있고, 지혜롭게 활용하면 훌륭한 인물이 될 수 있다. 즉 辰土는 陽土이지만 나무가 성장하기에 적당한 습기와 거름을 가지고 있지만 가뭄이 들고 건조한 날이 계속되면 토양이 거칠고 메말라 나무가 성장하기 어려울 수 있듯이 원국의 구성이 불안정하고 조화를 이루지 못하거나 운의 흐름이 불리할 경우에는 변덕과 변화가 심하여 辰土 본연의 역할을 할 수 없고, 이 경우에는 土의 단점들이 나타날 수 있다.

- 괘상卦象은 상괘上卦는 택(澤:☱ 못, 늪, 윤이 나는 것)이 되고, 하괘下卦는 천(天:☰ 하늘)이 되어 택천쾌澤天夬가 된다.
  쾌夬는 힘들고 어려운 경우에도 과감하게 뚫고 나가는 의미가 있으므로 결정決定이나 결단決斷을 잘할 수 있다. 이 경우에는 중대한 일도 쉽게 결정하여 과감하게 뚫고 나갈 수 있지만 불안감도 있으므로 중심을 잡고 신중하게 판단한 후에 일관된 행동을 하는 것이 중요하다. 적절한 판단과 결정을 하고 지속적으로 일이나 목표를 향하여 나아가는 것은 자신의 삶의 질과 결과에도 크게 영향을 끼치기 때문이다.

신체에서는 위장, 소화기관, 등, 가슴, 어깨, 허리, 피부 등을 나타낸다.

辰土의 지장간支藏干은 乙 - 약 9일, 癸 - 약 3일, 戊 - 약 18일로 이루어지고, 水의 묘·고지墓·庫地에 해당한다. 지지에 辰土가 있을 경우를 다양하게 표현하여 보자.

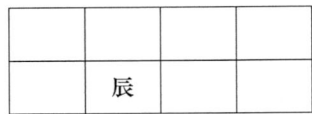

(6) 사화巳火 : 巳火는 陽火이며 한자의 의미에는 여섯 번째 지지, 자식, 태아, 뱀 등이 있다. 巳의 본체本體는 음陰이지만 명리에서는 지장간이 모두 戊 庚 丙의 양陽으로 구성되어 있기 때문에 陽火로 사용한다. 색상은 붉은색이나 분홍색계통을 의미하고, 방위는 진손사辰巽巳의 손방巽方이므로 동남간 방東南間方이며 계절은 여름의 기운이 나타나는 초여름에 해당한다.

- 하루의 시간은 햇살이 따뜻한 오전 09시 30분부터 11시 29분까지이며, 음력으로 는 4월을 의미한다.
  巳月의 시작은 초기절기인 입하立夏일시이며, 입하는 여름의 기운이 나타나는 것을 의미하고, 중기절기는 밀·보리가 여물기 시작하는 소만小滿이 된다.
  초목의 입장에서는 辰月까지 성장하여 巳月에는 꽃을 피우므로 화려하고, 사람의 경우에는 힘차고 역동적으로 활동하여 적극적으로 목표나 계획을 행동으로 실천하 는 청년기에 해당한다.

- 巳년에 태어난 사람을 뱀띠라고 하며, 뱀의 특성은 깨끗하고 예민하며 강한 독성을 지니고 있지만 건드리지 않으면 공격하지 않는다. 그러나 먹잇감이나 위협을 느끼면 순간적으로 기회를 포착하여 과감하게 공격하여 상대를 꼼짝 못하게 하기도 한다.
  음력으로는 巳月이고 양력으로는 5월이나 6월초의 시기에는 뱀이 왕성하게 활동하는 시기이므로 논이나 들 또는 야외에 나갈 때에는 특히 조심해야 한다.

뱀巳은 돼지亥를 보면 꼼짝 못하고 죽을 수 있으므로 싫어한다. 돼지는 뱀을 입으로 문질러버릴 수 있고 뱀의 독성을 무디게 할 수 있다고 한다.

• 참고적으로 진손사辰巽巳, 즉 일간이 木(특히 乙木)일 경우에 일日과 시時에 辰과 巳가 있으면서 운에서 다시 辰이나 巳가 올 경우에는 구안괘사口眼喎斜에 걸릴 수 있다고 하니 이런 시기에는 일에 지나치게 집착하거나 과로하는 경우를 삼가야 한다. 왜냐 하면 손巽은 바람風을 나타내므로 辰이나 巳가 오면 木의 기운을 빼앗아 눈이나 신 경계통에 손상이 올 수 있기 때문이며, 이러한 시기에는 水에 해당하는 인人·사事· 물物의 기운을 얻는 것이 필요하다.

구안괘사口眼喎斜는 입이나 눈이 한 쪽으로 쏠리어 비뚤어지는 병, 즉 안면 신경마 비를 이르는 말로서 '구안와사'라고도 한다.

• 양화陽火인 巳火는 태양과 같이 강렬한 빛과 열기가 있으므로, 지지에 있을 경우에 는 열정적이고 총명하며 예의가 바른 행동을 한다. 또한 강렬한 태양이 온 세상의 구석구석을 밝고 따뜻하게 비추는 것처럼 행동을 할 때도 열정적이고 폭넓은 대인 관계를 지향하며, 예의가 바르면서 활발하고 활동적이며, 옳고 그름에 대한 주장이 명확하되 뒤에서 남의 험담을 하지 않는다.

巳火는 양중의 양陽中之陽이면서 여름의 시작을 의미하므로 월지나 일지에 巳火가 온전할 경우에는 국내외國內外에서 폭넓게 활동하는 경우가 많고 특히 해외에서도 활동할 수 있다. 그러나 巳火가 원국의 음양과 오행이 균형과 조화를 이루지 못하 고 불안정하면 남의 주장이나 의견을 무시하고 자기주장만 옳다고 내세우며 독불 장군이 될 수 있고, 이로 인하여 자신이 피해를 보거나 구설에 오르내리기도 하고 주변사람으로부터 외면당하여 외롭고 고독할 수 있으므로 겸양謙讓과 지혜로운 행 동을 하는 것이 필요하다.

• 괘상은 상괘上卦는 천(天:☰)이 되고 하괘下卦도 천(天:☰)이 되어 6양六陽이 되므로 건위천乾爲天이라고 한다. 陽의 기운이 가장 강한 건乾은 하늘, 임금, 가장家長, 태 양 등을 의미하므로 굳세고 강하다는 것을 나타내면서 자신의 주장이 강하고 권위 를 내세울 수 있다. 그러므로 강하고 굳센 마음을 지니되 겸손하고 예의바른 마음으 로 성실하게 정도를 향하면 세상을 밝히는 등불이 되거나 누구에게나 필요한 소금 이 될 수 있음을 의미한다.

- 신체에서는 대장大腸, 인후(咽喉:목구멍), 편도선, 얼굴, 안목(眼目:눈알, 눈구멍), 심포락心胞絡, 복부의 명치 등을 나타낸다. 혈액의 순환기관에 해당하며 일지日支에 있을 경우에는 항문肛門을 의미하기도 한다.

  巳火의 지장간은 戊 - 약 7일, 庚 - 약 7일, 丙 - 약 16일로 구성되고, 생지生支에 해당하므로 활발하고 활동적이다. 지지에 巳火가 있을 경우를 다양하게 표현하여 보자.

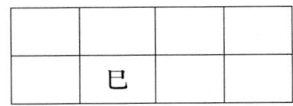

(7) 오화午火 : 午火는 陰火이며 한자의 의미에는 낮 午, 일곱째 지지, 교착交錯하다, 거역하다, 말 등이 있다. 午火의 본체本體는 양陽이지만 지장간의 정기正氣가 음陰이므로 陰火로 사용되며, 색상은 붉은색 또는 분홍색을 나타내고 방위는 정남正南방이 된다.

- 하루 중에는 오전과 오후에 걸친 11시 30분부터 13시 29분까지이며, 음력으로는 5월에 해당하고, 12시를 정오正午라고 한다.

  午月의 시작은 초기절기인 망종芒種일시이며 망종이 되면 보리가 익어서 먹을 수 있고 모를 심거나 파종播種을 하는 시기이며, 계절로는 한여름의 기운氣運이 나타나는 시기에 해당한다. 우리의 민속에서는 음력 5월 5일을 단오端午날로 정하여 파종播種이 끝나고 군중이 모여 신神에게 액厄을 물리치고 풍작을 기원하는 제사를 지내면서 이웃과 즐겁게 어울려 놀았으며 현 재도 강릉에서는 단오행사를 해마다 열고 있다. 중기절기는 하지夏至이며, 하지 날은 북반구에서 낮의 길이가 가장 길고 밤의 길이가 가장 짧은 날이 된다. 춘분春分에서 午月의 중간절기인 하지가 시작되기 전까지를 실질적인 봄날이라고 할 수 있고, 하지가 지나면서 실질적인 여름 의 더위가 시작된다고 할 수 있다.

- 만세력에서 중기절기인 하지夏至에서부터 3번째 庚일이 한해의 실질적인 여름 더위가 시작되는 초복初伏이 되고, 4번째 庚일이 더위가 지속되는 중복中伏이 되며, 가을의 기운이 나타나는 입추立秋에서 1번째 庚일이 말복末伏이 된다. 일반적으로는

중복과 말복도 10일 간격이지만 때로는 20일 간격이 될 경우도 있는데 이 경우의 말복을 월복越伏이라고 부른다.

午월은 초목의 꽃이 만발하는 시기이며, 사람의 경우에는 왕성한 활동을 하여 자신의 꿈과 이상을 실현하고 인생의 화려한 꽃을 피우는 최절정기인 청장년의 시기에 해당할 수 있다.

午火가 지지에 있을 경우에는 예의가 바르고 화술話術이 뛰어날 수 있으며, 활발하고 사교성이 뛰어날 수 있다. 또한 비교적 용모가 단정하고 적극적이면서도 긍정적인 사고와 행동을 할 수 있다.

• 午火가 균형과 조화를 이루지 못할 경우에는 직선적이고 독선적인 말을 하거나, 남의 말을 듣지 않고 자기말만 하여 사람들이 기피하는 인물이 되어 고독할 수도 있다. 특히 술을 많이 먹으면 혼자 지나치게 말이 많고 도발적으로 변하여 술로 인하여 여러 사람의 구설에 오르내릴 수 있다. 또한 무례하고 예의가 없는 사람이 되어 이중적이고 변덕이 심한 신경질적인 성품을 나타낼 수 있다. 午火도 지나치게 많고 강하면 巳火의 병폐가 나타날 수 있다.

• 午의 상징동물은 말이며, 午년에 태어나면 말띠라고 한다. 말의 특성은 순종적이면서 사람과 친숙하게 지내고 몸에 윤기가 흐르면서 활동적이고 역동적이다. 그런데 소는 쥐를 좋아하지만 말午은 쥐子를 소름끼치게 싫어한다.

초원을 달리는 야생마는 다루기가 힘들고 주인이 없으므로 통제가 어려울 수 있다. 그래서 많은 사람들이 여자가 말띠면 무조건 '백말 띠'라고 해서 나쁘게 생각하기도 한다. 이것은 명백하게 잘못된 인식이다. 왜냐하면 과거에는 여필종부女必從夫라고 하여 여자는 마땅히 남자의 뜻에 복종하고 따라야만 한다는 생각이 강하여 여성의 사회활동을 마땅찮게 여겼고, 또한 말의 활동적이고 역동적인 모습이 외부활동을 의미하므로 집안을 소홀히 할 수 있다고 생각하였기 때문이다. 물론 야생마의 의미도 있지만, 현대를 살아가는 사람들은 오히려 활동적이고 능력이 있는 여성을 더욱 존중하고 인정을 하는 경우가 더 많다. 또한 남자들도 오히려 능력이 있고 활동적인 여성을 좋아하는 경우가 많고, 여성의 적극적인 생활방식은 경제활동에서도 큰 도움이 될 수 있다. 맞벌이를 하는 것이 대표적인 경우라고 할 수 있다.

참고로 말띠에 대하여 분류를 하면 5종류의 색깔을 지닌 말을 생각할 수 있다. 갑오생甲午生은 청마青馬라고 할 수 있고, 병오생丙午生은 적마赤馬, 무오생戊午生은 황마黃馬, 임오생壬午生은 흑마黑馬, 경오생庚午生이 진정한 백마白馬라고 할 수 있다. 이 중에서 대부분의 말은 순수하고 유익하다고 하면 안 될까? 물론 白馬도 다른 경우와 마찬가지로 원국의 구성에 따라 최고의 인물이 될 수 있다.

• 괘상으로는 상괘上卦는 천(天:☰)이 되고, 하괘下卦는 풍(風:☴)이 되어 천풍구天風姤라고 한다. 괘를 보면 5양1음五陽一陰이므로 햇살이 따가운 여름이지만 1음一陰의 기운이 땅 밑에서는 이미 생성되고 있다는 것을 나타낸다.
구姤는 우연히 만난다, 우아하다, 예쁘다, 추하다 등의 이중적인 의미를 지니고 있다. 이것은 한 여자가 다섯 명의 남자를 상대한다고 하여 여자가 기가 세다고도 할 수 있고 동시에 활동적이므로 돈을 번다고 해석하기도 하며, 때로는 부드러운 바람처럼 사람의 마음을 사로잡을 수도 있다.

• 신체에서는 심장, 혈액순환기계통, 눈동자, 혀(舌:설) 등을 의미한다. 또한 사람의 눈빛이나 시력視力을 나타내고, 정신세계인 신기神氣를 강하게 나타내기도 한다. 午火의 지장간支藏干은 丙 - 약 10일, 己 - 약 9일, 丁 - 약 11일로 구성되어 있고 火의 기운이 강하므로 왕지旺支라고 한다. 지지에 午火가 있을 경우를 다양하게 표현하여 보자.

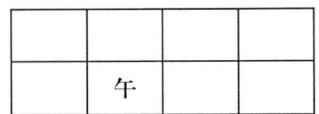

(8) 미토未土 : 未土는 陰土이며 한자의 의미에는 아닐 미, 아직 그러하지 못하다, 미래, 장래, 양羊 등이 있다. 색상은 역시 土에 해당하는 황토색 또는 흑갈색이며, 방위는 미곤신未坤申의 곤방坤方이므로 남서간방南西間方이 된다.

未土는 비록 陰土이지만 나무를 성장하게 하는 비옥한 土의 역할보다는 열매나 곡식의 껍질이나 과육果肉을 알차게 하는 후덥지근하고 열기가 많은 흙이라고 할 수 있다.

- 하루의 시간은 땅의 열기가 달아오르는 시간인 13시 30분부터 15시 29분까지이며, 음력 6월을 나타낸다.

  未월의 시작은 초기절기인 소서小暑일시이며, 소서부터 여름의 무더위가 본격적으로 시작된다. 중기절기는 여름 가운데 가장 덥다는 대서大暑가 되며 복더위도 이 시기에 나타나고, 계절은 여름의 기운이 가을의 기운으로 변해가는 환절기에 해당한다. 여기서 생활과 관련된 상식을 알아보도록 하자. 未의 글자에 입 구口를 붙이면 미(味: 맛보다의 의미)가 되므로, 음력 5월(午월)의 과일은 떫은맛으로 먹을 수가 없지만 음력 6월(未월)이 되면 아직 익지 않아서 비록 떫은맛은 있어도 단맛이 들기 때문에 먹을 수 있다. 왜냐하면 未土는 살이나 과육을 살찌게 하고 단맛을 나게 하기 때문이다. 요즈음은 비닐하우스로 재배하기 때문에 계절의 과일이 일정하지 않지만 계절과 오행의 원리에서는 이런 방식으로 판단할 수 있다.

- 未土의 행동 특성은 안정적인 면과 초조하고 불안한 면이 함께 나타날 수 있으므로 열정적이면서도 불안정할 수 있다. 외적外的으로는 陰土이므로 성격이 차분하고 침착하며 타인을 배려하고 이해하면서 자기중심을 유지하지만, 내적內的으로는 열기와 집착執着이 강하고 조급할 수 있다. 즉 장년기壯年期의 마음과 행동을 할 수 있다. 기본적으로 신의信義가 있고 중재와 조정의 역할을 잘하면서 포용력도 있지만, 조화와 균형을 상실하면 未土의 긍정적인 역할을 할 수 없으므로 성급한 행동이나 억지를 부릴 수 있고, 양의 특성처럼 여기저기 돌아다니는 어려움을 겪을 수도 있다.

- 未土는 비록 음토陰土이지만 습기가 거의 없는 메마른 흙이므로 초목을 성장시키는 土의 의미보다는 숙성熟成과 결실結實을 돕는 의미가 강하다. 그러나 지지의 未土가 강하고 흉작용을 하는 경우에는, 성격이 급하거나 속을 알 수 없는 행동이나 고집을 부려 가정이 불안정할 수 있고, 때로는 비관론자가 되거나 부정적인 생각을 할 수 있다. 특히 설화(舌禍: 말로 인한 구설)를 당할 수도 있고, 土의 성정인 신의를 저버리는 사람이 되기도 한다.

- 未의 상징동물은 양羊이며, 미년未年에 태어나면 양띠가 되고 양羊은 여기저기를 많이 돌아다니므로 한 곳에 있는 소표를 아주 싫어한다.

  양의 특성은 몸에 열기가 많고, 장腸이 긴 초식동물이면서 온순하여 사람의 말을 잘 따르며, 고집과 끈기나 인내심이 대단히 강하다. 또한 양은 인간에게 고기와 우유와 양털을 공급하므로 버릴 것이 하나도 없는 유용한 가축이라고 할 수 있다.

사람의 경우에는 희생정신이나 모성애가 강한 특성을 지니고 있으므로 인내심이 강하고 마음이 어질지만, 열기로 인하여 감정의 변화가 심하거나 급한 행동을 드러낼 수 있다.

태어난 띠의 동물의 특성을 생각하면서 자신의 근본 성격이나 특성을 생각해보셔요. 사색을 하면 생각의 폭을 넓혀줄 수 있고 잠시나마 마음의 여유를 가질 수 있는 휴식이 될 수도 있습니다.

- 괘상은 상괘上卦는 천(天:☰)이 되고, 하괘下卦는 산(山:☶)이 되어 천산둔天山遯이 된다. 둔遯이란 피해서 물러나거나 달아나는 것을 의미하므로 초조하게 일을 서두르지 말고 잠시 하던 일을 멈추고 물러나서 기회를 살피는 것이 도움이 되는 것을 의미한다.

  신체에서는 비장脾臟, 복부, 맹장, 가슴의 근육, 살과 피부, 소화기계통 등을 나타낸다. 未土의 지장간支藏干은 丁 - 약 9일, 乙 - 약 3일, 己 - 약 18일로 구성되고 木의 묘墓·고지庫地에 해당한다. 지지에 未土가 있을 경우를 다양하게 표현하여 보자.

(9) 신금申金 : 申金은 양금陽金이며, 申의 의미에는 펼친다, 거듭한다, 원숭이 신, 말하다, 경계하다 등이 있다. 색상은 백색이며 방위는 미곤신未坤申이 되어 남서간방南西間方이 된다.

- 하루의 시간은 해가 서쪽으로 기우는 오후 15시 30분부터 17시 29분까지이고, 음력 7월을 나타낸다. 신월申月은 과일이나 곡식이 단단해지고 익어가는 시기이며, 계절로는 가을의 기운이 나타나고 소위 늦더위가 기승을 부리는 시기라고 할 수 있다. 申월의 시작은 초기절기인 입추立秋일시이며, 입추부터 가을의 기운이 나타나고 마지막 더위가 절정을 이루는 시기라고 할 수 있다. 그러므로 입추에서 첫 번째 천간에 庚이 오는 날이 마지막 더위가 기승을 부리는 말복末伏이 된다.

중기절기는 처서處暑이며, 이때까지는 아직도 더위가 곳곳에 남아있는 시기라고 할 수 있다.

- 음력으로 7월인 申月을 어정어정하는 사이에 한 달이 지나간다고 하여 어정칠월이라고 부르기도 하고, 원숭이와 사람이 닮았다고 하여 어정쩡한 달이라고 말하기도 한다. 그러므로 아직은 결실이나 마무리를 할 시기가 아니기도 하다.
초목은 결실을 준비하는 시기에 해당하고, 사람의 경우에는 장년壯年의 마음에서 자신의 살아온 과정을 돌아보는 중장년中壯年의 마음으로 넘어가는 시점으로 볼 수 있다. 그러므로 중장년의 시기에는 기본적으로 사업이나 새로운 일을 무리하게 확장하는 것보다는 내실內實을 다지면서 벌려놓은 일이나 자녀들의 일을 살피고, 마무리를 완전하게 할 수 있는 계획을 짜고 차곡차곡 실행하는 것이 순리이며 필요한 일이라고 할 수 있다.

- 申金의 행동 특성은 근본적으로는 순수하고 천진난만하며 고집이 세고 의리를 중시하며, 과정보다는 결과를 중시한다. 또한 현실적이면서 실리적實利的인 행동을 하는 면이 강하고, 처신을 할 때도 융통성이나 유연성은 부족할 수 있다. 천간 庚金의 특성과 유사하다.
申金이 원국에서 조화와 균형을 잃을 경우에는 신경질적이고 불안정하며, 유연성이나 융통성이 결여되어 고지식하고 때로는 무모한 행동으로 타인을 해害할 수 있으며, 金이 불에 녹아 다른 모양이나 형태로 변하는 것처럼 행동이 전혀 다르게 변할 수 있다. 즉 의리나 원칙을 버리고 갑자기 돌변하여 사람을 배신할 수도 있다.

- 申의 상징동물은 원숭이이며, 申年에 태어나면 원숭이띠가 된다. 원숭이는 기본적으로 순진하면서 순종하지만 때로는 상대를 무시하거나 사납게 공격하기도 한다. 또한 원숭이는 제일 먼저 다양한 재주를 꼽을 수 있다. 즉 변화무쌍한 재주를 지니고 있으며 순간순간의 임기응변이 뛰어나고 예민한 동물이라고 할 수 있다. 그러나 재주를 부리다가 나무에서 떨어질 것 같은 불안감도 있으므로 불안정하게 보일 수 있다.

- 괘상은 상괘上卦는 천(天;☰)이 되고 하괘下卦는 지(地;☷)가 되어 천지비天地否가 된다. 비否를 부否로 읽을 경우에는 아닐 부의 의미가 강하고, 비否로 읽을 경우에는

막히다 또는 거부한다는 의미가 있다.

이 괘는 양陽의 기운인 天은 하늘로 올라가고 음陰의 기운인 地는 땅으로 내려가므로 서로의 기운이 만나서 조화를 이루지 못하고 흩어지고 막히는 상태를 말한다. 남녀의 경우에는 남자는 하늘만 바라보고 여자는 땅만 바라보므로 생각이나 행동을 서로 조율하거나 화합하기가 어려울 수 없고, 각자가 따로 움직이는 상태를 말한다. 인간관계에서도 상사나 윗사람과 부하나 아랫사람이 서로 다른 생각이나 행동을 하여 서로 화합하지 못하거나 의견이 전혀 다르므로 함께 하기가 어려운 것을 의미한다. 이러한 경우에는 서로 합리적인 행동과 사고를 하는 것이 중요하다.

- 신체에서는 대장大腸, 근골筋骨, 경락經絡, 기관지나 호흡기계통, 대사계통, 뼈 등을 나타낸다. 또한 소리나 음성을 나태내기도 한다. 그러므로 金이 많고 강할 경우에는 목소리가 금속성의 소리가 날 수 있고, 적당할 경우에는 맑고 초롱초롱한 소리가 날 수 있다. 申의 지장간支藏干은 戊 - 약 7일, 壬 - 약 7일, 庚 - 약16일로 구성되고, 생지生支에 해당하므로 비교적 활발하고 활동적이다. 원숭이申는 호랑이寅를 아주 싫어할 수 있고, 피할 수 있다. 지지에 申金이 있을 경우를 다양하게 표현하여 보자.

(10) 유금酉金 : 酉金은 음금陰金이며, 酉의 한자의 의미에는 닭 유, 익을 유, 술을 담는 그릇 등이 있다. 색상은 백색이며, 방향은 정서正西쪽이다. 서쪽을 불교에서는 서방정토西方淨土라고 하여 죽은 후의 극락세계를 의미하기도 한다.

- 하루의 시간은 저녁나절에 해당하는 17시 30분부터 19시 29분까지이며, 酉월은 음력 8월을 나타내고, 완연한 가을의 기운이 나타나며 과일이나 곡식이 맛이 들고 단단해져서 결실을 하는 시기가 된다.
  酉월의 시작은 초기절기인 백로白露일시이며, 이 시기에 하얀 이슬이 내리기 시작하고 완연한 가을의 기운이 스며든다. 중기절기는 추분秋分이며 이때에는 낮과 밤의 길이가 같아진다. 추분이 지나면 다시 밤의 길이가 길어지기 시작하고 동지冬至가 되면 밤의 길이가 한 해 중에서 가장 긴 날이 된다.

하지부터 추분이 시작되기 전 3개월 동안이 실질적인 여름이라고 할 수 있고, 추분을 기준으로 본격적인 가을 날씨가 시작된다.

酉월은 곡식이나 과일을 수확收穫하는 시기이며, 사람의 경우에는 오랜 경험과 연륜을 쌓아 스스로 올바르게 행동할 수 있는 중년의 시기에 해당한다.

• 계절의 酉월은 하얀 이슬이 내려 생명체를 시들게 하거나 더 이상 성장하지 못하게 하는 살기殺氣와 함께 과일이나 곡식을 굳고 단단하게 만드는 기운을 지니고 있다. 참고로 사람이 죽으면 보통 하얀 천을 씌우고 귀신도 하얀 소복을 입고 나타난다고 하는 것도 살기를 의미하기 때문이며, 반대로 의사의 가운이 흰색인 것도 강한 살기로 병을 치료하는 의미가 있다. 또한 의사들이 수술을 집도執刀할 때 녹색이나 남색의 가운을 입는 것은 木의 새로운 꿈과 희망을 암시하면서 생명의 새로운 출발을 의미한다고 할 수 있다. 오행은 이러한 방식으로 우리의 생활의 다양한 방면에서 실제로 활용되고 있다.

• 酉金이 지지에 온전할 경우의 행동특성은 차분하고 침착하며, 많은 시련이나 고통을 이겨낸 후 단단하고 강인해진 모습처럼 노련할 수 있고, 실리를 강하게 추구하며 결과를 중시할 수 있다. 또한 보석처럼 빛나기를 원하고 동시에 자신을 드러내고자 하는 면이 강하여 화장과 몸단장을 잘하며, 한편으로는 주변 환경에 예민하게 반응하지만 원칙과 소신있는 행동을 한다. 그러나 酉金이 균형과 조화를 상실하면 酉金의 긍정적인 면이 사라지고 부정적인 면이 강하게 나타날 수 있다. 즉 보석이나 칼 또는 금속기구로서 긍정적인 역할을 할 수 없게 되면 흉기나 무기가 되듯이, 사람은 고집불통이 되거나 자기중심적이면서 이기적인 행동을 하고 때로는 살기를 띨 수 있다.

• 酉의 상징동물은 닭이며, 酉年에 태어나면 닭띠라고 한다. 닭은 새벽을 알리는 의미가 있고 사람과 가까이 있으면서도 사람을 피하는 특징이 있다. 또한 씨암탉이라고 하여 사위가 처갓집에 가면 장모가 정성껏 기른 씨암탉을 잡아 대접하는 귀한 음식이기도 하였다. 한편으로는 먹이를 파헤친다고 하여 재물을 흩뜨린다고 말하지만, 다른 한편으로는 먹이를 찾기 위하여 헤집는 것이라고 생각할 수 있다. 또한 닭으

로 태어났지만 원국의 구성이 좋고 시공時空과 환경이 좋으면 봉황이 될 수도 있다. 당사주에서는 칼이나 흉기 또는 날카로운 부리에 의해 상해나 살상을 입을 수 있다고도 한다.

- 괘상은 상괘上卦는 풍(風:☴)이 되고 하괘下卦는 지(地:☷)가 되어 풍지관風地觀이 된다. 관觀은 정관靜觀의 의미가 있으며, 이것은 차분하면서 정밀하게 관찰하고 주변을 살피는 의미를 지니고 있다. 즉 땅위에 바람이 부는 형상이므로 잘 살피고 관찰하여 신중한 행동을 하는 것이 필요하며, 함부로 나서지 않는 것이 도움이 된다고 할 수 있다.

- 신체에서는 폐肺, 기관지, 뼈, 코 등을 나타낸다. 물론 金에 해당하는 기관지나 호흡기계통, 목소리, 몸의 뼈 등이 해당한다.
  酉의 지장간支藏干은 庚 - 약 10일, 辛 - 약 20일로 구성되고, 金의 기운이 강하므로 왕지旺支라고 한다. 지지에 酉金이 있을 경우를 다양하게 살펴보자.

(11) 술토戌土 : 戌土는 木(나무)이 자라기 힘든 메마른 양토陽土이며 戌의 의미에는 개, 열한째 지지, 9월, 마름질하다 등이 있다.

오행의 색상은 황토색이나 흑갈색이며 방위는 술건해戌乾亥가 되어 북서간방北西間方이 된다.

술건해戌乾亥의 건乾은 하늘을 의미하므로, 원국에 술戌과 해亥가 함께 있으면 하늘의 뜻을 잘 알고 하늘과 잘 통한다고 말하기도 한다. 이것은 생각이나 행동이 중후하고 타인의 마음을 헤아릴 수 있으며 높은 뜻을 품고 있어 타인의 리더(Leader)가 될 수 있는 재능이 될 수 있다. 그러나 재물을 얻는 것과는 거리가 멀 수 있다.

- 하루의 시간은 해가 완전히 넘어간 저녁때인 19시 30분부터 21시 29분까지이며, 음력 9월을 나타내고, 계절로는 늦가을의 기운에서 초겨울의 기운으로 넘어가기 전의 환절기에 해당한다.

  환절기에는 항상 감기나 사소한 몸의 질병에 유의해야 한다. 특히 음력 9월이면서 양력 10월 말이나 11월 초에 해당하는 戌월에는 콧물이 나는 감기를 조심하고 몸을 따뜻하게 유지하는 것이 필요하다.

  戌月의 시작은 초기절기인 한로寒露일시가 되고, 한로는 차가운 이슬이 내리는 시기를 말한다. 중기절기는 상강霜降이 되고, 상강霜降은 차가운 이슬이 변하여 서리가 내리기 시작하는 시기를 의미한다.

- 戌月은 가을 농사를 거둬들이고 마무리와 정리整理를 하는 의미가 강하므로 내년의 병충해를 없애기 위하여 논두렁에 불을 태우는 달이기도 하고, 나무는 겨울을 나기 위해 단풍이 들면서 잎사귀를 떨어내고, 동물들도 겨울을 나기위해 에너지를 비축하여 겨울잠을 준비하는 시기가 된다.

  사람들은 이 시기에 대부분의 하던 일을 정리하고 조정하는 장년에서 초로初老의 시기로 넘어가는 전환기라고 할 수 있다. 즉 더 이상 일을 확장하지 않고 벌려놓은 일에 대한 관리를 하면서 자녀들의 학업이나 교육의 마무리에 최선을 다하고 휴식을 취하려는 마음이 강할 수 있다.

- 戌土는 火의 기운을 땅속에 유지하면서 木이 얼지 않고 겨울을 지낼 수 있도록 견고하게 만들어주는 의미가 있다. 즉 火의 열기를 땅 속에 저장하면서 나무가 겨울의 추위에 견딜 수 있도록 金의 기운으로 불필요한 잎과 줄기를 자르고 견딜 수 있게 하는 역할을 하므로 戌土는 초목의 생장을 돕는 흙이 아닌 수확이 끝난 황량한 벌판의 메마른 흙을 연상할 수 있다.

- 戌土가 월지나 일지에 있을 경우에는 행동을 할 때도 우직하면서도 신의가 있고 성실하며, 함부로 자신의 감정을 표출하지 않는다. 그러므로 그독하게 자신의 신념과 뜻을 밀고나가는 리더(Leader)나 스승의 우직한 행동을 연상할 수 있다. 그러나 戌土가 조화를 이루지 못할 경우에는 역시 천간의 陽土인 戊土의 부정적인 면이 나타날 수 있다. 즉 모든 것을 숨기고 감추는 음흉함과 무뚝뚝하고 고집불통의 행동을 드러낼 수 있다. 천간의 戊土와 유사한 면이 많으므로 참조하면 도움이 될 수 있다.

- 戌의 상징동물은 개가 되고, 戌年에 태어나면 개띠가 된다. 개는 사람과 가장 친밀한 동물이면서 주인에게 충성심이 강하고 정직하며 순종적이다. 물론 개의 품종에 따라 정도의 차이는 있지만 일반적으로 쉽게 변절하지 않고 복종한다. 때로는 개 팔자가 상팔자라고 하는 말이 있는데 개도 좋은 주인을 만나면 사람보다 더 나은 대접을 받을 수 있지만 주인을 잘못만나면 그야말로 몽둥이로 얻어맞는 미친개 취급을 받을 수 있다.

  참고로 술시戌時까지는 술을 먹어도 취하지 않는 시간이라고 하고, 또한 술을 먹으면서 개고기를 먹으면 술이 덜 취한다고 한다. 그러나 술시인 오후 7시 30분부터 시작한 술자리가 해시亥時인 오후 9시 30분부터 오후 11시 30분까지 계속되면, 亥水는 물이므로 이때부터는 술을 물처럼 마시게 되어 사람이 술을 먹는 것이 아니라 술이 사람을 숙성시키므로 사람은 술에 취해 인사물성이 된다고 한다. 참고하여 술을 마시는 시간도 잘 생각하여 먹으면 다음날의 업무에 지장이 없을 수 있다. 하나 더, 개는 잠잘 때 코를 자기 몸에 처박고 잔다고 한다. 술戌이 일지日支나 월지月支에 있을 경우에는 잠잘 때 자주 이불을 뒤집어쓰고 잠을 잔다고 한다.

- 戌의 괘상은 상괘上卦는 산(山:☶)이고 하괘下卦는 지(地:☷)가 되어 산지박山地剝이 된다. 박剝은 깎아내리다. 벗기다, 괴롭히다, 상처를 입히다 등의 의미가 있다. 즉 산지박은 산이 침식당하거나 깎여서 붕괴될 수 있으므로 위험에서 자신의 몸을 잘 보존하면서 조심스럽게 벗어나기 위한 노력을 해야 하는 형상을 나타낸다. 이 경우에는 큰일이나 사업을 벌리기 보다는 하던 일을 세밀하게 살피고 관리하면서 유지하거나 정리를 잘해야 하며, 욕심을 내지 말고 다소의 희생이 따르더라도 보존하기 위한 최선의 노력을 해야 한다.

- 신체에서는 가슴부위, 위胃, 명치, 넓적다리의 살, 위 부위의 조직이나 살, 갈비부위의 살이나 피부 등을 나타낸다. 물론 土에 해당하는 살이나 피부, 근육을 나타내며 소화기 계통을 관장한다.

  戌의 지장간은 辛-약 9일, 丁 - 약 3일, 戊 - 약 18일로 구성되고, 火의 묘墓·고지庫地에 해당한다. 지지에 戌土가 있을 경우를 다양하게 표현하여 보자.

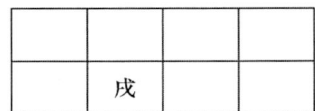

(12) 해수亥水 : 亥水는 양수陽水이며 한자의 의미에는 돼지, 시월, 간직하다 등이 있다. 색상은 검은색 또는 흑색이며 방위는 술건해戌乾亥가 되어 북서간방北西間方이 된다.

- 하루 중의 한밤중에 해당하고 시간은 21시 30분부터 23시 29분이며, 음력으로는 10월이 된다. 계절은 초겨울이며 초겨울의 기운이 나타나기 시작하며 추위를 느끼는 시기가 된다.
  해월亥月의 시작은 초기절기인 입동立冬일시이며, 입동은 초겨울의 기운이 나타나는 시기를 의미한다. 중기절기는 소설小雪이며, 소설에는 적은 양의 눈이 내리기 시작한다. 12지지는 子水에서 시작하여 亥水에서 끝이 난다.

- 亥月은 김장이나 월동준비를 하고 동물들도 겨울잠에 들어가기 위해 분주하게 움직이는 시기가 된다. 사람의 경우에는 활발한 외부의 경제활동보다는 주변사람이나 친인척과의 조용한 만남을 통하여 행복을 느끼고, 하늘의 뜻을 알고 삶의 경험에서 쌓인 경륜과 지혜를 발휘하여 살아가는 초로의 시기에 해당한다. 공자가 지은 논어論語의 위정편爲政篇에 나오는 오십이지천명五十而知天命은 오십이 되면 이때에는 하늘의 뜻命을 알고 순리에 맞게 살아간다는 의미를 나타낸다.

- 亥水는 얼지 않은 물이므로 나무에 수분을 공급할 수 있다. 그러므로 음력 10월(亥월)에는 나무를 이식移植하여도 죽지 않는 경우가 많다. 물론 봄(木의 계절)에 나무를 심거나 이식하는 것이 좋지만 부득이한 경우에는 다른 시기보다도 亥月에 나무를 옮겨 심으면 죽지 않고 생존하는 경우가 많다.
  실제로 건물이나 도로주변에 나무를 옮겨 심는 시기도 亥月을 활용한다. 이것은 亥중에는 바로 木의 기氣가 있기 때문이다(지장간에 陽의 甲木이 있다).

- 기본적으로 원국의 지지에 亥水가 온전할 경우에는 지혜롭고 유연하게 행동하고, 사교성과 융통성이 뛰어나며, 순간적인 대응능력이나 순발력이 강할 수 있다.
  일간이 水이거나 월지나 일지에 水를 가지고 있는 사람들은 상대적으로 유연하고 자유로운 사고와 행동을 하며, 水가 원국에 많고 火와 조화를 이룬 경우에는 남녀 모두 성생활을 즐기고 동시에 성적 매력을 표출하는 경우도 많다. 천간의 양수陽

水인 임수壬水의 특성을 참조하면 도움이 될 수 있다. 그러나 亥水나 子水가 원국에 함께 있으면서 조화와 균형을 상실하면 지혜롭고 유연한 사고나 행동이 음흉陰凶하고 거짓말을 하는 나쁜 방향으로 활용되어 남을 속이거나 사기를 치고 도심盜心을 발휘할 수도 있다. 지혜로운 마음을 나쁘게 활용하면 다른 사람이 잘 속을 수밖에 없다.

• 亥의 상징동물은 돼지이며, 해년亥年에 태어나면 돼지띠가 된다. 돼지는 둔하고 순하여 다른 동물을 공격하지 않지만 식탐食貪이 많은 동물이라고 할 수 있다. 또한 사람에 의해 사육되므로 스스로 먹이를 구하지 않아도 되고 동시에 사람들의 식탁에서 다양하게 사랑받는 동물이다. 흔히 돼지는 스스로 먹을 복을 타고 난다고 하여 식복이 많다고 하며, 더하여 돼지꿈을 꾸면 좋은 징조의 꿈이라고 한다. 또한 사람에게 복福을 주는 동물이라고 생각하여 돼지저금통을 선물하기도 하고, 하늘에 행운이나 복을 기원할 때도 돼지머리를 올려놓고 절을 한다.
당사주에서는 亥年에 태어난 사람이 장수한다고 하여 천수성天壽星이라고 하는데, 돼지는 식복이 많아 잘 먹고 편하기 때문에 장수를 한다고 했는지 모르지만 실제 돼지는 비교적 수명이 짧은 동물인데 하늘과 통하는 의미가 강해서 일까?

• 음력 10월亥月중에 친척들이 함께 날을 잡아 조상의 무덤을 찾아가 새로운 곡식으로 시제時祭를 지내는데, 시제란 해마다 지내는 종묘宗廟나 조상에 대한 제사를 의미한다.
시제를 지내는 이유는 술월戌月에는 추수를 하여 곡식이 풍성하므로 亥月 중에 날을 정해 가족이나 친지들이 함께 모여 조상의 묘를 살피면서 한해의 무탈함과 결실에 대하여 조상과 하늘에게 고마움을 표하고, 동시에 농사가 끝나 제물祭物이 넉넉하면서 한가하므로 가족 친지의 소식과 안부를 물으면서 돈독한 관계를 다지는데 있었다. 한편으로 술건해戌乾亥가 되어 하늘을 나타내는 건乾과 함께 있으므로 하늘이나 조상과 잘 통하는 의미에서 亥月에 제물祭物로 돼지를 선택하여 제사를 올린다고 볼 수도 있다.

• 亥월의 괘상卦象은 상괘上卦도 지(地;☷)가 되고 하괘下卦도 지(地;☷)가 되어 곤위지坤爲地가 된다. 곤坤은 땅을 나타내며 조용하다, 부드럽다, 따르다, 순종하다, 포용하다의 의미를 지니고 있다.

상하의 괘가 모두 陰이므로 음기가 가득하여 바야흐로 겨울의 기운이 나타나고, 천지가 땅의 기운으로 가득하여 순수한 땅에 순응하는 시기가 된다. 사람은 내면으로 많은 궁리를 하면서도 조용하게 순리대로 움직이면서 포용하고 수용하는 것이 유리할 수 있다.

• 신체에서는 골수, 혈액, 소변, 음낭陰囊 등을 나타내고, 물론 水에 해당하는 정자나 난자, 방광이나 비뇨, 생식기계통을 포함할 수 있다.

  亥水의 지장간은 戊-약 7일, 甲 - 약 7일, 壬 - 약 16일로 구성되어 진다. 지지에 亥水가 있을 경우를 분석해보자.

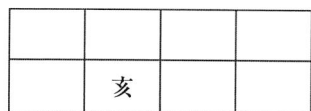

※ 지지의 특성도 천간의 특성과 마찬가지로 사주를 분석할 때 다양하게 활용할 수 있다. 또한 천간天干과 지지地支의 기운의 차이점은 천간은 하나의 기운으로 순수하고 전일專一한 반면에, 지지의 기운은 한개 이상의 천간의 기운이 지장간支藏干에 섞여있기 때문에 작용력이 다소 복잡하고 다양하다. 예를 들면 지지의 申金도 천간의 庚金처럼 양금陽金이지만 지장간支藏干에는 다른 천간天干의 성분, 즉 戊 壬 庚을 지니고 있으므로 순수한 천간의 庚金과 작용력이 다르게 나타날 수 있다. 즉 12지지는 한개 이상의 지장간을 지니고 있기 때문에 동일한 음양오행陰陽五行이지만 천간의 특성과 동일할 수는 없음을 이해해야 사주를 분석할 때 혼란을 방지할 수 있다. 여기서 12지지에 해당하는 월의 24절기와 12시진을 도표로 살펴보자.

地支	月	초기절입節入 시기	중기절기節期 시기
寅	1월(寅월)	입춘立春	우수雨水
卯	2월(卯월)	경칩驚蟄	춘분春分
辰	3월(辰월)	청명淸明	곡우穀雨
巳	4월(巳월)	입하立夏	소만小滿
午	5월(午월)	망종芒種	하지夏至
未	6월(未월)	소서小暑	대서大暑
申	7월(申월)	입추立秋	처서處暑
酉	8월(酉월)	백로白露	추분秋分
戌	9월(戌월)	한로寒露	상강霜降
亥	10월(亥월)	입동立冬	소설小雪
子	11월(子월)	대설大雪	동지冬至
丑	12월(丑월)	소한小寒	대한大寒

12時辰	일상의 시간	135도 기준 시간
子時	당일 23시 ~ 다음날 01시	당일 23시 30분 ~ 다음날 01시 29분
丑時	01시 ~ 03시	01시 30분 ~ 03시 29분
寅時	03시 ~ 05시	03시 30분 ~ 05시 29분
卯時	05시 ~ 07시	05시 30분 ~ 07시 29분
辰時	07시 ~ 09시	07시 30분 ~ 09시 29분
巳時	09시 ~ 11시	09시 30분 ~ 11시 29분
午時	11시 ~ 13시(오후 1시)	11시 30분 ~ 13시 (오후 1시)29분
未時	13시 ~ 15시 (오후 1시 ~ 오후 3시)	13시 30분 ~ 15시 29분 (오후 1시 30분 ~ 오후 3시 29분)
申時	15시 ~ 17시 (오후 3시 ~ 오후 5시)	15시 30분 ~ 17시 29분 (오후 3시 ~ 오후 5시 29분)
酉時	17시~19시 (오후5시~오후7시)	17시 30분 ~ 19시 29분 (오후 5시 30분 ~ 오후 7시 29분)
戌時	19시 ~ 21시 (오후 7시 ~ 오후 9시)	19시 30분 ~ 21시 29분 (오후 7시 30분 ~ 오후 9시 29분)
亥時	21시 ~ 23시 (오후 9시 ~ 오후 11시)	21시 30분 ~ 23시 29분 (오후 9시 30분 ~ 오후 11시 29분

4) 지지地支의 지장간支藏干

(1) **지지장간地支藏干의 의미** : 지지장간地支藏干은 흔히 지장간支藏干이라고 하고, 이것은 하늘과 땅의 기운을 받고 살아가는 사람의 내면을 파악할 수 있는 근원이 되므로 인원人元에 해당하며, 12개의 지지에 내포된 천간天干의 기운을 나타낸다.

천간天干과 지지地支와 지장간을 합쳐 천지인天地人의 삼원三元이라고 하며, 삼원을 천원天元과 지원地元과 인원人元으로 표현하기도 한다.

지장간은 일간이나 해당천간이 실질적으로 지향하는 생각이나 행동을 암시한다. 그러므로 지장간에 대한 올바른 이해와 활용은 사주원국의 주체에 해당하는 일간日干과 다른 천간 오행이 실질적으로 행동하고 추구하는 실질적이고 중요한 요소를 파악하는 단서가 될 수 있고, 인人·사事·물物의 상호관계와 강약을 파악하는 자료가 되므로 대단히 중요하다.

지장간에 대하여 처음으로 설명한 문헌은 연해자평淵海子平이라고 할 수 있고, 지장간은 명리학이 학문적으로 상당한 수준에 오른 후에 나온 중요한 지지의 분석이론이며 현재는 보편화되어 있다.

기본적으로 10개의 천간天干은 해당하는 천간 한 개의 기운으로 이루어지지만, 12지지地支는 대개 각각 2 ~ 3개의 기운으로 구성되어 있다. 즉 지지地支는 천간처럼 한 개의 기운으로 이루어지지 않고 초기初期와 중기中氣 정기正氣로 구성되거나 초기와 정기로 각각 다른 천간의 기운으로 이루어져 있다.

(2) **지장간支藏干의 월분** : 지장간의 구성과 월분일月分日의 기준에 대하여 알아보도록 하자.

지장간은 한 달의 일수를 30일로 정하여 10일 단위로 초순初旬, 중순中旬,

하순下旬으로 구분하여 사용하는 것과 유사하게 12지지를 각각 초기, 중기, 정기로 구분하여 각각의 지지가 정해진 기간 동안 받는 천간오행의 기운을 시간과 일로 정한 것을 말한다.

※ 지장간의월분일月分日표(시간은 표시하지 않았음)

	子	丑	寅	卯	辰	巳	午	未	申	酉	戌	亥
초기	10일 壬	9일 癸	7일 戊	10일 甲	9일 乙	7일 戊	10일 丙	9일 丁	7일 戊	10일 庚	9일 辛	7일 戊
중기		3일 辛	7일 丙		3일 癸	7일 庚	10일 己	3일 乙	7일 壬		3일 丁	7일 甲
정기	20일 癸	18일 己	16일 甲	20일 乙	18일 戊	16일 丙	11일 丁	18일 己	16일 庚	20일 辛	18일 戊	16일 壬

표를 살펴보면 각각의 정기正氣 기운이 다음 지지의 초기初氣로 흘러가고, 계절의 시작을 의미하는 寅, 申, 巳, 亥의 경우에는 중기에 다음 계절의 기운이 나타난다. 위의 표를 보면서 지장간의 초기, 중기, 정기에 대하여 알아보도록 하자.

• **초기**初氣 : 30일을 기준으로 처음에 나타나는 월의 기운을 초기初氣 또는 여기餘氣라고도 하며, 초기는 비록 새로운 달이 시작되어도 월의 초에는 전달의 기운이 아직도 남아있으므로 월중에 전달의 기운이 나타나는 것을 말한다. 단, 申월의 초기 지장간은 未의 본기인 己土로 보기도 하고 戊土로 보기도 하며, 己土와 戊土의 기운이 함께 있다고 보기도 한다. 여기서는 戊土로 하고, 寅木의 지장간 초기도 丑土의 본기인 己土가 될 수 있지만 戊土로 본다.
기본적으로 계절의 시작을 나타내는 달은 활동적이고 생동감이 강하므로 생지生支라고 하며, 생지에 해당하는 寅, 巳, 申, 亥의 초기는 전달의 기운이 환절기의 土가 되므로 양의 기운이 강한 천간의 戊土로 변하는 것으로 판단하면 된다.

다음에는 계절의 기운이 가장 왕성하면서 음에 해당하는 왕지旺支인 子, 卯, 午, 酉의 초기는 생지에 해당하는 전달의 천간 기운인 壬, 甲, 丙, 庚이 되고, 환절기에 해당하면서 계절의 끝을 의미하는 묘墓·고지庫支인 辰 未 戌 丑의 초기는 왕지旺支의 정기에 해당하는 乙, 丁, 辛, 癸가 된다.

- **중기**中氣 : 역시 30일을 기준으로 중간에 나타나는 기운을 중기中氣라고 하며, 중기는 전달의 기운인 초기初氣가 물러나고 전前계절의 기운을 저장하는 의미와 다음 계절의 기운이 미리 나타나는 의미를 지니고 있다.

  계절의 기운이 나타나고 새로운 활동을 준비하는 양의 생지生支인 寅, 巳, 申, 亥의 중기는 다음 계절의 시작을 나타내는 천간의 기운인 丙, 庚, 壬, 甲이 되고, 계절의 가장 왕성한 기운을 나타내는 왕지旺支인 子, 卯, 午, 酉의 경우에는 계절의 가장 강한 기운이 되어 본래의 기운만 존재하므로 중기가 없다. 단 午火의 경우에는 중기에 己土가 존재한다.

  사계 또는 환절기이면서 저장하거나 땅속에 묻히는 의미의 묘·고지인 辰, 未, 戌, 丑의 중기는 이전 계절의 왕지이면서 음인 子, 卯, 午, 酉의 천간 癸, 乙, 丁, 辛이 된다.

- **정기**正氣 : 정기正氣는 해당 지지의 가장 강하고 온전한 기운을 천간의 오행으로 표시한 것이며 본기本氣라고도 한다.

  正氣는 해당하는 지지의 본래의 기운이므로 가장 많은 날과 시간으로 구성되고, 해당하는 지지地支의 오행과 음양이 같은 천간을 그대로 나타낸다.

  즉, 寅, 巳, 申, 亥의 본기는 천간의 甲, 丙, 庚, 壬이 되고, 子, 卯, 午, 酉의 본기는 천간의 癸, 乙, 丁, 辛이 되며, 辰, 戌의 본기는 戊가 되고 未, 丑의 본기는 己가 된다. 지장간의 초기, 중기, 정기의 기간을 요약하여 정리하면 다음과 같다. (지장간의 시간까지 구체적으로 표시한 경우도 있다.)

- **寅, 申, 巳, 亥 생지**生支 : 초기 약 7일, 중기 약 7일, 정기 약 16일.
- **子, 午, 卯, 酉 왕지**旺支 : 초기 약 10일, 중기 없음, 정기 약 20일.
  (단 午는 중기 10일 정기 11일로 활용)
- **辰 戌 丑 未 묘지**墓支 **또는 고지**庫支 : 초기 약 9일, 중기 약 3일, 정기 약 18일.

(3) 지장간支藏干 분석의 의미 : 근본적으로 천간天干은 양이고 기가 전

일專一하며, 주동성主動性과 기적氣的·정신적精神的인 의미가 강하고 외부로 드러나는 외향성外向性을 지니고 있다. 반면에 지지地支는 음이고 기가 전일하지 않고 정적靜的이며, 물질적物質的·실질적實質的인 의미와 내향성內向性을 지니고 있다.

지장간支藏干은 지지地支에 내포된 천간오행天干五行을 의미하고 실질적으로 지향하는 생각이나 행동을 암시하므로, 일간日干이나 해당하는 천간의 속마음과 행동의 성향을 파악할 때 활용하면 많은 비밀스러운 내용을 찾아낼 수 있다.

특히 자신의 성격이나 행동특성을 파악할 수 있고, 자녀 관계나 추구하는 일이나 목표 등을 지장간을 파악하여 판단할 수 있다. 또한 해당 천간의 육친이나 인·사·물의 관계를 파악하는데도 도움이 될 수 있고, 특히 일주日柱의 분석에 많이 활용된다.

- 지지에 속해있는 천간의 기운을 나타내는 지장간支藏干은 주어진 실질적인 공간과 환경에서 생활하면서 생각하고 행동하는 방향과 양식을 나타내고, 실제로 추구하는 목표와 내면의 생각을 읽을 수 있다. 그러므로 지장간의 구성과 작용력을 살피는 것은 해당하는 일간이나 천간오행의 육친과 인·사·물의 생각이나 상호관계를 파악할 수 있다. 또한 일간에게 미치는 작용력의 정도와 천간과 지지에 있는 개별오행의 힘의 강약을 분석하는데도 활용할 수 있다.

- 최근에는 일지日支의 지장간을 분석하여 개개인의 성향性向과 행동방식을 단식으로 간명하는 경우도 많이 볼 수 있다. 이것은 시대의 흐름에 따른 변화라고 할 수 있다. 즉 500 ~ 600년 전에는 연주年柱의 분석을 통하여 개인의 미래를 예측하였으나, 현재는 日柱의 분석이 좀 더 신뢰할 수 있기 때문이다. 왜냐하면 과학과 통신이 발달하고 교통이 발달하면서 국가나 사회의 조직이 확대되어 대가족제가 소가족제로 변화가 일어나고 세습이 되던 관직이나 토지가 사라져 조상의 영향력이 점차 약화되었고, 관직외의 다양한 직업이나 일이 새롭게 생겼으므로 개인의 중요성이 더욱 확대된 영향이라고 할 수도 있다.

물론 현재도 개인의 능력이나 활동이 중요하지만 뿌리가 되는 조상이나 부모의 역할
이나 영향력을 무시할 수는 없다. 다음에는 자장간의 사령司令에 대하여 알아보도록
하자.

(4) 지장간支藏干의 월사령月司令 : 월사령月司令은 태어난 일과 시간을 분
석하여 월의 기간 중에서도 지장간의 초기나 중기 또는 정기에 해당하는
천간오행天干五行의 어떤 기운의 영향력을 가장 많이 받는지를 판단하는 방
법이다.

기본적으로 월지의 사령을 위주로 일간이 많이 받는 기운을 판단하지만
때로는 사주四柱의 네 기둥을 전부 활용하는 경우도 있다.

일반적으로 사령司令은 월지月支가 주관하는 천간오행의 기운을 말하고,
때로는 원국오행의 강약분석에도 활용할 수 있다. 즉 월에서 사령하는 오행
이 일간이나 천간의 기운을 생生하거나 동일한 오행으로 힘이 되는 경우에
는 해당하는 일간이나 천간오행은 힘이 강해질 수 있다.

통근通根의 경우에도 지장간의 분석을 통하여 천간의 힘을 분석하는 것
이므로 통근에서 자세히 알아보도록 하자.

기본적으로 月중에서도 日과 時의 기운을 받는 사령司令의 영향력은 월
지月支의 月이 시작되는 초기절기의 절입일시를 기준으로 태어난 날짜와 시
간을 각각 대입하여 월의 시기에 따라 초기생, 중기생, 정기생으로 나눌 수
있다.

판단하는 방법은 일간이 태어난 날과 시간이 월의 초기에 해당할 경우에
는 초기에 해당하는 오행의 영향을 가장 많이 받는다고 판단하고, 태어난
월의 중기에 해당할 경우에는 중기에 해당하는 오행의 영향을 가장 많이 받
는다고 판단하며, 태어난 월의 정기에 해당할 경우에는 정기에 해당하는 오

행의 영향을 가장 많이 받는다고 판단한다. 그러나 근본이 되는 지지를 중심으로 지장간을 살펴 판단하는 것이 필요하다.

사주의 월사령月司令을 찾는 방법을 참고로 알아보도록 하자. 양력 2010년 3월 15일 오전 11시, 음력으로는 2010년 1월 30일 巳시를 예로 보도록 하자.

```
시 일 월 년
己 甲 己 庚
巳 子 卯 寅
```

- 월지 卯의 지장간은 초기 10일은 甲이고 정기 20일은 乙이 된다. 음력 2010년 1월 30일 巳시에 태어난 사람으로 卯월의 초기절입 일시는 양력 3월 6일 새벽 01시 46분이며, 음력으로는 1월 21일 01시 46분이다.

  양력으로 3월 15일 11시(출생일시) - 3월 6일 01시 46분(절입일시) = 9일 9시간 14분이 된다. 이 때 卯의 초기인 10일이 지나지 않았으므로 초기생에 해당하며 월사령은 甲木이 된다.

  즉 이 사주는 봄의 왕성한 기운인 卯의 월령月令을 얻었지만 지장간 甲木과 乙木의 기운 중에서도 甲木의 기운이 강한 사람이므로 초기의 기운에 사령司令하였다고 말한다. 그러므로 이 사람은 卯월에 태어났지만 甲木에 동일한 비견比肩의 초기기운이 강하다고 할 수 있다.

  이 경우에는 일간 甲木은 실질적으로 乙木 겁재의 성정이 쉽게 드러나지 않을 수 있고, 甲木과 동일한 비견의 성향과 비견의 도움을 받는다고 판단할 수 있다. 동시에 子水의 지장간에 해당하는 壬水와 癸水의 도움으로 일간 甲木은 강해질 수 있다.

  다른 지지의 경우에도 이와 같이 분리하여 판단할 수 있지만, 대부분의 경우에 월지의 사령은 참조하지만 개별지지의 지장간의 구성을 함께 살펴 간명하는 것이 일반적이고, 그 가운데 월사령을 좀 더 중시할 수도 있다.

4. 간지 오행五行의 상생相生과 상극相剋작용

간지干支를 초목에 비유하면, 천간은 초목의 줄기라고 할 수 있고 지지地支는 초목의 뿌리라고 할 수 있다. 기본적으로 간지는 생生, 극剋, 합슴, 충沖, 형刑 등의 변화를 주도하는 운運이 올 때 그 기간 동안에 해당하는 오행의 작용력이 뚜렷하게 나타날 수 있다.

또한 천간오행天干五行은 개별적인 본래의 순수한 특성을 지니고 있지만, 지지오행은 지장간에서도 알 수 있듯이 다양한 기운이 내재되어 있다.

즉 나무木가 성장하는데 필요한 오행이 모두 존재하고 있는 것이다. 그렇지만 나무를 木이라고 표현하는 것은 오행의 성분가운데 木의 성분이 가장 많고 강하기 때문이다. 木의 경우와 마찬가지로 지지의 나머지 다른 오행도 역시 다양한 성분을 지지고 있다. 그러므로 지지地支의 오행은 오행의 성분 중에서도 가장 많은 대표적인 성분을 木, 火, 土, 金, 水로 표현한 것이다.

이것은 모든 사람이나 사물에는 음陰중에 양陽이 있고 양陽중에도 음陰이 존재하듯이, 음양과 오행이 서로 생生과 극剋의 조화와 균형을 이루고 한편으로는 생과 극이 대립하면서 공존하는 것을 의미한다.

사주원국에서도 오행끼리 상호간에 생生과 극剋을 하며, 生하는 오행이 지나치게 많거나 부족할 수 있고, 剋하는 오행이 지나치게 강하거나 약할 수 있다. 또한 상극相剋을 하는 오행이 오히려 상생相生의 작용을 할 수 있고, 상생을 하는 오행이 반대로 상극의 작용을 할 수도 있다. 이러한 生과 剋의 다양한 작용을 알아보도록 하자.

1) 상생相生의 상극相剋작용 : 원국의 오행이 다른 오행을 지나치게 生할 경우에는 오히려 도움이 되지 못하고 불리한 작용을 하는 경우를 상생이 상극으로 변하는 경우라고 할 수 있다. 이러한 경우를 살펴보도록 하자.

(1) 생生의 과다過多 : 生의 과다는 도움을 주는 오행이 지나치게 많고 강하여 도움을 받는 오행이 오히려 무력하게 되는 경우를 말한다. 이런 경우에는 지나치게 生을 받은 오행의 인·사·물에 불리한 현상이 발생할 수 있다.

生이 과다過多한 경우의 예를 들면 부모가 자녀에게 일방적으로 간섭하고 도와줄 경우에는 스스로 자립하려는 의지가 부족할 수 있고 부모에 의존하므로 궁극적으로 무능력할 수 있으며, 대인관계에서도 다른 사람에게 의존하려는 경향이 강할 수 있고, 행동하기보다는 공상이나 망상에 빠지고 게으를 수 있다.

지나친 자녀사랑은 자녀를 연약하고 무기력無氣力하게 만들어 타고난 재능을 발휘할 기회를 빼앗아 버릴 수 있다. 동시에 지나치게 많은 도움과 희생을 하려고 하는 부모도 어느 시기에는 지치거나 병이 날 수 있으므로 모두에게 나쁜 결과를 가져올 수 있다. 대부분의 경우에 자녀는 스스로의 경험과 노력을 하지 않고 고통과 번뇌를 경험하지 못하여 인생의 기쁨과 가치를 알지 못할 수 있고, 부모는 늙고 병들 수 있다.

이 시대의 어머니들도 역시 대부분의 경우에 대단히 지혜롭고 현명하다. 왜냐하면 부모가 자녀를 마지막까지 보살펴주고 도와줄 수 없다는 것을 알기 때문이다. 만약에 부모가 모든 것을 해줄 수 있다고 생각하고 자녀를 키운다면 자녀는 세월이 갈수록 발전하고 성장하는 것이 아니라 오히려 부모와 자녀 모두에게 더 큰 불행의 씨앗으로 돌아올 수 있다. 이러한 오행五行의 이치理致를 알고 부모가 자식에 대하여 지혜롭게 처신하는 방법을 찾아 마음과 행동으로 실행하여 보자. 기본적인 오행의 生의 과다過多를 살펴보도록 하자.

- **목다화식木多火熄** : 나무는 불을 생하지만, 지나치게 나무가 많고 불이 약할 경우에는 불이 꺼질 수 있다.
  이 경우에는 火에 해당하는 인·사·물의 손상이 발생할 수 있다. 즉 심장이나 소장이 약하거나 火와 관련된 병이 발생할 수 있다. 그러나 金오행이 온전하거나 土오행이 온전하면 무난할 수 있고, 水오행이 강하면 火는 완전히 소멸할 수 있다.

- **화다토조**火多土燥 : 불은 흙에 온기와 열기를 제공하여 동식물이 자랄 수 있게 하지만, 지나치게 불의 열기가 강하면 흙이 굳고 메말라 동식물이 자라지 못하거나 흙의 영양분이 사라져 척박한 토양이 될 수 있다.
  이 경우에는 土에 해당하는 인·사·물의 손상이 발생하여 피부가 건조하거나 아토피성 피부가 될 수도 있고, 때로는 위장이나 비장이 약해 소화불량이나 위장장해가 자주 나타날 수 있다. 그러나 金오행이 온전하거나 水오행이 온전할 경우에는 무난할 수 있다. 이 때 木오행조차 강하면 흙의 역할을 하기 어려울 수 있다.

- **토다금매**土多金埋 : 흙은 광물질을 보호하고 생성할 수 있지만, 흙이 지나치게 많거나 두터우면 金에 해당하는 광물은 깊은 땅 속에 묻혀 쓸모가 없거나 메마른 흙에 의해 손상될 수 있다.
  이 경우에는 金에 해당하는 인·사·물의 손상이 발생될 수 있으므로 폐나 기관지가 약할 수 있고, 대장의 작용이 원활하지 못하여 변비가 생길 수도 있다. 그러나 水가 온전하거나 木이 온전할 경우에는 무난하다. 그러나 火가 강할 경우에는 金은 존재하기 어려울 수 있다.

- **금다수탁**金多水濁 : 암석이나 광물질은 물을 정화하여 맑고 깨끗한 물을 만들 수 있고 필요한 미네랄을 제공하여 생명수를 만들 수 있지만, 물속에 금속이나 광물질이 지나치게 많으면 물이 혼탁하게 되어 생명수가 될 수 없고 오히려 중금속 중독이 되어 해로운 물이 될 수 있다.
  이 경우에는 혈액이 혼탁할 수 있으며 신장이나 방광이 약할 수도 있다. 그러나 木오행이 온전하거나 火오행이 온전하면 무난할 수 있다. 土가 강할 경우에는 水는 생명수 역할을 할 수 없고 흙탕물이 되거나 역할을 상실할 수 있다.

- **수다목표**水多木漂 : 물은 나무를 성장하게 하고 필요한 영양분을 공급할 수 있지만, 지나치게 물이 많으면 나무가 뿌리를 내릴 수 없게 되어 물위에서 부유浮游할 수 있다. 물론 해초류도 있지만 해초류를 큰 나무나 초목으로 생각하지는 않는다.
  이 경우에도 木의 기능이 약화되어 간이나 담이 약하거나 신경계통이 무력하여 손발이 저리거나 차가운 현상이 나타날 수 있다. 그러나 火의 오행이 존재하거나 土오행이 온전하면 무난할 수 있다. 金이 많을 경우에는 木은 생존이 어려울 수도 있다. 어떤 경우에 生의 과다過多 현상이 나타날 수 있는지 예를 보도록 하자.

예)

시	일	월	년
□	癸	庚	□
丑	酉	申	

● 金의 생이 지나침

시	일	월	년
□	丁	甲	□
	卯	寅	亥

● 木의 생이 지나침

시	일	월	년
□	己	丙	
寅	巳	午	□

● 火의 생이 지나침.

(2) 설洩의 과다過多 : 설洩의 과다過多란 약한 오행이 다른 강한 오행을 生하므로 약한 오행이 더욱 약해지거나 무력해지는 것을 말하며, 이 경우에는 정작 본인은 최선을 다해 도와주려고 하지만 자신의 힘이 약해 당사자에게 별로 도움도 되지 못하면서 자신의 힘만 더욱 약하게 되어 자신의 안위安危조차 알 수 없게 되는 것을 말한다.

예를 든다면 아이를 낳은 산모가 휴식과 영양보충이 필요한데 곧바로 생활전선에 나서면 산모는 산후후유증을 얻어 오랫동안 고통을 안고 살아가는 경우를 생각할 수 있다. 때로는 능력이 없는 부모가 여러 자녀를 두고 등골이 휘도록 도와주지만 정작 부모나 자녀가 원하는 삶을 살지 못하는 경우도 볼 수 있다. 물론 요즈음은 자녀를 많이 낳지 않거나 결혼을 포기하기도 한다. 그러나 이러한 원리를 알면 더욱 지혜롭게 처신할 수 있고 자신의 힘을 기르는 방법도 찾을 수 있다. 기본적인 오행의 설洩의 과다를 살펴보도록 하자.

• **목다수축木多水縮** : 물은 나무의 성장을 위한 영양분을 공급할 수 있지만 나무가 지나치게 많고 물이 부족할 경우에는 나무가 제대로 성장할 수 없으며, 물은 더욱 적어지거나 고갈枯渴될 수 있다.

이 경우에는 水의 기능이 약화되어 신체의 신장이나 방광 또는 비뇨기泌尿器계통이 약할 수 있다. 이 경우에도 金오행이 온전하면 무난할 수 있지만, 火오행이 있을 경우에는 水는 고갈되어 역할을 하기 어려울 수 있다.

- **화다목분**火多木焚 : 나무는 불을 살릴 수 있지만, 불의 열기가 지나치게 강열하다면 나무는 불에 타버리고 더 이상 불을 피우는 나무가 될 수 없다. 즉 강한 불의 기운에 의해 나무는 타버리게 되어 나무의 역할을 할 수 없게 된다.
  이 경우에는 木의 기능이 약화되어 간이나 담 또는 신경계통이나 혈관이 약할 수 있으며 목이나 팔다리가 자주 아플 수 있다. 그러나 水의 오행이 온전하면 무난할 수 있지만 金조차 강하면 木은 사라질 수도 있다.

- **토다화회**土多火晦 : 불은 흙속에 열기와 온기를 제공하여 동식물이 성장할 수 있게 하지만, 흙이 지나치게 많거나 두터우면 약한 불의 열기나 온기가 스며들 수가 없으므로 불의 역할을 하지 못하고 오히려 흙속에 흡수되거나 꺼져버릴 수 있다.
  이 경우에는 火의 기능이 약화되어 심장이나 소장小腸이 약하거나 또는 혈액순환이 원만하지 못할 수 있으며 때로는 시력이 저하될 수도 있다. 그러나 木의 오행이 온전하면 무난할 수 있다.

- **금다토변**金多土變 : 흙은 광물질을 보호하고 생성할 수 있지만, 지나치게 광물질이 많으면 자갈이나 암석이 되어 흙의 본래 역할인 나무가 뿌리를 내릴 수 없게 하고, 거칠고 척박하게 변할 수 있다.
  이 경우에는 土의 기능이 약해 비장이나 위장이 약하거나 또는 피부나 근육이 약할 수 있다. 그러나 火오행이 온전하면 무난할 수 있다.

- **수다금침**水多金沈 : 광물질의 암석은 물을 생성하고 물을 맑게 할 수 있지만, 물이 지나치게 많으면 물속에 가라앉게 되어 보석이나 생활에 유익한 기구로 활용할 수 없으므로 金의 역할을 할 수 없게 된다.
  이 경우에는 金의 기능이 약화되어 기관지나 뼈 또는 대장이 약할 수 있으며 때로는 비염이나 축농증이 자주 발생할 수 있다. 그러나 土의 오행이 있으면 무난할 수 있고, 木오행이 있을 경우에는 덜 힘들 수 있다. 어떤 경우에 설洩의 과다 현상이 나타날 수 있는지 보도록 하자.

예)

시	일	월	년
□	甲	丙	□
	巳	午	戌
●木의 설이 지나침			

시	일	월	년
□	丁	己	□
	丑	丑	酉
●火의 설이 지나침			

시	일	월	년
□	壬	甲	
	子	申	寅
●木이 강하지만 무난함			

(3) 순생順生의 경우 : 순생順生은 강한 오행은 극剋하여 제압하기보다는 오히려 강한 오행의 기운을 원만하게 빠져나갈 수 있게 순리대로 유통시키는 작용을 하는 오행이 도움이 되는 것을 말한다. 즉 강한 오행이 生할 때 생을 받은 오행이 다시 다른 오행을 生하여 강한 오행의 힘을 지속적으로 설기洩氣하는 것이 도움이 되는 경우를 의미한다. 또한 강한 오행을 극剋하는 오행이 약할 경우에는 다른 오행의 生을 받아 힘의 균형을 맞추는 것을 순생順生이라고 할 수 있다. 물론 운에서도 이러한 운이 오면 도움이 될 수 있다.

예를 들면 木의 기운이 강할 경우에는 金으로 극하기보다는 火의 기운으로 설하고, 火의 기운이 강할 경우에는 土의 기운으로 순생하여 설기洩氣하는 것을 말한다.

개개인의 경우에도 뚜렷한 재능이나 적성 또는 자신감을 가지고 있을 경우에는, 타인이나 조직에 예속隸屬되지 않고 자신의 일을 하거나 또는 기술이나 상품을 개발하여 시장에서 직접 평가를 받아보는 것도 무난할 수 있다. 때로는 자신의 기량을 드러낼 수 있는 운동선수가 될 수도 있고, 다른 사람을 배려하거나 봉사하는 일을 하므로 강한 힘을 발산할 수 있다. 또한 기업의 경우에도 기본적인 사규社規나 법을 지키는 것을 우선으로 해야 하지만, 더불어 종업원에 대한 교육이나 복지를 강화하는 것이 궁극적으로 회사에 대한 충성심과 책임감을 강하게 만들어 외부와의 경쟁에서 앞설 수 있다.

규율을 지키게 하되 복지나 교육을 제공하면 기업이 직원을 아끼고 배려한다는 내용이 첨단의 통신수단과 대중전달매체의 발달로 신속하게 알려질 수 있으므로 어떤 광고나 홍보보다 적은 비용으로 기업의 좋은 이미지(Image)를 빨리 전파할 수 있는 방법이 될 수 있고, 동시에 유능한 인재를 모을 수 있는 순생의 방법이 될 수 있다.

자신의 장점이면서 강한 힘을 스스로 소유만 하고 효과적으로 사용할 줄 모르면 뜻을 펼치기 어렵고, 비록 강하지만 고독하고 외로운 독불장군이 되기 쉽다. 그러므로 강한 힘으로 주변사람과 그 밖의 많은 사람들에게 배려하고 봉사하는 노력을 기울일 때 더욱 인정을 받고 소통할 수 있는 능력이 강해질 수 있다. 자신이 정한 틀 안에 구속되거나 옹고집을 부린다면, 소통疏通과 경청敬聽을 할 수 없을 뿐만 아니라 대업을 이루기는 어려울 수 있다. 물론 사람마다 그릇의 크기가 다르고 목표가 다를 수 있다.

인생살이에서도 베푸는 부자富者는 오래가면서 존경받을 수 있지만, 인색吝嗇한 부자는 당대當代를 유지하기 어렵고 지탄指彈과 욕을 들을 수밖에 없는 것과 마찬가지다. 기본적인 순생順生의 경우를 알아보도록 보자.

- **강목득화强木得火** : 水의 生을 받아 왕성한 나무木는 金으로 극尅하기보다는 우선 강한 기운을 순리대로 설洩할 수 있는 온기의 불火을 얻어 꽃을 피우는 것이 유리한 경우를 말한다. 열기火와 함께 온전한 흙土에 뿌리를 내리면 더욱 견고하고 무난할 수 있다.

  사람의 경우에는 지혜롭고 선하면서 비록 희망이나 꿈만 큰 木의 성정을 지닌 사람은 꿈이나 목표를 실행하기 위하여 열정과 활동성을 지닌 火의 성정을 지닌 사람을 만나야 도움이 되고, 스스로 행동하고 실천하는 노력을 해야 자신이 원하는 결과를 획득할 수 있다.

  자신의 힘이나 꿈은 단지 품고 있다고 결과가 창출되는 것은 아니다. 반드시 실행할 때 온전하게 발휘될 수 있다.

- **강화득토**强火得土 : 木의 생을 받으면서 火의 기운이 강할 경우에는 물로 불을 끄기 보다 우선적으로 흙을 활용하여 더 이상 열기나 불기운이 번지는 것을 조절하거나 완화緩和하는 것이 순리가 되는 것을 말한다. 즉 土를 획득하여 火의 기운을 거스르 지 않고 순리대로 설洩하는 것이 불길이 번지는 것을 막고 필요한 상황에 활용할 수 있다. 이것은 선하고 예의바르면서 정열적이고 직선적인 火의 성정을 지닌 사람이 자기주장과 정당성만 믿고 실제로 행동하지 않는다면 주변사람이 더욱 접근하기 어 려워 외톨이가 될 수 있으므로 신뢰할 수 있는 행동과 활동을 하는 것이 필요한 경 우라고 할 수 있다. 즉 자신의 열기나 정열을 조절하고 중재할 수 있는 믿음이 가는 土의 기운으로 순생順生하면 도움이 될 수 있고, 인간관계에서는 土의 성정을 지닌 사람과 함께 하는 것이 자신의 목표나 결과를 획득하는데 도움이 되고 자신도 인정 받는 사람이 될 수 있다.

- **강토득금**强土得金 : 火의 도움을 받으면서 흙이 많고 강하면 나무를 심어도 크게 성 장하기 어려우므로 이 경우에는 순리대로 유익한 광물질金을 저장하고 있으면 흙의 역할을 다할 수 있고, 나아가 물이 넉넉하면 많은 생명체를 품을 수 있는 경우를 말 한다. 이것은 예의와 열정을 바탕으로 믿음을 가지고 있는 土의 성정이 강한 사람은 신용과 더불어 의리를 함께 공유할 때 더욱 자신의 역할을 다할 수 있다. 즉 단단하 면서 의리가 있고 결과를 중시하는 金의 성정으로 행동하고 노력하는 것이 순리가 되고, 그런 金의 성정을 지닌 주변사람을 만나 함께 할 때 믿음과 확신을 주어 자신 의 역할을 다할 수 있다.

- **강금득수**强金得水 : 土의 生을 받는 강한 金은 억지로 불로 녹이기보다는 차라리 순 리대로 물水로 맑고 깨끗하게 씻어야 빛이 날 수 있고, 나아가 木의 기운이 함께 있 으면 더욱 유익할 수 있는 것을 말한다. 이것은 신용과 순수함을 지니고 고집이 세 면서 융통성이 없는 金의 성정이 강한 사람은 유연하고 지혜로우며 포용력이 강한 水의 특성으로 행동하고 노력해야 발전하고 성장할 수 있는 경우와 같다. 더하여 水의 성정을 지닌 사람과 함께할 때 자신의 단점이나 날카로움을 완화시킬 수 있으 므로 도움이 될 수 있다.

- **강수득목**强水得木 : 金의 生을 받아 지나치게 많고 강한 水는 억지로 둑이나 제방土을 쌓아 막으려고 하기 보다는 순리대로 물과 함께 할 수 있는 木을 활용하여 힘을 설 기하는 것이 유익한 경우를 말한다. 이것은 강한 결단력과 지혜를 지니고 있으면서

포용력도 강한 水의 성정을 지닌 사람은 인자하면서 긍정적이고 꿈이 많은 木의 성
정으로 행동하거나 木의 성정을 지닌 사람을 만나야 발전할 수 있다. 더하여 火의 기
운으로 유통되면 더욱 빛날 수 있다. 즉 지혜와 유연성을 가지고 어질고 선한 일木에
적극적으로 활용할 때 자신은 더욱 빛나고 발전할 수 있다. 순생順生의 경우를 살
펴보도록 하자.

예)

시	일	월	년
丁	甲	壬	□
□	寅	寅	
● 火로 순생한다.			

시	일	월	년
己	丁	丙	□
	巳	寅	亥
● 土로 순생한다.			

시	일	월	년
□	壬	甲	□
	子	申	辰
● 木으로 순생한다.			

2) 상극相剋의 상생相生과 반극反剋작용 : 상극相剋을 하는 경우
에도 극剋을 하여 도움이 되는 경우가 있고, 극을 하지만 극을 할 힘이 부족
하여 반대로 극을 당하는 경우가 있다. 살펴보도록 하자.

(1) 상극相剋의 상생相生작용 : 상극相剋이 상생相生하는 경우는 비록 극을
하지만 오히려 필요하고 도움이 되는 경우를 의미한다. 즉 본인의 힘이 적
당히 강할 경우에는, 구속이나 간섭을 할 수 있는 무서운 사람이나 어려운
사람이 옆에 있을 경우에는 어느 정도 통제를 받으므로 본인의 성장이나 발
전에 도움이 될 수 있다. 이것은 자신의 힘이 강하므로 존경하는 스승이나
지도자가 있다면 위축되지 않고 그 사람의 조언이나 통제를 당당하게 받아
들이고 수용하므로 더 큰 인물이 될 수 있기 때문이다.

대기업의 경영자나 임원의 경우에도 다양한 의견을 소신껏 제시할 수 있는 참
된 고문이나 자문 또는 부하직원을 두고 아이디어를 수용할 수 있으면 회사의
발전에도 도움이 될 수 있고, 동시에 미래의 비전(Vision)도 찾아낼 수 있다.

상극이 상생작용을 온전하게 하는 경우에는, 기업이나 공직에서 중간 관

리자 이상이 되거나 기업의 꽃이라고 할 수 있는 임원이 되는 경우가 많다. 상극이 상생하는 기본적인 관계를 알아보도록 하자.

- **강목득금**强木得金 : 木에 해당하는 자연의 나무나 덩굴도 어느 정도 뻗어나가고 솟아 오르려면 기본적으로 견고한 金의 기운이 필요하고, 성장한 나무를 절단하여 활용 하기 위해서도 역시 金의 작용이 필요하다. 즉 크고 단단하게 자란 나무는 전기톱이 나 절단기로 절단하여 온전하게 가공하여 집이나 건물의 대들보로 활용할 수 있다. 사람의 경우에는 꿈이 크고 원대하므로 金의 통제와 관리를 수용하여 조직이나 사 회의 큰 인물이 되어 중요한 직책을 맡아 책임과 사명을 다할 수 있다.

- **강화득수**强火得水 : 火의 기운이 어느 정도 강하고 온전할 경우에는 열기나 폭발력이 강할 수 있다. 이러한 경우에는 열기와 팽창력을 예방하거나 줄일 수 있는 물이 우 선 필요할 수 있다. 즉 火의 기운을 유익하게 활용하려면 水의 적절한 기운이 원국에 온전하거나 운에서 올 때 유연하고 지혜로운 통제와 절제를 받아 사회나 국가에 활 력과 발전을 도모할 수 있는 유익한 일을 할 수 있다.

- **강토득목**强土得木 : 土의 기운이 어느 정도 강하고 온전할 경우에는 자연에서는 평야 나 전답田畓이 될 수 있다. 이러한 평야나 대지에 나무를 심으면 대지는 모성애母性 愛를 발휘하여 무럭무럭 성장하게 하므로 土의 역할을 다할 수 있다. 이런 경우에는 土는 木의 극剋을 원하고, 흙에 뿌리를 깊게 내린 나무木는 크게 성장할 수 있다. 사 람의 경우에는 사회나 국가에서 맡은 직책에 대한 신임을 얻고 어질고 선한 마음으 로 자신을 희생하고 봉사하는 역할을 다할 수 있다.

- **강금득화**强金得火 : 金의 기운이 어느 정도 강하고 온전할 경우에는 단단하고 순수한 원석이 될 수 있다. 이러한 원석은 온전한 火의 기운이 필요하고, 운에서 올 경우에는 金을 녹여서 사회에 필요한 도구로 사용하거나 건축 등에 유용하게 활용할 수 있다. 사람의 경우에는 충성심이나 의리가 강하고 순수하므로 火에 해당하는 예의를 갖추 고 국가나 조직에 융화되면 충신이요 애국지사가 될 수 있다.

- **강수득토**强水得土 : 水의 기운이 강하고 온전할 경우에는 유연하게 흘러 강이나 바다 를 이룰 수 있다. 이러한 물의 줄기를 따라 적절한 제방이나 언덕을 쌓아서 가두어

두면 농사나 식용수로 유용하게 활용할 수 있다. 즉 강한 水가 土의 적절한 극을 받아 물을 못이나 연못에 저장할 수 있으면 유익하게 활용할 수 있다.

기업의 경우에는 유연성과 지혜를 겸비한 오너(Owner)일지라도 자신의 능력에 더하여 조정과 중재土를 할 수 있는 유능한 인력이나 조언자를 두면 사업을 원만하게 유지하고 발전시키는데 큰 도움을 얻을 수 있다.

예)

시	일	월	년
戊	壬	□	□
	子	申	子
●土의 극이 필요하다.			

시	일	월	년
壬	丁	丙	□
巳	寅		
●水의 극이 필요하다.			

시	일	월	년
□	己	甲	□
戊	丑	□	
●木의 극이 필요하다.			

※ 오행이 어느 정도 강할 경우에는 우선 강한 오행을 훼하는 오행이 유익할 수 있지만, 훼하는 기운이 지나치게 왕旺할 경우에는 상호간에 교전交戰이 생길 수 있으므로 힘의 정도를 살펴서 판단해야 한다. 기본적으로 편강偏强할 경우에는 강한 오행을 극하는 오행이 원국에 있거나 대운이나 세운에서 오면 도움이 될 수 있다.

(2) 상극相剋의 반극反剋작용 : 반극反克이란, 극剋하는 오행五行이 약하고 극을 당하는 오행이 강强할 경우에는, 오히려 剋을 하는 약한 오행이 극을 당하는 강한 오행에 의해 반대로 피해를 볼 수 있는 것을 의미한다. 왜냐하면 지나치게 약한 오행이 강한 오행을 극하거나 파괴하려고 하면 강한 오행이 반발하여 오히려 극을 하는 오행이 피해를 보거나 손상되기 때문이다. 이것은 金은 나무를 자를 수 있지만 金이 약하고 지나치게 나무가 많고 강하면 여기에 맞는 강한 모터를 장착한 전기톱과 같은 큰 톱으로 잘라야 하는데 작은 칼이나 약한 톱으로 자르려고 하면 반대로 칼이나 톱이 부러지

거나 휘어지게 되는 경우와 같다.

개인의 경우에도 이러한 경우를 종종 볼 수 있다. 자신의 선천적인 체력이나 능력 또는 적성을 고려하지 않고 감당하기 어려운 사업이나 목표를 설정하여 무리하게 추진하다가 중도에 좌절하거나 포기하는 경우를 종종 볼 수 있고, 지나친 욕심으로 인하여 정신이 황폐화되거나 건강을 잃어버릴 수 있으며, 나아가 형제나 친인척 또는 대인관계에서도 외톨이가 되는 경우가 있다. 그러므로 자신의 명운을 파악하여 본인의 능력으로 수용할 수 있는 범위 내에서 최선의 결과를 창출하고 만족할 줄 아는 지혜가 필요하다.

행복은 자신이 만들고 자신이 느끼고 즐길 수 있어야 하며, 타인과의 비교에서 행복을 찾으려고 하는 순간부터 불행과 고통은 시작된다. 또한 적절한 도전은 삶의 활력소가 될 수 있지만, 지나친 욕망과 과욕은 몸과 정신을 파괴하여 황폐화할 수 있다. 물론 두려워하거나 후회할까봐 행동하지 못하는 것은 더 큰 재앙이 될 수 있다.

기업의 경우에도 마찬가지다. 기업이 보유하고 있는 능력, 즉 조직의 인적 자원과 기술, 경영능력과 자금의 규모, 예측과 정보 등을 파악한 후에 자신의 적성이나 능력에 적합한 업종과 규모를 선택해야 성장하고 발전할 수 있다. 그러나 처음부터 철저한 사전 계획이나 준비가 없이 지나치게 사업규모를 확장하고 방만한 경영을 하거나 무리한 투자나 비용을 지출하면 기업은 중장기적으로 유지할 수 있는 여력이 부족하게 되어 꽃을 피우기도 전에 타사에 M&A를 당하거나 부도가 날 수 있다. 그러므로 경영자는 자신의 그릇의 크기를 알고 사업의 규모를 결정하거나 투자를 하는 것이 바람직하고, 투자나 확장의 시기와 공간을 적절하게 파악하여 끊임없이 변화에 대응하면서 기업의 체질을 개선해야 발전할 수 있고 존속存續할 수 있다.

특히 중소기업은 오랜 시간이 걸려 겨우 기반을 잡는 경우가 많은데, 한순간의 방심이나 큰 수익을 노리고 모든 재산을 일시에 투입하여 어려움에 봉착하거나 순식간에 모든 기반이 무너지는 경우가 빈번하게 나타난다. 반극反克의 기본적인 의미를 알아보도록 하자.

- **목다금결木多金缺** : 기본적으로 누구나 칼이나 도끼金로 나무木를 자를 수 있지만, 거목을 면도칼金로 잘라 재목으로 활용하려면 엄청난 힘이 들고 때로는 헛수고가 될 수 있다. 이 경우에는 오히려 金에 해당하는 인·사·물이 木에 의해 반대로 손상되거나 어그러지는 이치를 말한다. 그러므로 이런 경우에는 木오행의 힘을 빼고 金오행에 힘을 더하는 土오행의 도움을 받거나 金오행에 해당하는 주변사람의 도움을 받는 것이 필요하다.

- **화다수증火多水蒸** : 물水은 능히 불火을 끄고 제압할 수 있지만, 火의 기운이 너무 강하면 작은 양의 물은 오히려 불을 더욱 치열하게 하거나 뜨거운 열기로 인하여 증발蒸發할 수 있다. 그러므로 이런 경우에는 오히려 水에 해당하는 인·사·물이 火에 의해 손상되거나 소멸할 수 있으므로 약한 水오행을 도와주고 火오행의 힘을 뺄 수 있는 金오행이나 水오행의 도움을 받는 것이 필요하다.

- **토다목절土多木折** : 나무는 흙에 뿌리를 내리고 성장할 수 있지만, 흙이 굳어 단단한 바위처럼 변한 땅에서는 나무가 본래의 모습대로 완전하게 성장할 수 없다. 나무가 돌처럼 단단한 흙속에 뿌리를 내리고 있다면 성장하기도 곤란하겠지만 설령 성장하여도 아마 뿌리가 약할 수 있다.
  이 경우에는 土의 반극反克으로 오히려 木에 해당하는 인·사·물이 손상될 수 있고, 때때로 木의 병인 간이 나쁘거나 담이 걸릴 수도 있다. 그러므로 水나 木의 도움을 받는 것이 필요하다.

- **금다화식金多火熄** : 불은 광물이나 쇠를 녹여 유용하게 사용할 수 있지만, 쇠金가 지나치게 강하고 불火이 약하면 오히려 쇠金를 녹이는 대신에 약한 불火이 꺼질 수 있다.
  이 경우에는 金의 반극反克으로 오히려 火에 해당하는 인·사·물이 손상될 수 있고, 火의 병인 심장계통이나 소장이 약할 수 있으며 혈액순환이 불안정할 수도 있다. 그러므로 木이나 火의 도움을 받는 것이 필요하다.

- **수다토류**水多土流 : 흙은 물을 흡수하고 저장할 수 있는 힘이 있다. 그러나 지나치게 물水이 많으면 비옥肥沃한 땅土이 되지 못하고 오히려 진흙탕이 되거나 물에 쓸려 내려가므로 土의 본래 역할을 할 수 없게 된다.

  이 경우에는 水의 반극으로 오히려 土에 해당하는 인·사·물이 손상될 수 있고, 소화기나 피부가 약할 수도 있다. 그러므로 火나 조토燥土의 도움을 받는 것이 필요하다.

- **인간관계의 반극**反克 : 반극의 예를 부부관계에서 살펴보자. 부부관계에서 약한 土의 남편이 강한 水의 부인을 만나면, 지혜롭고 냉정하면서 고집이 강한 부인으로 인하여 기를 펴고 살 수가 없다. 왜냐하면 부인 水의 힘이 강하여 남편 土의 말이나 주장을 무시하거나 억누르기 때문에 土의 역할을 할 수 없게 되고 부인 水로 인하여 힘이 빠지기 때문이다. 즉 남편인 土가 부인 水를 克하는 것이 아니라 되레 부인 水가 강한 힘으로 반발하여 남편 土를 克하게 되므로 엄청난 스트레스와 고통을 받을 수 있다. 이럴 경우에는 차라리 강한 부인의 의견을 들어주거나 존중하여 무조건 배우자를 따라간다면 수월한 삶이 될 수 있고, 火나 土에 해당하는 부모형제의 도움을 받으면 힘이 될 수 있다. 즉 남편이 모친과 함께 살거나 주변에 형제나 친구가 함께하면 도움이 될 수 있고, 차라리 부인을 격려하고 위로하면서 사회활동을 자유롭게 할 수 있게 내조를 하여 열심히 돈을 벌게 만들면 저절로 힘이 빠지고 나아가 자신에게는 도움이 될 수 있다. 이러한 단순한 명리의 활용방법을 익혀 서로가 지혜로운 처신의 방법을 찾으면 화禍를 줄이거나 사전에 예방할 수 있을 것이다.

  부자간에도 지나치게 나약한 자녀가 강한 아버지에게 저항하면 도움을 받기보다는 오히려 자신이 상처를 받고 지탱하기 어려울 수 있다. 이 경우에도 돈이 많은 아버지의 외동아들일 경우에는 본인의 고집이나 뜻을 접고 아버지가 열심히 돈을 버는 것을 자식이 존중하고 순순히 따르면서 돌아가신 후에 자신이 재물을 독차지하면 된다. 그런데 끝까지 자신의 뜻을 주장하다가 아버지의 완고한 힘에 스트레스를 받아 스스로 물에 빠져 자살을 한 경우를 볼 수 있었다.

  실제로 연약한 아들이 자신의 일을 하고 싶어서 수백억의 재물이 있는 아버지에게 1억 정도의 돈을 요구하자, 아버지는 자식을 더욱 강하게 만들고 싶은 마음으로 냉정하게 거절하고 자식의 뜻을 꺾어버렸다. 어떤 경우에 반극反克의 현상이 나타날 수 있는지 사주의 예를 보도록 하자.

예)

시	일	월	년
□	癸	丙	□
		巳	午	午

● 火로 인해
水가 증발

시	일	월	년
□	丁	辛	□
		丑	酉	酉

● 金에 의해
火가 꺼짐.

시	일	월	년
□	己	壬	□
丑	亥	子	

● 水로 인해
土가 표류

5. 천간天干과 지지地支의 작용

1) 사주 간지干支의 명칭

천간과 지지의 작용을 살펴보기 전에 먼저 사주의 기본적인 명칭을 생년월일시의 간지로 자세히 알아보자. 태어난 생년월일시의 간지를 丙申년 癸巳월 丁亥일 丁未시라고 정하고 각각의 명칭을 살펴보도록 하자.

【음력 1956년 4월 11일 14시 출생】

	시(時)	일(日)	월(月)	연(年)
사주(四柱)	시주(時柱)	일주(日柱)	월주(月柱)	연주(年柱)
천간(天干)	시간(時干)	일간(日干)	월간(月干)	연간(年干)
간(干)	丁	丁	癸	丙
지(支)	未	亥	巳	申
지지(地支)	시지(時支)	일지(日支)	월지(月支)	연지(年支)

행복한 삶의 지혜를 찾는 생활 속의 사주명리 ㉑

- 태어난 년年의 천간과 지지를 합쳐 연주年柱라고 한다. 위의 사주의 태어난 해인 1956년의 간지干支인 丙申을 연주라고 하고, 이 중에서 천간의 丙을 연간年干이라고 하며 지지의 申을 연지年支라고 한다.
- 태어난 월月의 천간과 지지를 합쳐 월주月柱라고 한다. 위의 사주의 태어난 4월의 간지干支인 癸巳를 월주月柱라고 하고, 이 중에서 천간의 癸를 월간月干이라고 하며 지지의 巳를 월지月支라고 한다.
- 태어난 일日의 천간과 지지를 합쳐 일주日柱라고 한다. 위의 사주의 태어난 11일의 간지干支인 丁亥를 일주日柱라고 하고, 천간의 丁을 일간日干이라고 하며 지지의 亥를 일지日支라고 한다.
- 태어난 시時의 천간과 지지를 합쳐 시주時柱라고 한다. 위의 사주의 태어난 14시의 간지干支인 丁未를 시주時柱라고 하고, 천간의 丁을 시간時干이라고 하며 지지의 未를 시지時支라고 한다.

2) 음양陰陽과 오행五行의 통변성인 십성十星 : 四柱의 일간 甲木과 庚金을 중심으로 십성을 알아보도록 하자. 십성의 용어는 암기하는 것이 필요하다.

(1) 십성의 이름 붙이기 : 다른 사주를 가지고 일간日干을 중심으로 십성의 이름을 붙이는 방법을 반복하여 연습을 해보자. 쉬우면서도 빨리 기억이 되지 않는 것이 십성+星이다. (단 지지의 巳와 亥는 본체는 陰이지만 陽으로 활용하고, 子와 午는 본체는 陽이지만 陰으로 활용한다.)

기준 오행을 甲木으로 정하고 십성을 알아보고, 다른 오행의 경우도 대입하여 십성을 파악하는 방법을 익혀두면 원국을 보는 눈이 트일 수 있다.

甲木 기준	비겁比劫 木	식상食傷 火	재성財星 土	관성官星 金	인성印星 水
음양 동일	비견比肩 甲, 寅	식신食神 丙, 巳	편재偏財 戊, 辰, 戌	편관偏官 庚, 申	편인偏印 壬, 亥
음양 다름	겁재劫財 乙, 卯	상관傷官 丁, 午	정재正財) 己, 未, 丑	정관(正官) 辛, 酉	정인(正印) 癸, 子

時	日	月	年
식신	비견	정인	편관
丙	甲	癸	庚
寅	辰	未	午
비견	편재	정재	상관

時	日	月	年
비견	비견	편재	겁재
庚	庚	甲	辛
辰	子	午	丑
편인	상관	정관	정인

　(2) 오행과 십성의 통변 : 십성은 10천간과 12지지와 지지의 지장간에 각각 존재할 수 있다. 각각의 오행에 해당하는 오성과 십성을 살펴보자.

　① 木의 오성五星과 십성十星 : 木을 기준으로 할 경우에는 동일한 오행인 木을 만나면 동료와 같아 힘이 되므로 木은 비겁比劫이 되고, 木은 火를 생生하여 힘이 빠지므로 火는 木의 식상食傷이 된다.

　木은 土를 극克하므로 극을 받는 土는 木의 재성財星이 되고, 반대로 金의 극克을 받아 힘이 극도로 쇠약해지므로 金은 木의 관성官星이 되며, 水의 生을 받아 힘이 생기므로 水는 木의 인성印星이 된다.

　다른 오행도 이와 같이 통변할 수 있다.

- 甲木의 비견比肩은 음양이 같은 천간의 甲木과 지지의 寅木이 되고, 겁재劫財는 음양이 다른 천간의 乙木과 지지의 卯木이 되며, 동일한 오행이므로 甲木의 힘은 더욱 강하게 된다.

- 甲木의 식신食神은 음양이 같은 천간의 丙火와 지지의 巳火가 되고, 상관傷官은 음양이 다른 천간의 丁火와 지지의 午火가 되며, 甲木은 식신을 생하여 힘이 빠진다.

- 甲木의 편재偏財는 음양이 같은 천간의 戊土와 지지의 辰土와 戌土가 되고, 정재正財는 음양이 다른 천간의 己土와 지지의 未土와 丑土가 되며, 甲木은 재성을 스스로 극하여 힘이 더욱 빠진다.

- 甲木의 편관偏官은 음양이 같은 천간의 庚金과 지지의 申金이 되고, 정관正官은 음양이 다른 천간의 辛金과 지지의 酉金이 되며, 甲木은 관성의 극을 받아 더욱 힘이 빠질 수 있다.

- 甲木의 편인偏印은 음양이 같은 천간의 壬水와 지지의 亥水가 되고, 정인正印은 음양이 다른 천간의 癸水와 지지의 子水가 되며, 甲木은 인성의 도움을 받아 더욱 여유와 힘이 생길 수 있다. 陰木인 乙木을 기준으로 천간과 지지의 음양을 甲木처럼 분리해보자.

```
시  일  월  년
甲  甲  丙  壬
辰  酉  午  寅
```

- 일간 甲木의 비견은 시간의 甲木과 연지의 寅木, 일간 甲木의 식신은 월간의 丙火, 일간 甲木의 상관은 월지의 午火, 일간 甲木의 편인은 연간의 壬水, 일간 甲木의 정관은 일지의 酉金, 일간 甲木의 편재는 시지의 辰土가 된다. 일간 甲木의 힘이 많이 빠질 수 있다.

② 火의 오성五星과 십성十星 : 火를 기준으로 할 경우에는, 동일한 오행인 火를 만나 힘이 되므로 火는 비겁이 되고, 火가 생하는 土는 식상이 되며, 火가 직접 극하는 金은 재성이 되고, 반대로 火가 水의 극을 받으므로 水는 관성이 되며, 火는 木의 생을 받으므로 木은 인성이 된다. 이번에는 음화陰火인 丁火를 기준으로 천간과 지지의 음양을 분리하여 십성을 알아보도록 하자.

- 음화陰火인 丁火의 비견은 음양이 같은 천간의 丁火와 지지의 午火가 되고, 겁재는 음양이 다른 천간의 丙火와 지지의 巳火가 된다.

- 丁火의 식신은 음양이 같은 천간의 己土와 지지의 未土와 丑土가 되고, 상관은 음양이 다른 천간의 戊土와 지지의 辰土와 戌土가 된다.

- 丁火의 편재는 음양이 같은 천간의 辛金과 지지의 酉金이 되고, 정재는 음양이 다른 천간의 庚金과 지지의 申金이 된다.

- 丁火의 편관은 음양이 같은 천간의 癸水와 지지의 子水가 되고, 정관은 음양이 다른 천간의 壬水와 지지의 亥水가 된다.

- 丁火의 편인은 음양이 같은 천간의 乙木과 지지의 卯木이 되고, 정인은 음양이 다른 천간의 甲木과 지지의 寅木이 된다.

시	일	월	년
甲	丁	辛	乙
辰	亥	巳	未

- 일간 丁火를 기준으로 편인은 연간의 乙木, 식신은 연지의 未土, 편재는 월간의 辛金, 겁재는 월지의 巳火, 정관은 일지의 亥水, 정인은 시간의 甲木, 상관은 시지의 辰土가 된다.

③ 土의 오성五星과 십성十星 : 土를 기준으로 할 경우에는, 동일한 오행인 土를 만나면 힘이 되므로 土는 비겁이 되고, 金을 생하여 힘이 빠지므로 金은 식상이 되고, 水를 극하여 더욱 힘이 빠지므로 水는 재성이 되고, 반대로 木의 극을 받아 가장 힘이 빠지므로 木은 관성이 되고, 火의 생을 받아 도움을 받으므로 火는 인성이 된다. 양토陽土인 戊土를 기준으로 천간과 지지의 음양을 분리하여 십성을 알아보도록 하자.

- 戊土의 비견은 음양이 같은 천간의 戊土와 지지의 辰土와 戌土가 되고, 겁재는 음양이 다른 천간의 己土와 지지의 未土와 丑土가 된다.

- 戊土의 식신은 음양이 같은 천간의 庚金과 지지의 申金이 되고, 상관은 음양이 다른 천간의 辛金과 지지의 酉金이 된다.

- 戊土의 편재는 음양이 같은 천간의 壬水와 지지의 亥水가 되고, 정재는 음양이 다른 천간의 癸水와 지지의 子水가 된다.

- 戊土의 편관은 음양이 같은 천간의 甲木과 지지의 寅木이 되고, 정관은 음양이 다른 천간의 乙木과 지지의 卯木이 된다.

- 戊土의 편인은 음양이 같은 천간의 丙火와 지지의 巳火가 되고, 정인은 음양이 다른 천간의 丁火와 지지의 午火가 된다. 음토陰土인 己土를 중심으로 판단할 경우에도 오행의 음양에 따라 오성과 십성을 분류할 수 있다.

시	일	월	년
丁	**戊**	甲	壬
巳	寅	辰	子

- 일간 戊土의 편재는 연간의 壬水, 정재는 연지의 子水, 편관은 월간의 甲木, 비견은 월지의 辰土, 편관은 일지의 寅木, 정인은 시간의 丁火, 편인은 시지의 巳火.

④ 金의 오성五星과 십성十星 : 金을 기준으로 할 경우에는, 동일한 오행인 金을 만나면 힘이 되므로 비겁이 되고, 水를 생하여 힘이 빠지므로 水는 식상이 되며, 木을 극하여 힘이 더욱 빠지므로 木은 재성이 되고, 반대로 火의 극을 받아 가장 약해지므로 火는 관성이 되며, 土의 생을 받아 도움을 받으므로 土는 인성이 된다. 음금陰金인 辛金을 기준으로 천간과 지지의 음양을 분리하여 십성을 알아보도록 하자.

• 辛金의 비견은 음양이 같은 천간의 辛金과 지지의 酉金이 되고, 겁재는 음양이 다른 천간의 庚金과 지지의 申金이 된다.

• 辛金의 식신은 음양이 같은 천간의 癸水와 지지의 子水가 되고, 상관은 음양이 다른 천간의 壬水와 지지의 亥水가 된다.

• 辛金의 편재는 음양이 같은 천간의 乙木과 지지의 卯木이 되고, 정재는 음양이 다른 천간의 甲木과 지지의 寅木이 된다.

• 辛金의 편관은 음양이 같은 천간의 丁火와 지지의 午火가 되고, 정관은 음양이 다른 천간의 丙火와 지지의 巳火가 된다.

• 辛金의 편인은 음양이 같은 천간의 己土와 지지의 未土와 丑土가 되고, 정인은 음양이 다른 천간의 戊土와 지지의 辰土와 戌土가 된다. 양금陽金인 庚金도 동일한 방법으로 오성과 십성을 판단할 수 있다.

```
시  일  월  년
癸  辛  庚  乙
巳  卯  辰  卯
```

• 일간 辛金의 편재는 연간의 乙木과 연지의 卯木, 겁재는 월간의 庚金, 정인은 월지의 辰土, 식신은 시간의 癸水, 정관은 시지의 巳火.

⑤ 水의 오성五星과 십성十星 : 水를 기준으로 할 경우에는, 동일한 오행인 水를 만나면 힘이 되므로 水는 비겁이 되고, 水는 木을 생하므로 木은 식상이 되며, 水는 火를 극하므로 火는 재성이 되고, 반대로 土의 극을 받으므로 土는 관성이 되며, 水는 金의 생을 받으므로 金은 인성이 된다. 양수陽水인 壬水를 기준으로도 마찬가지로 십성을 분리할 수 있다.

- 壬水의 비견은 음양이 같은 천간의 壬水와 지지의 亥水가 되고, 겁재는 음양이 다른 천간의 癸水와 지지의 子水가 된다.

- 壬水의 식신은 음양이 같은 천간의 甲木과 지지의 寅木이 되고, 상관은 음양이 다른 천간의 乙木과 지지의 卯木이 된다.

- 壬水의 편재는 음양이 같은 천간의 丙火와 지지의 巳火가 되고, 정재는 음양이 다른 천간의 丁火와 지지의 午火가 된다.

- 壬水의 편관은 음양이 같은 천간의 戊土와 지지의 辰土와 戌土가 되고, 정관은 음양이 다른 천간의 己土와 지지의 未土와 丑土가 된다.

- 壬水의 편인은 음양이 같은 천간의 庚金과 지지의 申金이 되고, 정인은 음양이 다른 천간의 辛金과 지지의 酉金이 된다. 음수陰水인 癸水를 중심으로 오성과 십성을 파악할 때도 동일한 방식으로 대입하여 판단할 수 있다.

```
시  일  월  년
丁  壬  甲  乙
未  辰  申  丑
```

- 일간 壬水의 상관은 연간의 乙木, 정관은 연지의 丑土 와 시지의 未土, 식신은 월간의 甲木, 편인은 월지의 申金, 편관은 일지의 辰土, 정재는 시간의 丁火가 된다.

이번에는 위의 사주에서 월간 甲木을 중심으로 십성을 살펴보자. 월간 甲木의 겁재는 연간의 乙木이 되고, 월간 甲木의 정재는 연지의 丑土와 시지의 未土가 되며, 편재는 일지의 辰土가 된다. 월간 甲木의 편관은 월지의 申金이 되고, 월간 甲木의 편인은 일간의 壬水가 되며, 甲木의 상관은 시간의 丁火가 된다. 이와 같이 해당하는 천간이나 지지의 오행을 중심으로 각각의 십성관계를 파악할 수 있고, 동시에 해당하는 십성의 힘을 파악할 수 있다.

십성十星은 동양철학東洋哲學의 진수眞髓인 음양오행陰陽五行의 원리와 개념을 생활에 필요한 인·사·물에 적용하여 지혜로운 처신의 방법을 찾는 것이다. 그러므로 요사스러운 용어로 사술邪術을 부리거나 혹세무민惑世誣民하는 것이 아니라 과학적이고 체계적이므로 실생활에 유익하게 활용할 수 있다.

6. 천간天干의 합合 충沖

여기서는 합合과 충沖의 기본적인 개념을 먼저 알아보고 이해하면서 점진적으로 자세하게 살펴보도록 하자.

기본적으로 천간은 자신과 음양이 다른 오행과 극克을 하면서 합合을 한다. 즉 천간은 정재正財나 정관正官에 해당하는 십성과 극克을 하면서 합合을 하므로 극합克合이라고도 한다. 반대로 자신과 음양이 동일한 오행과 서로 충沖이나 극克을 한다. 즉 편재偏財나 편관偏官에 해당하는 오행과 극克을 하거나 충沖을 한다. 극克하면서 충沖을 하므로 극충克沖이라고도 한다.

천간의 합과 충의 예를 들면 木이 土를 극할 경우에도 甲木이 己土를 克할 경우에는 음양이 다른 오행이 정재正財를 극하므로 甲 己 합이 되고, 甲木이 戊土를 克할 경우에는 음양이 같은 오행이 편재偏財를 극하므로 이 경우에는 甲木이 戊土를 극克한다고 말한다. 또 火가 金을 克할 경우에도 丙火가 辛金을 克할 경우에는 음양이 다른 오행을 극하므로 丙 辛 합이 되고, 丙火가 庚金을 克할 경우에는 음양이 같은 오행을 극하므로 극으로 판단한다.

다른 오행의 경우에도 이와 같은 방법으로 동일하게 적용할 수 있다. 천간과 지지의 합과 충에 대한 내용은 여기서는 기본적인 개념만 파악하고 다음에 자세히 살펴보도록 하자.

1) 천간天干 합合의 종류

천간天干의 합合에는 간합干合, 쟁합爭合, 투합妬合, 암합暗合, 명암합明暗合 등으로 다양하게 나누어볼 수 있다. 기본적으로 양간陽干에 해당하는 甲, 丙, 戊, 庚, 壬은 음양이 다른 정재正財에 해당하는 오행을 극克하면서 합合을 하고, 음간陰干에 해당하는 乙, 丁, 己, 辛, 癸는 음양이 다른 정관正官에 해당하는 오행의 극克을 받으면서 합合하므로 극합克合이라고 한다. 이 경우에는 음양이 다른 오행끼리의 克과 합合이므로 해당하는 육친은 서로 정情이 많고 떨어지기 어려운 사이라고 할 수 있다.

천간 합合에는 일간日干과의 합도 있지만 각각의 해당 궁의 천간끼리의 합도 있다. 예를 들면 월간과 연간, 일간과 연간, 시간과 월간, 시간과 연간이 서로 합할 수도 있다. 또한 합을 할 경우에도 일간에게 좋은 역할을 할 수도 있고 지나치게 합이 많거나 불필요한 합이 되어 일간에게 해로운 역할을 할 수도 있다. 한 편으로는 밖으로 드러나지 않는 지지地支의 지장간支藏干끼리의 합인 암합暗合과, 천간과 지장간이 합하는 명암합明暗合도 생각할 수 있다. 천간 합의 다양한 종류와 작용에 대하여 알아보도록 하자.

(1) 간합干合 : 간합干合은 기본적인 천간의 합을 말하며, 자신을 포함하여 6번째 천간과 결합하므로 육합六合이라고도 하고, 극克을 하지만 음양이 다른 관계이므로 해당하는 육친이나 인·사·물과는 서로 유정할 수 있다.

음양이 조화를 이루면서 필요로 하는 합이므로 음양지합陰陽之合이라고
도 하고, 일간이 음간일 경우에는 정관正官과 합을 하고, 일간이 양간일 경
우에는 정재正財와 합을 하므로 남녀 간의 합인 부부합夫婦合이라고도 한다.

기본적으로 일간日干과 합하는 오행이 일간에게 도움이 되는 오행일 경우
가 가장 좋은 관계의 합이라고 할 수 있고, 이 때 연간年干보다는 일간과 가
까운 월간月干이나 시간時干에서 하나의 정재나 정관이 온전하게 합을 하는
경우가 더욱 도움이 되고 좋을 수 있다.

합을 하는 두 오행의 육친관계는 기본적으로 정신적인 안정감과 친밀한
관계가 형성될 수 있고, 때로는 서로 지나치게 간섭하거나 집착할 수 있다.
합의 종류를 알아보도록 하자.

① 간합干合 또는 육합六合

천간	甲	乙	丙	丁	戊	己	庚	辛	壬	癸
수	1	2	3	4	5	6	7	8	9	10

• 1 + 6 = 甲 己 합은 土 : 기본적으로 甲木과 己土가 만나면 합을 하여 土의 성정을
  나타내며, 甲이나 己에서 6번째의 천간과 합을 한다. 이 경우에는 해당하는 일간은
  마음이 어질고 착하며 분수와 신용을 지켜 타인과 잘 융화하므로 중정지합中正之
  合이라고 한다.

일간이 甲木인 남자일 경우에는 정재의 己土와 합을 하여 배우자와 인연이 좋
고 안정적인 재물과 인연이 많을 수 있다. 반대로 일간이 己土일 경우에는 정관인
甲木과 합을 하므로 안정적인 관직이나 직장과 인연이 많을 수 있다. 또한 일간 甲
木인 남자가 己土의 여자를 만나 결혼을 하면 처갓집이나 여자의 의견을 따르는
경우가 많고, 가정의 경제권을 여자가 가질 수도 있다. 이 경우에도 일간을 제외
하고 일간과 같은 木이 많고 강할 경우에는 합의 장점이 나타나지 않을 수 있다.

일간이 己土인 여명의 경우에는 정관의 甲木과 합을 하면, 자신을 위하고 사랑하는 어질고 정이 많은 배우자를 만나 인연이 좋고 원만한 관계가 될 수 있고, 이 경우에도 여자가 가정의 경제권을 가지는 경우가 많다. 또한 남자가 어질고 착한 사람이면서 여자의 생각이나 의견을 따라주는 배우자라고 할 수 있다.

- 2 + 7 = 乙 庚 합은 金 : 乙木의 어질고 선한 면과 庚金의 순수하고 의리가 있는 성정이 만나서 金이 木을 극하면서 이루어지는 합이므로, 이 경우에는 서로 간에 의리와 인정이 많고 의지가 강하므로 인의지합仁義之合이라고 한다. 기본적으로 庚金이 乙木을 극하면서 합을 하면 金의 성정을 나타낼 수 있고, 乙이나 庚에서 6번째의 천간과 합을 한다.

일간이 乙木인 남자의 경우에는 관성인 庚金과 합을 하면 안정적인 관직이나 상하관계가 협조적인 좋은 직장과 인연이 많고, 자녀를 위해 희생하는 아버지가 될 수 있다.

일간이 庚金인 남자의 경우에는 안정적이고 확실한 재물에 관심이 많고, 자신의 사업이나 의견에 동조하고 뜻을 함께하여 자신을 희생할 수 있는 배우자를 원할 수 있다.

일간이 乙木인 여자의 경우에는 관성인 庚金과 합을 하면 역시 안정적인 관직이나 직장과 인연이 많고, 의지하며 살 수 있는 덕과 정이 많은 배우자를 만나 배우자에게 자신을 희생하면서 성공시키려고 헌신하고 봉사하는 마음으로 살아갈 수 있다.

일간이 庚金인 여자의 경우에는 남자보다는 재물에 더욱 관심이 많고, 가정생활보다는 자신이 안정적인 수입을 올리며 당당하게 살기를 원한다. 또한 남의 간섭을 싫어하고 배우자를 본인이 부양할 수도 있다. 역시 깊은 공부는 점진적으로 원리를 이해하면서 하도록 하자. 여기서는 기본적인 원리와 개념을 파악하는데 의미를 두자.

- 3 + 8 = **丙 辛** 합은 **水** : 열정적이고 태양처럼 온 세상을 비추는 丙火가 위엄과 예로
  써 辛金을 극하면서 합하는 형상이므로 위제지합威制之合 또는 위엄지합威嚴之合이
  라고 한다. 기본적으로 丙火와 辛金이 만나 합을 하면 전혀 다른 오행인 水가 되므
  로 서로 힘이 빠질 수 있으며, 丙이나 辛에서 6번째 천간과 합을 한다.

일간이 丙火인 남자가 辛金의 여자와 합을 하는 경우에는 안정적이고 확
실한 건물이나 돈에 대하여 관심이 많고, 배우자로 인하여 힘이 빠지거나
또는 차분해질 수 있다.

일간이 辛金인 남자의 경우에는 丙火와 합을 하여 안정적인 관직이나 직
장에서 충성을 다해 자신의 책임과 사명을 다할 수 있고, 자녀나 윗사람을
위해서 자신을 희생할 수 있다.

일간이 丙火인 여자의 경우에는 남자나 가정에 충실하기 보다는 돈이 되
는 부동산이나 금융계통의 일에 관심이 많고, 이러한 일로 자신의 힘이 빠
질 수 있지만 궁극적으로는 재물을 모아 가정과 배우자를 보필할 수 있다.

일간이 辛金인 여자의 경우에는 丙火와 합을 하면 역시 안정적인 공직이
나 직장에서 자신의 책임과 사명을 완수할 수 있고, 자녀나 윗사람을 배려
하는 사람일 수 있다. 그러나 배우자는 좀 고달플 수 있다. 왜냐하면 여자
가 회사나 자신의 일에 몰두하므로 챙기지 못하는 집안의 일이나 자녀들을
보살펴야 하기 때문이다.

참고로 丙 辛 合을 하는 경우에는 남녀 모두 전혀 다른 오행으로 변하여
힘이 빠지게 되어 외도外道를 하면 서로의 힘이 빠지거나 병이 날 수도 있다.
이것은 재성이나 관성에 관심이 많고 인연이 많기 때문이다.

- 4 + 9 = **丁 壬** 합은 **木** : 이 경우에는 항상 남을 위해 기도하는 마음처럼 포근하고
  따뜻한 丁火의 마음이 壬水의 출렁거리는 강물이나 바다를 밝게 비출 수 있고, 합을

하여 木의 어질고 선한 마음으로 변하여 서로의 역할을 다할 수 있게 도와주고 힘이 되므로 인수지합仁壽之合이라고 한다. 기본적으로 丁火와 壬水가 만나면 합을 하여 다른 오행인 木의 성정을 나타내게 되고, 丁이나 壬에서 6번째 천간과 합을 한다.

일간이 壬水인 남자의 경우에는 포근하고 안정적인 생활을 원하며 합리적인 돈을 추구한다. 또한 따뜻하고 포근한 배우자를 원하며, 배우자로 인하여 냉정하고 차가운 마음이 타인을 배려하고 이해하는 어진 마음으로 변할 수 있다.

일간이 丁火인 남자의 경우에는 역시 안정적인 관직이나 직장을 선호하고, 지혜로운 윗사람이나 좋은 사람을 만나 인정을 받고 도움을 받을 수 있다.

일간이 壬水인 여자의 경우에는 일정하게 안정적인 수입이 될 수 있는 일이나 재물에 관심이 많고, 이러한 재물을 추구하여 자신을 외부로 드러내기를 원한다.

일간이 丁火인 여자의 경우에는 역시 안정적인 관직이나 직장에 관심이 많고, 이러한 일터에서 지혜롭고 정이 있는 윗사람이나 다른 사람의 인정을 받고 도움을 받을 수 있다. 또한 배우자로 부터도 배려와 도움을 받을 수 있다. 그러나 따뜻하고 포근한 심성에 타인의 도움을 얻게 되면 때로는 서로가 깊은 정情이 들게 되어 남녀 간의 문제가 발생하여 가정을 이탈할 수도 있으므로 조심해야 한다. 그래서 음란지합淫亂之合이라고도 한다.

• 5 + 10 = 戊 癸 합은 火 : 기본적으로 戊土와 癸水가 만나면 극을 하면서 합을 하여 다른 오행인 火가 되어 土의 기운은 강해지고 水의 기운은 약해진다.

이 경우에는 戊土는 더욱 강하게 되고 癸水는 더욱 힘이 약해지고 힘들어질 수가 있다. 그러므로 서로 간에 보호하고 감싸주는 정이 없으므로 무정無情한 합이라고도 한다. 즉 강하고 무뚝뚝한 戊土의 남자가 여리고 어린 癸水의 여자를 만나 합을 하여 어린여자의 힘을 빼앗아가므로 무정지합無情之合이라고도 한다.

　일간이 戊土인 남자일 경우에는 초지일관으로 안정적인 생활과 의지할 수 있는 방편으로 돈과 배우자를 원할 수 있고, 돈으로 어리고 착한 배우자를 우직하게 취하여 자신이 도움받기를 원할 수 있다.
　일간이 癸水인 남자의 경우에는 안정적인 관직이나 직장에서 주어진 일에 지혜롭고 투명하게 임하여 안정적인 수입을 얻을 수 있지만 윗사람이나 동료로 인하여 자신의 몸이 약해지거나 힘이 들 수 있다. 또한 자녀를 위하는 마음이 강하고 때로는 자녀로 인해 힘이 빠질 수도 있다.

　일간이 戊土인 여자의 경우에는 역시 초지일관으로 안정적인 생활을 위한 돈을 벌어 돈의 힘에 의지하기를 원하며 돈을 중시할 수 있다. 때로는 다른 사람의 힘이나 도움을 간절히 바라면서 재물을 추구할 수도 있고, 속마음을 알 수 없는 경우도 나타날 수 있다.
　일간이 癸水인 여자의 경우에는 안정적인 관직이나 직장에서 맑고 투명하게 주어진 일에 임하여 안정적인 수입을 얻을 수 있다. 그러나 비록 좋은 직장이고 훌륭한 상관이나 동료를 만나지만 자신의 몸이 약해지거나 힘이 빠질 수 있다. 때로는 나이 많고 돈 많은 무뚝뚝한 남자와 인연이 있을 수도 있다. 원국에서 간합干合을 하는 예를 보면

甲 己 □ □, □ 乙 庚 □, □ 己 丙 辛, 丁 □ 壬 □, □ 癸 戊 □ 이나
□ 庚 己 甲, □ 庚 乙 乙, 辛 丙 辛 □, 壬 壬 丁 □, □ 戊 □ 癸 등의 다양

한 형상을 나타낼 수 있다.

　일간日干과 시간時干 또는 일간日干과 월간月干이 합을 하는 경우에는 서로 가까운 合이므로 합의 힘이 강하고, 일간과 떨어진 연간年干과의 합은 멀리 떨어져서 합을 하므로 미약하고 온전한 합으로 볼 수 없다. 그러나 떨어져서 하는 합이더라도 해당하는 궁宮과 궁宮의 육친이나 성星과 성星의 해당 육친끼리는 서로 친밀한 정이 있는 관계가 될 수 있고, 운에 의해 합이 될 경우에는 그 기간 동안에는 합하는 오행끼리 더욱 친밀한 관계가 될 수 있다.

　② 천간 합合의 궁합 : 남녀의 일간이 서로 합을 하는 경우에는, 부부사이가 좋으므로 궁합을 볼 때 활용되기도 한다. 그러나 배우자의 일간이 서로 합이 된다고 하여 항상 좋기만 한 것은 아니므로 서로 아끼고 사랑하는 마음을 계속하여 유지하도록 노력해야한다. 왜냐하면 아무리 좋은 관계도 운의 흐름에 의해 그 기간 동안에는 관계가 멀어지거나 괜히 싫어질 수가 있기 때문이다. 그러나 그 시기가 지나면 본래의 좋은 관계를 유지할 수 있다. 흔히 결혼을 하고 행복하게 살다가 서로 위기를 맞이하는 경우가 바로 이러한 운의 변화로 인한 것이라고 할 수 있다.

　참고로 궁합宮合을 볼 때는, 두 사람의 사주를 비교하여 일주日柱와 월주月柱의 천간天干과 지지地支가 서로 충沖이나 극克을 하는 경우는 불리하고, 생生하거나 합合을 하는 경우는 상급의 궁합이라고 할 수 있다. 특히 일주日柱와 월주月柱의 천간과 지지가 모두 천충지충天沖地沖하거나 천극지극天克地克하는 경우는 피하는 것이 서로에게 바람직할 수 있고, 여명이 남명을 克하거나 沖하는 경우에는 남자가 하는 일마다 배우자와 갈등하거나 무시를 당할 수도 있으므로 서로 피해야 한다. 자세한 내용은 내공을 쌓아가면서 알도록 하자.

  (2) **쟁합**爭合 **투합**妬合 **기반**羈絆 : 기본적으로 천간의 합은 일간日干에게 필요한 오행의 십성과 하나로 온전하게 합을 해야 금상첨화가 될 수 있다. 그런데 일간이 다른 십성과 이중으로 합을 하는 경우에는 쟁합爭合 또는 투합妬合의 현상이 나타날 수 있고, 일간에게 필요한 오행이 일간과 합을 하지 않고 천간의 불필요한 다른 오행과 합을 하여 일간을 돕지 않고 굴레를 만드는 기반羈絆현상이 나타날 수 있다. 이러한 경우에는 일간이 본래의 역할이나 작용을 하지 못하므로 불리할 수 있다. 물론 용어에 얽매일 필요는 없다. 간략하게 살펴보도록 하자.

  ① **쟁합**爭合 : 쟁합爭合은 인간관계에서 여자의 경우에 나타나는 현상으로 한 여자를 두고 두 남자가 서로 차지하려고 다투는 것을 말한다. 즉 일간의 정관正官에 해당하는 두 양간이 일간과 합을 하기 위해 서로 경쟁하거나 다투는 현상이 나타나는 것을 의미한다.

  육친관계에서는 한 여자를 두고 두 남자가 경쟁하여 서로 차지하려고 다투는 것을 의미하며, 이 경우에 여자는 한 사람과 헤어지고 다시 다른 남자를 만나게 되는 현상이 나타날 수 있다.

  이 경우에는 배우자가 바뀌거나 다른 남자와 깊은 정분情分이 날 수도 있으므로 이러한 시기에는 현명한 판단을 하여 지혜롭게 처신을 해야 가정과 직업이 안정될 수 있다. 특히 쟁합을 하는 운이 올 경우에, 여자는 그 기간 동안에는 바람을 피우거나 힘이 강한 남자를 따라갈 수 있는 것을 암시하므로 이런 운의 기간 동안에는 처신을 조심해야한다.

  쟁합爭合이 되면, 여자의 경우에는 마음과 정이 끌리는 두남자로 인한 문제가 발생하거나 다툼이 생길 수 있고, 직장이나 직업의 경우에는 두 가지의 일에 관심이 있어 호감이 가는 상사나 윗사람으로 인해 마음이 흔들려 한 직장이나 직업에 전념하지 못하고 중도에 직업을 바꾸거나 그만두고 다시 그와 유사한 직장을 찾거나 하던 일을 중단하고 다른 일을 찾을 수 있다. 즉 남녀 모두 두 직장의 윗사람이나 상관의 사랑을 받으므로 방향을 정하지 못해 갈등할 수가 있으므로 한 곳에 지속적으로 근무를 하기 어려울 수 있다. 물론 운에서 쟁합이 될 경우에도 그 기간 동안에는 남녀 모두 이런 현상이 나타날 수 있으므로 조심해야 한다. 쟁합의 예를 보도록 하자.

甲 己 甲 □, 庚 乙 庚 □, 丙 辛 丙 □, 壬 丁 壬 □, 戊 癸 戊 □ 등과 같이 월간月干과 시간時干의 정관正官이 일간과 서로 합을 하려고 하는 현상을 쟁합爭合이라고 한다.

② **투합**姤合 : 투합姤合은 남명의 일간이 천간의 두 정재正財와 합을 하는 경우를 말한다.

남녀관계에서는 양일간陽日干에 해당하는 남자를 차지하기 위하여 일간의 정재에 해당하는 두 여자가 시기하고 질투하는 현상이 나타나는 것을 의미한다. 단순하게는 두 여자가 한 남자를 두고 서로 시기하고 질투하는 남녀관계로만 판단하기도 한다. 하지만 해당하는 오행의 정재에 관한 전반적인 인人·사事·물物의 변동도 나타날 수 있다.

기본적으로 투합이 되는 남명의 경우에는 두 여자가 한 남자를 놓고 서로 차지하려고 다투므로 여자문제나 재물로 인한 분쟁이나 손실이 발생할 수 있으므로 처신을 항상 조심해야 한다. 또한 결혼을 한 경우에는, 양다리를 걸치면 바로 부인에게 들통이 날 수 있고 경우에 따라서는 이혼이나 별

거를 할 수 있으며, 운의 흐름이 나쁠 경우에는 다른 여자와 재혼을 할 수도 있다. 사회적으로는 재물을 취했다가 잃고 다시 재물을 취하는 과정이 반복될 수 있다.

투합妬合이 원국에는 없지만 대운이나 세운에서 투합이 되면 역시 그 운의 기간 동안에는 남자는 여자문제나 재물로 인한 갈등이나 분쟁이 발생하여 가정이 불안정할 수 있고, 재산상의 손실이 발생할 수 있다. 여명의 경우에도 역시 재물이나 부모의 문제로 서로 다투거나 곤란을 당하는 현상이 나타날 수 있다. 특히 사주에서 투합이 되어 있을 때 다시 투합이 되는 운이 오면 그 기간 동안에는, 남녀 모두 처신과 행동을 조심해야 하고 그저 한마음으로 한눈팔지 말고 주어진 일에만 전념하면 오히려 재물이 늘어나고 부인의 사랑을 받을 수 있다. 즉 흔들리지 않는 한 마음으로 일관성을 유지하는 것이 중요하며, 이러한 마음가짐이 자신에게 도움이 되고 유익할 수 있다. 투합의 예를 보도록 하자.

己 甲 己 □, 乙 庚 乙 □, 辛 丙 辛 □, 丁 壬 丁 □, 癸 戊 癸 □ 등과 같이 월간月干과 시간時干의 정재正財가 일간과 서로 합을 하려고 하는 현상을 투합이라고 한다. 운에 의해 투합이 되더라도 그 기간 동안에는 투합의 작용력이 나타날 수 있다.

③ 기반羈絆 : 기반羈絆은 일간日干에게 필요한 천간이 일간과 합을 하지 않고 다른 천간과 합을 하여 본래의 역할을 하지 못하는 경우를 말한다. 이 경우에도 일간에게 필요한 오행이 다른 오행과 합을 하여 합주合住하거나 묶여서 기반羈絆이 될 경우에는 불리하고, 기신忌神이나 한신閑神 또는 흉凶 작용을 하는 오행이 합을 하여 기반羈絆이 될 경우에는 오히려 유리할 수 있다.

기반羈絆이 되는 경우에도, 운에서 해당하는 오행을 합하거나 충이나 극을 하면 그 기간 동안에는 다시 본래의 역할을 할 수 있고, 유통시키는 오행이 올 경우에도 필요한 역할을 할 수 있다. 특히 일간에게 필요한 음간陰干이 양간陽干과 합을 하여 기반이 되면 불리할 수 있다. 단 일간에게 필요한 양간陽干의 경우에는 합을 하여 기반이 되어도 어느 정도의 작용을 할수 있다. 또한 일간에게 필요한 오행이 기반羈絆이 되어도 지지에 통근하고강할 경우에는 기반의 영향을 덜 받을 수 있고 어느 정도의 작용을 할 수있다. 기반羈絆이 되는 경우를 살펴보도록 하자.

천간이 □ 甲 丙 辛이면서 일간 甲木의 용신用神이 丙火일 때 이 경우에는 비록 합을 하여 기반이 되지만 양간이므로 어느 정도의 작용을 할 수있다. 그러나 丙火의 작용력은 약하게 된다.

천간이 □ 庚 癸 戊이면서 일간 庚金의 용신이 癸水일 때 이 경우에는 용신의 작용력이 더욱 약해진다. 이 경우에도 甲木이나 乙木이 올 경우에는戊土를 극하므로 어느 정도 역할을 할 수 있다.

천간이 辛 辛 甲 己이면서 일간 辛金의 용신이 己土일 때 이 경우에는 합을 하여 기반이 되지만 辛金에게는 오히려 도움이 될 수도 있다.

기본적으로 기반羈絆의 경우에도 합이 되어 본래의 작용을 못하는 것이므로 일간을 도와주는 역할을 하는 오행이 일간을 돕지 않고 딴 짓을 하는의미가 있다. 이러한 용어들은 단지 참고만 하여도 무방하다.

(3) 천간天干의 암합暗合 : 암합暗合은 천간天干과 지지地支의 지장간支藏干이 합을 하는 명암합明暗合과 지지의 지장간끼리 합을 하는 암합으로 분

리할 수 있다.

암합暗合의 경우에는 보통 일주日柱의 암합은 참조하지만 다른 간지나 지지의 암합은 해당하는 육친의 사주를 우선하여 판단해야 하므로 의미를 두지 않는다. 또한 암합은 합은 하지만 합화合化는 하지 않는다. 암합을 하는 경우에는 합을 하는 육친끼리는 서로 원만하고 정이 많은 사이가 될 수 있지만 외부로 드러나지 않는 친밀한 관계라고 할 수 있다.

암합을 하는 간지를 살펴보도록 하자.

① **명암합**明暗合 : 천간天干과 지지地支의 지장간支藏干이 서로 암합을 하는 경우를 말하며, 이 경우에는 천간과 지장간의 육친이 서로 긴밀한 속정이 있고 의지하는 관계가 될 수 있다.

명암합을 하고 있는 경우에는 운에 의하여 합을 하는 오행이 충沖이나 극克이 되면, 특히 희喜·용신用神일 경우에는 일간이나 해당 육친의 피해被害가 나타날 수도 있다. 기본적인 명암합의 종류를 참고로 살펴보자.

천간과 지장간의 정기正氣와 명암합이 이루어지는 경우는 지지가 정재와 정관이 되는 戊子 丁亥 壬午 辛巳의 4개의 간지가 있다.

戊子의 경우에는 천간의 戊土가 子의 지장간 정기에 해당하는 정재 癸水와 서로 戊 癸 명암합을 하고,

丁亥의 경우에는 천간의 丁火가 亥의 지장간 정기에 해당하는 정관 壬水와 丁 壬 명암합을 하며,

壬午의 경우에는 천간의 壬水가 午의 지장간 정기에 해당하는 정재 丁火와 壬 丁 명암합을 하고,

辛巳의 경우에는 천간의 辛金이 巳의 지장간 정기正氣 또는 본기本氣에 해당하는 정관 丙火와 辛 丙 명암 합을 한다. 이러한 명암합의 경우에는 운에

의해 서로 간의 관계가 외부로 드러날 수 있다.

이밖에도 천간과 지장간의 초기나 중기와 하는 합도 암합으로 보는 경우도 있지만 중시하지 않는다.

기본적으로 정기를 중심으로 암합을 살피지만 월의 사령을 하는 중기나 초기의 경우에는 참조할 수 있다. 명암합의 예를 보도록 하자.

```
시 일 월 년
丁 壬 戊 庚
○ 午 寅 ○
```

- 午의 지장간인 丙 己 丁의 정기에 해당하는 정재 丁과 일간 壬이 丁 壬 합하여 서로의 관계가 좋고 인연이 있다. 남명男命일 경우에는 일간의 부인에 해당하는 정재는 서로 정이 있고 덕德이 있는 사이라고 할 수 있다.

② **지장간의 암합**暗合 : 지장간이 암합을 할 경우에는, 해당하는 육친끼리 밖으로 드러나지는 않지만 서로 관계가 좋은 것을 의미한다. 특히 남녀 관계의 경우에는, 지지地支의 지장간支藏干끼리 서로 암합을 하면 외부로 알려지지 않고 발각되지 않는 부적절한 사이가 될 수도 있다고 한다. 즉 바람을 피워도 들키지 않는다고 하는데 이 경우에도 운에 흐름에 의해 천간으로 나타날 경우에는 들통이 난다. 지지地支의 지장간支藏干끼리 서로 암합을 하는 경우를 보도록 하자.

지지의 子와 辰의 경우에 子의 지장간 정기에 해당하는 癸와 辰의 지장간 정기에 해당하는 戊가 서로 癸 戊 암합을 하고, 子와 戌의 경우에 子의 지장간 정기에 해당하는 癸와 戌의 지장간 정기에 해당하는 戊가 서로 癸 戊 암합을 하며, 丑과 寅의 경우에 丑의 지장간 정기에 해당하는 己와 寅의 지장간 정기에 해당하는 甲이 서로 甲 己 암합을 하고, 未와 寅의 경우에 未의 지장간 정기에 해당하는 己와 寅의 지장간 정기에 해당하는 甲이 서로 甲己 암합을 하며, 卯와 申의 경우에 卯의 지장간 정기에 해당하는 乙과 申의 지장간 정기에 해당하는 庚이 서로 乙庚 암합을 한다. 이밖에도 지장간의 정기가 아닌 다른 지장간끼리의 암합을 찾을 수 있지만 무시해도 좋다. 지장간의 암합의 예를 보자.

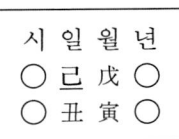

• 丑의 지장간 癸 辛 己의 정기인 己와 寅의 지장간 戊 丙 甲의 정기인 甲이 서로 己甲 암합을 한다.

다음에 배우겠지만, 궁宮의 육친으로 판단할 경우에는 일간의 배우자궁과 월지의 모친궁이 서로 암합을 하므로 남자의 경우에는 어머니와 배우자의 관계가 좋을 수 있고, 성星으로 볼 경우에는 일간은 정관의 마음을 가지고 당당하게 행동하는 사람이라고 할 수 있다. 일간이 여성일 경우에는 남편이 자신의 행동이나 의견을 잘 따라주는 사람이라고 판단할 수 있다.

이외에도 다양한 판단의 요소들이 있지만 점진적으로 알아보도록 하자.

2) 천간 합合의 종합

기본적으로 일간에게 불리한 작용을 하는 천간의 오행이 합을 하면 불리한 작용을 하지 않으므로 유리할 수 있고, 유리한 작용을 하는 천간의 오행이 일간을 제외한 다른 천간의 오행과 합을 하면 일간에게 길놈작용을 하지 못하고 방관자가 될 수 있으므로 불리하다고 하였다. 자세히 살펴보도록 하자.

- 육합六合은 남녀의 궁합宮合을 볼 때도 기본적으로 참조할 수 있다. 즉 남녀의 일간과 일간이 서로 합을 하는 경우에는 정신적으로나 심리적으로 서로 이해하고 협조하는 원만한 관계라고 할 수 있고, 때로는 집착하는 관계가 될 수 있다. 즉 일간이 甲, 丙, 戊, 庚, 壬의 양간陽干이면서 남자일 경우에는 정재正財에 해당하는 훌륭한 배우자를 얻게 되므로 만족할 수 있고, 일간이 乙, 丁, 己, 辛, 癸의 음간陰干이면서 여자일 경우에는 정도와 신사도를 지닌 정관正官의 배우자를 얻게 되므로 따라가거나 도움을 얻을 수 있다. 또한 서로 관계가 좋지만 때로는 배우자에게 지나치게 의지하거나 집착할 수도 있다.

- 원국에는 육합이 없지만 육합을 하는 운運이 오는 경우에는, 즉 남자는 정재운正財運이 오는 시기에 결혼을 할 수 있고, 이 경우에는 좋은 인연의 배우자를 만날 수 있고, 여자는 정관운正官運이 오는 시기에 결혼을 할 수 있고 역시 인연이 좋은 배우자를 만나는 경우가 많다. 또한 합이 많으면 대인관계는 원만할 수 있지만 주관이나 소신이 부족할 수도 있고, 특히 천간과 지지에 지나치게 합이 많은 경우에는 원만한 대인관계를 유지하고 사교적이지만 여자는 남자문제가 발생할 수 있으며 남자는 여자문제가 자주 발생할 수도 있다. 이런 부분은 깊이 공부를 하면서 알아가도록 하자.

- 기본적으로 일간에게 필요한 희喜·용신用神과 합을 하는 경우에는 좋은 작용을 할 수 있고, 일간이 희·용신이 아닌 다른 오행과 합을 하는 경우에는 본래의 뜻이나 이상을 버리고 소인배의 생각이나 행동을 하여 불리한 작용을 할 수 있다. 즉 일간에게 도움이 되지 않는 다른 오행과 합을 하는 경우에는 일간은 불필요한 일에 집착하여 불리할 수 있다. 천간 합의 종합적인 작용을 알아보도록 하자.

(1) 일간에게 필요하고 도움이 되는 용신用神에 해당하는 오행이 일간을 제외한 다른 오행과 合을 하면 일간을 도와주는 희喜·용신用神의 길놈한 역할을 망각하므로 일간에게 불리할 수 있다. 이것을 탐합망귀貪合忘貴라고 한다.

탐합망귀貪合忘貴는 합을 하느라고 자신의 귀한 역할을 잊어버리는 것을 의미하고, 물론 운에서 다른 천간과 용신用神이 합할 경우에도 그 기간 동안에는 탐합망귀의 작용을 할 수 있다.

(2) 반대로 원국의 일간이나 일간에게 도움이 되고 필요한 용신用神을 충沖하거나 극剋을 하는 오행이 다른 천간과 합을 하면 탐합망충貪合忘沖이 되어 흉한 작용을 할 수 없게 되어 일간에게 오히려 도움이 될 수 있다.

탐합망충貪合忘沖은 합을 하느라고 일간이나 용신을 충沖하거나 극剋하는 흉작용을 잊어버리는 것을 의미한다. 물론 운에서도 일간이나 희·용신을 충沖하거나 극剋하는 오행을 합하는 천간이 올 경우에는 그 기간 동안에는 일간이나 용신은 자신의 역할을 다할 수 있으므로 유리할 수 있다. 탐합망충을 탐합망천(貪合忘賤)이라고도 한다

(3) 일간과 일간에게 필요한 용신用神이 일간과 합을 하여 유정한 관계에 있는데 운에서 합을 하는 오행을 충沖하면 그 기간 동안에는 다시 불리할 수 있다. 때로는 뿌리가 없거나 약한 천간의 용신用神에 해당하는 오행이 일간을 제외한 다른 오행과 합하여 합거合去되어 사라지면, 일간이나 사라진 십성十星에 해당하는 육친이나 인·사·물이 피해를 볼 수 있다.

(4) 천간 合의 경우에도 합을 하되 변하지 않고 합주合住하는 경우와 합화合化하여 변하는 경우가 있다. 이 경우에도 합을 당하는 오행이 약할 경우에는 합화合化가 이루어지기 쉽고, 합하는 두 오행이 서로 강하고 힘이 있을 경우에는 합만 하고 합화가 되지 않을 수 있다. 특히 일간에게 필요한 용신이 다른 오행에 묶일 경우에는 불리하다.

(5) 월간月干과 연간年干은 서로 합화合化하여 합한 오행으로 변하기가 쉽지만, 일간日干은 기본적으로 종격從格이나 화격化格의 사주가 아닌 이상 합만 하고 다른 오행으로 변하지 않으며, 단지 합을 하는 천간의 십성을 따라가고자 하는 마음이 강할 수 있다. 합과 합화를 하는 원국의 예를 보도록 하자.

```
시  일  월  년
丁  庚  乙  庚
○  辰  酉  申
```

- 연간과 월간이 합을 하고, 일간과 월간이 합을 한다. 이 경우에는 지지의 金기운이 강하므로 일간이 乙 庚 합을 하여 합화 金이 될 수 있고, 乙木은 합거合去되어 해당하는 정재의 육친이 손상되거나 불리할 수 있다.

```
시  일  월  년
甲  癸  甲  己
○  丑  戌  未
```

- 지지에 土기운이 강하므로 월간과 연간이 甲 己 합하여 甲木이 土기운으로 변한다. 이 경우에 일간은 관성에 해당하는 土의 기운이 강해진다.

```
시  일  월  년
壬  庚  壬  丁
午  申  寅  未
```

- 월간과 연간이 丁 壬 합하지만 木기운이 약해 합만 하고 木으로 변하지 않는다. 또한 연간과 시간이 합을 하지만 멀리 떨어진 합이므로 단지 마음만 있는 합이라고 할 수 있고, 이 경우에는 합으로 보지 않는다. 그러나 丁이나 壬의 운이 오면 그 기간 동안에는 합의 작용이 나타날 수 있다.

3) 천간의 충沖

천간충天干沖 또는 간충干沖은 양간陽干과 양간陽干 또는 음간陰干과 음
간陰干이 서로 극克하면서 충沖을 하는 경우를 말한다. 이것은 자석의 음극
과 양극은 서로 당겨서 결합하지만, 음극과 음극 양극과 양극은 서로 밀쳐
내는 원리와 마찬가지다.

천간충天干沖이 발생하면, 기본적으로 해당하는 육친 간에는 서로 정신
적으로나 심리적으로 갈등이나 알력軋轢이 많을 수 있고 육친 상호간의 생
각이나 의견이 다를 수 있다. 그러므로 해당하는 육친 간에는 서로 의견충
돌이 생기거나 갈등할 수 있고 때로는 압박을 받을 수 있다. 그러나 원국
에서 일간에게 나쁜 작용을 하는 오행을 克하는 경우에는 오히려 무난할
수 있고, 좋은 작용을 하는 희·용신을 극충克沖하면 불리하다. 이 경우에
도 克을 받는 오행이 克을 하는 오행을 감당할 수 있을 경우에는 무난할 수
있고, 克하는 오행을 중간에서 유통시키거나 합하는 오행이 있을 경우에도
극의 작용력이 나타나지 않거나 오히려 도움이 될 수 있다.

기본적으로는 천간에 克이 발생하면, 일간은 정신적인 불안정과 갈등 또
는 자존심의 손상이나 해당하는 육친간의 불화 등이 나타날 수 있다. 그러
므로 운한運限의 시기나 운에서 극이나 충을 하는 오행이 올 경우에는, 그
기간 동안에는 항상 행동이나 언행을 조심하고 특히 해당하는 육친과의 분
쟁이나 다툼을 삼가야 한다. 천간에는 克만 있고 沖은 없다고도 하지만 여
기서는 극과 충으로 나누어 살펴보도록 하자. 먼저 기본적인 천간의 충을
살펴보도록 하자.

(1) 간충干沖의 종류 : 천간의 충에는 기본적으로 甲 庚 沖, 乙 辛 沖, 丙
壬 沖, 丁 癸 沖의 4종류가 있다. 천간의 순서대로 자신을 포함한 7번째 천

간과 沖이 되고, 자신을 제외한 6번째 천간과 沖이 되므로 육충六沖 또는 칠충七沖이라고도 한다. 沖은 음양陰陽이 같은 오행이 상호 극克하므로 무정無情하며, 특히 극하면서 충이 되는 위의 4종류는 극충克沖이라고 표현한다.

기본적으로 일간日干과 월간月干 또는 일간日干과 시간時干처럼 일간과 가까운 천간이 서로 沖을 하는 경우에는 해당하는 운한運限의 기간 동안에는 작용력이 나타날 수 있고, 대운이나 세운에 의해 다시 沖하면 그 기간 동안에는 영향력이 뚜렷하게 나타날 수 있다. 또한 시간時干과 연간年干의 沖은 서로 멀리 떨어져 있으므로 힘이 미약하고 작용력이 거의 없지만, 운에서 다시 沖하는 오행이 오면 그 기간 동안에는 충을 받는 오행의 손상이 발생할 수 있다. 이것은 다른 천간의 沖에서도 동일하게 작용할 수 있다. 극충克沖이 되는 경우를 살펴보도록 하자.

- 1 + 7 = 甲 庚 沖 : 천간의 양목陽木인 甲木과 양금陽金인 庚金이 서로 상극相剋이 되고 金克木을 하므로 기본적으로 甲木에 해당하는 인·사·물이 손상되는 것을 의미한다. 그러나 甲木의 힘이 되는 뿌리가 지지地支에 있어 강하고 庚金의 힘이 되는 뿌리가 없어 약할 경우에는 손상이 크지 않을 수 있다. 즉 克하는 오행의 강약에 따라 沖을 극복할 수 있으므로 무조건 나쁘다고 할 수 없다. 또한 沖을 하는 오행을 극하는 오행이 원국에 있을 경우에는 沖의 영향력이 줄어들거나 약할 수 있고, 유통이 되는 오행이 원국에 있을 경우에는 沖의 영향력이 없고 오히려 도움이 될 수 있다. 예를 들면 일간 甲과 연간 庚이 있을 때 월간에 壬水나 癸水가 있는 경우에는 오히려 도움이 될 수 있다. 다른 충의 경우에도 마찬가지다. 하지만 일간이 약하면서 원국에서 沖이 될 때, 운에 의해 다시 충이 되면 그 기간 동안에는 일간은 정신적인 방황이나 혼란에 빠질 수 있고, 해당 육친이나 인·사·물의 손상이 발생할 수 있다.

- 2 + 8 = 乙 辛 沖 : 천간의 음목陰木인 乙木과 음금陰金인 辛金이 서로 상극相剋이 되고 金克木을 하여 기본적으로 乙木에 해당하는 인·사·물이 손상되는 것을 의미한다. 이 경우에도 乙木이 지지地支에 뿌리가 있어 강하고 辛金이 뿌리가 없어 약할 경우에는 손상이 나타나지 않을 수 있다.

뿌리가 있어 강하다고 하는 경우에는 충을 받는 천간의 오행을 지지에서 생生하는 오행인 인성印星이나 동일한 오행인 비겁比劫이 있는 경우를 말한다. 다른 천간 沖의 경우와 동일하게 유추하면 된다. 특히 乙木은 쉽게 충으로 인하여 흔들리거나 좌절하지 않는 특성이 있다.

• 3 + 9 = 丙 壬 沖 : 천간의 양화陽火인 丙火와 양수陽水인 壬水가 서로 상극相剋이 되어 기본적으로 丙火에 해당하는 인·사·물이 손상되는 것을 의미한다. 이 경우에도 丙火가 지지地支에 뿌리가 있어 강하고 壬水가 뿌리가 없고 약할 경우에는 손상이 나타나지 않을 수 있다. 나머지는 일반적인 沖의 설명과 동일하게 유추하면 된다. 물상으로는 태양의 빛이 구름으로 가려진다고 표현할 수도 있다.

• 4 + 10 = 丁 癸 沖 : 천간의 음화陰火인 丁火와 음수陰水인 癸水가 서로 상극相剋이 되어 기본적으로 丁火에 해당하는 인·사·물이 손상되는 것을 의미한다.
이 경우에도 丁火가 지지에 뿌리가 있어 강하고 癸水가 뿌리가 없고 약할 경우에는 손상이 발생하지 않을 수 있고, 다른 충의 경우와 마찬가지로 丁火가 흉凶작용을 하는 경우에는 오히려 癸水의 충이 도움이 될 수 있지만 길吉작용을 하는 경우에는 불리할 수 있다. 뿌리가 있는 경우와 주변의 오행이 강한 경우의 예를 보도록 하자.

시	일	월	년
庚	甲	○	乙
午	寅	○	亥

시	일	월	년
甲	乙	丙	壬
○	酉	午	寅

시	일	월	년
壬	丙	○	丁
辰	午	○	巳

굵은 글씨의 오행이 간지로 서로 힘이 되어 이 경우에는 沖을 하는 오행의 영향력이 약하거나 없을 수 있고, 충을 받는 오행이 沖을 하는 오행을 수용하거나 제압할 수도 있다.

(2) 일반적인 천간의 극克 : 甲 戊, 乙 己, 丙 庚, 丁 辛, 戊 壬, 己 癸 등은 서로 필요에 의해 克할 수 있으므로 충沖으로 판단하지 않고 단지 克으로만 판단한다. 즉 동일한 음양이지만 甲 庚, 乙 辛, 丙 壬, 丁 癸 등은 극하면

서 沖하므로 충 또는 극충克沖이라고 표현하고 甲 戊, 乙 己, 丙 庚, 丁 辛, 戊 壬, 己 癸 등은 비록 음양이 동일한 오행 간에 克을 하지만 沖으로 보지 않고 단지 동일한 음양끼리 천간의 순서대로 자신으로부터 5번째 천간天干끼리의 克으로만 해석한다. 이 경우에는 극을 받는 쪽이 비록 손상이 되더라도 크지 않기 때문이며, 때로는 극을 하고 극을 받으므로 두 오행이 본연의 역할을 할 수 있기 때문이다.

예를 들면 물기가 없고 마른 흙인 戊土가 壬水를 만나면 오히려 메마른 흙이 나무가 자랄 수 있는 비옥한 흙으로 변할 수 있고, 水가 많을 경우에는 댐을 건설하여 물을 저장하여 유용하게 활용할 수 있기 때문이다. 이 경우에 戊土는 물을 막아 생활용수나 농업용수 또는 공업용수로 활용할 수 있는 유용한 土가 될 수 있다. 丙과 庚의 경우에도 庚金의 단단한 광물질은 강한 열기의 丙火를 만나야 필요한 금속제품을 만들 수 있으므로 때로는 필요한 克이 될 수 있다. 그렇다고 무조건 필요하고 괜찮다고 할 수는 없고, 도움이 필요할 경우에는 무난하고 유용할 수 있다.

기본적으로 극克을 받는 오행이 지나치게 약하고 克을 하는 오행이 지나치게 강하거나, 반대로 克을 받는 오행이 지나치게 강하고 극을 하는 오행이 지나치게 약할 경우에는 역시 沖을 받는 경우와 동일한 손상이 올 수 있다.

예를 들면 천간이 戊 甲 戊 □, 乙 己 乙 壬, □ 丙 庚 丙, 丙 壬 戊 戊, 丁 癸 己 己 등과 같을 경우에는 지지의 도움을 받지 못하는 약한 오행이 손상될 수 있다. 물론 克을 하거나 당하는 오행의 지지에 生하는 오행인 인성印星이나 비겁比劫이 있을 경우에는 강약을 살펴서 판단해야 한다.

(3) 천간의 충沖과 극克의 종합 : 천간이 극克이나 충沖이 되는 경우에는 해당 오행의 인人·사事·물物간에 갈등이나 마찰이 생겨 이동, 동요, 증오, 분쟁 등이 나타날 수 있다. 특히 정신적으로나 심리적인 손상에 해당하는 자

존심과 명예 또는 체면 등의 손상이 나타날 수 있고, 하는 일이나 업무에 대한 판단이나 결정이 필요할 때 우유부단하거나 방황할 수 있다.

원국에 간충干冲이 있는데 대운이나 세운에서 다시 冲하는 오행이 오면, 해당하는 운의 기간 동안에는 해당 육친과의 반목이나 갈등 또는 불화가 생기거나 해당 십성의 인·사·물에 대한 손상이나 분쟁이 발생할 수 있다. 물론 원국에 극하는 오행을 합하거나 유통시키는 오행이 있을 경우에는 손상이나 피해가 덜할 수 있다. 원국의 천간이 충이 될 경우에 대응하는 방안을 살펴보도록 하자.

- 원국에서 일간이 冲이 되면서 대운이나 세운에서 다시 일간을 冲하는 오행이 오면, 그 기간 동안에는 특히 사업을 하는 경우에는 사업의 확장이나 투자를 가급적 하지 않는 것이 도움이 될 수 있다. 부득이하게 확장이나 투자를 해야 할 경우에도 시기를 조정하거나 최소한으로 줄이고, 철저하게 심사숙고하고 검증과 확인을 거쳐야 한다. 경우에 따라서는 막대한 투자금액의 손실을 초래하고 부도가 날 수도 있다. 그러므로 이 기간 동안에는 좋은 시기와 때를 기다리는 인내와 지혜가 필요하며, CEO나 CFO는 절대로 처신을 경거망동해서는 안 된다. 대신에 사업의 전반적인 시스템(System)을 점검하여 어려움에 대비하는 철저한 대비책을 마련하는 것이 중요하다. 특히 간부들의 신뢰도와 충성도를 확인하고, 조직내부의 비리非理나 이권개입 등을 철저히 관리하는 것이 필요하며, 사내의 기밀문서나 회계장부 등이 외부에 넘어가는 것 등을 조심해야 한다. 또한 개개인의 직무를 분석하여 적절한 생산성과 효율성이 유지되고 있는지를 살펴야 하고, 나아가 사내社內의 재산이나 자금이 외부로 유출되거나 또는 낭비되는 경우가 없는지 살펴야 한다. 더하여 사내의 직원에 대한 애사심愛社心의 교육이나 인성교육 등이 필요한 시기가 된다. 즉 어려움을 대비하여 비용은 최소한으로 줄이고 직원끼리 서로 합심하고 단합하는 분위기를 가꾸어나가는 것이 필요하며, 부정不正이나 유언비어에 대해서는 엄격하게 다루고 선행이나 희생정신에 대하여는 후하게 대접하여 애사심을 지닌 인력을 만들도록 노력해야 한다. 나의 운이 좋지 않을 경우에는 간부나 직원들의 힘에 의해 회사나 사업이 잘 운용될 수 있게 하는 것이 자연의 순리順理이며 사람의 지혜라고 할 수 있다.

- 한편 천간의 충冲은 충으로 판단하지 않고 단지 상극相剋으로 보기도 한다. 왜냐하면 천간은 정신적인 의미와 기적氣的인 의미가 강하고, 또한 극克하는 오행이 뿌리가 있고 강할 경우에는 운에 의하여 다시 克하는 오행이 으면 克을 받는 오행의 손상이 발생할 수 있지만 반대로 克하는 오행이 약하고 克을 받는 오행이 강하면 오히려 克을 받아들일 수 있는 힘이 있기 때문이다.

  기본적으로 천간의 冲은 원국 전체를 살피고 대운과 세운의 기운을 살펴 길흉吉凶을 판단하는 것이 중요하다. 즉 冲을 하는 경우에도 원국에서 흉凶작용을 하는 오행이나 십성을 冲하면 오히려 유리할 수 있고, 길吉작용을 하는 희·용신을 冲하면 불리할 수 있다. 그러나 일간이 약할 경우에 충을 받으면 불리하므로 이 경우에는 유통시키는 오행이나 일간의 힘이 되는 오행에 해당하는 인·사·물을 찾아 도움을 받는 것이 필요하다.

- 천간 충冲이 될 경우에는 기본적으로 두 오행은 크든 작든 마음이나 정신적인 손상을 입을 수 있고, 손상의 정도는 冲하는 오행보다는 충을 당하는 오행의 손상이 클 수밖에 없다.

  예를 들면 **甲 庚** 冲을 하면 甲이 더 큰 손상과 구속이나 억압을 받을 수 있고, **乙 辛** 冲을 하면 乙이 더 큰 손상과 구속이나 억압을 받을 수 있다. **丙 壬** 冲을 하면 丙이 더 큰 손상과 구속이나 억압을 받을 수 있고, **丁 癸** 冲을 하면 丁이 더 큰 손상과 구속이나 억압을 받을 수 있다. 물론 이 경우에도 충을 받는 오행이 뿌리가 있고 강할 경우에는 충을 극복하고 견딜 수 있다. 또한 강한 오행이 약한 오행을 冲하면 약한 오행은 뿌리가 뽑혀 크게 손상될 수 있고, 약한 오행이 강한 오행을 冲하면 오히려 강한 오행이 크게 성내고 덤벼들 수 있으므로 역시 약한 오행은 손상을 당할 수 있다. 이 경우를 왕자충쇠 쇠자발旺者冲衰 衰者技 쇠자충왕 왕자노발衰者冲旺 旺者怒發이라고 적천수滴天髓에서는 표현하였다.

- 기본적으로 원국의 일간日干과 시간時干, 또는 일간日干과 월간月干이 冲할 경우에는 영향력이 강하지만, 연간年干과 시간時干이나 월간月干과 시간時干처럼 거리가 떨어져서 冲할 경우에는 영향력이 미약하여 冲으로 보지 않으며, 다만 이 경우에도 운에서 冲하는 오행이 올 경우에는 그 기간 동안에는 해당하는 오행간의 冲의 작용력이 나타날 수 있다.

  冲에도 □ **甲 庚** □, **乙 辛 乙** □, **辛 丙 辛 乙**, □ **壬** □ **丙**, **丁 戊 癸** □, **甲 庚 庚**

□, 乙 □ □ 辛, □ 丙 □ 壬, 丙 壬 □ □, 丁 癸 □ □ 등과 같이 다양한 형상이 나타날 수 있다.

이 경우에도 가까이에서 冲할 경우에는 충의 작용력이 크고 멀리 떨어져서 冲할 경우에는 작용력이 작으며, 冲하는 오행이 합을 하거나 유통되는 경우에는 작용력이 없거나 나타나지 않을 수 있다. 또한 지지에 뿌리가 있을 경우에는 서로의 힘을 비교하여 영향력을 판단할 수 있다.

참고로 작명을 할 경우에도 이름의 글자와 사주의 간지干支가 서로 충이 되는 글자는 피한다. 예를 들면 연주年柱의 간지干支가 庚申일 경우에는 甲과 寅의 이름자는 피하고, 월주의 간지가 甲午일 경우에는 이름에 庚과 子의 글자는 피한다.

- 운運에 의하여 천간충天干冲이 될 경우에는 지지충地支冲이 되는 경우보다 그 작용력이 신속하고 빠르게 외부로 나타날 수 있다. 왜냐하면 천간은 양에 해당하고 밖으로 표출되는 특성이 있으므로 신속하게 외부로 표출되기 때문이다. 항상 원국 전체를 보고, 운의 흐름을 파악하여 세밀하게 명운命運을 관찰해야 한다. 예를 보도록 하자.

시	일	월	년
丁	甲	辛	乙
○	寅	○	亥

- 연간과 월간이 乙 辛 冲하여 乙木을 극하지만, 乙木은 연지年支의 亥水에 통근하였으므로 충의 작용력이 미약하고 오히려 일간에게 도움이 될 수 있다.

시	일	월	년
甲	乙	丙	壬
○	酉	午	寅

- 월간과 연간이 丙 壬 冲하여 壬水가 丙火를 극하지만 丙火의 지지에 午火 뿌리가 있으므로 丙은 손상되지 않는다. 이 경우에는 오히려 충을 하는 壬水가 火운이 올 경우에 손상될 수 있다.

```
시 일 월 년
壬 丙 癸 丁
辰 戌 ○ 巳
```

- 일간과 시간이 丙 壬 沖하고, 연간과 월간이 丁 癸 沖을 하고 있다. 그러나 火와 土가 강하므로 일간이 견딜 수는 있지만 정신적인 방황과 갈등이 많고, 변동과 변화가 심할 수 있다.

7. 지지地支의 합合 충沖 극克

지지는 천간보다 다소 복잡하고 다양한 합 충 극이 존재한다.

지지의 합에는 서로 같은 기운의 3개의 오행이 모여서 방합方合을 이루거나, 다른 3개의 오행이 모여 삼합三合을 이루기도 한다. 또한 두 오행만 모여 반합半合을 하기도 하고, 천간과 마찬가지로 극克을 하는 음양이 다른 두 오행이 만나 합合하는 경우와, 생生을 하는 두 오행이 만나 合하는 경우도 있다.

지지의 沖과 克의 경우에도 두 오행이 만나 극克만 하는 경우도 있고, 克을 하면서 충沖을 하는 克沖의 경우도 있다. 지지의 다양한 合과 沖에 대하여 자세하게 살펴보도록 하자.

1) 지지地支의 합合과 작용력

지지地支의 합合도 역시 기본적으로는 천간天干의 합과 유사한 작용과 역할을 한다. 그러나 天干은 근본적으로 양의 특성을 지니고 있기 때문에 대운이나 세운에서 合하는 오행이 오면 合의 작용과 반응이 신속하게 나타나는 반면에, 地支는 근본적으로 음의 특성을 지니고 있기 때문에 合의 작용이나 반응이 천간보다 서서히 나타나는 특성이 있다.

지지의 合合도 대운이나 세운에서 合이 되는 운이 올 때 그 시기에는 실질적이고 현실적인 작용력이 나타날 수 있다. 또한 지지도 천간의 合과 마찬가지로 合만 하는 경우가 있고, 合을 하여 다른 오행으로 변하는 경우도 있다. 合만 하는 경우와 合合하여 다른 오행으로 변하는 경우는 合을 하는 두 오행의 세력을 보고 판단할 수 있다. 즉 두 세력이 서로 간지干支가 동일하고 인성印星의 도움을 받아 강할 경우에는 쉽게 合合을 하여 변하지 않지만, 두 오행 중에서 合化한 오행의 기운이 강할 경우에는 合化합化하여 본래 오행의 기능을 상실할 수 있다.

천간과 마찬가지로 서로 合을 하는 오행이 좌우의 바로 옆에 있을 때 쉽게 이루어질 수 있고, 서로 떨어져 있을 경우에는 合을 하려는 마음은 있지만 온전하게 合을 하기 어렵다. 이 경우에도 운에서 合을 하는 오행이 오는 경우에는 그 기간 동안에는 合의 작용이 나타나므로 해당하는 육친이나 인·사·물과 교류가 많거나 서로 밀접한 관계가 될 수 있다.

예를 들면 시지時支의 오행과 연지年支의 오행이 合을 하거나 일지日支와 연지年支의 오행이 合을 하는 경우에는 궁宮에 해당하는 육친六親간에는 서로 인연이 많거나 친밀한 관계가 될 수 있지만 실질적인 合으로 보지는 않는다. 물론 운運에서 合하는 오행이 오는 경우에는 그 기간 동안에는 合이 성립하여 서로 밀접한 관계가 되거나 교류가 빈번할 수 있다.

기본적으로 合을 하는 두 오행의 육친관계는 서로 원만하거나 친밀할 수 있고, 서로 융화되어 행동이 일치할 수 있다. 때로는 서로 집착하고 간섭할 수도 있다. 지지의 合의 관계를 살펴보자.

(1) 지지地支 육합六合의 구성과 작용 : 地支의 六合에는 극克하는 합과 생生하는 합으로 구성되며 6가지의 합이 있다. 즉 3개의 극합克合과 3개의 생합生合을 합친 지지의 6가지의 합을 육합六合이라고 한다.

子 丑 합, 卯 戌 합, 巳 申 합의 경우에는 서로 극하는 관계의 합이므로 극합克合이라고 하고, 寅 亥 합, 辰 酉 합, 午 未 합은 생하는 관계의 합이므로 생합生合이라고 한다.

이 경우에도 자신에게 필요한 오행일 경우에는 합을 하면 불리할 수 있고, 불리한 작용을 하는 경우에는 도움이 될 수 있다. 또한 합을 하여 더욱 오행의 기운이 강해질 때도 유리한 작용을 하는 오행으로 변하면 더욱 유리하고, 불리한 작용을 하는 오행으로 변하면 더욱 불리할 수 있다. 육합에 대하여 살펴보도록 하자.

지지	子	丑	寅	卯	辰	巳	午	未	申	酉	戌	亥
수	1	2	3	4	5	6	7	8	9	10	11	12

• 子 丑 合 : 기본적으로 子水와 丑土가 합하여 土기운이나 水기운으로 변하지만 합만 하고 변하지 않을 수 있다. 子와 丑이 만나면 기본적으로 土가 水를 克하는 관계이지만 서로 합을 하므로 이러한 합을 극합克合이라고 한다.

원국에 土가 많고 火의 도움이 있을 경우에는 土의 기운으로 변화가 쉽게 이루어질 수 있고, 水가 많고 강하면서 金의 도움을 받을 경우에는 水로 변할 수 있다. 대신에 土와 水의 기운이 서로 강하면 합만하고 본래 오행의 성분은 변하지 않을 수 있다. 기본적으로 합을 하면 土나 水의 기운 중의 한 오행이 강해지고 강해진 기운이 일간에게 필요한 경우에는 좋은 역할을 할 수 있고, 불필요할 경우에는 해害가 될 수 있다.

丑土나 子水중의 한 오행이 지나치게 약할 경우에는 합을 하여 합거合去되어 사라질 수 있으며, 이 경우에는 사라지는 丑土나 子水에 해당하는 육친이나 인·사·물이 사라지거나 본래의 역할을 할 수 없게 되어 불리할 수 있다.

• **寅 亥 合** : 기본적으로 寅木과 亥水가 만나 서로 合을 하면 木의 기운이 강해진다. 이 관계는 水가 木을 生하는 생합生合의 관계이므로 비교적 合이 잘 되고, 合하는 해당 궁宮의 육친끼리 서로 인연과 정이 많은 관계라고 할 수 있다.

寅 亥 합의 경우에는 合도 되지만 나중에 배우겠지만 파破가 되기도 한다. 이 경우에는 처음에는 일방적으로 도움을 주므로 서로 간에 좋은 관계를 이룰 수 있지만 나중에는 木의 기능은 강화되지만 水의 기능은 점점 약해질 수 있으므로 水의 경우에는 힘이 빠지고 어려울 수도 있다. 즉 合을 하여 원만하고 좋은 사이일지라도 주변 환경과 운의 변화에 따라 한 오행이 무력해질 수도 있음을 의미한다.

木의 기운이 일간에게 필요한 경우에는 合하여 木의 기운이 왕성하게 되어 긍정적인 작용을 할 수 있고, 반대로 일간이 水의 기운이 필요한 경우에는 합하여 木기운이 되므로 오히려 일간에게 불리할 수 있다. 또한 亥水가 지나치게 약할 경우에는 亥水에 해당하는 육친이나 인·사·물이 되레 손상되거나 피해를 볼 수도 있다.

• **卯 戌 合** : 기본적으로 卯木과 戌土가 만나면 서로의 필요에 의해 合을 한다고 볼 수 있다. 木이 土를 극克하는 극합克合이며, 합만 하고 변하지 않을 수 있다. 즉 서로 克하는 관계지만 화초에게는 흙이 반드시 필요하고 도움이 되므로 비록 合은 하지만 합화合化하여 火의 기운으로 변하지는 않을 수 있다.

卯 戌 합을 하는 경우에는 戌중의 火기운은 강해지고 木기운은 흙에 뿌리를 내리기 위해 힘이 빠지므로 약해진다. 그러므로 木은 약해지지만 흙에 뿌리를 내리고 생명력을 유지할 수 있고, 土는 온기를 얻어 자신의 역할을 할 수 있다. 合이 되는 해당 궁宮의 육친이나 인·사·물은 서로 친밀하고 돈독한 관계를 유지할 수 있다.

• **辰 酉 合** : 기본적으로 辰土와 酉金이 만나면 서로 도움을 주는 합이므로 생합生合이며, 合하여 金의 기운으로 변화가 이루어지고 土가 金을 生하는 관계이므로 비교적 합화가 쉽게 이루어진다.

이 경우에도 辰土는 합을 하여 자신의 기능이 약화되고 酉金은 강하게 되어 일간에게 金이 필요한 경우에는 큰 힘이 될 수 있고, 土가 일간에게 필요한 경우에는 힘이 빠지므로 불리할 수 있다. 또한 서로 合이 되는 해당궁의 육친이나 인·사·물과는 실질적인 도움을 주고받는 친밀한 관계가 될 수 있다. 그러나 辰土가 火의 도움이 없으면서 지나치게 약한데 합을 하는 경우에는 辰土에 해당하는 육친이나 인·사·물이 손상되거나 역할을 못할 수도 있다.

• **巳 申 合** : 기본적으로 양에 해당하는 巳火와 申金이 만나면 불이 금을 녹이는 극합克合을 하여 水의 기운으로 변한다. 이 경우에도 전혀 다른 오행으로 변화가 이루어지기 때문에 합은 하지만 합화하여 쉽게 水로 바뀌지는 않을 수 있다. 그러나 합이 되는 해당궁의 육친이나 인·사·물과는 서로 힘이 되고 친밀할 수 있지만 지나치게 집착하거나 간섭할 수도 있으므로 행동을 신중하게 해야 한다. 巳와 申은 합도 되지만 서로 형刑을 하기도 하고 파破가 되기도 한다. 그러므로 합을 하여 서로 좋은 관계지만, 서로 묶여서 자신의 역할을 못하거나 때로는 피해를 줄 수도 있고, 주변 환경의 변화에 민감하게 반응할 수 있다. 왜냐하면 합을 하여 변한 水의 기운은 합하는 두 오행의 힘을 빼기 때문이다.

이 경우에도 巳火나 申金이 일간에게 필요한 역할을 할 경우에는 합이 되면 불리하고, 불리한 작용을 할 경우에는 합을 하여 작용이 약해지거나 멈추게 되어 일간에게 유리할 수 있다. 또한 水가 필요할 경우에는 합을 하는 것이 일간에게 도움이 될 수 있다. 하지만 합을 하더라도 서로 극하는 관계이므로 운의 흐름에 의해 마음이 변하여 서로 구속하거나 집착할 수 있고 때로는 다른 오행을 파괴하거나 작용을 못하게 할 수도 있다. 巳 申 합의 경우에는 합하는 두 오행이 모두 힘이 빠지므로 운에 의해 서로 힘들고 고통스러운 관계가 될 수도 있고, 처음에는 합하여 관계가 좋을 수 있으나 뒤에는 서로 구속하거나 관계가 파괴될 수도 있다.

• **午 未 合** : 기본적으로 열기가 많은 午火와 열기가 강한 未土가 만나면 서로 생합生합하여 火로 변하거나 또는 土의 기운이 강하여 합만 하는 경우도 있다.

午 未 합은 火가 土를 생하는 관계이지만 실질적으로 土가 火로 변하기는 어려울 수 있고, 오히려 뜨겁고 열기가 많은 흙이 되어 木의 성정이 약하게 될 수 있다. 이 경우에도 일간에게 火의 기운이 필요한 경우에는 큰 도움이 될 수 있지만 火의 기운이 지나치게 강하여 불리한 작용을 하는 경우에는 오히려 해로울 수 있다. 역시 합이 되는 해당궁의 육친이나 인·사·물과는 기본적으로 서로 관계가 좋고 정이 많거나 관심이 많을 수 있다. 간단한 명식을 보면서 합의 특성을 살펴보도록 하자. 다른 간지의 의미도 넣어서 판단해보는 것도 실력 향상에 도움이 될 수 있다.

시	일	월	년
丁	甲	○	乙
○	寅	午	亥

- 일지의 寅과 연지의 亥가 떨어져 있으면서 서로 합이 된다. 이 경우에는 실질적인 합의 작용은 나타나지 않지만 두 오행에 해당하는 인·사·물은 서로 간에 친밀하고 관계가 원만할 수 있다. 운에서 寅이나 亥가 올 경우에는 그 기간 동안에는 寅 亥 합의 작용력이 나타날 수 있다.

```
시 일 월 년
庚 乙 丙 壬
辰 酉 ○ 寅
```

- 시지의 辰과 일지의 酉가 합을 하여 金의 기운이 더욱 강해진다. 또한 일간 乙과 시간 庚이 乙 庚 합을 하고 연간 壬과 월간 丙은 丙 壬 충을 하고 있다. 이 경우에 합을 하는 두 오행의 관계는 서로 친밀할 수 있고, 丙 壬 충을 받는 丙火는 일간에게 작용력이 약할 수 있다. 일간은 金에 해당하는 생각과 행동을 하며 金에 해당하는 인·사·물의 교류나 관계에 관심이 많다. 또한 천간에서 충을 하는 두 오행에 해당하는 육친은 서로 갈등할 수 있고, 일간은 두 오행에 해당하는 인·사·물과의 관계가 소원하거나 본래 오행의 역할을 하기 어려울 수 있다.

```
시 일 월 년
戊 癸 戊 ○
午 卯 戌 卯
```

- 연지와 일지의 卯와 월지의 戌이 卯 戌 합을 하고 있지만, 土의 기운이 강하므로 합만 하고 변하지 않는다. 또한 월간과 시간의 戊와 일간 癸가 합을 하고 있다. 이 경우에 일간은 사교적이고 대인관계가 원만할 수 있다. 그러나 일간은 자신의 주관이 약할 수 있고 우유부단할 수 있다. 쟁합이나 투합의 형상을 보이고 있다.

> ※ 원국의 지지에서 육합六合이 이루어질 경우에는, ① 우선 일간日干에게 끼치는 길흉吉凶의 작용력을 살피고 ② 다음에는 해당하는 육친六親관계를 살펴야 하며, ③ 마지막으로 인·사·물의 관계를 살펴야 한다. 운에서 육합이 되는 경우에도 그 기간 동안에는 합의 작용이 나타난다. 또한 합이 되면 두 사람의 관계가 밀착되어 서로 애정을 표시하거나, 지나치게 간섭하고 집착할 수도 있다.

행복한 삶의 지혜를 찾는 생활 속의 사주명리 ⑧

때로는 합을 하여 육친의 역할을 할 수 없게 되거나 또는 무관심할 수도 있으므로 합이 되면 무조건 좋다고 할 수는 없다.

(2) 지지地支 방합方合의 구성과 작용

① 방합方合의 구성 : 방합方合은 계절季節의 合이며, 동서남북의 방위方位의 合이라고 할 수 있다. 또한 같은 오행끼리 모이는 합이므로 동기나 친구의 合이라고 하여 붕합朋合이라고도 한다. 사방위와 사계절처럼 4종류의 방합이 있으며 같은 기운의 합이므로 힘이 대단히 강하다.

방합方位이 이루어지려면 원국에 해당하는 3개의 지지가 있거나, 원국에 2개의 지지가 있을 때 방합에 해당하는 지지가 운에서 오면 그 기간 동안에는 이루어질 수 있다. 이렇게 합을 이룬 경우를 방합국이라고 한다.

방합은 해당하는 오행이 위치하는 지지의 자리에 따라 힘의 정도는 다를 수 있다. 월지가 왕지旺支일 경우에 方合의 힘이 제일 강하고, 다음에는 월지에 생지生支가 있을 경우이며 마지막으로 월지에 고지庫支가 있을 경우의 순서대로 힘의 강도를 파악할 수 있다.

특히 지지가 방합을 이루고, 방합에 해당하는 오행이 천간에도 있을 경우에는 더욱 강할 수 있다. 살펴보도록 하자.

- **寅 卯 辰 합 木 방합국** : 지지에 월지月支를 포함하여 寅 卯 辰이 있을 경우에는 동방의 목방木方을 형성하여 木의 기운이 대단히 강하게 된다.

- **巳 午 未 합 火 방합국** : 지지에 월지를 포함하여 巳 午 未가 있을 경우에는 남방의 화방火方을 형성하여 火의 기운이 대단히 강하게 된다.

- **申 酉 戌 합 金 방합국** : 지지에 월지를 포함하여 申 酉 戌이 있을 경우에는 서방의 금방金方을 형성하여 金의 기운이 대단히 강하게 된다.

- **亥 子 丑 합 水 방합국** : 지지에 월지를 포함하여 亥 子 丑이 있을 경우에는 북방의 수방水方을 형성하여 水의 기운이 대단히 강하게 된다..

- **運運에 의한 방합국** : 월지에 子 午 卯 酉에 해당하는 왕지旺支가 있고 방합을 이루는 오행 중의 하나가 없을 경우에도 대운이나 세운에서 해당하는 오행이 올 경우에는 그 기간 동안에는 방합의 작용력이 강하게 나타날 수 있다.

② 방합方合의 작용 : 方合이 되는 경우에는 즉 동기나 형제가 모이거나 같은 계절이나 같은 방향을 나타내는 오행이 함께 뭉쳐 힘이 더욱 강해져서 원국에 미치는 영향력이 대단히 강할 수 있다. 그러나 함께 모일 경우에는 결속력이 대단히 강하지만 흩어져 있을 경우에는 결속력이나 응집력이 약할 수 있다. 살펴보자.

- 방합은 원국의 격格과 격국格局을 결정하는 중요한 요소가 되며, 좋은 작용을 하는 경우에는 더욱 좋고 나쁜 작용을 하는 경우에는 더욱 나쁠 수 있다. (격과 격국은 다음에 다시 설명을 한다.)
  방합이 온전하고 일간에게 좋은 작용을 하는 경우에는 대업大業을 이룰 수 있고, 대운이나 세운에서 방합이 이루어질 경우에도 그 기간 동안에는 큰 뜻을 달성할 수 있다. 반대로 나쁜 작용을 하는 경우에는 해당하는 육친이나 자신의 일에 큰 어려움이 닥칠 수 있다.

- 방합方合은 같은 계절의 기운을 지닌 3글자가 원국의 지지에 나란히 함께 있을 경우에만 이루어지며, 서로 떨어져 있을 경우에는 해당하는 오행의 기운은 강하지만 방합과 동일한 작용력이 나타나지는 않는다. 이 경우에는 반합半合이 되는 경우와 힘의 정도가 유사할 수 있다.

- 방합이 이루어질 경우에도 월지月支에 子 午 卯 酉의 왕지旺支가 있으면서 3개의 동일한 계절의 지지가 나란히 붙어있을 경우에 가장 강력한 방합이 되고, 다음으로는 월지에 寅 申 巳 亥의 생지生支가 있으면서 방합을 이루는 경우이며, 마지막으로 辰

戌 丑 未의 고지庫支 또는 묘지가 월지에 있으면서 방합을 이루는 경우가 되며 이 경우에는 결속력이나 응집력이 상대적으로 약하게 나타날 수 있다.

대운이나 세운에서 방합이 되는 오행이 오는 경우에도 그 기간 동안에는 방합을 이루어 해당하는 오행의 기운이 강할 수 있고, 그 기간이 지나면 방합은 해소된다. 참고로 方合을 이룰 경우에는 다음에 배울 형刑, 충沖, 파破, 해害, 공망空亡을 해소한다고 한다. 기본적으로 方合이 되면 동일한 오행의 기운이 강해지지만 개별 오행의 근본은 변하지 않는다. 기본적인 方合이 이루어지는 예를 보도록 하자.

```
┌─────────────────┐
│  시  일  월  년   │
│  ○  甲  ○  ○   │
│  ○  寅  卯  辰   │
└─────────────────┘
```

• 木 방합을 이루었다. 이와 같이 3개의 지지가 계절의 합이 되어 있을 경우에 방합을 이루었다고 한다. 이 경우에는 왕지 卯가 월지에 있으므로 木의 힘이 대단히 강하고 일간은 木에 해당하는 특성과 해당하는 육친이나 인·사·물의 영향을 강하게 받는다. 다른 경우의 방합도 이와 같이 유추할 수 있다.

위의 경우에 식상食傷에 해당하는 火와 재성財星에 해당하는 土가 온전하면 큰 재물을 추구할 수 있고, 관성에 해당하는 金이 온전할 경우에는 공직이나 관직에서 큰 역할을 담당할 수 있다. 그러나 불리한 작용을 할 경우에는 木에 해당하는 고집과 자존심이 강하고 타인과 어울리지 못하여 힘든 생활이 될 수 있다. 다른 방합의 경우도 대입하여 배운 간지의 특성을 넣어 통변을 해보면 실력이 늘어나는데 큰 도움이 될 수 있다.

(3) 지지地支 삼합三合의 구성과 작용

① 삼합三合의 구성 : 三合은 계절이 시작되는 생지生支인 寅 申 巳 亥와, 계절의 기운이 가장 왕성한 왕지旺支인 子 午 卯 酉와, 환절기이며 전환기의 고지庫支 또는 묘지墓支인 辰 戌 丑 未의 3개의 지지가 월지月支를 포함하여 지지에 모여서 이루어지는 합을 말한다. 즉 지지에 삼합에 해당하는 오행의

생지生支 왕지旺支 고지庫支 또는 묘지墓支가 모여서 삼합국을 이루는 경우
를 말한다. 삼합도 방합方合처럼 4종류가 있다. 삼합을 이룰 경우에는 왕지
에 해당하는 오행의 기운이 더욱 강해지고, 다른 오행의 기운은 방합의 경
우와 달리 작용력이 약해지거나 무력할 수 있다. 방합과 마찬가지로 지지가
삼합을 이루고 천간에 삼합의 왕지에 해당하는 오행이 있을 경우에는 삼합
의 작용력이 더욱 강력할 수 있고, 왕지를 포함하여 삼합에 해당하는 지지
가 2개 있을 경우에도 운에서 나머지 오행이 올 경우에는 그 기간 동안에
는 삼합이 이루어지고 작용력이 강하게 나타난다. 또한 왕지를 포함하여 삼
합에 해당하는 지지가 2개가 있고 천간에 나머지 오행이 있을 경우에도 삼
합의 작용력이 미력하게 나타날 수 있다. 살펴보자.

- **申 子 辰** 합화合化 **삼합 水국** : 수국水局을 이루고, 申金과 辰土가 水의 기운氣運으
  로 변한다. 이 경우에도 水에 해당하는 오행이 천간에 있을 경우에는 삼합국의 힘
  은 더욱 강해질 수 있다.

- **亥 卯 未** 합화合化 **삼합 木국** : 목국木局을 이루고, 亥水와 未土가 木의 기운으로 변
  한다. 이 경우에도 木에 해당하는 오행이 천간에 있을 경우에는 삼합국의 힘은 더
  욱 강해질 수 있다.

- **寅 午 戌** 합화合化 **삼합 火국** : 화국火局을 이루고, 寅木과 戌土가 火의 기운으로 변
  한다. 이 경우에도 火에 해당하는 오행이 천간에 있을 경우에는 삼합국의 힘은 더
  욱 강해질 수 있다.

- **巳 酉 丑** 합화合化 **삼합 金국** : 금국金局을 이루고, 巳火와 丑土가 金의 기운으로 변
  한다. 이 경우에도 金에 해당하는 오행이 천간에 있을 경우에는 삼합국의 힘은 더
  욱 강해질 수 있다.

- **운運에 의한 삼합국** : 월지에 子 午 卯 酉에 해당하는 왕旺支가 있고 삼합을 이루는
  오행 중의 하나가 없을 경우에도 대운이나 세운에서 해당하는 오행이 올 경우에는
  그 기간 동안에는 삼합의 작용력이 강하게 나타날 수 있다.

② 삼합三合의 작용 : 三合의 성립은 물질적으로 말하면 시멘트와 물과 모래의 각기 다른 성분이 섞여 이루어지는 굳고 강한 결합이라고 할 수 있고, 왕지인 子 午 卯 酉가 빠지면 삼합이 온전하게 성립하지 못한다. 가장 강력한 삼합은 왕지에 해당하는 子 午 卯 酉가 월지月地에 있으면서 3개의 기운이 함께 붙어있을 경우이고, 삼합에 해당하는 3개의 오행이 지지에서 서로 떨어져있을 경우에는 반합半合정도의 힘이 된다. 三合이 이루어지면 방합方合의 경우와 마찬가지로 형刑, 충沖, 파破, 해害, 공망空亡을 해소한다고 말한다. 또한 원국에 같은 오행에 해당하는 방합과 삼합이 함께 있을 경우에는 지나치게 강하므로 해당하는 오행의 극克이나 충沖을 받는 오행이나 육친은 대단히 불리할 수 있다. 월지月支를 포함하여 方合이나 三合이 되는 경우에는 격국格局을 이룰 수 있다. 격格보다 더욱 강한 영향력을 주는 것이 격국格局이다.

- 지지에 삼합三合을 이루고 원국에서 좋은 작용을 하는 경우에는 성격이나 인품이 원만하므로 대인관계도 서로 화합하고 협력하며, 두뇌가 총명하여 큰일을 감당할 수 있다. 이 경우에는 합화한 해당오행의 십성은 작용력이 강하게 나타난다.

  예를 들면 三合하여 재성財星의 삼합국三合局을 이루고 길吉작용을 하는 경우에는 큰 재물을 획득할 수 있고, 남명의 경우에는 현숙賢淑하고 지혜로운 배우자를 얻을 수 있다.

  관성官星의 삼합국三合局을 이루고 길吉작용을 하는 경우에는 관성에 해당하는 육친과 벼슬이나 관직 등의 인·사·물의 큰 혜택을 입을 수 있다. 또한 원국과 대운이나 세운이 모여서 삼합국을 이루어 길吉작용을 하는 경우에도 역시 그 기간 동안에는 해당하는 육친이나 인·사·물의 큰 혜택과 도움을 얻을 수 있다.

- 삼합三合이 원국에서 흉凶작용을 하는 경우에는 강한 힘에 의해 일간이나 극克을 당하는 다른 오행의 인·사·물이 손상될 수 있다. 또한 원국과 대운이나 세운이 모여서 삼합국을 이룰 경우에도 역시 그 기간 동안에는 일간이나 극을 당하는 다른 오행의 육친이나 인·사·물과 관계가 단절되거나 나쁜 결과를 가져올 수 있다. 이러한

경우에는 매사에 신중하고 특히 건강이나 재물을 조심해야 한다.

예를 들어 관살官殺의 삼합국三合局이 되어 일간에게 흉작용을 하는 경우에는 그 기간 동안에 남녀 모두 건강이 악화되거나 관직이나 직업의 변화가 일어날 수 있고, 때로는 공직이나 직장에서 좌천되거나 가정이 파괴될 수도 있다.

가족관계에서 남명의 경우에는 자녀로 인한 고통을 받을 수 있고, 여명의 경우에는 남편이나 다른 남자와의 문제가 발생하여 고통을 당하거나 관재구설이 발생할 수 있다. 이밖에도 관살官殺에 해당하는 육친이나 인·사·물에 대한 다양한 추론을 할 수 있다. 십성론에서 자세히 살펴보도록 하자.

• 三合을 하고 있는 지지를 충沖할 경우에는 충하는 오행의 인·사·물이 불리하거나 손상될 수 있고, 또한 운에 의해 삼합이 될 경우에도 삼합에 해당하는 지지를 沖하는 경우에는 그 기간 동안에는 충하는 오행의 인·사·물이 파손될 수 있다. 물론 강한 삼합국을 合을 하는 오행의 경우에도 불리할 수 있다. 삼합의 의미를 스스로 대입하면서 살펴보는 것도 실력 향상에 큰 도움이 될 수 있다. 예를 보도록 하자.

```
시  일  월  년
○   壬   戊   庚
戌   午   寅   戌
```

• 월지의 생지生支 寅과 일지의 왕지旺支 午와 시지의 고지庫支 戌에 해당하는 寅 午 戌 3개의 지지가 삼합하여 강한 火의 기운으로 변하고, 삼합국三合局을 이루었다. 이 경우에도 왕지에 해당하는 午가 월지月支에 있을 경우에 힘이 가장 강하고, 다음에는 생지에 해당하는 寅이 월지月支에 있을 경우이며, 고지에 해당하는 戌이 월지에 있을 경우에 상대적으로 약할 수 있다.

위의 경우에 일간 壬水는 火와 土의 기운이 강하여 일간의 힘이 약하지만 강하게 재성을 추구한다. 그러나 힘이 약하므로 운의 도움을 받아야 재성에 해당하는 인·사·물을 획득할 수 있다.

　예를 들면 천간 壬水의 장생長生에 해당하는 申과 제왕帝旺에 해당하는 子와 묘고墓庫에 해당하는 辰으로 구성된다. 甲木의 삼합은 장생長生인 亥와 제왕帝旺인 卯와 묘고墓庫인 未가 되고, 丙火의 삼합은 장생인 寅과 제왕인 午와 묘고인 戌이 되고, 庚金의 삼합은 장생인 巳와 제왕인 酉와 묘고인 丑이 된다. 또한 덕합德合이나 귀인貴人, 원진元嗔이나 삼재三災 또는 공망空亡 등의 수많은 각종 신살神殺들이 바로 삼합이나 방합의 원리를 응용하여 나온 경우가 많다.

　여기서는 음양과 오행의 원리를 차근차근 배우고 익혀서 참된 동양철학과 사상의 지혜를 습득하고 실생활에 활용하는 방안을 찾는데 의미를 두고, 대신에 많은 사람들이 알고 있는 기본적인 신살神殺에 대해서만 뒤편에서 간략하게 언급할 예정이다. 왜냐하면 생활 속의 지혜를 추구하는 것이 이 학문의 목적이라고 생각하기 때문이며, 또한 부정不正과 체념諦念의 팔자타령을 배우려는 것이 아니기 때문이다.

⑷ 지지地支 반합半合의 구성과 작용

　① 반합半合의 구성 : 삼합三合이 되는 申 子 辰, 亥 卯 未, 巳 酉 丑, 寅 午 戌 중에서 왕지인 子 午 卯 酉를 포함하여 2개의 오행이 원국에 나란히 좌우에 함께 붙어있을 경우에는 반합半合이라고 하며, 반회半會 또는 조회朝會라고 표현하기도 한다. 즉 申 子, 子 辰, 亥 卯, 卯 未, 巳 酉, 酉 丑, 寅 午, 午 戌

등을 반합이라고 한다. 때로는 왕지旺支가 없어도 반합이 된다고 하는 경우도 있지만 이 경우에는 반합보다는 힘이 약하지만 해당하는 오행의 기운이 강할 수 있다. 예를 들면, 申 辰의 경우에는 지장간의 水가 강해질 수 있고 亥 未의 경우에는 지장간의 木이 강해질 수 있으며, 巳 丑의 경우에는 지장간의 金이 강해질 수 있고 寅 戌의 경우에는 지장간의 火가 강해질 수 있다.

반합半合의 경우에도 합화한 오행의 역량이 강해지는 것을 의미하고, 힘의 역량은 지지의 육합六合과 같은 정도로 분석할 수 있다. 한편으로는 지지에 왕지旺支를 포함하여 삼합을 할 수 있는 2개의 오행이 좌우에 나란히 붙어있으면서 천간에 삼합에 해당하는 오행이 있을 경우에도 삼합이 형성된다고 한다.

이 경우에도 왕지旺支를 포함하여 반합이 되고 천간에 합화한 오행이 있을 경우에는 반합보다는 강한 힘이 될 수 있고, 합화한 오행의 기운이 원국의 천간과 지지에 많아 강하게 작용할 수 있다.

② 반합半合의 작용 : 역시 반합의 경우에도 일간에게 필요하고 도움이 되는 오행일 경우에는 삼합의 작용처럼 오행의 십성에 해당하는 인·사·물의 큰 도움을 얻을 수 있고, 불리한 오행이 될 경우에는 역시 반합을 한 오행의 십성에 해당하는 인·사·물로 인하여 일간이 손상될 수도 있다. 물론 운의 도움이 있을 경우에는 그 기간 동안에는 무난하고 자신이 노력한 결과가 나타날 수 있다.

참고적으로 반합도 역시 삼합三合이나 방합과 마찬가지로 형刑, 충沖, 파破, 해害, 공망空亡을 해소할 수 있다고 한다. 반합의 예를 보도록 하자.

시	일	월	년
丁	辛	辛	丙
○	未	卯	○

- 일지 未와 월지 卯가 未 卯 반합을 하여 木의 기운이 강해졌다. 특히 월지가 왕지이므로 木의 기운이 강하다. 반합으로 인하여 일간 辛金은 未土의 도움을 받기 어렵고, 나아가 일간의 힘이 되는 월간 辛金과 연간의 丙火가 합을 하여 일간은 더욱 약할 수 있다.

```
시 일 월 년
甲 庚 戊 ○
申 子 子 寅
```

- 일지와 월지의 子와 시지의 申이 子 申 반합을 하여 水의 기운이 강해지고 金의 기운은 약해진다. 이로 인하여 일간 庚金은 시지 申金의 도움을 받기 어렵다.

```
시 일 월 년
○ 庚 壬 ○
午 申 寅 未
```

- 월지 寅과 시지 午는 반합이 될 수 있지만 멀리 떨어져 있으므로 寅 午 반합이 되지 못하여 단지 합의 마음만 있고 실질적인 도움이 될 수 없다. 이 경우에도 寅이나 午가 운에서 올 경우에는 그 기간 동안에는 반합의 작용이 나타날 수 있고, 寅 申 충의 작용도 다소 해소할 수 있다. 그러나 이 경우에도 일간 庚金은 약해질 수 있다.

(5) 암합暗合의 구성과 작용 : 천간과 지장간의 암합에서 살펴본 것처럼 지지地支의 암합暗合은 지지地支에 내포된 천간의 기운인 지장간支藏干끼리 서로 합하는 관계를 말하므로 밖으로 드러나지 않고 은밀하고 비밀스럽게 하는 합이라고 할 수 있다.

다시 한 번 살펴보도록 하자. 암합暗合에는 천간과 지장간支藏干의 천간이 합하는 명암합明暗合과, 지지의 지장간支藏干끼리의 암합暗合으로 분리하였다.

지장간支藏干끼리의 암합暗合은 특히 남녀 간의 관계를 살펴볼 때 활용할 수 있고, 겉으로 드러나지 않지만 은밀하게 서로 마음이 통하고 정이 있는 사람이 존재할 수 있는 것을 의미한다. 그러므로 지장간支藏干끼리의 합은 밖으로 나타나지 않고 은밀하게 하는 합이라고 할 수 있고, 합을 하여 변하지 않는다. 반대로 천간天干과 지장간支藏干의 명암합은 밖으로 나타나는 슴이라고 하여 명암합明暗合이라고 하였고, 이 경우에는 남녀가 외도를 하거나 바람을 피우면 발각되는 합이라고 할 수 있다. 일반적으로 천간과 지장간의 합은 일주日柱에 한하여 활용하고, 다른 간지의 합은 참고하는 정도라고 하였다. 단지 연주年柱나 월주月柱 또는 시주時柱의 암합은 참고만 해도 된다. 여기서 복습하는 의미로 간지의 암합을 다시 한 번 알아보도록 하자.

① 명암합明暗合의 구성과 작용 : 명암합을 하는 간지는 60갑자 중에서 4개의 간지가 있는데 戊子, 丁亥, 壬午, 辛巳가 해당한다.

이 경우에는 천간과 지지가 유정有情한 합을 하므로 합을 하는 간지가 다른 지지의 오행에 의해 충沖이 되면 좋은 관계가 단절되거나 필요한 오행이 온전한 기능을 할 수 없기 때문에 해당 육친이 불리하다고 판단한다. 물론 길흉吉凶에 대한 궁극적인 판단은 원국 전체를 보고 해야 한다. 예를 들면, 일주가 戊子일 경우에 일간 戊와 일지 子의 지장간 壬과 癸 가운데 정기正氣에 해당하는 癸와 서로 합을 하는 경우를 천간이 지지와 명암합을 하는 경우라고 할 수 있다. 암합의 예를 하나 보도록 하자.

시	일	월	년
丁	**戊**	癸	○
○	子	亥	○

• 남명 : 이 경우에 일간 戊土는 천간의 癸水와 戊 癸 슴을 하면서 子의 지장간 癸와 합

을 하여 부인과 정이 많고 부인을 위하는 좋은 관계이지만 부인외의 다른 사람을 만날 수 있다. 때로는 젊었을 때 많은 여자들의 꽁무니를 따라다닐 수도 있다. 이 경우에는 반드시 발각되어 배우자로부터 혼쭐이 날 수 있다. 나머지 丁亥, 壬午, 辛巳의 간지도 각각의 해당 육친에 따라 판단할 수 있다.

② 지장간의 암합暗合의 구성과 작용 : 지지의 지장간支藏干끼리의 합을 의미하며, 지지의 초기初氣나 중기中氣 또는 정기正氣에 해당하는 지장간끼리 서로 合하는 것을 의미한다. 특히 정기正氣의 합은 작용력에 대해 의미를 두기도 한다.

子 戌, 子 辰, 丑 寅, 寅 未, 卯 申, 巳 酉, 午 亥의 7개의 지지地支는 지지의 지장간의 정기끼리 정재나 정관과 서로 암합을 하고 있다. 지장간에서 일지日支와 월지月支의 암합이 있다면 특히 남녀관계는 꼼꼼히 살펴 주의하는 것이 필요하다. 물론 이 경우에도 상대방 사주에 따라 바뀔 수 있는 변수가 있다.

子 戌의 예를 들어보자. 子의 지장간에는 壬과 癸가 있으며 戌의 지장간에는 辛 丁 戊가 있으므로 子의 지장간 정기의 癸와 戌의 지장간 정기의 戊가 서로 合을 한다. 이런 경우를 지장간에 있는 육친끼리의 암합이라고 한다. 살펴보도록 하자.

시	일	월	년
壬	庚	壬	丁
○	○	寅	未

• 월지 寅의 지장간인 戊 丙 甲중의 정기正氣인 甲과 연지 未의 지장간인 丁 乙 己중의 정기正氣인 己가 甲 己 암합하여 서로 관계가 좋고 인연이 있을 수 있다.
  일간이 남자일 경우에는 지장간의 아버지와 어머니는 서로 정이 많고 덕이 있는 사이이며, 아버지가 어머니를 따뜻하게 보살펴주는 관계라고 할 수 있다.

2) 지지地支의 극克과 충沖

지지의 克도 천간의 극처럼 서로 음양이 다른 오행끼리의 일반적인 극과 음양이 같은 오행끼리의 극으로 나눌 수 있으며, 이 중에서도 음양이 같은 오행끼리 서로 극克하면서 충沖하는 경우로 나눌 수 있다. 특히 두 오행의 음양이 같으면서 극과 충을 하는 경우를 충沖 또는 극충克沖이라고 하고, 이 경우에는 충을 하는 두 오행의 인·사·물이 서로 손상될 수 있다. 특히 충을 받는 오행이 다른 오행의 도움을 받지 못할 경우에는 더 큰 손상을 입을 수 있다.

(1) 지지의 극克과 충沖의 판단 : 음양이 다른 두 오행이 서로 극하거나 극을 받을 경우에는 단지 克으로만 판단하고, 음양이 같은 두 오행이 서로 극하거나 극을 받을 경우에는 沖이라고 할 수 있다. 기본적으로 극을 하는 오행이나 극을 받는 오행도 서로 힘이 약해진다. 그러나 음양이 같은 오행이 극하거나 극을 받을 경우에는 극을 받는 오행이 더욱 약해지고 극을 하는 오행도 힘이 약해질 수 있다. 이 때 극을 받는 오행이 다른 오행의 도움을 받지 못하고 대운이나 세운에서 다시 克을 받을 경우에는 그 기간 동안에는 해당하는 오행의 역할을 하기 어려울 수 있고, 동시에 오행에 해당하는 인·사·물의 변화나 변동이 발생하거나 손상될 수 있다.

음양이 다른 오행끼리 克하는 예를 들면 양금陽金에 해당하는 申金이 음목陰木에 해당하는 卯木을 극하거나, 음목陰木에 해당하는 卯木이 양토陽土에 해당하는 辰土나 戌土를 극하는 경우를 말한다. 다른 오행의 관계도 마찬가지로 다양한 극의 관계가 형성될 수 있다.

음양이 같은 오행끼리 克하는 예를 들면 양금陽金에 해당하는 申金이 양목陽木에 해당하는 寅木을 극하거나, 음목陰木에 해당하는 卯木이 음토陰

土에 해당하는 未土나 丑土를 극하는 것을 나타낸다. 이 경우에도 기본적으로 극을 받는 오행의 힘이 무력해질 수 있다. 다른 오행의 관계도 역시 동일하다.

먼저 克이나 沖을 파악하고 사주를 분석할 때 자주 활용되는 생지生支, 왕지旺支, 묘지墓支 또는 고지庫支를 활용하여 충을 살펴보자.

① 寅 申 巳 亥 생지生支의 沖 : 지지의 寅 申 巳 亥는 양陽이면서 계절의 시작과 왕성한 활동을 의미하므로 4생지四生地 또는 역마驛馬라고 부르기도 한다. 그러므로 寅 申 충과 巳 亥 충을 생지生地 沖 또는 역마驛馬 沖이라고 도 한다. 역마驛馬는 한 곳에서 거주하지 못하고 여기 저기 분주하게 돌아다니거나 장소를 바꾸는 의미를 지니고 있다.

생지 충인 寅 申 충과 巳 亥 충의 경우에는 왕지 충인 子 午 충과 卯 酉 충보다는 덜하지만 비교적 충의 작용력이 강할 수 있다.

남녀관계에서 생지生地에 해당하는 두 사람의 일지日支와 일지日支가 서로 沖이 되거나, 월지月支와 월지月支가 서로 沖이 되는 경우에는 상호간의 활동이나 생활방식이 달라 서로 충돌하고 방해가 될 수 있다. 특히 월주나 일주가 모두 충이 되는 경우에는 가급적 혼인을 피하는 것이 상호 유리할 수 있다.

② 子 午 卯 酉 왕지旺支의 沖 : 지지의 子 午 卯 酉는 계절의 기운이 가장 왕성하고 해당하는 오행의 기운이 강하므로 4왕지四旺地 또는 제왕성帝旺星이라고 하며, 4정四正이나 도화挑花라고 부르기도 한다. 그러므로 子 午 沖과 卯 酉 沖을 왕지旺地 沖 또는 도화挑花 沖이라고도 한다.

왕지旺地 沖 또는 도화挑花 沖은 가장 강하고 뚜렷하므로 남에게 드러난다는 의미도 있고, 완연한 계절의 기운을 나타내는 것처럼 사람도 자신의 개성이나 주관이 뚜렷하여 서로 갈등이나 충돌이 강하게 발생할 수 있다. 또한 子 午 卯 酉는 다음에 배울 십이운성으로 볼 때 5양간(甲 丙 戊 庚 壬)의 목욕沐浴에 해당하는 지지地支이므로 색욕色慾의 의미를 부여하기도 한다. 역시 대인관계나 궁합을 살필 때도 이러한 沖은 피해야 한다. 특히 일지와 일지가 서로 충이 되거나, 월지와 월지가 서로 충이 되는 경우에는 혼인을 피하는 것이 상호 도움이 될 수 있다.

③ 辰 戌 丑 未 묘지墓支 또는 고지庫支의 沖 : 辰 戌 丑 未는 계절이 바뀌는 환절기에 해당하고 계절의 기운을 땅속에 묻거나 저장하는 의미가 있으므로 묘고지墓庫地라고 하며 4묘지四墓地 또는 4고지四庫地가 될 수 있다.

辰 戌 丑 未는 십이운성으로 볼 때 5양간(甲 丙 戊 庚 壬)의 묘지墓地에 해당한다. 즉 辰은 壬水의 묘지墓地 또는 고지庫地에 해당하고 戌은 戊土와 丙火의 묘지墓地 또는 고지庫地에 해당하며, 丑은 庚金의 묘지墓地 또는 고지庫地에 해당하고 未는 甲木의 묘지墓地 또는 고지庫地에 해당한다. 그러므로 辰 戌 충과 丑 未 충을 묘지墓地 沖 또는 고지庫地 沖, 지진地震 沖이라고 한다. 또한 土와 土의 충이므로 친구간의 다툼이나 분쟁이라고 하여 붕충朋沖이라고도 하고, 땅 속에 묻혀 드러나지 않는 갈등이나 분쟁일 수 있으므로 지진地震 충이라고도 한다. 그러나 土의 沖은 비교적 힘이 미약하며 다른 충에 비해 피해나 손실이 가벼울 수 있다.

土는 충이 되어야 창고가 개고開庫되어 도움이 된다고 하는데 이 경우에도 필요한 오행이 천간에 있을 경우에는 도움이 될 수 있고, 필요한 오행이 충이 될 경우에는 역시 손상될 수 있다.

묘지墓地와 고지庫地의 구분은 일간에게 필요하고 도움이 될 경우에는 고지庫地가 될 수 있고, 일간에게 불이익이나 피해가 될 경우에는 묘지墓地에 들어가 사라지므로 불리하다고 판단하면 무난할 듯하다.

여기서 참고로 알아둘 것은 사람이 죽으면 땅속에 묻는 의미의 묘墓가 중국에서는 우리나라와 달리 땅속에 묻어 저장하거나 보관한다는 의미를 함께 지니고 있다는 것이다. 그러므로 묘墓는 죽는다는 의미로만 해석할 것이 아니라 저장이나 보관이라는 의미도 함께 가지고 있다고 생각하는 것이 도움이 될 수 있다.

辰 戌 丑 未에 대한 많은 설명이 있지만 일관성이 부족한 점이 많으므로 묘墓·고지庫地의 판단 기준을 세운다면, 원국에서 좋은 역할을 하는 경우에는 고庫로 판단하고 나쁜 역할을 하는 경우에는 묘墓로 판단하면 무난할 듯하다. 또한 해당 십성의 오행이 辰 戌 丑 未의 중기에 해당하면 묘墓의 무덤에 묻힌다고 하여 생명이 위험하거나 사망한다고 하는 경우가 있는데, 원국 전체를 분석하여 판단하는 것이 필요하며 함부로 말하는 것은 혹세무민惑世誣民하는 결과가 될 수 있다. 임상에서도 신뢰도가 낮았다.

단 해당하는 오행의 기운이 원국에서 극이나 충을 받아 힘이 없어지거나 합을 하여 완전히 제거될 경우에는 해당하는 오행의 인·사·물이 손상되거나 불리할 수 있다.

(2) 지지地支 冲의 구성과 작용 : 지지의 冲은 방위와 계절의 상반相反이며, 시간의 상반相反이라고 할 수 있다. 이와 같이 서로 반대되는 계절이나 방위의 음陰과 陰이 만나거나 양陽과 陽이 만나서 克하는 관계를 冲 또는 극충克冲이라고 한다. 달리 육충六冲, 지충地冲, 칠충七冲이라고 표현하기도 한다. 즉 자신을 포함한 7번째의 지지地支와 만나 冲이 되므로 칠충七冲이라고 표현하고, 자신을 제외한 나머지 6번째의 지지와 冲이 되므로 육충六冲이라고도 한다. 지지의 冲에 대하여 알아보도록 하자.

① 지지 충沖의 구성

지지	子	丑	寅	卯	辰	巳	午	未	申	酉	戌	亥
수	1	2	3	4	5	6	7	8	9	10	11	12

• **1 + 7 = 子 午 沖** : 子 午 沖은 왕지에 해당하는 강한 水와 火가 서로 상극相剋하면 서 물이 불을 끄는 상충相沖의 관계가 된다. 방위로는 정북과 정남의 剋이고 계절로 보면 추운 겨울과 무더운 여름의 剋이며, 하루의 때를 보면 밝은 낮과 어두운 밤이 되고, 남극과 북극의 정반대가 된다. 왕지旺支와 왕지旺支의 沖이므로 沖의 작용이 강하게 나타날 수 있다.

지장간을 살펴보면 子의 초기 지장간인 壬水가 午의 초기 지장간인 丙火를 沖하면 서 子의 정기 지장간인 癸水가 午의 정기 지장간인 丁火를 극하는 沖이다. 또한 음 수陰水인 子水가 陰火인 午火를 극충剋沖하는 것이므로 서로간의 피해가 발생하고, 특히 午火의 피해가 클 수 있다.

子 午 沖이 발생하면 해당하는 육친六親과 인·사·물끼리는 서로 반목反目하고 충돌 하므로 도움을 받기 어렵고 서로 손상될 수 있다. 물론 이 경우에도 火가 강할 경우 에는 손상이 나타나지 않을 수 있고, 반대로 水가 약할 경우에는 오히려 火의 반극 을 받을 수도 있으므로 원국 전체와 운의 흐름을 파악한 후에 판단을 해야 한다. 기 본적으로 일간에게 도움이 되는 희·용신을 沖하면 불리하고, 불리한 작용을 하는 기·구신을 沖하면 오히려 유리할 수 있다.

子 午 沖이 발생할 경우에는, 중간에 유통할 수 있는 木의 인·사·물을 활용하여 피 해나 손상을 줄일 수 있고 해당하는 육친은 서로 떨어져서 생활하는 것이 도움이 될 수 있다. 즉 沖은 중간에서 유통하는 오행을 활용하여 감소시킬 수 있으며, 모든 육 충六沖에 동일하게 참조할 수 있다.

• **2 + 8 = 丑 未 沖** : 丑 未 沖은 묘墓 또는 고庫에 해당하는 겨울의 차고 얼어붙은 흙 과 여름의 열기가 강한 흙이 상극相剋하면서 상충相沖하는 의미가 있고, 땅과 땅의 충돌이므로 지진地震이 발생하는 것과 유사하여 지진地震 沖이라고도 한다. 사람의 경우에는 같은 형제나 친구와의 沖이므로 붕충朋沖이라고도 한다. 북동쪽과 남서쪽 의 방위의 극충沖克이고, 겨울 환절기와 여름 환절기의 계절의 극이라고 할 수 있다. 지장간을 살펴보면 丑의 초기 지장간인 癸水가 未의 초기 지장간인 丁火를 克하는

沖이 되며 동시에 丑의 중기 지장간인 辛金이 未의 중기 지장간인 乙木을 克하는 沖이 된다. 즉 丑土의 여기와 중기의 지장간이 未土의 여기와 중기의 지장간을 克하고 沖하는 것이므로 서로의 기운이 손상되며 특히 未土의 피해가 크다고 할 수 있다. 丑 未 沖이 발생하면 친구나 형제간의 불화나 갈등이 발생할 수 있고, 충을 받는 지장간의 십성이 더 손상되거나 파손될 수 있다. 土는 沖이 되어야만 개고開庫되어 좋다고 하는 경우도 있지만 길흉吉凶의 작용을 참고하여 논하는 것이 중요하다.

- 3 + 9 = **寅 申 沖** : 寅 申 沖은 생지生支끼리의 충으로 木에 해당하는 나무와 金에 해당하는 바위나 금속과의 克沖이며, 방위로는 북동방과 남서방의 상극이고, 하루의 때로는 새벽과 해가 기울어가는 때의 극이 되고, 계절로는 초봄과 초가을간의 극충克沖이라고 할 수 있다.

지장간을 살펴보면 申의 중기 지장간인 壬水가 寅의 중기 지장간인 丙火를 극하는 克沖이며, 동시에 申의 정기 지장간인 庚金이 寅의 정기 지장간인 甲木을 극하는 克沖이 된다. 그러므로 양금陽金인 申金이 陽木인 寅木을 克沖하는 것이므로 木의 피해가 더 클 수 있고, 또한 寅속의 丙火가 申속의 庚金을 극하므로 상호간의 피해가 나타난다.

寅 申 沖이 발생하면 해당하는 육친六親끼리는 서로 부딪히고 갈등거나 바쁘게 움직일 수 있고, 두 오행에 해당하는 십성의 인·사·물이 손상되거나 무력할 수 있다. 寅 申 沖은 생지生支끼리의 충이며, 계절의 시작을 의미하는 陽의 충돌이므로 활발한 사회활동을 하면서 이동이나 변동을 자주 겪을 수 있고, 운에 의해 다시 寅 申 沖이 발생하면 그 기간 동안에는 장거리 이동을 하면서 몸이 바쁘거나 차량의 사고가 생길 수도 있으므로 특히 조심해야 한다. 寅 申 沖의 경우에는 水에 해당하는 인·사·물을 활용하여 피해나 손실을 줄일 수 있고, 해당하는 육친끼리는 언쟁이나 다툼을 삼가고 서로 떨어져 생활하는 것이 도움이 될 수 있다.

- 4 + 10 = **卯 酉 沖** : 卯 酉 충은 子 午 沖과 마찬가지로 왕지旺支와 왕지旺支의 충극沖克이고, 물질적으로는 음목陰木에 해당하는 나무와 陰金에 해당하는 칼이나 돌과 같은 광물과의 충돌이며, 金이 木을 자르는 충극에 해당한다.

지장간을 살펴보면 酉의 초기 지장간인 庚金이 卯의 초기 지장간인 甲木을 극하는 충이며, 酉의 정기 지장간인 辛金이 卯의 정기 지장간인 乙木을 극하는 충이다. 즉 음금陰金인 酉金이 陰木인 卯木을 극충剋沖하므로 木의 피해가 더 클 수 있다. 계절적으로는 왕성한 봄과 완연한 가을의 대립이고, 방위로는 정동正東과 정서正西의 극이 되며, 해가 뜰 무렵과 해가 질 무렵의 반대의 관계로 볼 수 있다.

원국에 卯 酉 충이 있을 때 대운이나 세운에서 다시 卯나 酉가 와서 沖을 하면, 그 시기에는 해당하는 육친六親끼리는 서로 부딪히고 충돌하거나 피곤한 일이 발생할 수 있고, 극을 받는 해당하는 십성의 인·사·물도 손상될 수 있다. 역시 이 경우에도 水에 해당하는 인·사·물을 활용하여 피해나 손실을 줄일 수 있고, 원국이 水로 유통되거나 木이 강할 경우에는 손상이 덜할 수 있다.

- 5 + 11 = 辰 戌 沖 : 辰 戌 충도 역시 丑 未 충과 마찬가지로 봄의 초목이 성장하기에 적당한 흙과 성장이 멈춘 메마른 흙이 상극相剋하는 의미와 함께 상충相沖하는 의미가 있다. 역시 흙과 흙의 충돌이므로 지진地震과 유사하므로 지진 沖이라고도 하며, 丑 未 충과 마찬가지로 같은 형제나 친구와의 충이므로 붕충朋沖이라고도 한다. 봄의 환절기와 가을의 환절기의 대립관계이고, 남동방과 북서방의 방위의 반대이며, 양토陽土와 陽土의 沖克이다. 지장간을 살펴보면 辰의 초기 지장간인 乙木을 戌의 초기 지장간인 辛金이 克하는 沖이며 동시에 辰의 중기 지장간인 癸水가 戌의 중기 지장간인 丁火를 극하는 충이 된다. 그러므로 상호간에 피해가 발생하는 것이다. 辰 戌 충도 역시 丑 未 충과 마찬가지로 운에서 충을 할 경우에는 그 기간 동안에는 친구나 형제간의 불화나 갈등이 발생하고 상호간에 충돌할 수 있으며, 극을 받는 오행에 해당하는 십성의 인·사·물이 손상되거나 함께하기가 어려울 수 있다.

- 6 + 12 = 巳 亥 沖 : 巳 亥 沖은 불과 물이 상극하면서 상충하는 관계이며, 물의 기운이 불의 기운을 끄는 형상이면서 서로 피해를 볼 수 있다. 방위로는 남동방과 북서방의 상극이고, 계절로는 여름의 시작과 겨울의 시작으로 서로 상극이며, 하루 중의 때로는 낮과 밤의 상극관계가 된다. 또한 시작을 의미하는 생지生支끼리의 충이며 극이 된다. 지장간을 살펴보면 巳의 중기 지장간인 庚金이 亥의 중기 지장간인 甲木를 극하는 충이며, 동시에 亥의 본기(정기) 지장간인 壬水가 巳의 본기(정기) 지장간인 丙火를 극하는 충이 된다. 그러므로 근본적으로는 巳와 亥에 해당하는 인·사·물의 손실이나 피해가 나타날 수 있다. 또한 양화陽火인 巳火와 양수陽水인 亥水가 상호간에 극충剋沖하므로 양쪽의 피해가 동시에 발생할 수 있다.

원국이 巳 亥 충이 되고 대운이나 세운에 의해 원국이 다시 충이 되면 그 기간 동안에는 해당하는 육친六親이나 인·사·물은 서로 반목하거나 충돌할 수 있고, 특히 충을 당하는 오행에 해당하는 십성의 인·사·물이 손상되거나 무력할 수 있다.

寅 申 沖과 마찬가지로 생지生支끼리의 충이며 계절의 시작을 의미하는 양의 충돌이므로 활발한 사회활동을 하면서 이동이나 변동을 겪을 수 있고, 때로는 업무적인 이유로 해외나 장거리를 오가는 여행이나 이동을 자주 할 수도 있다. 역시 이 경우에도 중간에서 충을 통관通關하여 유통시킬 수 있는 木의 인·사·물을 활용하여 피해나 손상을 줄일 수 있고, 火가 강할 경우에는 무난할 수 있다.

沖이 되더라도 충하는 오행이 강하지 않을 경우에는, 寅 申 충과 마찬가지로 분주하게 돌아다니는 생활을 하거나 때로는 해외활동이나 해외거주를 많이 할 수 있다.

② 지지 충沖의 작용 : 지지에 沖이 발생하는 경우에는 두 오행에 해당하는 육친이나 인·사·물과 분쟁이나 갈등 또는 반목反目으로 인하여 새로운 변화나 변동이 발생할 수 있고, 沖이 되는 육친이나 인·사·물간에는 서로 불화不和하거나 함께 생활하기가 어려울 수 있다.

일간의 경우에는 沖을 하는 운한運限의 기간 동안에는 오행에 해당하는 십성의 인·사·물로 인한 어려움이나 손실이 발생할 수 있고, 실질적인 행동이나 활동의 제약을 받을 수 있다. 또한 분주하고 바쁘지만 실속이 없으므로 원하는 일이나 목표를 달성하기가 어렵고, 결실을 하기가 어려울 수 있다.

단 지지가 서로 떨어져서 沖이 되는 경우에는 해당하는 궁宮의 육친끼리는 사이가 나쁠 수도 있지만 沖으로 보지는 않는다. 그러나 운에서 충이 되는 지지가 오는 경우에는 그 운의 기간 동안에는 沖의 작용이 나타나 해당 육친六親이나 인·사·물의 변화나 변동이 발생할 수 있다. 자세히 살펴보도록 하자.

- 충沖의 경우에도 沖을 하여 불리한 작용을 하는 경우와 일간에게 도움이 되는 작용을 하는 경우로 나누어 볼 수 있다. 즉 원국에서 불필요한 기운을 沖하여 억제할 경우에는 도움이 될 수 있고, 필요한 기운을 억제하거나 沖하는 경우에는 불리할 수 있

다. 그러므로 沖의 작용도 면밀히 살펴야 한다. 또한 沖이 되더라도 충을 당하는 오행이 강할 경우에는 작용력이 강하게 나타나지 않고, 오히려 강한 오행은 더욱 활발하게 활동하거나 적극적으로 자신의 일을 추진하는 힘이 생길 수도 있다.

- 물론 지지의 沖은 정적靜的이므로 대운이나 세운에서 다시 沖을 하는 운이 올 때 그 기간 동안에 작용력이 실질적으로 나타날 수 있고, 沖이 불리한 작용을 하면 해당하는 오행의 육친이나 십성의 인·사·물의 손상이나 피해에 대하여 항상 조심하고 경계해야 한다. 특히 해당하는 오행의 성星과 궁宮이 원국에서 동시에 충극沖克이 되면서 대운과 세운에서 다시 沖克하는 오행이 오면 해당하는 육친의 손상이 명확하게 발생할 수 있고, 원국의 성星이나 궁宮 가운데 하나가 沖克이 될 경우에 다시 충극하는 운이 오면 역시 오행에 해당하는 사물事物이 손상될 수 있다.

- 사업을 하는 경우에는 일주日柱가 沖이 되는 운이 올 경우에는 그 기간 동안에는 확장이나 투자를 피하고 안정적인 관리에 신경을 써야 한다. 먼저 직원들의 관리와 자금의 흐름에 대한 파악을 철저하게 해야 한다.
기업이나 사업장의 회계처리에 대한 신경을 써서 세금의 불이익을 당하거나 추징금이나 벌금을 납부하는 경우를 조심해야 한다. 특히 이 시기에는 재물의 손실이 발생하거나 가정의 불안정이 발생할 수도 있으므로 다른 때보다도 더욱 성실하게 가정이나 일에 최선의 노력을 하고 정성을 쏟아야 한다. 또한 자신의 건강관리에도 많은 노력을 하여 지혜롭게 어려운 시기를 넘기도록 해야 한다.
어려움을 극복하는 방법으로는 신앙생활을 하는 사람들은 더욱 열심히 기도하고 수양을 쌓거나, 유통할 수 있는 오행에 해당하는 인·사·물을 활용하는 것도 자신의 어려운 상황이나 환경을 극복하는데 많은 도움이 될 수 있다. 충이 되는 경우를 살펴보자.

시	일	월	년
壬	丙	癸	丁
辰	戌	丑	○

- 일간 丙火는 천간에서는 일간과 시간이 丙 壬 충을 하고 연간과 월간이 丁 癸 충을 하며, 지지에서는 시지와 일지가 辰 戌 충을 하고 있다. 이 경우에 일간은 정신적으로나

기적으로도 항상 방황할 수 있다. 또한 지지에서도 충을 하므로 행동을 할 때도 변동이나 변화가 심할 수 있고 대인관계에서도 연속성이 결여될 수 있다.

```
시  일  월  년
○   庚  壬  丁
午  申  寅  未
```

- 일간 庚金은 천간에서는 연간과 월간이 丁 壬 합을 하고, 지지에서는 월지와 일지가 寅 申 충을 한다. 일간은 강한 활동성을 지니고 장거리의 이동을 하는 일을 하며 살아갈 수 있다.

```
시  일  월  년
戊  丙  丙  ○
子  午  子  未
```

- 일간 丙火는 지지에서 월지와 시지의 子와 일지 午가 子 午 충을 하므로, 강한 火가 오히려 약한 子를 무시할 수 있다. 여명일 경우에는 정관에 해당하는 子의 배우자와 충이 되므로 결혼생활이 순탄하지 못할 수 있으므로 서로 떨어져 생활하는 것이 도움이 될 수 있고, 때로는 배우자를 두 번 만날 수도 있다.

3) 간지干支의 상충相沖과 상합相合의 작용력의 변화

(1) 간지干支의 상충相沖 : 천간과 지지의 상충相沖은 克을 받는 쪽만 손상損傷당하는 것이 아니라 상호 피해를 본다고 하였다. 또한 약한 오행이 지나치게 강한 오행을 충극沖克하면, 왕자충발旺者沖發하여 강한 오행이 더욱 자극을 받아 난폭해지거나 폭발하여 약한 오행을 더욱 약하게 하거나 약한 오행을 반극反克하여 피해나 손상을 줄 수 있다. 반대로 강한 오행이 약한 오행을 충沖하면 쇠자충발衰者沖拔되어 약한 오행은 뿌리가 뽑혀 완전하

게 파괴되거나 소멸消滅될 수 있다. 즉 강한 불에 작은 양의 물을 부으면 폭발하듯이 소리를 내며 더 강하게 타오를 수 있고, 꺼져가는 불에 소량의 물만 부어도 쉽게 소멸될 수 있는 원리로 생각할 수 있다. 이 경우에도 원국에서 沖하는 오행을 합을 하거나 극을 하거나 유통시키는 경우에는 작용력이 미약하거나 나타나지 않을 수도 있다. 물론 운에서 올 경우에도 그 기간 동안에는 작용력이 미약하거나 나타나지 않을 수 있다. 또한 천간에는 합合이나 충沖이 없더라도 지지에 合이나 沖이 있으면 동일한 간지干支는 서로 영향을 받으므로, 즉 동주同柱의 개념으로 볼 수 있으므로 천간도 合이나 沖의 영향을 받아 강해지거나 약해질 수 있다. 그러나 辰 戌 沖과 丑 未 沖의 경우에는 沖을 하므로 필요한 오행이 투출하여 일간에게 도움이 될 수도 있다. 즉, 沖하여 창고庫 또는 묘墓가 열리게 되어 지장간에 있던 오행이 활발하게 활동을 하여 역할을 다할 수 있으므로 원국에 영향을 줄 수 있다.

기본적으로는 나에게 좋은 역할을 하는 오행이 충沖을 받으면 자신에게 불리하고, 나쁜 역할을 하는 오행이 沖을 받으면 자신에게 유리할 수 있고, 또한 충沖을 받는 오행이 강하면 비록 손상이 되더라도 본래의 역할을 할 수 있다고 하였다. 특히 土의 沖은 沖이 되어도 土 본래의 기운은 손상이 되지 않는다. 간지 상충의 예를 보도록 하자.

```
시 일 월 년
壬 丙 癸 丁
辰 戌 丑 ○
```

• 이 경우에는 천간은 일간과 시간이 丙 壬 충을 하고 연간과 월간이 丁 癸 충을 하고 있으며, 지지는 辰 戌 충을 하고 있다. 일간 丙火는 유년시절부터 정신적으로 강한 갈등과 혼란을 겪으면서 방황할 수 있고, 한 가지 일에 집중하기가 어려울 수 있다. 지지는 실제의 행동과 생활방식을 나타내므로 식신食神인 辰 戌과 상관傷官인 丑이 함께 하므로 분주하게 자신의 일을 하지만 집중하지 못하고 여러 일을 전전할

수 있다. 그러므로 성격이나 행동을 종잡을 수 없고 항상 불안정할 수도 있다. 물론 운의 흐름이 도울 경우에는 무난할 수 있다. 천간이나 지지의 특성을 활용하여 일간이나 일지 또는 사주의 오행을 보고 나름대로 통변을 하면 원국을 파악하는데 많은 도움이 될 수 있다.

(2) 간지干支의 상합相合 : 기본적으로 원국의 간지에 합이 있을 경우에는 사교적이고 대인관계가 원만하다고 할 수 있지만, 지나치게 합이 많을 경우에는 자신의 주관이나 신념이 명확하지 못하고 나약할 수 있다. 즉 일간日干이 필요로 하는 오행과 합을 하면 가장 좋은 결과가 나타날 수 있고, 일간에게 필요한 오행이 다른 간지와 합을 하면 일간을 돌보지 않으므로 해로울 수 있다. 또한 일간에게 불리한 오행이 다른 오행과 합을 하면 일간은 피해가 없고 오히려 도움이 될 수 있고, 일간에게 불필요한 오행이 일간과 합을 하면 일간은 불리할 수 있다.

(3) 상합相合과 상충相沖의 간지干支 병존 : 합과 沖이 천간과 지지에 함께 있을 경우에는, 역시 일간에게 흉凶작용을 하는 오행이 합이나 충이 되면 이롭지만 길吉작용을 하는 오행이 다른 오행과 합이나 충을 되면 불리不利할 수 있다. 즉 일간의 희喜·용신用神에 해당하는 오행이 다른 오행과 합을 하고 있을 때, 옆에서 합을 하는 오행을 다시 沖이나 克을 하면 해로움이 감소할 수 있다.

천간이나 지지가 합이나 충이 되면 해당하는 지지나 천간도 영향을 받아 작용력의 변화가 발생한다.

기본적으로 합과 沖이 원국의 천간과 지지에 많을 경우에는 분주하고 바쁘게 살면서 변동이나 변화가 심할 수 있고, 특히 한 가지 일이나 직업에 몰두하기 어려워 재물이나 가정이 불안정할 수 있다. 또한 직업이나 일의 연속성과 전문성이 결여될 수 있다. 그러므로 하는 일이나 업무에 대한 연속성과 지속성을 유지하는 인내심이 필요하고, 항상 자신의 신중한 결정이나 판단을 위한 훈련을 쌓는 것이 중요하며, 나아가 자신의 정신적인 안식처가 될 수 있는 신앙을 가지고 생활하는 것이 도움이 될 수 있다. 무엇보다도 자신을 이해하고 방향을 이끌어줄 수 있는 현명하고 지혜로운 배우자를 얻는 것이 가장 중요하다. 상합과 상충이 작용하는 예를 보도록 하자.

```
시 일 월 년
○ 庚 壬 丁
午 申 寅 未
```

- 천간은 壬 丁 합을 하고, 지지는 申 寅 충을 하고 있다. 일간이 힘이 있고, 충을 받는 寅木도 천간으로부터 생을 받으므로 충의 영향력을 견딜 수 있으나 寅이나 申의 운이 오면 그 기간 동안에는 서로 투쟁하므로 충의 작용력이 나타날 수 있다. 이 경우에는 각각의 오행이 간지의 도움을 받아 서로 힘이 있으므로 큰 영향을 받지 않을 수 있다.

```
시 일 월 년
○ ○ 辛 乙
亥 寅 巳 亥
```

- 천간의 월간과 연간이 辛 乙 沖을 하고, 지지의 시지와 일지가 亥 寅 合을 하고 월지와 연지가 巳 亥 沖이 되었다. 이러한 경우에는 어려서부터 청소년의 시기에 많은 변화와 변동이 발생하고, 정신적으로나 행동을 할 때도 많은 혼란과 방황을 겪을 수 있다. 특히 지지에서 생지에 해당하는 오행이 모두 충과 합을 하므로 어린 시절부터 생활환경의 변화와 변동이 많을 수 있다. 때로는 부모 중의 한사람이 바뀔 수도 있다. 또한 지지가 모두 생지로 이루어져 있으므로 장거리의 이동을 하거나 고향을 떠나 해외에서 거주할 수 있고, 해외를 대상으로 활동할 수 있다. 기본적으로 간지가 모두 충을 하므로 역동적이지만 정신적인 면과 생활면에서 변화와 변동이 심한 삶을 살아갈 수 있다.

8. 지지地支의 형刑 파破 해害

지지의 형刑, 파破, 해害 등의 기본적인 개념을 알고 참고할 수 있으면 간명을 하는데 도움이 될 수 있다. 그러나 중요한 것은 음양과 오행의 기운의 변화를 파악하여 분석하는 것이 정리正理라고 할 수 있다. 또한 지지의 형刑, 파破, 해害, 공망空亡, 원진元辰 등은 대부분 원국에서 해로운 작용을 하는 살殺작용에 대한 내용이 많고, 주변 환경이나 운運의 흐름을 소홀히 하여 단순히 타고난 명命에 의해 단정적으로 설명을 한다.

형刑, 파破, 해害 등은 명리의 깊이를 더하는 방편으로 알아두면 도움이 될 수 있고, 단식간명을 할 때 참고할 수 있으므로 차례대로 내용을 간략하게 알아보도록 하자. 공망空亡과 원진元辰은 흔히 사용하는 기본적인 신살神殺편에서 따로 간략하게 설명을 하였다.

1) 지지地支 형刑의 구성과 작용

기본적으로 원국에서 형刑의 작용력은 충沖이나 극尅 또는 합合처럼 크게 나타나지는 않는다.

단 원국에 형刑이 있으면서 운에서 다시 형刑하는 오행이 오고 흉작용을 할 경우에는, 그 기간 동안에는 일간이나 해당하는 오행의 인·사·물이 장애를 받거나 어려움을 당할 수 있다. 특히 원국에 충沖과 형刑이 함께 있으면서 대운이나 세운에서 다시 형이나 충이 될 경우에는 그 기간 동안에는 몸이 상하거나 송사와 연결되어 몸이 자유롭지 못할 수도 있고, 수술을 하는 경우가 생길 수 있다. 그러므로 운에서 다시 沖과 刑이 올 경우에는 그 기간 동안에는 처신을 조심해야 한다.

한편으로는 군자君子는 형刑이 있어야 큰 인물이 되고 소인小人은 형刑이 있으면 시정잡배市井雜輩가 된다고 말하기도 한다. 즉 형의 일방적인 적용을 삼가라는 의미도 있음을 상기하고 살펴보도록 하자.

기본적으로 형刑이 흉凶작용을 하면 해당 육친 간에는 서로 얽매이거나 구속을 받아 자유스럽지 못할 수 있고, 신체상으로는 刑을 받는 오행에 해당하는 부분의 기능이 약하거나 장애가 나타날 수도 있다. 차례대로 살펴보도록 하자.

(1) **삼형살**三刑殺**의 작용과 대응방안** : 삼형살은 3개의 지지가 함께 모여서 일간을 구속하거나 억압하는 것을 말한다. 여기에는 **寅 巳 申 삼형**三刑과 **丑 戌 未 삼형**三刑의 두 가지 형태가 있다.

寅 巳 申 삼형三刑은 원국의 지지에 3개의 오행이 나란히 붙어 일간에게 강한 구속력을 작용하거나 얽어매는 것을 의미하고, 원국에 2개의 오행이 있는데 운에서 다른 한 개의 오행이 와서 寅 巳 申 三刑이 되는 경우에도 그 기간 동안에는 刑의 작용이 나타날 수 있다. 물론 서로 떨어져 있을 경우에는 작용력이 미약하지만 원국 전체를 보고 작용력을 분석하는 것이 필요하다.

寅 巳 申 삼형三刑은 생지生支에 해당하는 왕성한 세력이 극極에 달하여 왕성한 세력이 일간日干이나 형을 당하는 오행의 육친에게 형벌을 가하거나 손상을 입히는 것을 말한다.

丑 戌 未 三刑은 원국의 지지에 해당하는 3개의 土오행이 나란히 붙어 강해진 세력으로 약한 오행이나 일간을 극하거나 손상하는 것을 말하며, 원국에 2개의 오행이 있는데 운에서 다른 한 개의 오행이 올 경우에도 그 기간 동안에는 刑의 작용이 나타날 수 있다. 이 경우에도 서로 떨어져 있을 경우에는 작용력이 약하며, 역시 해당하는 운과 원국의 길흉吉凶관계를 보

고 작용력을 판단해야 한다.

역시 원국의 형刑이 강하면서 흉凶작용을 할 때 다시 刑을 하는 운이 오면 그 기간 동안에는 관재官災, 구설口舌, 납치, 감금, 파괴, 수술, 사고 등이 발생할 수 있다. 그러나 일간의 기忌·구신仇神에 해당하는 오행을 형刑하면 오히려 길吉작용을 할 수 있다. 자세히 살펴보도록 하자.

• **寅 巳 申 삼형살**三刑殺 : **무은지형**無恩之刑

원국이 寅 巳 申 三刑이 되면 도움을 주고 베풀어준 은혜를 모르고 반대로 곤란하게 한다고 하여 무은지형無恩之刑이라고 한다.

寅 巳 申 三刑이 원국에서 길吉작용을 하는 경우에는, 타인을 통제하거나 구속하는 직업이나 업무를 맡을 경우에 위엄과 권위가 있고 엄격한 규율이나 법을 집행할 수 있으므로 금상첨화錦上添花가 될 수 있다. 그러므로 寅 巳 申 三刑이 온전한 역할을 하는 경우에는 의사 특히 수술을 집도하는 의사, 약사, 간호사, 교도관, 군인, 경찰, 검찰 등이 무난할 수 있고, 한편으로는 억매이거나 묶여 있는 것을 의미하므로 이것을 끊고 싶어 하므로 의류나 철제의 가공이나 조립, 이·미용사, 생선이나 정육점, 도살屠殺, 의류의 제조나 수선 등도 자신에게 좋은 직업이 될 수 있고 적성에 맞을 수 있다.

寅 巳 申 三刑과 함께 寅 巳 刑과 巳 申 刑도 될 수 있으며, 모두 음양이 같으므로 무은지형無恩之刑이라고 한다. 즉 寅은 巳를 전적으로 生하여 힘이 빠지므로 刑을 당할 수 있고, 巳는 申과 合하면서 申을 녹일 수 있지만 서로 刑을 당할 수 있으므로 은혜나 도움을 받아도 무시하거나 원망할 수 있다. 또한 寅과 申은 극충克沖하면서 刑을 하므로 굳이 형이라고 하지 않고 충으로 볼 수도 있다.

원국에서 흉凶작용을 할 때에는 심리적으로 불안하고 앞으로만 나가려는 경향이 강하여 주변 사람이나 다른 사람의 의견을 무시하거나 독단적인 행동을 할 수 있다. 또한 성격이 냉혹하고 은혜를 모르는 사람이 될 수 있으며, 대운이나 세운의 오행에 의해서 다시 寅 巳 申 三刑이 되는 경우에는 그 기간 동안에는 刑의 작용력이 나타날 수 있다.

寅 巳 申 형은 생지生支이며 역마驛馬의 기운으로 구성되어 있으므로 분주하게 돌아다니거나 이동하고 변동이 발생하는 의미도 지니고 있다. 역시 운에 의해 刑하면서 寅申 沖이 될 수 있으므로 그런 시기에는 교통사고의 위험도 있을 수 있으므로 조심해야 한다. 한편으로는 木 生 火하여 巳火의 기운이 강해져서 申金을 강하게 剋할 수 있

으므로 이 경우에는 콧병, 기관지, 폐질환 등의 질병을 주의해야 하고, 때로는 해당하는 신체부위의 수술을 할 수도 있다.

- **丑 戌 未 삼형살**三刑殺 **: 시세지형**恃勢之刑 **또는 지세지형**持勢之刑

　일간이 土의 강한 세력을 믿고 의지하여 함부로 행동할 수 있으므로 시세지형恃勢之刑 또는 지세지형持勢之刑이라고 한다. 이 경우에는 지나치게 강한 土의 힘이나 세력을 믿고 무모하게 일을 추진하다 실패하거나 좌절할 수 있고, 이로 인하여 몸이 손상되거나 하는 일의 성공과 실패가 반복될 수 있는 것을 의미한다. 丑 戌 未 刑의 경우에도 戌 未 형도 되고 파破도 된다. 동시에 丑 未 충도 발생할 수 있으므로 아무튼 지나치게 많은 것은 오행의 원리에서 볼 때도 좋을 수는 없다.

　원국의 지지에 丑 戌 未 세 글자가 있어 시세지형恃勢之刑이 되면 입으로 호언장담을 잘하거나 자기주장을 강하게 내세워 타인과 어울리지 못하고 고독할 수 있고, 지나친 욕심으로 실패할 우려가 많다. 오행의 土는 신체에서는 비위와 입에 해당하므로 넉살과 뱃심이 좋고 입이 많아서 말이 많을 수 있다. 이럴 경우에는 겸손한 행동과 인자仁慈하고 신의를 중시하는 언행을 하는 것이 윗사람이 되더라도 구설이나 관재 등의 곤란함을 피할 수 있다.

　丑 戌 未 三刑이 길吉작용을 하는 경우에는 역시 내과나 성형 등의 의사, 한의사, 약사, 간호사, 변호사, 군인, 경찰, 법원계통 등이 무난할 수 있다. 또한 억매이거나 묶여 있는 것을 끊어내기를 원하므로 수술이나 성형, 한의사, 이·미용사, 생선이나 정육점, 정원사, 의류의 제조나 수선, 과수원이나 원예 등도 자신의 적성에 맞는 직업이 될 수 있다. 기본적으로 三刑이 있을 경우에는, 자신을 지나치게 과신하거나 고집을 자제自制해야 하고, 특히 타인을 배려하는 노력을 하는 것이 필요하다. 즉 자신의 마음을 다스려 타인의 존경을 받는 인물이 되도록 노력한다면 오히려 강한 힘으로 많은 사람을 도울 수 있고 오랫동안 이름을 남길 수 있다.

　丑 戌 未 三刑이 흉凶작용을 하는 경우에는 강한 土의 기운은 水의 기운을 극하므로 여성의 경우에는 때때로 습기濕氣가 부족하여 산통産痛이 심할 수 있고, 애정결핍이 발생하여 부부관계도 순탄치 못할 수 있다. 또한 강한 土의 기운은 木의 기운을 무력하게 할 수 있으므로 남녀 모두 어질고 선한 면이 부족할 수 있고, 유연성이나 지혜로운 처신이 부족할 수 있다.

　土의 기운이 너무 강한데 유통되지 못할 경우에는, 소화기 계통이나 피부병, 생식기 계통이나 신장염 등의 질병을 주의해야 하며 때로는 성병도 주의해야 한다. 三刑이 되는 예를 보도록 하자.

```
시 일 월 년
○ 庚 壬 丁
午 申 寅 巳
```

- 일간 庚金은 寅 巳 申 刑을 하고 있지만 일간이 통근하여 힘이 약하지 않다. 또한 원국의 간지가 모두 힘이 있으므로 오히려 당당하게 자신의 일을 적극적으로 하면서 살아갈 수 있다. 이런 경우에는 정육이나 제재소 또는 의류계통의 디자인이나 가공 등과 같은 업종이나 직장생활도 무난할 수 있다.

```
시 일 월 년
○ 丙 ○ 丁
○ 戌 丑 未
```

- 일간 丙火는 丑 戌 未 刑이 되므로 입담이 좋고 비위가 튼튼할 수 있다. 일간의 입장에서 보면 土는 식상이 되므로 타인이 신뢰할 정도로 말을 잘하고 때로는 말로 인한 구설에 오를 수도 있으므로 언행을 항상 조심해야 한다. 이 경우에는 자신을 지나치게 내세우고 허세를 부려 구설이나 관재를 당할 수 있고, 때로는 욕설이나 폭언도 쉽게 할 수 있으므로 행동을 조심해야 한다.

 (2) 子 卯 형살刑殺의 작용과 대응방안 : 子 卯 刑은 음陰중의 음陰인 얼어붙은 子水가 陰木인 卯木을 도와주는 형상이므로 음양陰陽이 조화를 이루지 못한 무정無情한 상태이며, 동시에 육친관계에서는 부모가 자녀를 위해 혼신의 노력으로 도와주지만 자녀가 온전하지 못하거나 되레 짐이 되어 자녀의 도리를 다하지 못하여 무례지형無禮之刑이라고 한다. 한편으로는 子에 해당하는 차고 얼어붙은 물에 의해 卯에 해당하는 잔디나 풀이 얼음처럼 얼게 되어 刑을 당한다고 생각할 수 있고, 인체에서는 木에 해당하는 신경계통이나 손발이 얼어붙어 마비될 수도 있다.
 심리적으로는 어질고 선善한 마음에 해당하는 卯木이 얼어붙은 형국이 될 수 있으므로 신경질적이고 성정이 무례하며 때로는 냉혹하고 위아래의 구분이 없는 안하무인眼下無人으로 욕설과 독설을 내뱉을 수도 있다.

원국에 子 卯 刑이 있는데 운에서 다시 子 卯 刑을 하면 그 기간 동안에는 신경쇠약으로 인해 기억력 감퇴와 건망증이 나타날 수도 있으므로 몸을 따뜻하게 유지하는 것이 필요하다.

남명의 경우에는 일간이 천간의 정재正財와 合을 하고 여명의 경우에는 일간이 천간의 정관正官과 合을 할 때, 일지가 子 卯 刑이 되는 경우에는 성병性病이 걸리기 쉽거나 생식기 계통의 질병이 발생하기 쉽다고 한다. 그러므로 이런 경우에는, 특히 刑을 하는 운이 올 때 그 기간 동안에는 부부외의 성관계나 남녀 간의 무절제한 성관계는 피해야 한다.

다른 의미로 분석을 하면, 子 午 卯 酉는 왕지旺支이면서 도화桃花에 해당하므로 子 卯가 함께 있으니 자기가 잘났다고 하는 공주병이나 왕자병도 생길 수가 있다. 또한 卯木은 인체의 신경계통에 해당하므로 차가운 水로 인하여 신경이 얼어붙게 되니 신경이 예민하고 섬세할 수 있고, 반대로 감성적으로 흘러 우수憂愁에 잠길 수도 있다.

원국에 木기운이 지나치게 강하고 水기운이 약할 경우에는 인체의 비뇨기계통의 질병에 주의해야 한다. 반대로 水의 기운이 강할 경우에는 손발이 차고 시리거나 마비증세도 나타날 수 있다. 그러나 기본적으로 子水가 陰木인 卯木을 생生하는 관계이므로 오행의 길흉吉凶작용을 살펴 작용력을 판단하는 것이 필요하다. 형이 되는 경우를 보도록 하자.

시	일	월	년
○	丙	○	丁
○	○	子	卯

- 월지와 연지가 子 卯 刑을 한다. 이 경우에는 연간에 丁火가 있으므로 형의 작용이 나타나지 않을 수 있다. 그러므로 무조건 형이 있으면 형의 작용이 나타나는 것은 아니며, 원국의 다른 오행과의 관계를 살펴 판단해야 한다.

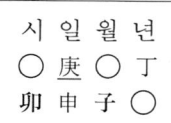

- 운에서 子나 卯가 오면 그 기간 동안에는 刑이 될 수 있지만, 子가 올 경우에는 申子 반합을 하여 水의 기운이 강해지므로 형이 작용이 나타날 수 있다. 그러나 申子 반합을 하므로 형의 작용이 약할 수 있고, 卯가 올 경우에는 그 기간 동안에는 子 卯 형의 작용이 나타나므로 일간은 형이 되는 상관과 정재의 기운에 쿄여 오직 재물만 추구하는 무례한 형상이 나타날 수 있다.

(3) 자형自刑의 작용과 대응방안 : 自刑은 글자그대로 두 개의 동일한 오행이 모여 힘이 강해지므로 강한 힘으로 다른 오행을 刑하거나 일간을 스스로 刑하는 것을 말한다. 자형自刑에는 辰 辰, 午 午, 酉 酉, 亥 亥의 4가지 유형이 있다. 자형自刑은 동일한 지지가 함께 붙어있는 경우에만 작용하고 떨어져 있을 경우에는 작용력이 미흡하지만 이 경우에도 운에서 서로 刑하는 지지가 오는 경우에는 그 기간 동안에는 작용력이 나타날 수 있다.

자형自刑은 같은 지지가 함께하므로 그 힘이 강해져서 일간이 강해질 때는 다른 오행을 억압하거나 구속할 수 있고, 일간이 약해질 때는 반대로 일간이 억압이나 구속을 받을 수 있다. 그러므로 원국에서 불리한 작용을 하는 경우에는 억지로 자신을 학대虐待하거나 안 해도 될 일을 만들어 고생하는 경우가 생길 수 있다.

自刑이 불리한 작용을 하는 경우에는 편하고 좋은 것만 탐하고, 게으르거나 자립심이 부족하여 의타심이 강하고 의지가 박약할 수 있다. 그러나 원국에서 필요한 오행일 경우에는 刑의 작용을 하지 않고 오히려 일간에게 도움을 주는 작용을 할 수 있다. 그러므로 항상 원국 전체와 운의 흐름을 파악한 후에 판단해야 한다. 기본적인 개념을 알아보도록 하자.

- 辰 辰 자형自刑 : 土의 오상이 신信이므로 양토陽土인 辰土의 기운이 지나치게 강하여 흉凶작용을 하는 경우에는, 처음에는 믿음이 있고 근면 성실하나 중간에는 변덕스럽게 변하여 끝이 흐지부지될 수 있고, 강한 土의 기운으로 속마음을 명확하게 드러내지 않고 자기주장만 고집하다 손해를 볼 수 있다. 또한 土의 신체부위는 피부나 위장이 되므로 피부병이나 위장병의 염려가 있고, 등이나 허리가 아플 수 있으므로 이런 부위에 해로운 지나치게 단맛이 나는 음식이나 독한 술은 삼가는 것이 필요하다.
  원국에서 길吉작용을 하는 경우에는 刑의 작용을 하지 않고 오히려 일간에게 든든한 힘이 될 수 있고, 타인의 신뢰를 받을 수 있다. 그러나 이 경우에도 지나치게 변덕스럽고 신뢰할 수 없는 행동을 하는 경우에는 자신에게 불리할 수 있다.

- 午 午 자형自刑 : 火는 양陽중의 陽이므로 활활 타오르는 기세가 대단하다. 그러므로 원국에 2개의 午火가 刑을 하면 성정性情이 난폭하고 직설적인 말을 하여 다른 사람을 곤란하게 하거나 자신이 곤란에 처할 수 있다. 또한 위풍당당하고 용감무쌍할 수도 있으나 불같이 화를 내거나 지나치게 성급할 수도 있다.
  午가 재성財星에 해당하는 남명의 경우에는, 특히 재물이나 여자에 대한 집착이 강할 수 있고, 자신의 불같은 성품을 참지 못하면 재물이나 여자가 기분에 의해 쉽게 흩어질 수 있으므로 自刑이 되는 운이 올 경우에는 그 기간 동안에는 말과 행동을 대단히 조심해야 한다. 기본적으로 강한 불기운이 솟아오르는 형국이므로 유통되지 않으면 화병火病이 나거나 심장질환을 유발할 수도 있고, 火에 해당하는 혈액순환이 원활하지 못할 수도 있으므로 주의해야 한다. 그러나 원국에서 길吉작용을 하는 경우에는 오히려 성정이 활발하고 따뜻하며 예절바른 인품을 갖추고 활발하게 대인관계나 자신의 역할을 다할 수 있다. 이 경우에도 신의信義를 잃지 말아야 하며 성급한 언행을 삼가야 한다.

- 酉 酉 자형自刑 : 酉金은 가공이나 자연에 의해 변화가 이루어진 모래나 자갈 또는 암석이나 금은보석이 되기도 하지만 칼 또는 도끼가 될 수 있다. 다른 自刑과 마찬가지로

2개의 酉金이 지지에서 나란히 붙어있을 경우에 刑의 작용이 나타나며, 멀리 떨어져 있을 경우에는 작용이 나타나지 않는다. 그러나 떨어져 있을 경우에도 운에서 刑하는 酉오행이 오는 경우에는 그 기간 동안 작용력이 나타날 수 있다.

酉 酉 자형이 되어 원국에서 유통되지 못하고 흉凶작용을 하는 경우에 대운이나 세운에서 다시 酉가 오면 그 기간 동안에는 강한 金의 작용으로 木에 해당하는 신체의 상해를 입을 수도 있고, 金의 신체부위에 해당하는 호흡기나 기관지계통의 질병이 생길 수도 있으므로 주의해야 한다. 특히 어린아이는 백일해나 천식을 조심해야 하고, 金의 기운이 지나치게 강하여 水의 혈액을 혼탁하게 할 경우에는 여자는 생리불순 현상이 나타날 수 있다. 이 경우에도 火의 기운이 온전하거나 원국이 유통되면 무난할 수 있고, 길吉작용을 하는 경우에는 신체가 건강하고 피부가 맑고 깨끗할 수 있다. 그러나 지나친 고집이나 완고함을 버리고 따뜻하고 유연한 사고와 행동을 하는 것이 도움이 될 수 있다.

• **亥 亥** 자형自刑 : 음陰중의 陰인 水의 기운이 강해져서 일간이나 다른 오행을 구속하거나 억압하는 것을 의미한다. 역시 亥가 나란히 있을 경우에 自刑의 작용력이 나타나고 떨어져 있을 경우에는 그 작용력이 거의 나타나지 않는다.

단 다른 自刑과 마찬가지로 원국에서 월지와 시지 또는 연지와 시지에 각각 떨어져 있을 경우에도 운에서 亥가 오면 그 기간 동안에는 작용력이 나타날 수 있다.

亥 亥 自刑이 원국에서 흉凶작용을 하는 경우에는 강한 水의 작용으로 火에 해당하는 인·사·물이 손상될 수 있고, 土가 약할 경우에는 土에 해당하는 인·사·물이 손상될 수 있다.

水氣가 강하고 火氣가 약할 경우에는 火氣에 해당하는 혈액순환과 관련된 질병인 고혈압이나 뇌혈관 또는 심장관련 질병을 조심해야 하고, 土氣의 손상이 심할 경우에는 당뇨나 소화기 계통의 질병을 주의해야 한다.

참고로 원국에 亥 亥 自刑이 있으면서 흉작용을 하는 경우에는, 장마나 홍수가 나면 가옥이나 건물의 손상이나 피해를 당하기 쉽다고 하니 저지대를 피하고 수재水災를 피할 수 있는 사전 대비를 하거나 높은 곳에 거주하는 것도 도움이 될 수 있다.

강한 水의 기운이 火의 불기운을 꺼버릴 수 있으니 火의 병이 나고, 원국에서 土가 약하고 무력할 경우에는 위장이 약하거나 또는 피부에 염증이 자주 발생할 수 있다. 물론 원국에서 좋은 작용을 하는 경우에는 이런 현상이 나타나지 않는다. 자형이 되는 예를 보도록 하자.

• 辰 辰 自刑 : 이 경우에는 월지에 未土가 있으므로 변화나 변덕이 심할 수 있고, 피부가 건조하고 거칠거나 아토피성 피부가 될 수 있으며 때로는 水와 관련된 고질적인 질병을 가지고 있을 수 있다. 운에 의해 다시 형이 될 경우에는 그 기간 동안에는 土에 의해 극을 받는 오행의 인·사·물이 손상될 수 있다.

• 亥 亥 自刑 : 월지와 일지가 亥 亥 自刑이 되었고 지지가 모두 음에 해당하는 金과 水로 이루어져 있으므로 火의 기운이 필요하다. 또한 운에서 酉가 오면 그 기간 동안에는 酉 酉 自刑도 된다. 이러한 경우에는 나태하고 게으를 수 있으며, 고집이 세고 자주 공상에 사로잡힐 수 있으므로 활발한 활동을 하는 것이 필요하다.

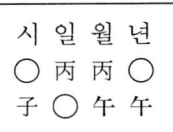

• 午 午 自刑 : 운에서 子나 午가오면 子 午충도 된다. 월주가 火의 기운으로 이루어지고 자형이 되어 있으므로 지나치게 화의 기운이 강하다. 이 경우에는 오히려 水의 기운이 반극을 당해 水에 해당하는 인·사·물이 손상될 수 있다.

(4) 형살刑殺의 기본적인 작용과 대응방안 : 형刑의 기본적인 의미는 형벌을 집행하는 의미와 형벌을 당하는 의미를 지니고 있다. 그러므로 원국에서 刑이 길吉작용을 하면 일간은 형벌을 집행하는 일을 할 수 있고, 흉凶작용을 하면 반대로 일간은 형벌을 당할 수도 있다.

- 참고적으로 간명을 할 때에는 형살刑殺이 연지年支와 월지月支에 있으면 일간의 조상 또는 조부모와 부모가 화합하지 못하고 서로 억압하고 구속할 수 있고, 월지月支와 일지日支에 있으면 일간이 부모나 형제의 덕이 부족하고 뜻이 잘 맞지 않아 서로 으르렁거릴 수 있다. 또 일지日支와 시지時支에 형살이 있으면 자식과 일간이 뜻이 맞지 않아 함께 살기가 어려울 수 있고, 일지日支와 연지年支에 있으면 자신이 조상의 제사나 조상 모시는 것을 소홀히 할 수도 있다고 한다. 그러나 형刑의 기운이 일간에게 도움이 될 경우에는 큰일이나 고위직도 감당할 수 있다. 특히 원국의 日支와 月支가 刑하면서 운에서 다시 刑을 하는 오행이 오는 경우에는 그 기간 동안에는 일간에게 刑의 작용이 나타날 수 있다.

- 기본적으로 자신의 사주에 형살刑殺이 있다고 무조건 형작용을 하는 것은 아니며, 이 경우에도 운에서 다시 刑에 해당하는 오행이 올 때 그 기간 동안에는 작용이 나타날 수 있으므로 스스로 살피고 조심하는 것이 필요하다.
  刑이 불리한 작용을 할 때 형이 되는 운이 오면, 그 기간 동안에는 사업을 하는 경우에는 확장계획이나 투자 등을 잠시 보류하거나 중지하고 세무관계나 행정조치, 벌금, 구속 등의 불이익을 당하지 않도록 유의해서 신중하게 살피고 회계처리를 명확하게 해야 한다.
  관직에 있을 경우에는 뇌물이나 로비스트의 방문이나 구설에 휘말릴 경우에는 삭탈 관직이 되거나 구속되어 불명예를 얻을 수 있으므로 청淸한 마음과 정도正道를 행해야 어려운 시기를 무난하게 극복할 수 있다.

2) 지지地支 육파六破의 구성과 작용

육파六破는 글자 그대로 두 개의 지지가 서로 만나 오행의 힘이 강해져서 일간이나 다른 오행을 무력하게 하거나 파괴하는 작용을 하는 것을 의미한다. 그러므로 지지에 破가 있을 경우에는 해당하는 오행의 인人·사事·물物이 손상되거나 파괴 또는 분열되는 것을 의미한다. 근본적으로 파破는 원국의 흐름에 영향을 줄 정도로 강하게 작용하지 않으며, 다른 오행과 함께 작용하여 영향력을 끼칠 수 있다. 파破는 형刑과 마찬가지로 실질적으로 오행의 힘이 강해지는 경우로 볼 수 있다.

육파六破에는 子 酉, 丑 辰, 寅 亥, 卯 午, 巳 申, 未 戌의 6종류가 있다.

원국에 두 개의 지지地支가 합이 되면서 파破가 되면 좋은 관계를 유지하다가 나중에는 오히려 집착하여 피해를 입거나 그동안 이루었던 일을 파괴할 수 있다. 즉 寅 亥와 巳 申은 합을 하면서 동시에 파破가 되므로 처음에는 좋은 관계를 유지하고 도움이 되다가 나중에는 운에 의해 관계가 나빠지거나 도리어 얽히고 묶여서 불리할 수 있다.

- 파살破殺의 작용 : 단식간명을 할 때 원국의 일지日支와 연지年支가 破가 되면 일간은 부모나 조상과 일찍 헤어지거나 관계가 끊어질 수 있고, 일지日支와 월지月支가 破가 되면 일간은 살면서 풍파가 많을 수 있으며 젊은 시절에 부부관계가 불안할 수 있다고 한다.

  일지日支와 시지時支가 破가 되면 말년이 고독하고 처자식에게 불리하다고도 말한다. 이런 해석은 破에 해당하는 오행이 원국에서 흉凶작용을 하는 경우에는 가능성이 있지만, 길吉작용을 하는 경우에는 의미가 없다고 할 수 있다. 그러나 지지가 삼합三合이나 방합方合을 하고 있을 때 대운大運이나 세운歲運에서 삼합이나 방합의 한 지지와 결합하여 파破나 해害가 되면, 그 기간 동안에는 三合이나 方合을 유인하여 혼란하게 만들거나 파괴하여 파벌을 조성하거나 불화를 일으킬 수 있으므로 참고할 수 있다.

  지지 파破의 작용은 일지日支를 중심으로 월지나 시지 또는 연지年支와의 관계를 파악한다. 즉 나의 지지와 다른 육친 궁宮과의 친소親疎관계를 살펴보는데 참조할 수 있다. 파破를 쉽게 찾는 방법은 지지가 양陽일 때는 자신을 포함하여 시계 반대방향으로 네 번째에 해당하는 지지와 서로 破가 되고, 지지가 음陰일 때는 시계방향으로 네 번째에 해당하는 지지가 破에 해당한다(이 경우에는 子와 午는 陽이며 亥와 巳는 陰에 해당한다). 예를 들면 寅은 양이므로 시계 반대방향으로 4번째 지지에 해당하는 亥를 만나면 서로 破가 되고, 卯는 음이므로 시계방향으로 4번째 지지인 午를 만나면 서로 破가 된다. 파가 되는 경우를 보도록 하자.

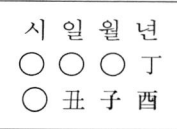

```
시  일  월  년
○  ○  癸  ○
○  戌  未  ○
```

- 戌未 破가 되면서 戌未 형도 되므로 土의 힘이 강하게 되었다. 이 경우에는 卯와 戌에 해당하는 육친이나 인·사·물과의 卯戌 합을 방해하거나, 卯와 未에 해당하는 육친이나 인·사·물과의 卯未 반합을 훼방하면서 서로 얽어맬 수 있다. 물론 이 경우에도 원국과 운의 흐름을 보고 길흉을 판단해야 한다.

```
시  일  월  년
○  ○  ○  丁
○  丑  子  酉
```

- 子酉 破와 子丑 合을 하고 있다. 子는 丑과 육합을 하려고 하며, 酉는 일지의 丑과 酉丑 반합을 원한다. 그러나 酉가 子丑 합이 온전하게 되는 것을 방해한다. 그러나 金生水하여 水가 강해지고 酉는 천간 丁火의 극을 받아 더욱 약해져 본래의 작용을 방해받을 수 있고, 丑土도 얼어붙어 작용을 하기 어려울 수 있다.
  위의 경우에는 파와 합이 함께 있으므로 파의 작용력이 거의 없을 수 있다. 또한 일간은 일지가 酉丑 합과 子丑 합을 하므로 비록 음기陰氣가 강하여 차갑고 냉정하지만 대인관계가 원만하고 지혜로울 수 있다.

```
시  일  월  년
○  甲  ○  ○
辰  辰  子  申
```

- 辰子申 삼합으로 水의 기운이 대단히 강하다. 酉운이 오면 그 기간 동안에는 辰酉 합이 될 수 있고 삼합의 왕지인 子와 酉가 파가 되어 삼합을 파괴할 수 있다. 이 경우에는 辰辰 형을 하여 土끼리 뭉치려고 하므로 불화나 파벌을 일으킬 수 있고, 본래의 水기운으로 변하는 것을 파괴할 수 있다.

3) 지지地支 육해六害의 구성과 작용

해害는 합하여 사이좋게 잘 지내려고 하는 경우나 서로 사이가 나쁜 관계일 경우에 중간에 끼어들어 이간질을 하거나 방해하여 분열시키거나 피해를 끼치는 역할을 하는 의미가 있다. 그러므로 육해六害는 육합六合이나 육충六沖을 하는 오행을 방해하거나 이간질하는 행위를 하는 오행이 해당한다. 육해六害를 단순히 해害라고도 하고 때로는 십이지천十二支穿이라고도 한다.

육해六害에도 子 未, 丑 午, 寅 巳, 卯 辰, 申 亥, 酉 戌의 6종류가 있다. 子가 丑과 子 丑 육합을 하려고 할 때 丑을 방해하거나 이간질을 하여 丑 未 충沖을 하는 未가 와서 子 未 해害를 하고, 丑이 子와 합合을 하려고 하면 午가 와서 子와 충을 하여 합을 방해하거나 이간질을 하여 丑 午 해害를 한다. 반대로 子 未 害는 子 午 沖을 받는 午를 未가 午 未 육합을 하여 午를 강하게 만들어 충을 방해하고 서로 싸우게 만들거나 이간질을 하게 만들 수 있다. 기본적으로 합과 沖을 방해하고 훼방이나 이간질을 하므로 단지 방해꾼 역할에 불과하므로 작용력이 미흡할 수 있다. 단 이러한 경우에도 해害를 하는 두 오행의 인·사·물간에는 다소의 변화나 변동은 나타날 수 있다.

- 해살害殺의 작용 : 육해六害는 파破와 유사한 작용을 한다고 볼 수 있고, 파破와 해害가 함께하는 경우에는 작용력이 나타날 수 있다. 그러나 이 경우에도 해당하는 오행이 공망空亡이 되면 작용력이 없다고 한다.

  원국에 해살害殺이 있으면서 흉凶작용을 하는 경우에는 해당하는 육친六親간에 좋은 관계가 되는 것을 방해하고 이간질하여 서로 간에 사이가 나쁠 수 있다. 해살害殺의 작용력도 단식간명을 할 때는 활용할 수 있다. 살펴보도록 하자.

  子 未와 丑 午의 해害는 원진元嗔이기도 하고, 寅 巳 해害는 형刑이기도 하다. 그래서 子 未와 丑 午, 寅 巳는 작용력이 조금 강하게 나타난다고도 한다. 그러나 丑 午, 寅 巳, 申 亥, 酉 戌은 실질적으로 서로 生하는 관계의 오행이므로 해害의 의미가 나타나지

않을 수 있다. 단지 도움을 받는 오행이 지나치게 강할 경우에는 오히려 도움을 주는 오행이 약해지므로 피해가 나타날 수 있다.

子 未의 경우에도 子水가 약할 경우에는 영향을 받을 수 있고, 卯 辰은 서로 극克하는 관계이지만 서로 木의 기운을 지니고 있으므로 오행의 길흉吉凶에 따라 작용력이 다르게 나타날 수 있다. 아무튼 해害나 파破의 영향이나 작용도 음양과 오행의 관계에서 분석하면 오히려 종합적으로 판단할 수 있다.

일지日支와 시지時支가 害가 되면 노년에 잔병이 많을 수 있다고 하고, 원국에 丑 午 害가 있는 사람은 입과 혀가 방해를 받으니 말이 거칠거나 직설적일 수도 있으므로 나이가 들면 말을 함부로 하는 것을 조심해야 한다. 또한 육해六害나 육파六破는 주로 일지日支를 중심으로 관계를 판단하며, 원국에 破나 害가 강하면서 흉凶작용을 할 경우에는 참조하지만 대부분의 경우에는 큰 비중을 두지 않는다. 그러나 기본적인 개념을 알고 있으면 원국의 해석이 곤란할 경우에 응용하여 간명에 활용할 수 있다. 예를 보도록 하자.

```
┌─────────────┐
│ 시 일 월 년 │
│ ○ ○ ○ 丁 │
│ 午 未 子 ○ │
└─────────────┘
```

• 子 未 해와 午 未 반합을 하고 있다. 운에서 午가 오면 午 未 흡과 子 午 충의 작용이 함께 나타날 수 있다. 이 경우에도 운한과 해당오행의 강약을 살펴 작용력을 판단해야 하지만, 기본적으로 합을 우선 판단하므로 해의 작용이 덜할 수 있다.

```
┌─────────────┐
│ 시 일 월 년 │
│ ○ ○ ○ 丁 │
│ 午 巳 寅 ○ │
└─────────────┘
```

• 寅 巳 해가 되면서 형이 된다. 이 경우에는 해살의 작용보다는 火의 기운이 오히려 강하게 되므로 寅木에 해당하는 인·사·물이 약해지거나 손상될 수 있다.

시	일	월	년
○	○	○	丁
午	辰	○	卯

• 연지의 卯와 일지의 辰이 해가 된다.

이 경우에는 해의 작용이 나타나지 않을 수 있고 단지 해당하는 육친이나 인사물이 서로 인연이 약할 수 있다. 그러나 卯나 辰이 운에서 올 때 그 기간 동안에는 害가 될 수 있고, 이 경우에는 일간이 조상을 섬기는 것이 귀찮고 방해가 된다고 생각할 수 있으며 그 기간이 지나면 해로 보지 않는다. 물론 원국에서의 작용에 따라 일간에게 유리하게 작용할 수도 있다.

第 3 章

명리학(命理學)의
기본원리

1. 명리학命理學의 고찰考察

서양의 철학哲學은 실존實存과 물질物質에 대한 개념이 강하다면 동양의 철학은 자연自然과 정신精神에 대한 개념이 강할 수 있고, 서양의 사관史觀이 직선사관直線史觀이라면 동양의 사관은 순환사관循環史觀이라고 할 수 있다.

명리학命理學의 경우에도 자연의 순환循環처럼 사람의 삶도 변화와 순환이 연속되는 것으로 판단한다. 특히 명리학은 우주 대자연의 섭리攝理와 법칙法則을 인간의 정신과 실질생활에 접목하여 인간사人間事의 다양한 현상을 파악하는 학문이며, 만유인력萬有引力의 법칙처럼 우주에서 발생하는 자기장磁氣場의 변화가 인간의 정신과 육체에 끼치는 영향을 분석하여 개인의 삶의 방향과 대책을 모색하는 미래에 대한 예측豫測이며 인간학人間學의 소중한 자산이라고 할 수 있다. 더하여 개개인마다 각기 다르게 받는 음양오행陰陽五行의 기운을 바탕으로 개개인의 특성과 성격, 행동력, 인지력, 적성 등을 파악하고 분석하여 발전을 도모하는데 큰 의미가 있다고 할 수 있다. 그러므로 命理學은 시간과 공간의 변화에 따라 개개인이 받는 음양오행의 기운의 과다過多 불급不及, 상생相生과 상극相剋, 대립對立과 공존共存, 변화變化와 조화調和를 분석하고 아울러 주변 환경이나 사람의 관계 등을 파악하여 지혜롭게 현재와 미래의 삶의 가치와 행복을 추구하는 인간학이며 미래학이라고 할 수 있다. 또한 심리학心理學이 사람의 마음이 향하는 바를 파악하여 심성을 다스리고 치유하는 학문이라면, 명리학命理學은 사람의 타고난 기운과 변하는 기운의 흐름을 파악하여 심성과 행동을 다스리고 치유하는 학문이라고 할 수 있다.

여기서 다시 한 번 간략하게 음양陰陽과 오행五行의 발생 원리를 알아보도록 하자.

음양이 분리되지 않은 무無 또는 무극無極의 완전하면서 이상적인 상태에서 음양에 해당하는 기운이 조화와 균형을 이룬 태극太極의 상태가 나타나고 여기서 양의兩儀(◉)라고 하는 새로운 변화의 징후가 나타난다. 양의兩儀에서 비로소 서로 대비되는 음과 양이 출현하고 음과 양은 각각의 다른 환경과 시간속에서 변화와 조화를 이루고 또한 대립하면서 공존한다.

음양은 다시 기운의 강약에 따라 세분화 하여 음중의음陰中之陰과 음중의양陰中之陽으로 분리가 이루어지고, 양중의양陽中之陽과 양중의음陽中之陰으로 분리가 이루어져 사상四象을 이룬다. 이러한 분리는 한의학에서 태음인太陰人과 소양인少陽人, 태양인太陽人과 소음인少陰人으로 분류하여 사상의학四象醫學으로 발전하였다.

사상의학四象醫學은 사상체질四象體質에 따라 필요하고 적합한 음식과 약재를 분리하여 건강을 보존하고 병을 근원적으로 치유하는 방법으로 한의학에서 적극적으로 활용하였다. 여기에 土의 기운을 더하여 오행五行이 완성되었다.

음양오행陰陽五行은 동東·서양西洋에서 공통적으로 생활 속에서 자연스럽게 사용하는 일주일을 나타내는 월月, 화火, 수水, 목木, 금金, 토土, 일日에 해당하며, 이것은 동양철학과 사상思想의 근간인 음양과 오행을 온전하게 나타낸 것이라고 할 수 있다. 물론 서양철학과 기독교의 천지창조의 원리와도 유사할 수 있다.

사주四柱에서도 음양과 오행을 정신적이면서 기적인 의미가 강한 천간天干의 음양오행과, 실질적이고 현실적인 지지地支의 음양오행으로 분리를 한다. 즉 하늘의 10천간十天干과 땅의 12지지十二地支로 나누어 이것을 기준으로 사람이 받는 기운을 판단하고 분석하여 현재와 미래를 예측하는 것이다.

좁은 의미의 사주학四柱學은 우주대자연의 현상과 법칙을 음양오행으로 표시한 10천간天干과 12지지地支의 기운을 8글자에 배속하여 인人·사事·물物을 분석하는 것이라고 할 수 있다. 즉 사주학은 개개인을 분석할 때 태어난 年, 月, 日, 時의 음양오행의 기운을 변하지 않는 타고난 명命으로 보고 해당하는 사주팔자四柱八字를 분석하는 학문이라고 할 수 있다. 그러나 명리학命理學은 사주四柱를 포함하여 시간과 공간에 따라 변하는 운運과 주변 환경과 사람과의 관계를 적용하여 인간사의 제반현상을 예측하고 사전에 대비對備하는 포괄적인 사주공부라고 할 수 있다. 실용적인 면에서는 천륜天倫과 인륜人倫의 조화와 정신精神과 물질物質의 균형均衡을 추구하여 국가나 사회와 개개인의 발전과 행복을 추구하는 방향을 제시하는 학문이라고 할 수 있다. 즉 타고난 그릇이라고 할 수 있는 사주四柱와 시공時空에 따라 다르게 다가오는 운기運氣의 변화와 조화를 살피고, 또한 대립과 공존의 관계를 세밀하게 분석하는 학문이라고 할 수 있다. 이러한 분석을 통하여 개개인이나 국가와 사회가 나아가면서 부딪치는 기운을 사전에 파악하여 준비하고 대응하는 방안으로 활용할 수 있다.

1) 명리학命理學의 연구방향

명리학命理學은 주역周易의 근간인 음양을 세분화하여 오행으로 분리하고, 천天 지地 인人이 서로 조화와 균형을 이루는 방법을 찾아 개개인이 우주대자연의 변화에 지혜롭게 대처하는 방안을 추구하는 것이라고도 할 수 있다. 개개인이 우주대자연의 자력磁力에 의해 어떤 영향을 받으며 일생을 살아가는 것인가에 대한 명리命理의 연구는 바로 陰陽과 五行의 공부이며 십성十星을 연구하고 분석하는 것이라고 할 수 있다. 그러므로 연구의 방향은 개개인마다 우주대자연으로부터 다르게 받는 음양과 오행의 기운에 의해 발생하는 다양한 특성과 성정性情을 분석하여 자신에게 가장 적합하고 조화를 이룰 수 있는 인간관계와 생활방식을 찾는 것이며, 좁게는 자신의 타고난 본성이나 적성을 찾는 것이라고 할 수 있다.

구체적으로는 태어난 생년월일시生年月日時의 기운을 바탕으로 개개인이 살아가면서 우주로부터 받는 힘의 변환과정을 파악하여 자연自然의 이치理致와 순리順理에 따라 조화를 이루면서 자신의 성공과 행복을 추구하고, 나아가 개개인의 정신과 육체를 건강하게 유지하면서 적합한 일과 물질적인 행복도 함께 추구하는 방법을 찾는 것이라고 할 수 있다.

명리가命理家의 도리道理는 타고난 명命의 이치를 깊이 연구하고 분석하여 삶에 적극적이고 진취적으로 대처하는 지혜를 찾아 자신과 주변 사람을 행복하고 즐겁게 만드는 노력을 하는 것이라고 할 수 있다. 비록 타고난 명命은 불변이지만 누구나 새롭게 다가오는 운기를 파악하여 좋은 기회와 시기를 살릴 수 있게 하고, 절망과 좌절로 의욕을 상실한 사람에게는 새로운 용기와 희망을 살려주는 것이 필요하다. 다음에는 개개인이 자신의 가정과 사회에서 조화를 이루고 헛된 욕심을 버리고 타고난 그릇에 맞는 삶의 방식을 추구할 수 있게 도움을 주는 것이 필요하다고 생각한다. 즉 사람이 사람다운 행동을 하고 사람다운 대접을 받으면서 주어진 명운命運에 따라 행복하게 살아갈 수 있는 방안을 제시하는 것이 명리가의 도리道理라고 할 수 있다.

명리학命理學의 연구와 실질적인 활용을 위해 무엇보다도 중요한 것은 음양과 오행으로 표현한 십천간十天干과 십이지지十二地支에 포함된 인人·사事·물物에 대한 다양하고 폭넓은 지식과 이해가 이루어져야 한다. 동시에 급변하는 시대에 적합한 이론의 재정립과 실용화實用化를 통하여 사회적인 활용도와 문화적인 활용도를 높이는 과정이 필요하다.

예를 들면 木은 동쪽이며 인仁을 상징한다고 하면 상식과 지식의 차원에서 누구나 보편적이고 정해진 원칙으로 아는 것처럼 명료하게 다듬어야 한다. 즉 동대문東大門을 홍인문興仁門이라고 부르고, 남대문南大門을 숭례문崇禮門이라고 부르는 것처럼 지식이며 상식이 되어야 누구나 활용할 수가 있다. 이와 같이 보편적이고 일반적인 이론과 실용성을 시대에 적합하게 더욱 확대하고 정밀하게 만들어 많은 사람들이 쉽게 익혀서 편리하게 활용할 수 있도록 하는 노력이 필요하다.

음양과 오행에 대한 폭넓은 지식과 이해가 있어야 운명에 대한 분석을 온전하게 할 수 있고, 다양한 변화를 예측할 수 있다. 또한 예측을 할 때 분석에 대한 신뢰도信賴度나 정확도가 높을 수 있고 다가올 미래에 대한 사전의 방책方策과 준비準備를 더욱 확실하게 할 수 있다.

종종 명리命理의 근본을 아는 사람들이 기본 원리原理와 개념槪念을 벗어나거나 연구의 방향을 이탈하여 변화와 조화의 원리와 통계와 확률을 무시하고 독단적인 생각이나 부분적으로 나타난 현상과 때로는 고착화固着化된 신살神殺이나 당사주唐四柱등의 제한적인 방법으로 사람의 명命을 시대와 환경에 맞지 않는 과거의 논리로 함부로 말하는 경우도 있다. 이것은 장님이 코끼리의 일부를 만져보고 전체를 말하는 것과 유사한 잘못을 저지를 수 있고, 명리命理의 참된 가치를 희석稀釋시킬 수 있으므로 신중해야 한다. 특히 개인의 운명은 음양과 오행을 숙지하고 자세히 살펴도 각기 다른 다양한 주변 환경과 공간에 있으면서 주변 사람이나 시간의 제약도 받기 때문에 100% 적중할 수는 없다. 그러나 예측의 정확도가 75% 정도까지 접근하므로 개개인의 삶의 질과 능력을 향상시키는데 큰 도움이 될 수 있음을 확신할 수 있다.

2) 명리학命理學의 현대적 학습방향

　명리학命理學을 공부하는 직접적인 목적은 자연의 법칙과 원리에 따라 개개인이 받는 실질적인 기운을 일상생활을 하면서 유용하게 다스리고 활용하여 행복을 추구하고 지혜롭게 살아가는 이치와 방법을 찾는데 있다. 사람들은 스스로 타고난 그릇의 크기와 주어진 능력과 자질에 따라 삶의 방향을 설계하여 즐겁고 지혜롭게 자연과 조화를 이루면서 행복하게 살아갈 수 있다. 그러므로 명리의 이치에 따라 자신의 명命과 운運을 분석하여 타고난 적성이나 천성에 맞는 일을 찾고, 타고난 그릇의 크기에 알맞은 일을 도모圖謀해야 한다. 또한 나아갈 때와 물러날 때를 알고, 극極과 극極의 삶이 아니라 중화지기中和之氣의 삶을 찾는 지혜를 익혀야 한다.

　자신의 명과 운을 알고 성실하게 삶에 최선을 다하면 반드시 자신에게 아름답고 탐스런 열매가 열릴 것이며, 동시에 주변사람과의 관계나 직업이나 일 자체가 즐겁고 행복할 수 있다.

　명리학은 철학이자 사상이며, 현실생활에 활용할 수 있는 실용학문이면서 행동철학이므로 과거에 안주하거나 지난 일을 후회하기보다는 현실을 발전시키고 개선하려는 노력을 하는 것이며, 동시에 현실에 안주하거나 후회하고 좌절하기보다는 미래의 희망과 꿈을 추구하고 실현하는 방책을 끊임없이 추구하는 데 의미가 있다. 우선적으로 자신의 부富와 명예, 수명과 건강, 적합한 직업이나 일, 배우자나 자녀의 복, 적성이나 진로, 미래의 행복 등에 대한 궁금증을 해소하고 나아갈 방향을 결정하는데 도움을 줄 수 있다. 물론 부모님이나 형제자매의 관계나 큰아버지나 고모 또는 작은아버지 등의 친인척관계, 유산을 받을 것인가? 이사를 가도 좋은가? 언제 결혼을 하고 돈을 버는 시기는 언제인가? 등등의 수많은 궁금증도 어느 정도 해소할 수 있다. 그러나 명리학은 삶의 지혜를 추구하는 실용적이고 행동하는 실천

철학이기 때문에 결코 요행을 바라거나 혹세무민惑世誣民하는 방법으로 활용해서는 안 된다. 그야말로 자신의 정신과 육체를 건강하게 유지하고, 타인과 조화를 이뤄 성실하게 현실생활을 즐기며 미래의 희망과 꿈을 실현하는 지혜로운 처신의 방법을 배우는데 활용해야 한다.

명리상담이나 교육도 역시 예언자預言者적인 입장보다는 조언자助言者나 상담자의 입장이 되어 스스로 목표나 방향을 찾을 수 있도록 도움을 줄 때 더욱 가치가 빛날 수 있다. 누구나 사람은 불완전한 존재이면서 또한 절대적絶對的인 것은 새로운 해악害惡을 만들 수 있기 때문이다.

3) 명리학命理學의 실생활 활용 방법

사람들은 누구나 자신의 앞날에 대한 궁금증을 지니고 있으며 또한 미래에 대한 희망이나 길흉화복吉凶禍福을 미리 알고 싶은 욕망이 강하다. 그래서 점占을 치는 것이다. 점이라는 의미도 자신의 타고난 복卜에 대하여 궁금하지만 자신이 볼 줄 모르기 때문에 다른 사람에게 물어본다는 의미를 가지고 있는 것이다. 복卜자의 의미는 점占, 점치다, 길흉을 알아내다, 주다 등의 의미를 가지고 있다. 즉 자신의 복을 점친다는 의미를 가지고 있는 것이다. 결국 복이라는 글자는 인간의 마음을 읽어낸 함축성이 있지만 속에는 변화무쌍한 삶의 여정에 대한 불안을 해소하고 행복을 추구하고 싶은 욕망을 표현한 것이라고 할 수 있다.

개개인이 불확실한 미래에 대하여 사전에 예측하고 미리 준비하고 대응할 수 있다면, 뚜렷한 목표나 방향을 알지 못하여 사전에 대비하지 못한 사람보다는 더 나은 미래와 희망이 보장될 수 있을 것이며 삶의 기쁨과 행복도 클 수 있다. 나아가 삶에 대한 고통이나 고독감 또는 절망과 좌절보다는 강한 투지와 도전하는 정신이 생길 수 있고 또한 자신감과 용기도 생길 수 있다. 무엇보다도 노력의 대가代價와 기쁨을 겸허하게 받아들이고 오랫동안 유지하고 존속시킬 수 있는 지혜를 얻는 것이다.

명리학의 활용 방법은 현재의 생활을 보다 개선하고 발전시키는 최선의 방법을 찾아 그 방법을 행동으로 실천하는데 있다. 가급적 이른 시기에 자신이 나아갈 명확한 목표와 방향을 설정하고 삶에 충실히 임하면 단지 열심히 살아온 사람이 얻는 결과나 성과보다 엄청나게 클 수 있고, 생활 속에서 느끼는 행복이나 만족감 또는 성취감이나 즐거움은 비교할 수가 없을 것이다. 물론 너 자신을 알라(Know yourself)는 말처럼 자신을 안다는 것은 참으로 힘들고 어려운 숙제일 수 있다.

사람들은 개개인의 적성이나 성격 또는 재능을 알 수 있는 방법으로 혈액형이나 인성검사, 재능검사, 지능검사 감성검사 등등의 다양한 연구를 통하여 방안을 제시하고 있지만 단지 개개인의 특성보다는 공통적인 특성이나 소질 또는 능력이나 개성을 유추하는 경우가 많다. 또 다른 예를 들자면 뇌의 구조를 분석하여 인간의 특성을 알아내는 의학적인 방법도 있고, 문자나 물체 또는 수數에 대한 지각력과 이해력 등을 통하여 그 사람의 단편적인 판단기준으로 삼는 경우도 볼 수 있다. 그러나 명리학의 기본 원리原理와 개념槪念을 파악하고 세상을 살아가면 스스로의 행복과 기쁨을 추구하는데 실질적인 도움이 될 수 있고, 또한 생활 속의 지혜로운 삶의 방법을 찾을 수 있다.

동시에 스트레스나 질병을 완화시킬 수 있고 일상사에서 발생하는 갈등을 반감하거나 해소할 수 있다. 나아가 타고난 적성이나 천성을 좀 더 자세하고 정확하게 파악하여 자신이 하고 싶은 일을 찾아서 즐기면서 생활할 수 있다.

예를 들면 학문을 통하여 삶을 영위할 사람이면 학문에 심취하여 의식주를 해결하면서 살아가고, 명예와 존경을 받으며 살아갈 사람이면 명예와 권위를 중시하고 즐기면서 살아가는 것이 효율적이고 능률적이며, 재물을 추구하는 사람이면 열심히 재물을 추구하는 것이 즐겁고 신명날 수 있다. 또한 권력을 추구하는 사람이면 훌륭한 정치로 백성을 다스리고 편안하게 하면서 의식주를 해결하고 명예와 존경을 받을 수 있는 것이 타고난 명운에 따라 사는 방법이 될 수 있다. 이러한 경우에는 자신의 타고난 성품과 적성, 소질과 능력에 적합한 일을 하므로 피로감이나 중압감을 받지 않고 능률성이나 생산성도 높고 자신감과 만족감도 높을 수 있다.

자신의 적성이나 소질 또는 능력에 적합하지 않는 일을 하는 경우에는 어떤 결과가 나타날 것인가?

이 경우에는 자신이 종사하는 일에 무리수를 두어 좌절하거나 실패하는 경우가 높을 수 있고, 항상 시간과 공간의 노예가 되어 자신의 인생을 긍정적이고 즐겁게 살지 못하는 경우가 임상의 결과에서도 많이 나타났다. 또한 현실에 대한 불평이나 불만이 많고 자신감보다는 열등감을 드러내는 경우가 많고, 동시에 인간관계나 사회성도 원만하지 못한 경우가 많이 나타났다.

명리학을 바르게 공부하여 나와 가족을 비롯하여 사회와 국가를 발전시키고 행복하게 할 수 있는 실용적인 이치를 터득하는 것이 필요하다. 유대인에게는 삶의 정신적 지침으로 탈무드가 있다면 우리에게는 더욱 우수한 명리학이 있다.

명리학의 원리와 개념을 익혀서 자신을 수양하고 내공을 쌓아서 가치와 보람이 있는 개개인의 인생을 만들고, 가정과 직장 나아가서 세상의 주인공이 되어 한평생을 우주대자연과 조화를 이루면서 살아가는 멋진 인생을 펼쳐보자.

명리학을 배우는 이유를 한마디로 표현하면, 태어나서 죽을 때까지의 운명, 즉 자신의 타고난 그릇命과 흘러가는 미래運를 알고 역량力量을 극대화極大化하여 최고의 인생을 만들어가는 理 신명나는 도전挑戰이라고 할 수 있다.

참고로 사주를 바탕으로 하는 명리학의 경우에도 정통사주正統四柱, 기문사주奇門四柱, 육효사주六爻四柱, 월영도사주月影圖四柱, 육임사주, 추명학推命學 등의 다양한 이름으로 분류하기도 한다. 때로는 맹인들이 원리를 연구한 맹파명리盲派命理도 있다.

2. 사주四柱의 용어와 궁宮과 성星의 개념

먼저 사주四柱의 기본적인 용어用語와 구성에 대하여 다시 한 번 정리를 해보도록 하자. 사주의 다양한 용어를 알면 명리를 이해하는데 큰 도움이 될 수 있다.

1) 기본적인 용어의 재정리

흔히 명리공부를 하고 싶어도 한자를 몰라서 또는 너무 어려워서 못한다고 하는 경우를 많이 볼 수 있었다. 직선적으로 말하면 글자를 모르거나 초등학교만 나와도 능히 훌륭한 명리가命理家가 될 수 있다. 왜냐하면 기본적인 한자 29자만 알면 누구나 다양한 변화와 조화를 찾아 자신들의 실생활에 충분히 활용할 수 있기 때문이다. 이제 지금까지 익힌 기본적인 한자 29자를 알아보도록 하자.

음양의 2자와 木, 火, 土, 金, 水의 5자와 천간 10글자와 지지의 12글자를 합쳐 29자를 알면 그만이다.

좀 더 욕심을 내어 모든 명리의 의미를 파악하는데 필요한 한자의 수는 얼마나 될까? 총 50자를 넘지 않는다. 사실 이미 익힌 한자가 대부분이며, 또한 대부분의 한자는 이해를 돕기 위하여 괄호처리를 하였으므로 걱정하지 않아도 된다.

(1) **숙지해야 할 29자** : 우선 배운 한자 음과 양의 두 글자다. 양을 대표하는 태양은 열을 지배하고, 음을 대표하는 달은 물을 지배한다. 물과 불은 생명체가 존재할 수 있는 근원이면서 물질이다. 다시 한 번 살펴보도록 하자.

- **양**陽 : 일日⇨하늘天⇨태양⇨낮⇨정신精神⇨기氣⇨이상理想⇨희망 등을 대표하고,
- **음**陰 : 월月⇨땅地⇨달⇨밤⇨육체肉體⇨이理⇨현실現實⇨물질 등을 대표한다.
- **오행**五行 : 오성五星이라고도 하며, 목木⇨화火⇨토土⇨금金⇨수水를 의미한다.

다음에는 천간天干과 지지地支의 글자다. 즉 양陽의 의미를 지니고 있는 하늘의 10개 天干과 음陰의 의미를 지닌 땅의 12개의 地支를 의미한다.

- **십천간**十天干 : 甲 乙 丙 丁 戊 己 庚 辛 壬 癸.
- **12지지**十二地支 : 子 丑 寅 卯 辰 巳 午 未 申 酉 戌 亥.
- **간지**干支 : 천간과 지지를 합쳐서 간지라고 한다.

위의 29자를 가지고 변화와 조화를 살펴 모든 판단을 할 수 있다. 나머지는 궁금할 것 같아서 참고로 미리 적어보도록 하자.

역시 위에서 배운 생生과 극克의 2자와 합合과 충沖, 음양과 오행의 통변성인 십성十星을 공부하는데 필요한 정正과 편偏, 성星과 궁宮, 식食 재財 관官

인印 겁劫 상傷 비견比肩이다. 물론 형刑 파破 해害까지 합쳐 48자 정도만 알면 명리공부를 완벽하게 할 수 있다!

(2) 기타 용어의 정리 : 이번에는 흔히 말하는 길신吉神, 흉신凶神, 신살神殺에 대해 간략하게 알아보도록 하자. 외우지 않아도 된다.

① 길신吉神 : 길신吉神은 원국에서 좋은 역할을 하여 도움이 되는 오행이나 십성을 말한다. 원국에서 일간에게 유익하고 도움이 되는 용신用神과 희신喜神을 의미하며, 넓게는 신살神殺에서 좋은 역할을 하는 길신吉神이나 4길신吉神을 나타내기도 한다. 용어를 살펴보자.

- **용신用神** : 용신用神은 한자의 뜻처럼 일간이 필요에 의해 활용하는 오행五行이나 해당하는 십성十星을 말한다.
- **희신喜神** : 희신喜神은 용신을 돕는 역할을 하며 일간을 도와주므로 좋아하거나 즐거움이 되는 것을 말한다. 흔히 용신과 희신을 합쳐 희喜·용신用神이라고 표현하기도 한다.
- **4길신吉神** : 십성 중에서 4가지에 해당하는 식신食神, 재성財星, 정관正官, 정인正印을 4길신이라고 표현하기도 한다.

② 흉신凶神 : 흉신凶神은 일간에게 나쁜 작용을 하거나 해害를 끼치는 오행이나 십성을 의미하고, 기신忌神과 구신仇神을 의미하며 넓게는 신살神殺에서 말하는 흉살凶殺과 한신閑神과 4흉신凶神을 의미한다.

- **기신忌神** : 기신忌神은 불리한 작용을 하여 일간이 싫어하고 기피하는 오행이나 십성을 말한다.
- **구신仇神** : 구신仇神은 일간에게 원수 같은 작용을 하여 원망스럽고 도움이 되지 못하는 오행이나 십성을 의미한다. 기신과 유사한 의미를 지니고 있다.

• 한신閑神 : 한신閑神은 원국에서 특별히 도움이나 해害를 끼치지 않고 한가하게 존재하는 오행이나 십성을 말한다. 그러나 한신閑神은 다른 오행이나 십성의 영향을 받으면 일간에게 상황에 따라 때로는 방해가 되기도 하고 도움이 되기도 한다.

• 4흉신凶神 : 십성 중에서 겁재劫財, 상관傷官, 칠살七殺, 도식倒食의 작용을 하는 경우에는 4흉신이라고 표현한다.

③ 신살神殺 : 신神과 길吉은 일간인 나에게 유익하고 도움이 되는 길신吉神을 의미하고, 흉凶과 살殺은 대개 일간에게 재난이나 재앙 또는 요절하거나 단명短命하는 해로운 작용을 하는 것을 의미하여 모아서 흉살凶殺이라고 한다. 신살神殺은 함부로 활용하거나 남용하는 것은 금물이다.

2) 사주四柱용어의 정리

사주四柱는 태어난 연年과 태어난 월月과 태어난 일日과 태어난 시간時間을 구분하여 60갑자60甲子의 간지干支로 年 月 日 時의 순서대로 4개의 기둥四柱으로 구성한 것을 의미한다.

사주팔자四柱八字는 4기둥으로 구성된 사주四柱가 천간天干과 지지地支의 8글자로 구성되어 있는데, 4개의 기둥四柱 안에 있는 여덟 글자를 말한다.

(1) 사주四柱의 개별 용어 : 사주四柱에 대한 공부를 하거나 분석을 하려면 사주와 관련된 다양한 용어들을 참고적으로 아는 것이 필요하다. 다른 서적을 읽을 경우에도 무슨 말인지를 파악하지 못하면 학습의 능률도 오르지 않고 이해하기가 힘든 경우가 있다. 그러므로 여기서는 공부를 하면서 혼란이 올 수 있는 중복되는 용어들을 우선 정리해 보도록 하자.

- **사주** : 명국命局, 원국原局, 명주命柱, 팔자 등으로 표현한다.
- **남자의 사주** : 건명乾命, 남명男命, 남자 사주 등으로 나타내고,
- **여자의 사주** : 곤명坤命, 여명女命, 여자 사주 등으로 표현한다.
- **천간天干** : 천간天干은 천원天元이라고도 하고,
- **지지地支** : 지지地支는 지원地元이라고도 한다. 연간年干은 세간歲干, 연지年支는 세지歲地로 표현하기도 한다.
- **월지月支** : 월지月支는 월령月令 월강月綱 제강提綱 당령當令 등으로 표현하기도 한다.
- **일간日干** : 일간日干은 일주日主 명주命主 기신己身 신주身主 등으로 표현하고,
- **시간時干** : 시간時干은 시상時上으로 표현하기도 한다.
- **사령司令** : 월의 지장간에서 태어난 날과 시간에 따라 초기 절입일시에 따라 지장간의 초기나 중기 또는 말기에 해당하는지를 나타내는 용어를 말한다. 월사령月司令이라고도 하고, 월령月令이라는 용어와 혼용하여 사용되기도 한다.
- **십성十星** : 십신十神, 육친六親 또는 통변성通變星이라고 표현하기도 한다.

(2) **사주四柱의 명칭** : 四柱를 기록할 때 오른쪽에서 시작하여 왼쪽으로 연월일시의 순서대로 기록하는 것이 일반적인 경우지만, 때로는 연월일시를 왼쪽에서 시작하여 순서대로 기록하는 경우도 있으므로 사주를 공부할 때 순서를 주의해서 살펴보는 것이 필요하다. 여기서는 오른쪽에서 시작하여 年 月 日 時의 순서로 기록한다. 사주의 예를 가지고 다시 한 번 정리를 해보자.

	시時	일日	월月	연年
사주四柱	시주時柱	일주日柱	월주月柱	연주年柱
천간天干	시간時干	일간日干	월간月干	연간年干
간干	丁	丁	癸	丙
지支	未	亥	巳	申
지지地支	시지時支	일지日支	월지月支	연지年支

(3) 운運의 기본개념 : 여기서는 기본적인 개념만 살펴보도록 하자.

① 대운大運 : 대운大運은 일간이 10년 동안 받는 간지의 기운을 나타내며, 흔히 대운이 들면 10년간 좋은 운으로 알고 있지만 자신에게 길吉한 운이 될 수도 있고, 불리한 운이 될 수도 있다.

대운大運의 간지는 10년 단위로 변하고, 남녀와 태어난 해의 연간의 음양에 따라 다르게 흘러가며, 월주月柱를 기준으로 작성한다. 즉 남자의 경우에는 양陽이므로 태어난 해의 연간이 甲 丙 戊 庚 壬의 양이면 대운의 흐름이 월주를 기준으로 간지의 순서대로 순행順行하고, 태어난 해의 연간이 乙 丁 己 辛 癸의 음이면 월주를 기준으로 역행逆行한다.

여자의 경우에는 음陰이므로 태어난 해의 연간이 乙 丁 己 辛 癸의 음이면 대운의 흐름이 월주를 기준으로 간지의 순서대로 순행하고, 연간이 甲 丙 戊 庚 壬의 양이면 대운의 흐름이 월주를 기준으로 간지의 순서대로 역행한다.

- **연간年干이 양남음녀陽男陰女 ⇨ 월주와 순행**順行.
- **연간年干이 음남양녀陰男陽女 ⇨ 월주와 역행**逆行.

② 연운年運, 월운月運, 일운日運 : 세운歲運 또는 연운年運은 대운의 기간 중에 1년 동안 일간이 받는 간지의 기운을 의미하고, 월운月運은 해당하는 한 달 동안 일간이 받는 간지의 기운을 의미하며, 일진日辰 또는 일운日運은 하루 동안 일간이 받는 간지의 기운을 의미한다.

세운은 60년 후에 다시 동일한 간지의 연운이 오고, 월운은 5년 후에 다시 동일한 간지의 월운이 오며, 일진 또는 하루의 운은 2달 후에 다시 동일한 간지의 일운이 온다.

3) 궁宮의 기본개념

궁宮은 왕이나 군주가 사는 궁궐이나 궁전을 말하고, 장기판에서는 장수가 되는 큰 말을 나타내기도 한다. 사주에서 말하는 궁은 확정되어 정해진 자리로서 해당하는 육친이나 인·사·물이 존재하는 것을 의미한다. 그러므로 宮은 고정되어 변하거나 움직이지 않는 정해진 자리를 나타내고 궁의 자리에 해당하는 십성+星이 각각 자리하고 있으면 가장 이상적인 사주의 구성이 될 수 있고, 이 경우에는 최상의 명命이 될 수 있다. 즉 본인을 중심으로 부모, 배우자, 자녀, 형제가 모두 자기자리에 있으면 개별육친이 자신의 역할을 다하는 훌륭한 가문이라고 할 수 있고, 본인은 최상의 명을 타고난 사람이라고 할 수 있다. 그러나 본래의 宮에 본래의 星이 모두 온전하게 자리하는 사주는 많지 않다. 각각의 궁宮이 의미하는 내용을 여기서는 간략하게 살펴보도록 하자.

(1) **연주궁**年柱宮 : 태어난 해의 간지干支가 있는 공간을 연주궁年柱宮이라고 하고 일간의 타고난 근본根本이 된다. 자연에서는 근根 묘苗 화花 실實의 뿌리에 해당하므로 근根이라고 할 수 있고, 인체에서는 머리부위에 해당한다. 육친으로는 나의 뿌리인 조부모궁이 되고, 조부모가 계시지 않을 경우에는 부모궁으로 판단할 수 있다. 또한 일간의 유·소년기에 해당하므로 자신의 성장환경이나 배경을 알 수 있는 공간이며, 천성天性이나 근본根本으로 타고난 성품을 알 수 있는 공간이다.

운한運限의 나이는 15~18세 정도에 해당할 수 있고, 외부적으로는 국가나 사회기관과 같이 자신을 억압하거나 제어할 수 있는 권력기관이나 기관장을 의미하기도 한다.

간지를 분리하면 연간年干은 조부祖父 또는 아버지父親의 궁을 의미하고,

연지年支는 조모祖母 또는 모친母親의 궁을 의미한다. 또한 연주는 월주에 해당하는 육친의 성장환경이나 근본이 된다.

(2) 월주궁月柱宮 : 태어난 월의 간지干支가 있는 공간을 월주궁月柱宮이라고 하고 일간의 성장환경이 된다. 자연에서는 뿌리에서 싹이 나와 보호를 받으면서 육성되는 의미의 묘苗에 해당하고, 인체에서는 가슴부위에 해당한다. 육친으로는 부모가 거주하는 부모궁이며, 부모가 계시지 않을 경우에는 형제가 거주하는 형제궁이 될 수 있다. 월주는 일간의 청년기나 청소년기에 해당하므로 부모의 도움을 받으면서 학문이나 재능을 익혀 사회에서 활동할 준비를 하는 시기이며, 부모나 형제의 도움이나 영향을 가장 많이 받는 공간이다.

운한의 나이는 16~36세 정도에 해당할 수 있고, 기업체나 상급기관이 될 수 있으며, 일반적인 윗사람이나 상사의 자리에 해당한다.

간지干支 중에서 월간月干은 아버지父親 또는 형제兄弟의 궁을 의미하고 여성의 경우에는 남편궁으로 보기도 한다. 월지月支는 모친母親의 궁이며 때로는 자매姉妹의 자리로 보기도 한다.

(3) 일주궁日柱宮 : 태어난 날짜의 간지가 있는 공간을 일주궁이라고 하고 일간이 가장 왕성하게 활동하는 공간과 환경을 의미한다. 자연에서는 꽃을 활짝 피우는 화花에 해당하고, 인체부위로는 허리와 복부腹部에 해당한다. 육친으로는 본인과 배우자의 본궁이며 주체궁을 나타내고, 일간이 가장 활발하게 사회활동을 하여 꽃을 활짝 피우는 시기로 중·장년기에 해당한다.

운한運限의 나이는 나이로는 31~54세 정도에 해당하고, 사회적으로는 동료나 친구관계를 의미한다. 또한 결혼을 하여 가정을 이루고 자녀를 양육하면서 자신의 꿈과 미래를 펼쳐나가는 공간이다.

일주日柱는 자신의 마음이나 생활태도와 환경을 암시하고 동시에 배우자와의 관계나 배우자의 성품을 알 수 있는 공간이기도 하다.

일간日干은 원국의 주체인 본인을 나타내고, 일지日支는 배우자의 본궁을 나타내고 배우자의 성정이나 용모를 나타낸다. 동시에 시주時柱에 해당하는 자녀의 성장환경이 된다.

(4) **시주궁**時柱宮 : 태어난 시간의 간지干支가 있는 공간을 시주궁이라고 하고, 자신의 삶을 마무리하는 노년기를 의미하며, 자연에서는 결실과 마무리를 하는 실實에 해당하고, 자녀를 출가시키고 자신의 삶을 정리하는 시간과 공간이다.

육친으로는 자녀의 궁을 나타내고, 운한運限의 나이는 45~55세 이후를 나타내며, 사회적으로는 아랫사람이나 부하의 자리를 나타내고, 인체부위로는 다리부분을 나타낸다.

시주궁時柱宮은 일간의 종교나 자녀의 덕德을 나타내기도 하고, 동시에 자신의 노후의 삶의 질質과 생활환경을 의미한다.

시간時干은 아들이나 손자가 존재하는 본궁을 의미하고, 시지時支는 딸이나 손녀의 본궁으로 나눌 수 있다. 비록 궁宮은 고정되어 있지만, 궁에 있는 십성十星이 표현하는 인·사·물은 다양하게 나타날 수 있다. 궁의 기본적인 의미를 도표로 간략하게 나타내보았다.

	時	日	月	年
사주四柱	시주時柱	일주日柱	월주月柱	연주年柱
의미	실實	화花	묘苗	근根
	다리	허리, 복부	가슴	머리

주궁柱宮	자녀궁(부하궁)	주체궁	부모궁(형제궁)	조부모궁(부모궁)
	부하, 아랫사람	동료, 친구	상사, 윗사람	국가, 사회
천간天干	자녀(아들)궁	본인(주체)	부궁父	조부궁
지지地支	자녀(딸)궁	배우자궁	모궁母	조모궁
운한運限	45~55세 이후	30세~54세	16세~36세	1세~18세

4) 성星의 기본개념

(1) 성星의 기본적인 의미 : 성星은 오성五星이나 십성十星을 의미하며, 십성十星은 음양과 오행의 관계를 결합하여 10개의 통변성通辯星을 붙인 것이라고 하였다. 십성은 육친六親 또는 십신十神이라고 부르기도 하며, 원국의 분석과 해석의 중요한 열쇠가 된다.

십성十星은 해당하는 자신의 고유자리가 있지만 궁宮처럼 고정되어 있지 않으므로 사주四柱의 천간과 지지의 어디에나 위치할 수 있고, 어느 위치로도 이동할 수 있다. 그러나 궁은 성처럼 자리를 이동하지 않고 고정되어 있다.

십성十星의 용어에 대한 반복학습으로 자연스럽게 암기할 수 있도록 하자.

(2) 십성의 기본적인 작용 : 십성편에서 자세히 살펴보도록 하고, 여기서는 일간日干을 기준으로 기본적인 작용을 알아보도록 하자.

- **비견**比肩 : 일간과 음양이 같고 동일한 오행이면서 일간과 성별이 같으므로 자신의 동료나 친구가 될 수 있고, 형제나 자매가 된다. 음양이 동일하므로 일간에게 순수한 힘이 되고, 추진력이나 자존심과 주체성으로 나타날 수 있다. 비견은 편재를 무력하게 할 수 있다.

- **겁재**劫財 : 일간과 음양이 다른 동일한 오행이면서 일간과 성별이 다르므로 이성의 친구나 동료가 될 수 있고, 누이나 여동생 또는 오빠나 남동생이 되며 역시 일간의 힘과 추진력이 될 수 있다. 그러나 서로 생각이나 행동방식이 다를 수 있고, 뺏거나 빼앗기는 투쟁심이나 경쟁심과 조심성의 의미를 지니고 있다. 또한 정재正財를 상傷하게 할 수 있다.

- **식신**食神 : 일간과 음양이 같으면서 일간이 생生하는 오행이므로 자녀나 아랫사람에 해당하고, 일간의 힘을 뺄 수 있다. 일간과 음양이 동일하므로 성품이 순수하고 배려하는 마음과 일에 대한 일관성이 강하며, 식복食福 즉 먹는 복福과 일복을 나타낸다. 여명에서는 자녀에 해당하고, 편관偏官을 무력하게 할 수 있다.

- **상관**傷官 : 일간과 음양이 다르면서 일간이 생生하는 오행이므로 역시 자녀나 아랫사람이 되지만 이성을 나타낸다. 음양이 다르므로 배려하는 마음과 동시에 외부로 자신을 드러내려고 하는 적극적인 활동과 일을 하고, 변화나 많을 수 있다. 상관은 정관正官을 상傷하게 할 수 있고, 역시 여명에서는 자녀가 해당한다.

- **편재**偏財 : 일간과 음양이 같으면서 일간이 전적으로 극克하는 오행이므로 성별이 동일한 아랫사람이나 종업원이 될 수 있다. 편재는 누구에게도 귀속되지 않은 대중大衆의 재물財物을 의미하므로 능력이 있으면 누구나 획득할 수 있는 큰 재물을 의미하고, 편인偏印을 무력하게 할 수 있다. 남명의 육친으로는 아버지나 애인을 의미하고 여명의 육친으로는 시어머니가 될 수 있다.

- **정재**正財 : 일간과 음양이 다르면서 일간이 스스로 극하는 오행이지만 음양이 조화를 이루므로 일간이 안정적이고 합리적으로 소유하는 정해진 재물을 의미하고, 남명의 경우에는 정처正妻의 안정적인 배우자를 의미한다. 또한 정재는 정인正印을 무력하게 할 수 있다.

- **편관**偏官 : 일간과 음양이 같으면서 일간을 무정하게 극하는 오행이므로 엄격한 나의 윗사람이나 상사를 의미하고 동시에 관직이나 직업과 가정을 의미한다. 여명에서는 인정이 없고 권위주의적인 배우자나 애인을 나타낼 수 있다. 편관은 비견比肩을 무력하게 할 수 있다.

- **정관**正官 : 일간과 음양이 다르면서 일간을 안정적으로 극하는 오행이므로 합리적이고 안정적인 나의 윗사람이나 상사를 의미하고 동시에 관직이나 직업과 가정을 의미한다. 여명에서는 안정적이고 정이 많은 배우자를 의미한다. 정관은 겁재劫財를 무력하게 할 수 있다.

- **편인**偏印 : 일간과 음양이 같으면서 일방적으로 일간을 생生하는 오행이므로 정이 없는 윗사람이나 스승이 될 수 있고, 육친관계에서는 일간에게 일방적이거나 필요나 조건이 따르는 도움을 주는 모친이나 편모가 될 수 있다. 사회적으로는 특수한 학문이나 전문적인 서류나 문서를 의미하고, 편인은 식신食神을 상하게 할 수 있다.

- **정인**正印 : 일간과 음양이 다르면서 일간을 생生하는 오행이그로 음양이 조화를 이뤄 정이 많고 합리적인 윗사람이나 스승이 될 수 있고, 육친으로는 다정다감한 모성애母性愛를 지닌 모친이 된다. 사회적으로는 안정적인 도장이나 문서와 학문을 의미하고, 정인은 상관傷官을 무력하게 할 수 있다.

5) 궁宮**과 성**星**의 관계 :** 궁은 자리의 변동이나 이동이 없이 고정되어 있는 것이라면, 성은 자신의 宮에 존재할 수도 있고 자신의 자리가 아닌 다른 宮에도 존재할 수 있다고 하였다. 즉 일지日支는 배우자궁이므로 배우자궁은 항상 일지가 된다. 그러나 성은 배우자궁인 일지에 배우자성인 재성財星이 올 수도 있지만 궁의 구속이나 간섭을 받지 않고 자유롭게 아무 궁에나 존재할 수 있다. 그러므로 성은 궁에 구속을 받지 않고 다른 궁으로 이동을 마음대로 할 수 있다. 육친관계에서 宮은 육친에 해당하는 사람이 거주하는 집이라고 할 수 있고, 星은 육친을 대표하는 사람이라고 할 수 있다. 그러므로 육친이 고향을 떠나 다른 곳에서 사업을 할 수도 있고, 자식이 부모를 떠나 다른 장소에서 자수성가自手成家를 할 수도 있다.

해당하는 궁에 본래의 성이 아닌 다른 십성이 있을 경우에는, 일간은 궁에 해당하는 육친에게 십성의 특성으로 생각하고 행동할 수 있다. 예를 들면 월주의 부모궁에 비겁比劫이 있을 경우에는 부모를 동료나 친구처럼 편안하게 생각하고 행동할 수도 있고, 식상食傷이 있을 경우에는 부모를 위하고 배려하는 마음과 행동이 강할 수 있다. 물론 재성財星이 온전할 경우에는 부모로부터 많은 것을 도움 받을 수 있고, 관성官星이 있을 경우에는 오히려 억압이나 간섭을 받는다고 생각하고 행동할 수 있다. 인성印星이 있을 경우에는 부모의 도움을 스스로 받기를 원하고 행동할 수 있다. 한편 원국의 지장간을 포함하여 인성印星과 재성財星이 없을 경우에는 부모와 인연이 약하여 떨어져 살거나 스스로의 힘으로 학업이나 일을 할 수도 있고, 부모를 일찍 잃을 수도 있다. 이와 같이 궁과 성을 활용하여 다양한 추론을 할 수 있다. 같은 방법으로 각각의 궁에 해당하는 십성이 있을 경우에는 육친이나 인·사·물을 대입하여 일간의 생각과 행동을 판단할 수 있다. 宮과 星의 특성과 음양오행의 변화와 조화를 바탕으로 원국을 분석하는 실력을 키워나가 보자.

(1) 정궁正宮과 정성正星의 의미 : 본인의 宮에 본인의 星이 자리하는 경우를 정궁정성正宮正星 또는 본궁본위本宮本位라고 한다.

정궁정성正宮正星이 되면 일간과 해당 육친六親간에는 정情과 인연이 많고, 해당 육친이 일간에게 필요한 역할을 다해주는 상급의 명命이 될 수 있다. 또한 자신의 궁에 본래의 십성이 있을 경우에는 오행의 길흉작용에 상관없이 일간은 현명하고 품행이 단정하며 어질고 선량할 수 있다. 여자의 경우에는 현숙하고 총명하면서 지조가 있는 사람이며 가정을 훌륭하게 이끌고 배우자를 성공하게 할 수 있다. 또한 부모나 형제에 해당하는 星이 부모 또는 형제궁에 온전하면 부모나 형제가 자신의 역할을 다할 수 있고 일간과 정과 덕이 많은 관계가 되며, 자녀에 해당하는 星이 자녀궁에 온전하면 자녀와 일간은 정이 많고 자녀는 자녀의 도리와 역할을 다할 수 있다.

조부모나 부모에 해당하는 星이 조부모 또는 부모궁에 온전하면 조부모나 부모의 권위와 명예가 높고 역할과 도리를 다할 수 있고, 배우자에 해당하는 星이 배우자궁에 온전하면 자신과 배우자는 정과 덕이 많고 각각의 역할을 하여 서로 도움을 받을 수 있으며 배우자가 총명하고 현숙할 수 있다.

(2) 궁宮과 성星의 분류 : 아래의 사주로 십성+星과 궁宮을 분류해보자.

時柱	日柱	月柱	年柱
자녀궁	본인궁	부모궁(형제궁)	조부모궁(부모궁)
식신	일간(비견)	편관	겁재
己	丁	癸	丙
酉	亥	巳	申
편재	정관	겁재	정재

일간 丁火를 기준으로 연간年干 丙火는 오행이 같고 음양이 다르므로 겁재가 되고, 연지 申金은 일간이 극하는 음양이 다른 오행이므로 정재가 된다. 월간 癸水는 일간과 음양이 같으면서 극하는 오행이므로 편관이 되고, 월지 巳火는 일간과 동일한 오행이면서 음양이 다르므로 겁재가 되며, 일지 亥水는 일간과 음양이 다르면서 일간을 극하므로 정관이 된다.

시간의 己土는 일간과 음양이 같으면서 일간이 생하는 오행이므로 식신이 되고, 시지의 酉金은 일간과 음양이 같으면서 일간이 극하는 오행이므로 편재가 된다. 한편으로는 해당하는 궁의 오행을 기준으로 각각의 십성을 파악할 수도 있다.

※ 명리학에 사용되는 기본적인 용어의 의미를 알아보았다. 이러한 용어들도 모두 음양오행의 변화와 조화를 표현하는 방편이지만, 용어가 마음에 들지 않을 수도 있겠으나 참된 가치는 용어에 있지 않고 오직 우주대자연의 순리와 법칙을 알고 삶의 지혜와 행복을 찾는 것임을 알고 이해하도록 하자.

3. 원국原局의 음양陰陽과 오행五行의 기본적인 작용

1) 사주원국의 음양陰陽의 작용

음양의 원리가 사주원국의 분석에 어떻게 활용되는가를 알아보도록 하자. 기본적인 음양의 성정을 살피고, 차례대로 음양의 작용을 분석하여 보자.

(1) **음양陰陽의 성정性情** : 사주에 나타나는 음양의 성정을 간략하게 살펴보도록 하자.

① 양陽의 성정 : 적극적, 미래지향적, 활동적, 긍정적, 외향적, 대인 지향적, 정열, 남성적, 직선적, 즉흥적, 이상적, 개인적, 명분중시, 육부(六腑 : 담, 소장, 위, 대장, 방광, 삼초) 등등으로 다양하게 분류할 수 있다. 사주의 천간은 기본적으로 양의 성정을 나타낸다.

② 음陰의 성정 : 소극적, 현실안주, 사색적, 보수적, 내성적, 자기중심적, 차분함, 여성적, 우회적, 침착성, 현실적, 집단적, 실리중시, 오장(五臟 : 간, 심장, 비장, 폐장, 신장) 등등으로 다양하게 분류할 수 있다. 이밖에도 음양은 수없이 많은 분류를 할 수 있다. 사주의 지지地支는 기본적으로 음陰의 특징을 나타낸다.

(2) **음양陰陽에 의한 원국 분석** : 사주四柱에 나타난 음양으로 자신의 기본적인 행동이나 생각의 특성을 살펴볼 수 있다. 알아보도록 하자.

① 일간의 음양陰陽에 의한 원국 분석 : 기본적인 성정이나 마음을 나타내는 천간에 해당하는 일간日干이 양陽일 경우에는 위에서 언급한 陽의 성정이 정신적으로나 심리적으로 작용하고, 일간이 음陰일 경우에는 陰의 성정이 정신적으로나 심리적으로 작용할 수 있다. 즉 원국의 일간日干이 양이면서 천간天干에 陽의 기운이 강할 경우에는 심리적으로 활발하고 적극적이며, 日干이 음이면서 천간에 陰의 기운이 강할 경우에는 차분하고 침착하면서 내성적이며, 실리적인 성향이 강할 수 있다. 또한 본인의 실제행동이나 생활태도를 나타내는 일지日支가 陽일 경우에는 역시 활발하고 적극적인 행동이나 생활태도를 보이며, 陰일 경우에는 침착하고 현실적이며 실리적인 면을 선호하는 생활태도나 행동을 할 수 있다.

사주의 운한運限과 대운大運의 陰陽을 파악하여 陰의 성정이 나타나는 시기와 陽의 성정이 나타나는 시기를 유추할 수 있다.

기본적으로 원국의 일주日柱가 양이면서 간지干支에 陽의 기운이 강할 경우에는 활동적이고 자신이 주도적으로 생각하고 행동하기를 좋아하므로 남의 간섭이나 조언을 싫어할 수 있다.

일주日柱가 음이면서 간지에 陰의 기운이 강할 경우에는 내성적이므로 차분하고 침착하게 생각하고 행동하며 남들 앞에 나서기를 머뭇거릴 수 있다. 또한 스스로 문제를 찾아서 해결하기보다는 주어진 책임이나 임무를 완수하기를 잘할 수 있다.

② 운한運限의 음양에 따른 원국 분석 : 운한運限은 한운限運이라고도 하며 사주 즉 연주年柱 월주月柱 일주日柱 시주時柱의 각각의 간지干支에 해당하는 기한期限과 연령年齡을 정해놓은 것을 의미한다. 운한에 대하여 앞에서도 간략하게 설명하였지만 다시 살펴보도록 하자.

수명이 짧았던 과거에는 연주年柱는 태어나서 15세까지의 기운을 관장하고, 월주月柱는 16세부터 30세까지의 기운을 관장하며, 일주日柱는 31세부터 45세까지의 기운을 관장하고, 시주時柱는 46세 이후의 기운을 관장한다고 판단하였다. 이것을 각각의 운한運限이라고 한다.

사람이 태어나서 60년을 살면 환갑還甲 또는 회갑回甲이라고 하여 잔치를 해주는데 이것은 사람의 한평생을 60갑자甲子로 생각하여 60년이 되면 자신의 수명을 채운 것으로 생각하여 주변사람이나 가족 친지가 함께 축복을 해주는 의미가 있다. 그러나 현대사회는 의술의 발달과 쾌적한 자연환경의 조성과 관리 등으로 평균수명이 과거보다 늘어났고, 또한 학업의 기간이나 첨단기술의 습득과정도 늘어나고 동시에 부모와 함께하는 기간도 늘어났기 때문에 운한을 새롭게 설정할 필요성이 있다. 그러므로 연주는 18세 정도로 정하고, 월주는 19세~36세 정도로 정하며, 일주는 37세~54세 정도로 정하고, 시주는 55세 이후로 나눌 수도 있다. 물론 60세가 지나면 연주로부터 다시 시작하여 운한의 기운을 받는다고 하는 다른 견해도 있다. 이 부분은 연구가 필요한 부분이라고 생각한다. 역시 운한에 해당하는 시기의 陰陽에 따라 일간의 사고와 행동이 다르게 나타날 수 있고, 해당하는 대운의 음양에 따라서도 성정이 다르게 나타날 수 있다.

운한에 해당하는 간지가 양일 경우에는 그 기간 동안에는 활발하고 활동적이며 적극적인 성향이 나타날 수 있고, 음일 경우에는 그 기간 동안에는 차분하고 사색적이며 실질적이고 현실적인 성향이 나타날 수 있다.

사람이 젊었을 때는 활발하고 활동적이었는데 나이가 든 후에는 조용하고 차분하게 변했다고 하는 경우나 그 반대의 경우를 종종 볼 수 있는 것은 바로 대운이나 운한의 음양에 의한 성정의 변화로 예측할 수 있다. 즉 음양의 기운이 변함에 따라 시간時間과 공간空間의 기氣가 변하므로 사주의 주체인 일간日干도 변하는 음양의 기운氣運을 받아 생각과 행동이 달라질 수 있다.

③ 계절과 월에 따른 음양의 영향 : 기본적으로 봄에 해당하는 寅 卯 辰월과 여름에 해당하는 巳 午 未월은 양의 계절이면서 陽의 달이 되고, 가을에 해당하는 申 酉 戌월과 겨울에 해당하는 亥 子 丑월은 음의 계절이면서 陰의 달에 해당한다. 그중에서 여름에 해당하는 巳 午 未월이 더욱 陽의 기운이 강하고, 겨울에 해당하는 亥 子 丑월이 더욱 陰의 기운이 강할 수 있다.

陽의 기운이 강한 사주가 陽의 계절에 태어나면 陽의 특성을 나타내는 행동이나 사고가 강하고, 陰의 기운이 강한 사주가 陰의 계절에 태어나면 소심하거나 내성적이고 활동성이 약할 수 있다.

남녀의 만남이나 서로 간의 궁합을 판단할 때도 陰의 기운이 강하여 陽의 기운이 부족한 사람은 陽의 기운이 적당한 사람을 만날 경우에 안정적이고 서로 도움이 될 수 있다. 반대로 陽의 기운이 강하여 陰의 기운이 필요한 사람은 陰의 기운이 적당한 사람을 만날 경우에 서로간의 부족한 부분을 보완하는 역할을 할 수 있으므로 조화를 이룰 수 있다.

陰의 기운이 필요한 사람이 음의 계절을 만나면 신중하고 차분한 행동으로 자신의 역량을 마음껏 발휘할 수 있고, 陽의 기운이 필요한 사람이 양의 계절을 만나면 역시 활발하고 적극적으로 자신의 역량을 발휘할 수 있다. 기본적으로 음양이 서로 균형과 조화를 이룰 경우에는 생각이나 행동이 안정적이며, 대인관계나 가족관계의 균형을 이루어 자신의 삶의 질이 윤택하고 여유로울 수 있다.

양의 기운이 강한 사주와 음의 기운이 강한 사주의 예를 보도록 하자. 기본적으로 일간이 陽이면서 陽의 기운이 강한 사람은 일의 시작을 잘하고 적극적이면서 주도적인 성향이 강할 수 있고, 일간이 陰이면서 陰의 기운이 강한 사람은 일을 펼치기보다는 소극적이고 내실을 중시하는 경향이 강할 수 있으며 주어진 일이나 맡은 일을 조용하고 차분하게 진행할 수 있다. 사주원국을 보도록 하자.

● 陽의 기운이 강한 사주			
시간	일간	월간	연간
甲	丙	丙	丁
午	午	午	巳
시지	일지	월지	연지

● 陰의 기운이 강한 사주			
시간	일간	월간	연간
己	辛	己	辛
丑	亥	亥	丑
시지	일지	월지	연지

2) 일간日干의 오행五行 분석

여기서는 일간의 오행에 따른 가장 기본적인 성정을 알아보도록 하자. 자세한 내용은 천간의 개별적인 특성을 참조하면서 통변을 해보면 공부를 하는데 많은 도움이 될 수 있다. 이러한 오행의 특성은 지지에 있을 경우에도 역시 지지의 특성을 대입하여 통변을 할 수 있다.

(1) 일간日干이 木일 경우 : 기본적으로 일간은 곡직성曲直性과 인仁의 성정을 나타낸다. 또한 일을 시작하기를 좋아하고, 꿈과 희망이 크며, 긍정적이고 낙천적인 사고思考가 강할 수 있다. 木 일간은 근본이 양이지만 부드러우면서도 활발하고 꿈이 크며 미래지향적이라고 할 수 있다. 특히 일간이 陽木인 甲木일 경우에는 기본적으로 꿈과 이상이 크고 높으며, 陰木인 乙木일 경우에는 동일한 木이지만 특히 끈기와 인내심이 강하고 실속을 추구하는 경향이 강할 수 있다.

꿈과 이상이 큰 甲木 일간의 경우에는 높이 솟은 나무가 부러지면 본래의 모습으로 회복하기에는 오랜 시간이 걸리듯이 한 번 좌절하면 쉽게 회복하기 어려울 수도 있다.

(2) 일간日干이 火일 경우 : 일간은 기본적으로 火의 특성인 염상성炎上性과 예의 성정을 나타낸다. 또한 일의 규모나 범위를 넓히고 확장하려는 심리가 강하고, 폭발하거나 팽창하는 직선적인 사고와 언행을 할 수 있다. 火는 양중의 양이므로 열기가 강하여 육체적인 활동과 대인관계에서도 주도적이며 적극적일 수 있다. 특히 일간이 陽火인 丙火일 경우에는 기본적으로 온 세상이 광명정대하기를 원하고 자신의 의견이나 주장을 명확하게 내세울 수 있다. 일간이 陰火인 丁火일 경우에는 타인을 포근하게 감싸고 주변을 밝고 화기애애한 분위기로 만드는 역할을 잘하므로 동일한 火이지만 각각 陽의 속성과 陰의 속성이 다르게 나타난다.

(3) 일간日干이 土일 경우 : 일간은 기본적으로 가색성稼穡性과 신信의 성정을 나타낸다. 또한 사물을 바라보는 관점도 비교적 중립적이고 합리적이며 중재仲裁와 조정調整을 하는 성정이 강할 수 있다. 그러므로 한 방향으로 치우치지 않고 균형을 잡으려고 하는 성향이 강하고, 인품이 중후하고 타인을 배려하고 이해하는 심리가 강할 수 있다.

土의 경우에도 기본적으로 일간이 陽土인 戊土일 경우에는 대기권의 중력의 작용과 같이 묵묵하게 신의를 지키는 성향이 강할 수 있고, 일간이 陰土인 己土일 경우에는 말없이 타인을 위하고 힘이 되어주는 전형적인 모성애의 성향이 강할 수 있다.

(4) 일간日干이 金일 경우 : 일간이 金일 경우에는 기본적으로 상호간의 의리를 중시하고 순수하다. 그러나 한 번 변하면 냉정하게 바뀔 수 있는 종혁從革의 성정을 나타낼 수 있다.

의리를 중시하므로 유연성이나 융통성이 부족한 대신에 의지와 신념이 강하고, 일의 결과와 마무리를 중시하는 결실結實과 정리整理를 잘하고 끊고 맺는 결단성이 강하게 나타날 수 있다.

金의 경우에도 기본적으로 일간이 陽金인 庚金일 경우에는 순박하면서도 의지나 주관이 뚜렷할 수 있고, 일간이 陰金인 辛金일 경우에는 매사를 깔끔하게 정리하고 호불호好不好를 명확하게 드러낼 수 있다.

(5) 일간日干이 水일 경우 : 일간이 水일 경우에는 기본적으로 부드럽고 유연한 사고와 행동을 하며, 비교적 겸손하면서도 다재다능한 재능을 발휘한다. 또한 결실과 마무리를 한 후에 씨앗을 수축收縮하고 단단하게 응고凝固시켜 썩지 않게 저장貯藏하여 봄에 새로운 싹을 트게 하는 인동초忍冬草와 같은 생명력과 인내심을 가지고 있다. 또한 물은 위에서 아래로 흐르는 윤하성潤下性을 지니고 있으므로 항상 자신을 낮추는 성정을 지니고 있다. 그러나 水는 유연성과 융통성이 뛰어나고 지혜롭지만 변화가 심할 수 있다. 역시 水의 경우에도 기본적으로 일간이 陽水인 壬水일 경우에는 고요한 가운데 역동성과 가변성을 지니고 있고, 일간이 陰水인 癸水의 경우에는 마음이 여리고 착하면서 끈기와 인내심이 강할 수 있다.

4. 사주원국의 합合 충沖 극剋 합화合化의 분석방법

1) 일반적인 합合이나 충沖 극剋

(1) 합合 : 일반적으로 일간日干은 합을 해도 일간의 본성은 변하지 않고

대신에 合을 하는 오행의 십성에 해당하는 인人·사事·물物에 대하여 생각이나 관심이 많고 집착할 수 있다. 이 경우에도 일간이 용신用神과 合을 하면 더욱 좋고, 기신忌神과 合을 하면 본연의 역할에 소홀하여 불리할 수 있다. 또한 일간에게 필요한 역할을 하는 희喜·용신用神에 해당하는 오행이 일간 외의 다른 십성과 合을 하여 묶이면 불리하고, 이러한 경우를 合을 탐하여 자신의 중요한 역할을 망각한다고 하여 탐합망귀貪合忘貴라고 하였다. 그러나 흉신凶神에 해당하는 오행이 일간외의 다른 십성과 合하면 불리한 작용을 못하게 되어 오히려 일간에게 도움이 될 수 있다. 물론 지지에서 이루어지는 합의 경우에도 동일하게 판단할 수 있다.

(2) 충沖과 극克 : 충이나 극을 하는 두 오행중의 하나가 일방적으로 강하면서 沖이나 克을 하는 경우에는 沖이나 克을 당하는 오행의 십성에 해당하는 인·사·물이 손상되거나 피해를 입을 수 있다. 그러나 충이나 극을 당하는 오행의 십성이 뿌리가 강할 경우에는 작용력이 약할 수 있고, 두 오행이 모두 강하면 서로 갈등하고 다투는 관계가 되어 두 오행의 십성에 해당하는 인·사·물이 손상되어 일간이 불리할 수 있다. 이 경우에도 극이나 충을 하는 두 오행의 중간에서 유통流通시키는 경우에는 무난하거나 오히려 도움이 될 수 있다.

(3) 합화合化하는 경우와 합合만 하는 경우 : 해당하는 십성끼리 合이 되었을 경우에는 합화合化하여 다른 오행의 기운으로 변화가 이루어지거나 또는 合만 하고 있을 수 있다.

원국의 두 오행이 합만 하고 변하지 않는 경우는, 합하는 두 오행이 지지에 비겁比劫이나 인성印星에 통근通根하여 강하거나, 합화하여 변한 오행이 원국의 지지 특히 월지月支나 일지日支에 없거나 약할 경우에는 변하지 않는다. 이 경우에는 합화하지 못하고 묶여있으므로 오행의 작용력이 한신閑神으로 변하여 슴의 장점이나 단점이 잘 드러나지 않을 수 있다.

합화合化가 되는 경우는 기본적으로 합하여 변한 오행이 원국에 많고 강할 경우에 가능하다. 합화격合化格을 논할 때 상세히 알아보도록 하자.

2) 천간의 합合 충沖 극克의 분석

(1) 천간의 合과 沖의 사례 : 해당하는 십성끼리 合을 하는 경우와 沖을 하는 경우의 예를 보도록 하자.

□ 乙 戊 癸, □ 辛 甲 己, □ 丙 乙 庚, □ 里 癸 戊, □ 己 丁 壬처럼 일간을 중심으로 천간의 재성財星과 인성印星이 合을 하는 경우에는 일간의 육친관계에서는 재성에 해당하는 아버지가 인성에 해당하는 어머니와 서로 정이 많고 좋은 관계가 되어 유정有情할 수 있고, 단 합을 하는 해당하는 오행의 인·사·물은 일간에게는 길흉吉凶의 작용이 다를 수 있다.

반대로 □ 乙 戊 壬, □ 辛 甲 戊, □ 丙 乙 辛, □ 己 癸 丁, □ 癸 辛 丁처럼 일간을 중심으로 천간의 재성과 인성이 沖이나 克을 하는 경우에는 육친관계에서는 부친과 모친의 관계가 서로 갈등하고 반목하는 관계가 되거나 서로 정이 없는 관계가 될 수 있고, 역시 충이나 극을 하는 오행의 인·사·물은 일간에게 길흉의 영향력을 증감할 수 있다. 물론 이 경우에도 중간에서 통관通關하는 역할을 하는 오행이 운에서 올 경우에는 그 기간 동안에는 충극이 해소되어 무난할 수 있다.

(2) 합合 충沖 극剋의 작용과 대응방안 : 합合 충沖 극剋의 작용이나 대응

방안을 찾으려면 먼저 원국에서 서로 합이나 충 또는 극을 하는 해당 육친이 누구인가를 파악해야 한다.

일간에게 도움이 되는 희喜·용신用神에 해당하는 육친이 합을 하여 합거合去되어 사라지거나 한신閑神으로 전락하면 해당 육친의 도움을 받기 어려워 일간에게는 불리할 수 있다. 또한 희·용신이 沖이나 克이 되어도 해당 육친의 도움이나 좋은 작용이 반감되거나 사라질 수 있다. 그러나 일간에게 불리한 작용을 하는 흉신이 合을 하여 합거合去되거나 沖이나 극을 받아 한신으로 전락하면 일간에게 오히려 해로운 작용을 못하게 되어 유리할 수 있다. 불리한 경우에 대응하는 방안을 간략하게 알아보도록 하자.

- 대응방안 : 일간의 재성과 인성이 충극沖克이 되는 경우에는 일간의 부모가 서로 직업이나 일을 가지고 생활하면서 주말부부나 월말부부처럼 각자의 생활을 하면서 갈등이나 반목의 시기를 넘길 수도 있고, 일간이 결혼을 하여 자녀를 일찍 두는 것이 부모에게 도움이 될 수 있다. 이 경우에는 일간의 자녀가 부모의 관계를 원만하게 만드는 역할을 할 수 있다. 근본적으로는 원국 전체의 구성을 살피고, 두 오행의 강약强弱과 운運의 흐름도 살펴야 한다.

  부부사이에 트러블이 많을 경우에도 남자의 경우에는, 원국에서 식상食傷이 용신일 경우에는 식상에 해당하는 육친인 장모가 자신과 부인 사이에서 원만하게 할 수 있으므로 장모를 모시고 살면 부부사이의 문제를 원만하게 해결할 수도 있고, 여자의 경우에는 결혼을 하여 자식을 빨리 낳으면 부부사이가 원만하고 좋은 관계가 형성될 수 있다.

  인간관계에서도 두 사람의 관계가 나쁘거나 소원疏遠할 경우에는 중간에서 중재자가 역할을 잘하면 많은 도움이 될 수 있다.다른 경우에도 이와 같은 방법으로 관계를 원만하게 하거나 피해나 손상을 줄일 수 있다.

(3) 합合과 충沖이 함께 있을 경우의 판단 : 이 경우에는 원국에서 일간과 가까이 있는 오행에 해당하는 십성의 합이나 충을 우선하여 합이나 충으로 판단하고, 두 오행의 통근通根과 강약을 살펴서 合이나 沖의 영향력을 판단

할 수 있다. 즉 合과 沖이 함께 있을 때, 合을 하는 오행이 일간의 옆에 있고 沖이나 克하는 오행이 멀리 떨어져 격간隔干되어 있을 경우에는 合을 우선으로 판단하고 멀리 떨어져서 沖이나 克하는 오행은 힘이 미약하므로 단지 서로의 마음이 다를 수 있고 정이 없을 수 있다고 판단할 수 있다. 그러나 멀리 떨어져있는 경우에도 대운이나 세운에서 沖하는 오행이 오면, 그 기간 동안에는 해당하는 육친이나 인·사·물과 갈등이나 의견충돌이 발생할 수 있다. 合과 沖이 되는 경우에 판단하는 방법을 보도록 하자.

　□ 庚 乙 甲의 경우에는 일간은 乙 庚 合을 우선하므로 甲 庚 沖은 의미가 없으며 단지 일간이 남명일 경우에는 처음에 만나는 재성의 여성은 인연이 없을 수 있다.

　□ 庚 甲 乙의 경우에는 일간은 甲 庚 沖을 우선하므로 甲 庚 沖으로 판단한다. 역시 이 경우에도 일간이 남명일 경우에는 처음에 만나는 여성과 인연과 정이 많지만 다른 여자로 인하여 멀어질 수 있다. 또한 □ 庚 乙 乙의 경우에는 월간 乙과 일간 庚이 合을 하는 것이므로 연간 乙과 일간 庚이 합하는 것은 아니다. 남명의 경우에는 처음의 여성과도 인연이 많지만 다음에 만나는 여성이 자신의 참된 인연이 될 수 있다.

　□ 乙 庚 甲의 경우에는 庚이 甲을 沖하기 보다는 乙과 合하기를 원하므로 을 경갑 충보다는 乙 庚 合을 우선하게 된다. 여명의 경우에는 다른 사람이 만나는 남자를 자신의 남자로 만날 수도 있다. 그러나 □ 乙 庚 丙의 경우에는 丙이 庚을 극하여 庚이 乙과 合을 할 힘이 없을 수 있는데, 이 경우에도 庚의 지지에 申이나 土의 뿌리가 있어 庚金이 강하면 당당하게 일간과 合을 할 수 있다. 즉 丙의 뿌리가 약하고 庚의 뿌리가 강하면 일간과 合을 할 수 있고 일간은 庚金에 의지하고 따라갈 수 있다. 반대로 丙이 지지에 통근하고 강하고 庚이 약할 경우에는 일간이 합을 하지만 전적으로 의지하기는 곤란할 수 있다.

• 천간의 合이나 沖의 경우에도 다양한 인·사·물의 변화가 나타·날 수 있으므로 학문의 깊이와 폭을 더하여 원국 전체를 분석하는 능력을 키워야 한다. 기본 원리와 개념을 파악하면 원국을 분석할 수 있고, 자신의 행복한 삶의 방향을 온전하게 결정하여 자신감을 가지고 살아갈 수 있습니다.

(4) 격간隔干으로 沖 또는 合이 될 경우 : 일반적으로 沖이나 克이 되더라도 충극沖克을 하는 오행을 合하거나 克하는 오행이 옆이나 지지에 있거나, 운에서 올 경우에는 작용력이 미약할 수 있다. 또한 충극이 되는 오행의 궁과 궁사이에서 두 오행을 생生하는 오행으로 유통될 경우에는 沖克으로 보지 않는다. 예를 들자면 일간 甲과 연간 조부모궁의 庚이 충극이 되더라도 월간의 부모 또는 형제궁이 壬이나 癸가 되면 통관通關으로 金 生 水로 유통되므로 沖克으로 보지 않고 오히려 도움이 될 수 있다. 이 경우에는 단지 일간과 연주궁의 오행의 길흉관계를 판단하면 된다. 즉, 宮의 오행이 일간에게 길吉작용을 하는 경우에는 비록 나와 沖克이 되더라도 충고와 도움이 될 수 있고, 흉凶작용을 하는 경우에는 일간이 조부모의 도움이나 유산을 받을 수 없고 어린 시절이 순탄하지 못할 수 있다. 물론 대운이나 세운의 흐름이 좋을 경우에는 그 기간 동안에는 도움이나 유산도 받을 수 있다.

유통이 되는 경우는 □ 甲 壬 庚, □ 辛 壬 乙, □ 丙 甲 壬, □ 丁 乙 癸, 丁 甲 癸 □의 경우처럼 沖하는 두 오행을 가운데서 生하는 오행이 있을 경우이며 이 경우에는 충극으로 보지 않는다. 그러나 충이 되는 육친과는 서로 소원한 관계가 될 수는 있다.

3) 궁宮과 궁宮이 합合 또는 충극沖剋하는 경우 : 기본적으로 궁과 궁이 서로 合하는 경우에는, 해당궁의 육친六親간에는 서로 정이 많고 친밀한 사이가 될 수 있으며 동시에 해당궁의 육친이나 사물에 집착할 수도 있다. 궁과 궁이 서로 沖하는 경우에는, 해당궁의 육친 상호간에 반목하거나 갈

등이 많을 수 있고 서로 정이 없으며 해당궁의 육친이나 사물에 대하여 무관심하거나 배척할 수 있다. 또한 서로 떨어져서 격간隔干되어 궁과 궁이 합이 되는 경우에는, 해당하는 궁의 육친과는 좋은 관계의 마음이나 생각은 있지만 실질적인 작용력은 미약할 수 있다. 그러나 운에서 다시 합하는 오행이 오는 경우에는, 그 기간 동안에는 해당궁의 육친이나 인·사·물과는 좋은 관계나 인연이 될 수 있다. 물론 冲이 되는 경우에도 해당 육친끼리는 마음이 맞지 않을 수 있지만 실질적인 작용력은 약하다. 그러나 이 경우에도 운에서 다시 冲할 경우에는 그 기간 동안에는 작용력이 나타날 수 있다.

이런 경우에도 반드시 대운이나 세운의 흐름과 천간과 지지의 관계를 살펴서 판단해야 하지만 단식간명을 하는 경우에는 많이 활용할 수 있고, 간지를 동시에 파악하는 것이 필요하다. 궁과 궁이 合이나 冲할 경우에 나타날 수 있는 작용을 살펴보자.

(1) 월주궁月柱宮과 연주궁年柱宮의 합合과 충冲

• 합合의 작용 : 월주月柱의 부모 또는 형제궁과 연주年柱의 조부모 또는 부모궁이 서로 合을 하는 경우에는 부모 또는 형제가 조부모 또는 부모와 인연과 정이 많고 서로 밀접한 관계가 될 수 있다. 또한 십성에 해당하는 육친이나 인·사·물과는 서로 인연과 정이 많고 때로는 서로 집착하거나 지나치게 간섭할 수 있다. 그러나 月柱나 年柱가 일간의 희·용신일 경우에는, 일간에게 필요한 힘이 형제나 부모에게로 향하므로 일간에게는 도움이 되지 못할 수 있고, 반대로 월주나 연주가 일간에게 기신忌神일 경우에는 부모나 형제가 일간을 이롭게 할 수 있다. 즉, 일간에게 도움이 되는 희·용신은 합이나 충을 하지 않고 강하고 온전한 것이 유리하고, 도움이 되지 못하는 기·구신은 합이나 충을 하여 나쁜 역할을 못하게 하는 것이 유리할 수 있다.

또한 월주와 연주가 합을 하여 일간에게 필요한 희·용신의 오행으로 변할 경우에는, 오히려 형이나 부모 또는 조상의 도움으로 성공하거나 가업家業을 물려받아 고향에서 조부모나 부모와 함께할 수 있는 좋은 관계가 될 수 있다.

이러한 경우에는 일간은 부모나 조부모의 도움으로 어린 시절이나 성장기에 학업에 전념할 수 있고 행복한 가정에서 성장할 수 있으며, 이 경우에도 천간과 지지를 함께 살펴서 판단하면 더욱 확실할 수 있다. 지지는 실질적이고 물질적으로 도움을 주는 의미가 있기 때문이다.

- 충沖의 작용 : 연주궁年柱宮이 월주궁月柱宮의 천간이나 지지와 沖이나 克을 하는 경우에는, 宮에 해당하는 육친이나 인·사·물과는 서로 인연이 없거나 갈등하고 다투는 관계가 될 수 있다. 때로는 서로 간에 마음의 상처를 입거나 또는 떨어져 살거나 헤어져 지낼 수 있다.

  일간의 경우에는 부모나 조상의 덕이 미약하고 실질적인 도움을 받기 어려워 유년시절과 성장기에 학문에 열중하지 못하고 방황하거나 또는 집이나 부모형제와 멀리 떨어져 생활할 수 있다. 또한 일간 자신은 부모 또는 형제가 조부모 또는 부모와 정신적으로 서로 갈등하고 충돌하여 함께 생활하기가 어려울 수 있고, 때로는 일간 자신의 유년시절이나 성장기에 고향을 떠나 생활하거나 학교를 자주 이동할 수도 있다. 그러므로 부모와 안정적으로 생활하기가 어려워 변동이나 변화가 많은 생활을 할 수 있고, 부모나 조부모도 가업이 중단되거나 일찍 가정이나 고향을 떠나 타지에서 생활터전을 마련할 수도 있다.

  연주궁年柱宮이 멀리 떨어진 일주궁日柱宮이나 시주궁時柱宮과 沖이나 克이 되는 경우에는, 해당하는 宮의 육친이나 인·사·물과는 생각이나 행동이 다르므로 서로 인연과 정이 적을 수 있다. 물론 떨어져 있으므로 영향력이 거의 없지만 운에서 沖을 하는 경우에는, 그 기간 동안에는 해당 宮의 육친이나 인·사·물과 서로 갈등하거나 정신적인 손상이나 물질적인 손상을 받을 수 있다.

- 대응방안 : 월주궁月柱宮이 연주궁年柱宮의 천간이나 지지와 合이 되는 경우에는, 합하는 오행의 육친이나 인·사·물과는 인연이 많고 원만할 수 있지만 때로는 서로 간에 집착하거나 간섭할 수 있으므로 지나친 간섭이나 집착을 피하고 서로를 편안하게 해주는 여유로운 마음과 이해하는 마음이 필요하다. 월주궁이 연주궁의 천간이나 지지와 충沖이 되는 경우에는 일간은 沖하는 오행의 육친이나 인·사·물과는 인연이 없거나 온전한 도움을 받기 어려울 수 있다.

  이러한 경우에 일간 자신은 스스로 유년시절이나 성장기의 역경逆境을 딛고 인생의 다양한 경험을 쌓을 수 있을 경우에는 큰 인물이 되거나 성공할 수 있다. 또한 성장기의 시련을 극복하여 길吉한 운이 올 때 사업이나 자신이 하는 일에서 더욱 견고하고 확실한 우위優位를 오랫동안 유지할 수 있다. 월주궁과 연주궁이 합이나 충이 되는 경우를 보자.

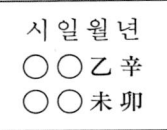

```
시 일 월 년
○ ○ 甲 己
○ ○ 戌 卯
```

- 이 경우에는 월주궁과 연주궁의 천간과 지지가 모두 합을 하고 있는 관계라고 할 수 있다. 물론 지지만 합을 하거나 천간만 합을 하는 경우도 있다. 지지가 합을 하는 경우에는 부모와 조부모가 실질적인 면에서 서로 행동이 일치할 수 있고, 천간이 합을 할 경우에는 정신적인 면이나 마음이 서로 화합할 수 있다.

```
시 일 월 년
○ ○ 乙 辛
○ ○ 未 卯
```

- 월주 부모궁의 천간과 연주 조부모궁의 천간이 乙 辛 충을 하고, 월주궁의 지지와 연주궁의 지지가 卯 戌 합을 하고 있다. 이런 경우에는 월주의 부모와 연주의 조부모가 정신적으로는 갈등하고 의견충돌이 되지만 실질적인 행동에서는 서로 일치할 수 있다. 그러므로 충의 작용력이 약할 수 있다. 물론 기본적으로는 이렇게 판단할 수 있지만 사주원국 전체와 운의 흐름과 희·용신을 파악하여 판단해야 한다.

(2) 일주궁日柱宮과 월주궁月柱宮의 합合과 충沖

- 합合의 작용 : 기본적으로 일주궁日柱宮과 월주궁月柱宮의 천간이나 지지가 合을 하는 경우에는, 궁과 성의 육친이나 인·사·물과는 인연과 정이 많고 역시 집착하거나 간섭할 수 있다.
  일간 자신은 부모나 형제와 인연과 정이 많고 관계가 밀접하며 서로 뜻이 통하고 협력적이면서 친밀할 수 있다. 또한 부모나 형제와 정신적으로 서로 의지하고 정이 있으면서 도움을 주고받는 좋은 사이가 될 수 있고, 때로는 지나치게 집착하거나 간섭하고 참견하는 사이가 될 수도 있다. 왜냐하면 오행에 해당하는 육친의 강약에 따라 다정할 수도 있고 사랑이 지나쳐 간섭이나 참견이 될 수 있기 때문이다. 특히 월주궁이 희·용신이면서 일주궁과 합을 하면, 자신과 배우자가 부모와 서로 화목하고 관계가 돈독할 수 있으며 부모의 도움을 크게 받을 수 있다. 이 경우에는 부모나 형제의 도움으로 많은 부분에서 큰 성취를 이룰 수가 있고, 청장년기가 안정적일 수 있고 학문이나 자신의 일에 열중할 수 있다. 동시에 부모의 정신적·실질적인 도움으로 일찍 생활의 기반을 닦을 수 있고 장년기까지도 변동이나 변화가 심하지 않은 평온한 삶을 살 수 있다. 반대로 월주궁이 기忌·구신仇神이면서 일주궁과 합을 하는 경우에는, 자신의 일을 하지 않고 부모나 형제에게 의지하며 살려고 하므로 스스로 성공하기가 어려울 수도 있다. 물론 지지와 운의 흐름도 잘 살펴서 판단하면 더욱 정밀할 수 있다. 흉凶작용을 할 경우에는 서로의 관계에서 다소 거리를 두거나 소통은 하되 의존하지 않는 것이 필요하다.

• 충沖의 작용 : 월주궁과 일주궁의 천간이나 지지가 충沖을 하는 경우에는, 冲하는 오행에 해당하는 육친이나 인·사·물과는 인연이 없거나 갈등하고 다투는 관계가 되고 때로는 서로 손상損傷되거나 관계가 단절될 수도 있다. 이 경우에는 일간 자신이 부모나 형제의 정신적인 도움이나 실질적인 도움을 받기 어려울 수 있으므로 청년기에 방황하거나 학문에 전념하기 어려울 수 있고, 아르바이트 등을 통하여 자신의 삶을 스스로 개척하는 힘든 생활이 될 수 있다. 때로는 청년기에 집을 떠나 타지他地에서 생활할 수도 있다. 또한 일간이 한참 일할 시기인 장년기에 온전한 직업이나 직장을 구하기 힘들 수도 있고, 한 가지 일에 전념하지 못하고 여러 직업이나 직장을 전전할 수도 있다. 물론 이 경우에도 충하는 오행을 연간年干에서 합을 하거나 극을 하는 경우와 운의 흐름이 좋을 경우에는 무난할 수 있다.

• 대응방안 : 일주궁과 월주궁이 沖을 하는 경우에는, 부모나 형제의 도움을 크게 생각하지 말고 오직 확고한 신념을 가지고 한 분야의 전문가가 되도록 자신을 개발하고 지식의 폭을 넓히는 것이 중요하며, 신앙을 가지거나 정신적인 지주가 될 수 있는 스승이나 좋은 윗사람을 만드는 것이 어려움을 극복하는 방법이 될 수 있다. 또한 직업이나 직장을 전전하기보다는 한 곳에서 인내심을 가지고 견디면서 자신의 일을 모색해야 한다. 결혼을 한 후에는 부모나 형제와 정신적인 불화나 갈등이 생길 수 있으므로 가

급적 부모나 형제를 원망하거나 미워하지 않되 부모나 형제와 동거하지 않는 것이 자신의 생활에 도움이 될 수 있다. 물론 원국 전체와 운의 흐름을 살펴서 판단해야 한다.

```
시 일 월 년
○ 丙 壬 ○
○ 子 午 ○
```

• 일주궁과 월주궁의 천간과 지지가 충이 된다.
  일간은 청년기부터 장년기에 이르기까지 정신적인 방황을 할 수 있고, 직장이나 직업의 변동과 변화가 심할 수 있다. 또한 물질적인 고통을 받을 수도 있고, 여러 직장을 전전할 수도 있다. 역시 부모나 배우자의 도움도 받기 어려울 수 있다. 물론 운의 흐름이 좋거나 다른 간지의 도움이 있을 경우에는 어려움이 덜할 수 있다. 이런 경우에는 자신의 고집이나 변덕스런 마음을 다스려 주관을 가지고 한 직장에서 지속적으로 근무하는 경우에는 어려움을 극복하고 살아갈 수 있다.

(3) 일주궁日柱宮과 시주궁時柱宮의 합合과 충沖

• 합合의 작용 : 일주궁과 시주궁의 천간이나 지지가 合이 되는 경우에는, 일간은 해당하는 궁과 성의 육친이나 인·사·물과는 역시 인연과 정이 많고 때로는 집착하거나 간섭할 수 있다. 이 경우에는 기본적으로 자신과 자녀의 관계가 서로 친밀하고 화목和睦할 수 있으며, 서로 간에 정과 인연이 많으므로 노년에도 자녀나 손자와 함께할 수 있고 서로 도움을 줄 수 있으며 때로는 집착할 수 있다. 특히 시주궁이 희·용신이면서 일주와 合을 하는 경우에는, 자신의 만년이 평온하고 장수할 수 있으며 아랫사람의 덕을 입을 수 있다. 그러나 기신忌神과 합을 하는 경우에는, 역시 자녀나 아랫사람에게 불필요한 잔소리나 지나친 참견을 할 수 있고 자신의 일에 소홀할 수 있으므로 신중하게 처신하는 것이 도움이 될 수 있다.

• 충沖의 작용 : 시주궁이 일주궁의 천간이나 지지와 沖이 되는 경우에는, 해당하는 궁과 십성의 육친이나 인·사·물과는 인연이 없거나 갈등하고 반목할 수 있고, 때로는 서로 정신적인 손상이나 물질적인 손상을 입을 수 있다.

일간은 자녀나 아랫사람의 궁인 시주궁과 冲을 하므로 자녀나 아랫사람과 서로 화합하지 못하고 갈등하거나 배척하는 관계가 될 수 있고, 자녀에게 기업을 물려주기가 어려울 수도 있다. 또한 일간은 노년에 자녀나 아랫사람의 도움을 받거나 함께 생활하기가 어려울 수 있으며 상호간에 도움이 되지 않고 반목할 수 있다. 이런 경우에는 비록 장남이더라도 서로 거리를 두고 지나치게 간섭하지 말고, 서로 떨어져 생활하는 것이 나와 자녀간의 관계를 이어나가면서 무난하게 사는 방안이 될 수 있다. 왜냐하면 자녀의 입장에서는 부모가 도움도 못되면서 사사건건 간섭하고 자신을 방해한다고 생각할 수 있으며 대화를 하면 충돌한다고 생각할 수 있기 때문이다.

자신의 일과 관련하여서도 冲을 하는 경우에는 노년에도 정신적인 갈등이나 경제적인 어려움이 따를 수 있다. 물론 운과 더불어 간지도 같이 살펴서 판단하면 더욱 신뢰도가 높을 수 있고, 자녀의 사주가 좋거나 일간의 운의 흐름이 좋을 경우에는 그 기간 동안에는 무난할 수 있다.

• 대응방안 : 合을 하는 경우에는 아랫사람에 해당하는 자녀나 며느리 또는 사위나 자신의 직원과 서로 관계가 좋고 도움을 받을 수 있다. 이 경우에는 지나치게 간섭하거나 집착하는 것은 조심해야 하고, 그저 좋은 말과 칭찬을 아끼지 말아야 한다. 그저 자신의 삶의 모습을 보여주면서 항상 덕담과 미소로 서로 소통하는 것이 도움이 될 수 있다. 이러한 처신이 어른대접을 받을 수 있고 지혜로운 처신의 방법이 될 수 있다. 반대로 일주궁과 시주궁이 충극沖克을 하는 경우에는, 서로의 생각과 추구하는 방향이나 생활방식이 달라 자녀나 아랫사람과 충돌이 자주 발생할 수 있고, 서로 뜻이 맞지 않아 기피하거나 멀리할 수 있다. 이 경우에는 가급적 자녀나 아랫사람에 대한 간섭이나 기대를 하지 않는 것이 필요하고 때로는 떨어져 서로 부딪치지 않고 생활하는 것이 도움이 될 수 있다. 특히 운에서 다시 冲을 하는 경우에는 그 기간 동안에는 자신의 건강관리에 유의하고 자녀나 아랫사람과의 다툼이나 불화를 조심해야 한다. 기본적으로 冲을 하는 경우에는 일간 자신의 노후가 외로울 수 있으므로 항상 친구나 주변사람들과 친밀하게 지내는 것이 필요하고, 재물이 있다면 타인을 위해 베푸는 마음을 지닌다면 외로움이나 홀로 사는 어려움을 면할 수 있다. 그러나 원국이 비록 충이 되더라도 운의 흐름이 좋을 경우에는 그 기간 동안에는 무난하고 원만한 관계가 될 수 있다.

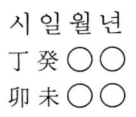

시 일 월 년

丁 癸 ○○

卯 未 ○○

- 일주궁과 시주궁이 천간은 충을 하지만 지지는 합을 하고 있다. 이 경우에 일간은 자녀나 아랫사람과 정신적으로는 서로 갈등하고 의견이 충돌할 수 있지만 물질적으로는 자녀를 도와줄 수 있고, 노년에도 활동을 할 수 있으며 단지 건강을 조심해야 한다.

(4) 격간隔間된 궁의 합合과 충沖

- 합合의 작용 : 월주궁이 떨어져 있는 시주궁과 합을 하는 경우에는, 해당하는 육친과는 좋은 관계가 될 수 있다고 추론할 수 있으나 떨어져 있으므로 마음만 서로 통하는 관계가 될 수 있다. 이 경우에도 운에서 합하면 그 기간 동안에는, 해당하는 오행의 육친이나 인·사·물과는 좋은 관계와 인연이 유지될 수 있고 때로는 지나치게 집착할 수 있다.

  일주궁이 멀리 떨어진 연주궁과 습을 하는 경우에는, 역시 궁의 육친과는 서로 마음과 정이 끌리는 관계이지만 마음만 있는 관계라고 할 수 있다. 이 경우에 일간은 조상을 위하는 마음이 강하여 제사나 산소를 잘 관리할 수 있다. 또한 운에서 습을 하면 그 기간 동안에는 해당하는 궁의 육친이나 인·사·물과 밀접할 수 있고 영향력이 나타날 수 있다. 이 시기에 조상의 무덤을 이장할 수도 있다.

  시주궁이 떨어진 월주궁이나 연주궁과 습을 하는 경우에는, 일간의 자녀가 부모나 조상에 대하여 긍정적인 생각과 행동을 할 수 있다. 이 경우에도 운에서 합을 하는 경우에는, 그 기간 동안에는 해당하는 궁과 성의 육친이나 인·사·물과 좋은 관계가 형성될 수 있다. 물론 합을 하더라도 길흉한 오행을 합하여 흉凶한 오행으로 변할 경우에는 일간 자신에게는 도움이 되지 않는다.

- 충沖의 작용 : 월주궁이 떨어져 있는 시주궁과 沖을 하는 경우에는, 해당하는 宮의 육친이나 인·사·물과는 반목하거나 인연이 없다고 할 수 있지만 떨어져 있으므로 영향력이 거의 없다. 그러나 운에서 沖하는 오행이 오면 그 기간 동안에는 서로 반목하거나 갈등할 수 있다. 때로는 월주에 해당하는 일간의 부모가 손자나 손녀를 돌봐주기 어려울 수 있고 서로 불편하고 곤란할 수 있다. 물론 해당하는 본인의 원국을 보고 판

단해야 정확도와 신뢰도를 더욱 높일 수 있다.

일주궁과 연주궁이 충沖을 하는 경우에도, 다른 궁의 沖과 마찬가지로 해당궁의 육친이나 인·사·물과 본인은 반목하거나 인연이 없다고 할 수 있다. 단지 떨어져 있으므로 영향력이 거의 없지만 운에서 다시 충을 하는 경우에는 그 기간 동안에는 해당궁의 인·사·물로 인한 갈등이나 불안이 발생할 수 있다. 또한 일간은 조상이나 부모를 모시는 일에 무관심하거나 소홀할 수 있고, 조상의 제사에 참석하지 않을 수도 있다. 동시에 조상이나 윗사람을 무시할 수도 있다.

시주궁이 월주궁이나 연주궁과 沖을 하는 경우에는, 일간의 자녀가 해당하는 궁과 성의 육친이나 인·사·물과는 반목하거나 서로 충돌하여 인연이 약할 수 있다. 이 경우에도 떨어져 있으므로 영향력은 거의 없지만 운에서 다시 沖을 하면 그 기간 동안에는 해당하는 궁과 성의 육친이나 인·사·물과 반목하거나 갈등하고 서로의 생각이나 행동이 다를 수 있다. 이 경우에도 일간에게 흉작용을 하는 오행을 沖할 경우에는 일간에게는 오히려 도움이 될 수 있다. 특히 일주궁이 월주궁이나 시주궁과 천간과 지지가 모두 간충지충干沖支沖하고 지지가 형刑을 하는 경우에는, 일간은 해당궁의 육친이나 인·사·물과는 인연이 없고 갈등하거나 다투는 관계가 되고, 서로의 마음과 몸이 손상되어 함께하기가 어려울 수 있다.

```
시 일 월 년
丁 ○ ○ 癸
卯 ○ 酉 ○
```

• 시주궁의 시간 丁과 연주궁의 연간 癸가 충을 하고, 시주궁의 시지 卯와 월주궁의 월지 酉가 충을 하고 있다. 이 경우에는 서로 떨어져 있으므로 충의 작용은 나타나지 않을 수 있다. 그러나 천간으로 운에서 丁이나 癸가 올 때 그 기간 동안에는 충의 작용력이 나타날 수 있고, 지지에서 卯나 酉의 운이 올 때 그 기간 동안에는 충의 작용력이 나타날 수 있다. 오행과 궁의 의미를 생각하면서 분석을 하면 실력향상에 도움이 될 수 있다.

※ 음양오행陰陽五行과 해당하는 십성十星의 다양한 변화와 응용을 살피는 것이 명리의 깊이를 더하는 과정이라고 할 수 있고, 이러한 과정을 통찰하므로 스스로 우주속의 소중한 자신의 존재를 파악하여 생활 속의 지혜와 여유를 터득할 수 있다. 한편으로는 생각하는 시간을 통하여 자신의 생각이나 집착으로부터 한발 물러서서 삶의 과정을 되돌아보고 점검하여 새로운 희망과 자신감을 회복할 수 있고, 동시에 미래의 자신만의 행복한 삶의 방향을 찾을 수 있다. 즉 명리를 알고 자신의 특성이나 장단점을 찾아 보완하고 사전에 대비하여 다가오는 미래의 건강한 삶과 행복한 삶의 출발선에 다시 도전할 수도 있고, 가족의 건강과 화목을 도모할 수 있는 방안을 찾을 수 있다. 아마도 좀 더 일찍 이 공부를 하였다면 하는 아쉬운 마음이 들 수도 있다.

4) 합合과 충沖으로 판단하는 인간관계

(1) 대인관계 : 대인관계에서 서로 원만하게 협력하고 도움이 될 수 있는 관계인지 아니면 서로 충돌하거나 의견의 일치가 어렵거나 동업을 할 수 없는 관계인지를 파악할 때 간단하게 활용할 수 있는 것이 두 사람의 원국을 비교하여 合과 沖의 관계로 판단할 수 있다. 이러한 기본적인 상호관계를 파악하여 대인관계나 궁합宮合을 볼 때 또는 회사의 직원채용에도 활용할 수 있다. 물론 동업同業을 하거나 인간관계의 선호도를 파악할 때도 활용할 수 있다. 살펴보도록 하자.

① 天干의 판단 방법 : 두 사람의 천간을 비교를 할 때 연간은 年干끼리, 월간은 月干끼리, 일간은 日干끼리, 시간은 時干끼리 상합相合이나 상충相沖을 비교하여 판단할 수 있다.

天干은 서로 간의 생각이나 이상, 일의 우선순위 등에 대한 입장과 견해를 파악하는데 도움이 될 수 있다. 특히 두 사람의 일주에 해당하는 천간과 지지가 서로 沖을 하는 경우에는 궁합이나 대인관계에서도 서로 충돌과 불협화음이 발생할 수 있으므로 피하는 것이 좋고, 合을 하는 경우에는 두 사람이 서로 좋은 관계가 될 수 있고 의사소통도 원만할 수 있다. 이 경우에도 자신의 처지에 따라 상대적으로 판단할 수 있다.

② 地支의 판단 방법 : 두 사람의 지지를 비교할 때도 역시 연지는 年支끼리, 월지는 月支끼리, 일지는 日支끼리, 시지는 時支끼리 상합相合이나 상충相沖을 비교하여 판단할 수 있다.

지지는 서로 간의 행동방식이나 선호選好하는 일과 실천방법 등에 대한 방법론을 파악하는데 도움이 될 수 있다. 이 경우에도 상합相合의 관계가 되는 경우가 가장 좋고 다음에는 서로 상생相生하거나 상비相比의 관계가 되는 경우도 무난할 수 있다. 반대로 서로 상극相克이 되는 관계는 피하는 것이 도움이 될 수 있다.

(2) 사업 : 특히 사업이나 자신의 일을 하는 사장이나 간부의 경우에는 동료나 직원이 자신을 生하는 인성印星이나 자신이 克할 수 있는 재성財星의 관계는 도움이 될 수 있다. 동업을 할 경우에도 자신을 生하는 인성印星이나 자신이 克할 수 있는 재성財星이 무난할 수 있고, 비겁의 관계는 자신의 원국이 약할 경우에는 무난할 수 있다. 반대로 직원이나 동료가 자신을 극克하는 관성官星의 관계는 우선 피하는 것이 유리하고, 다음에는 자신이 생生하는 식상食傷의 관계도 오히려 힘이 빠질 수 있으므로 주의해야 하며, 마지막으로 자신과 대등하게 행동하는 비겁比劫의 관계도 피하는 것이 도움이 될 수 있다.

(3) 궁합宮合 : 궁합을 볼 경우에도 일주나 월주가 서로 상충相沖이나 상극相克이 되면 정신적으로나 육체적으로도 화합하지 못하여 피차가 피곤하

고 힘들 수 있으므로 다른 상대를 찾거나 때를 기다리는 지혜가 필요하다. 이 경우에도 운한運限과 대운의 시기를 참조할 수 있다.

5) 일주日柱 간지干支의 분석방법

(1) 일주日柱의 분석방법 : 여기서는 甲子 일주의 간지만 가지고 간략하게 천간과 지지의 작용과 궁과 십성의 작용을 알아보는 방법을 살펴보자.

일주의 분석은 단식간명의 방법으로 활용하기에는 도움이 될 수 있지만, 항상 원국 전체와 운의 흐름을 살펴 종합적으로 판단해야 한다. 다른 60간 지干支도 아래와 같은 방법으로 특성을 살펴볼 수 있다.

일주
甲
子

① 일주日柱의 분석 : 일간日干 甲木은 천간으로는 己土 정재와 합을 원하고 정재正財에 해당하는 인·사·물을 추구하며, 편관偏官에 해당하는 의 庚金의 충을 꺼린다. 즉 일간 甲木은 정신적·심리적으로, 甲 己 합을 원하고 합하여 어질고 선한 인품과 신뢰와 믿음을 주는 성정을 지니고 안정적인 재물을 추구하면서 생활하기를 원하며, 甲 庚 충을 싫어하므로 지나치게 굳고 고지식한 윗사람이나 또는 고집이 강하고 억압적인 사람을 꺼리고 엄격한 통제나 규제를 싫어할 수 있다. 또한 일간 甲木은 일지日支에 정인正印에 해당하는 子水를 지니고 있으므로, 근본적으로 맑고 깨끗하면서도 부드럽고 유연한 행동을 하고, 타인의 도움을 받기 원하며 특히 배우자의 순수한

도움을 바랄 수 있다. 물론 지혜롭게 행동하고 학식이나 재능이 풍부할 수 있다. 때로는 子水는 甲木을 살릴 수 없다고도 말하지만, 단정하기보다는 음양과 오행의 관계와 희·용신을 정확하게 파악하고 근본적인 궁과 성의 원리를 파악하면 함부로 판단하는 잘못이나 오류를 줄일 수 있다.

② 궁宮의 분석 : 일지는 배우자의 궁에 해당하므로, 일간의 배우자는 맑고 지혜로우면서 융통성이 있으며, 일간 甲木을 사심없이 모성애의 마음으로 도와주거나 때로는 간섭할 수 있다. 또한 일간 甲木은 기본적으로 대인관계나 활동을 할 때도 유연하고 지혜롭게 지나친 욕심을 내지 않을 수 있다. 즉 정재正財에 해당하는 丑土와 子 丑 합을 하여 욕심을 내지 않고 안정적인 재물을 추구하려고 하거나, 辰土와 子 辰 반합을 추구하여 인성印星에 해당하는 직업이나 일에 관심이 많고 지혜롭게 자신이 뿌리내릴 수 있기를 원할 수 있다. 그러나 상관傷官에 해당하는 午와 子 午 충이 되는 것을 싫어한다. 즉 지나치게 잘난 체하거나 떠벌리기를 싫어할 수 있다. 한편으로 일간 甲木은 배우자 궁에 정인正印이 있으므로 모성애와 지혜를 지니고 자신을 도와줄 수 있는 배우자를 원하고, 정인에 해당하는 인·사·물을 추구하거나 관심이 많을 수 있다. 또한 子의 지장간에는 壬水와 癸水의 오직 水의 기운만 존재하므로 일간은 비교적 신체가 건강하고 지혜로우며 유연성과 융통성이 많을 수 있다. 그러나 일간의 정인 子는 다른 오행의 도움을 받지 못할 경우에는 일간이 나약하거나 눈물이 많을 수 있다.

③ 궁宮과 성星의 작용 : 궁과 성으로 설명을 해보도록 하자. 지지의 정인이 길작용을 하는 경우에는 일간 甲木은 배우자의 도움을 받을 수 있고, 배우자가 모친의 역할을 하므로 배우자로 인하여 여유로울 수 있고 자신은 항상 지식이나 학문에 관심이 많을 수 있다. 또한 배우자는 순종적이면

서도 현숙하고 지혜로울 수 있고, 동시에 모친이 일간을 지극정성으로 도와주려고 한다.

일지 정인 子는 子 丑 습을 원하고 합이 되면 土나 水로 변할 수 있으므로, 인성의 水로 변할 경우에는 일간은 학문에 열중하기를 원하고 배우자의 도움보다 부모나 모친의 도움을 더 바랄 수 있다. 합을 하여 재성의 土로 변할 경우에는 배운 지식을 바탕으로 재물이나 물질을 강하게 추구하거나 모친보다는 배우자를 중시할 수 있다. 이와 같은 방법으로 일주를 다양하게 분석할 수 있다. 60개의 간지를 나름대로 분석하는 내공을 쌓는 것도 공부에 큰 도움이 될 수 있다. 이번에는 남명으로 설명을 해보도록 하자.

④ 남명의 경우 : 남자이면서 일주가 甲子일 경우에 일지는 배우자 궁이 되므로 일간의 배우자 궁에 子의 정인正印이 있다. 그러므로 일간 甲木의 배우자는 정인의 마음을 가지고 있으므로 인간적이며 합리적인 성품으로 일간을 도와주려고 하고, 마음이 착하고 여린 사람이라고 할 수 있다.

일간 甲木의 지지 정인 子는 子 丑 합을 원하므로 육친관계에서는 배우자와 모친의 관계가 원만하기를 바라며 특히 모친이 배우자를 따라주기를 원할 수 있다. 그러나 배우자 궁에 본래 있어야 하는 십성은 土의 정재正財이므로 모친에 해당하는 정인 子水는 배우자의 정궁正宮에 해당하는 정재正財로부터 극尅을 받으므로 모친과 배우자의 관계가 불안정할 수 있다. 왜냐하면 모친이 자식이 결혼을 한 후에도 배우자를 대신하여 자식을 보살피고 애정을 차지하려고 할 수 있기 때문이다. 한편 배우자의 궁에 있는 子에 해당하는 정인正印의 모친이 강하면서 흉작용을 할 경우에는, 배우자와 모친이 서로 일간 甲木에 집착할 수 있으므로 결혼을 하면 시어머니와 배우자의 사이가 나쁠 수도 있다. 즉 강한 모친이 배우자의 역할을 대신하려고 하는 형국이 될 수 있다. 물론 길작용을 하는 경우에는 서로가 원만한 관계가 될 수 있다.

실질적인 행동을 할 때, 일간 甲木은 子 午 沖을 싫어하므로 잔소리가 많고 다른 사람 앞에 함부로 나서거나 앞장서는 상관傷官 午의 행동을 꺼릴 수 있다. 또한 子 辰 반합을 원하여 水로 변할 수 있으므로 辰土에 해당하는 자신의 재물이나 여자 또는 배우자의 활동을 통하여 경제적인 도움을 받기 원할 수 있다.

다른 간지도 이와 같은 방법으로 일주를 분석할 수 있다. 음양과 오행의 원리와 개념을 넣어 다양하게 분석을 해보면 반드시 소기의 성과를 얻을 수 있으며 지혜로운 사회생활과 가정생활의 방안을 찾아 자신만의 행복과 기쁨을 누릴 수 있다.

(2) 기본적인 간지干支의 생生 극克 비比의 작용 : 간지도 서로 천간과 지지가 生을 하는 경우와 克을 하는 경우, 서로 동일한 오행으로 구성되어 힘이 되어주는 비比의 경우로 나누어 각각의 천간과 지지의 힘을 판단할 수 있다. 여기서는 간략하게 살펴보도록 하고, 뒤에서 설명할 간지의 통근通根을 참조하면 도움이 될 수 있다.

① 간지干支의 생生 : 천간이나 지지가 일간에게 필요한 오행일 경우에는 간지가 서로 生하면 도움이 될 수 있고, 불필요할 경우에는 生이 오히려 해로운 작용을 할 수 있다. 예를 들면 甲子 乙亥 丙寅 丁卯 戊午 등과 같은 간지는 지지가 천간을 生하므로 지지는 힘이 빠지고 천간의 힘은 더욱 강해질 수 있고, 壬寅 癸卯 甲午 辛亥 등과 같은 간지는 천간이 지지를 生하므로 천간은 힘이 빠지고 지지는 더욱 강해지므로 천간과 지지에 해당하는 오행의 길흉吉凶의 작용도 다르게 나타날 수 있다. 기본적으로 生을 받는 오행이 길吉작용을 할 경우에는 좋은 작용이 더욱 뚜렷하게 나타날 수 있고,

흉凶작용을 할 경우에는 해로운 작용이 더욱 뚜렷하게 나타날 수 있다. 물론 주변의 간지와 운의 관계를 판단하면 더욱 정밀한 판단을 할 수 있다.

② 간지干支의 극克 : 이 경우에도 기본적으로 길吉작용을 하는 천간이나 지지가 克을 받으면 불리할 수 있고, 흉凶작용을 하는 오행이 克을 받으면 오히려 일간에게 도움이 될 수 있다. 그러나 기본적으로 克을 하는 경우에는 간지가 모두 힘이 빠지므로 좋은 작용이나 불리한 작용을 하는 경우에도 작용력이 감소한다. 예를 들면 乙酉 丙子 己卯 庚午 辛巳 등과 같은 간지는 지지가 천간을 克하므로 천간은 대단히 약해지고 지지도 극하기 때문에 어느 정도 힘이 빠지며, 丙申 丁酉 辛卯 庚寅 壬午 등과 같은 간지는 천간이 지지를 克하므로 지지는 더욱 약해지고 천간도 무력할 수 있다. 물론 주변 간지의 도움이나 운의 도움이 있을 경우에는 작용력이 달라질 수 있다.

③ 간지干支의 비比 : 이 경우에는 간지가 서로 동일한 오행이 되는 경우를 말하며, 길작용을 할 경우에는 더욱 유리하고, 흉작용을 할 경우에는 일간에게 더욱 불리할 수 있다. 왜냐하면 서로 힘이 되어 간지가 강해져서 일간과 동일한 육친이 서로 필요한 인·사·물을 취하려고 경쟁하기 때문이다. 부분적인 예를 들면 甲寅 乙卯 丙午 丁巳 戊辰 戊戌 庚申 壬子의 8간지가 해당한다.

第 4 章

오행(五行)과 일간(日干)의 강약 분석

1. 오행五行의 강약强弱 분석의 의미

오행의 강약强弱분석을 하는 것은, 기본적으로 원국에 있는 개별오행과 오행의 십성에 해당하는 인人·사事·물物의 강약을 판단하는데 의미가 있다. 이러한 판단에 따라 기본적으로 강한 오행은 힘을 설洩하거나 克하여 중화中和를 이루게 하고, 약한 오행은 生하여 힘을 더하여 중화中和를 이루게 할 수 있다.

오행의 강약분석을 통하여 사주 중의 강한 오행의 특성과 장점을 활용하는 방법을 찾는 동시에 약한 오행의 보완 방법과 활용 방법을 찾아 개개인의 타고난 적성이나 재능을 충분히 발휘할 수 있게 할 수 있다. 나아가 원국과 다가오는 운의 기운을 판단하여 미래의 꿈과 행복을 실현할 수 있는 시기와 공간을 판단할 수 있다. 그러므로 일간과 오행의 강약을 명확하게 분석하는 것은 인생의 진로進路와 목표를 설정하는데 중요한 판단기준이 될 수 있고, 일간에게 필요하고 도움이 되는 희喜·용신用神과 불리한 작용을 하는 기忌·구신仇神과 한신閑神을 판단하는 기준이 될 수 있다. 원국의 일간이나 오행의 강약을 분석하는 방법은 다양하지만 기본적이고 논리적인 방법들을 알아보도록 하자.

1) 강약의 분석 방법

(1) 왕쇠론旺衰論 : 왕旺 상相 휴休 수囚 사死 : 왕旺 상相 휴休 수囚 사死는 계절의 조후調候를 나타내는 월지月支를 기준으로 일간이나 다른 간지의 강약을 파악하는 방법을 말한다. 판단의 방법은 월지를 기준으로 일간의 강약을 파악하기도 하고, 월지를 기준으로 필요한 기운을 파악하기도 한다.

일간이나 천간을 중심으로 하는 왕쇠론旺衰論에서는 일간이나 천간의 오행이 왕旺과 상相에 해당하는 월지를 얻을 경우에는 기본적으로 체體가 강할 수 있으므로 다른 오행의 도움이 없어도 스스로 활동할 수 있고, 일간이나 천간오행이 휴休 수囚 사死가 되는 경우에는 체體가 약하여 다른 오행의 도움을 받아야만 원만한 활동을 할 수 있다고 판단한다. 살펴보도록 하자.

일간日干이나 다른 천간을 기준으로 할 경우에는, 월지月支의 오행이 일간이나 다른 천간의 오행과 동일하면 비겁比劫이 되어 강해지므로 왕旺이라고 하고, 월지의 오행이 일간이나 다른 천간의 오행을 생生하는 경우에도 일간이나 천간은 힘이 어느 정도 강해지므로 상相이라고 한다. 이 경우에는 일간이나 해당하는 천간의 오행은 몸에 해당하는 체體가 강할 수 있다. 반대로 일간이나 다른 천간의 오행이 월지의 오행을 생生하는 경우에는 월지의 오행이 강해지고 일간이나 다른 천간의 오행은 힘이 빠지므로 휴休라고 하고, 일간이나 다른 천간의 오행이 월지를 극克하는 경우에는 월지도 약해지고 일간이나 다른 천간의 오행도 힘이 쇠약하게 되어 감옥에 갇힌 것과 유사하므로 수囚라고 한다.

마지막으로 월지의 오행이 일간이나 다른 천간을 극克하는 경우에는 월지의 힘도 빠지고 일간이나 다른 천간의 오행은 더욱 약해지므로 사死라고 한다. 이 경우에는 일간이나 다른 천간은 간지의 인성이나 비겁에 해당하는 오행의 도움을 받지 않으면 역할을 하기 어려울 수도 있다.

다음에는 월지를 기준으로 살펴보도록 하자. 일간의 경우와 마찬가지로 월지와 동일한 오행이 천간이나 지지에 투출透出하였을 경우에는 월지가 왕旺이 되고, 월지를 생生하는 오행이 천간이나 지지에 있을 경우에는 월지가 상相이 되어 비교적 강하다고 판단한다. 이 경우에는 기본적으로 월지가 강하고 힘이 있으므로 일간이 약할 수 있다.

반대로 일간이나 천간이 월지를 극克하거나 월지가 생生하는 오행이 천간이나 지지에 많을 경우에는 월지는 휴休 수囚 사死가 되어 쇠衰하므로 월지는 다른 간지의 도움을 받아 중화中和를 이루는 것이 필요하다.

왕쇠론旺衰論은 일간日干이나 다른 천간과 지지의 강약을 판단할 때 뒤에서 배울 통근通根이나 12운성과 함께 활용할 수 있고, 월지의 조후調候와 함께 용신이나 기신을 정하는 중요한 기준으로 활용할 수 있다. 여기서는 월지가 아닌 일간을 중심으로 자세히 살펴보도록 하자.

① 왕旺 : 일간日干과 같은 오행이 월지月支에 있으면 비겁比劫에 해당하는 나의 동료가 생겨 일간의 힘이 강해지므로 왕旺이라고 하고, 이 경우에는 일간이 월령月令을 얻었다고 한다. 월령을 득한 경우를 득령得令했다고 하고 월지月支에 통근通根했다고 말한다. 예를 들자면 일간이 甲木이나 乙木일 경우에 월지에 木 오행인 寅 卯의 木이 있으면 일간이 왕旺하다고 하고, 이 경우에 일간의 힘이 강하게 되어 다른 오행의 도움을 받지 않고 스스로 일을 추진할 수 있는 힘이 있다고 한다. 동시에 월지도 힘이 강하게 되므로 왕旺이 되어 월지나 일간의 힘을 빼는 식상食傷이나 재성財星 또는 관성官星에 해당하는 오행이 유리할 수 있다.

② 상相 : 일간이나 천간을 생生하여 주는 오행 즉 인성印星이 월지에 있으면 일간이나 천간의 힘은 상相이 되어 왕旺하지는 않지만 힘이 강할 수 있다. 예를 들자면 일간이나 천간이 木 오행의 甲이나 乙일 경우에 월지에 일간을 생生하는 오행인 亥水나 子水가 있는 것을 말한다. 반대로 월지의 입장에서는 일간이나 천간을 생生하느라고 힘이 빠지므로 휴休가 되어 비겁比劫이나 인성印星에 해당하는 오행의 도움이 필요할 수 있다.

③ 휴休 : 일간日干이나 천간이 스스로 생生하는 오행 즉 식상食傷이 월지에 있으면 힘이 빠지므로 휴休라고 한다. 예를 들자면 일간이나 천간이 火오

행의 丙火나 丁火일 경우에 월지에 일간이 生하여 주는 오행인 土가 오는 것을 말한다. 이 경우에는 일간이나 천간은 재충전을 위한 휴식이 필요하므로 인성印星의 도움이 필요하다. 즉 인성印星 木이나 비겁比劫 火가 있어야 일간이 힘을 얻을 수 있다. 반대로 월지의 입장에서는 生을 받아 힘이 강해지므로 상相이 되어 다른 오행의 도움이 불필요할 수 있다.

④ 수囚 : 일간日干이나 천간이 스스로 극克하는 오행 즉 재성財星이 월지에 있으면 수囚라고 하며, 이 경우에는 일간의 힘이 약하면 克하기가 어렵다. 그러므로 일간의 힘이 되는 비겁比劫이나 인성印星에 해당하는 오행이 필요할 수 있다. 예를 들자면 일간이나 천간이 金 오행의 庚이나 辛일 경우에 월지에 木오행인 寅이나 卯가 있는 것을 말한다. 반대로 월지의 입장에서는 극克을 받아 다른 오행의 도움을 받지 않으면 존재할 수 없는 사死가 되므로 다른 오행의 도움이 필요하다.

⑤ 사死 : 일간日干이나 천간을 강제로 극剋하는 오행 즉 관살官殺이 월지에 있으면 일간은 꼼짝 못하게 되거나 죽은 것과 다르지 않으므로 사死라고 한다. 이 경우에는 일간은 주변 오행의 도움을 받을 수 있는 비겁比劫이나 인성印星이 반드시 필요하다. 반대로 월지의 입장에서도 일간이나 천간을 극하느라고 힘이 빠지므로 수囚가 되어 역시 다른 오행의 도움을 받아야 한다. 예를 들자면 일간이나 천간이 水 오행의 壬이나 癸일 경우에 월지에 일간을 강제로 극하는 오행인 辰 戌 丑 未의 土가 있는 경우를 말한다.

다른 오행의 관계도 마찬가지다. 특히 월지가 辰 戌 丑 未의 土일 경우에는 일간이나 천간이 戊土나 己土의 동일한 土일 경우에는 왕旺이 되고, 그 외에는 생과 극의 관계로 판단하면 된다. 단 월지의 辰 戌 丑 未가 일간이나 천간의 계절일 때에는 어느 정도의 힘이 될 수 있다. 예를 든다면 일간이 木이면 辰(봄), 火면 未(여름), 土면 辰 戌 丑 未(사계절), 金이면 戌(가을), 水면 丑 (겨울)이 될 경우에는 일간에게 힘이 될 수 있다. 원국의 예를 일간을 중심으로 살펴보도록 하자.

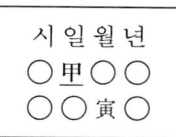

- 일간의 입장 : 일간과 월지가 서로 동일한 비겁의 오행이므로 서로 왕旺하다. 월지 卯도 해당. 辰의 경우에도 계절의 기운이 어느 정도 있으므로 힘이 될 수 있다. 일간 이 乙일 경우에도 동일하다.
- 월지의 입장 : 일간과 동일하므로 월지도 왕旺하다.

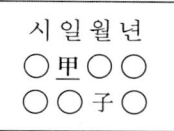

- 일간의 입장 : 월지가 일간을 생하는 인성의 오행이므로 상相이 된다. 일간의 경우 월 지가 辰일 경우에도 계절의 기운이 어느 정도 있으므로 힘이 될 수 있다.
- 월지의 입장 : 월지가 일간을 생하는 식상의 오행에 해당하므로 휴休가 되어 약할 수 있다. 월지 亥도 해당. 일간이 乙일 경우에도 동일하다.

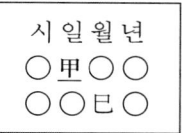

- 일간의 입장 : 일간이 월지를 생하는 식상의 오행에 해당하므로 휴休가 되어 水나 木오행의 도움이 필요할 수 있다.
- 월지의 입장 : 일간이 월지를 생하는 인성의 오행에 해당하므로 상相이 되어 월지가 힘이 있다. 월지 午도 해당. 일간이 乙일 경우에도 동일하다.

- 일간의 입장 : 월지가 일간이 극하는 재성의 오행이므로 수囚가 된다. 그러므로 水나 木오행의 도움이 필요할 수 있다. 단 辰의 경우에는 봄의 木기운이 어느 정도 있다.
- 월지의 입장 : 일간이 월지의 관성에 해당하므로 사死가 된다. 월지 戌 丑 辰도 해당. 일간이 乙일 경우에도 동일하다.

- 일간의 입장 : 월지가 일간을 극하는 관성의 오행에 해당하므로 사死가 되므로 거의 힘이 없을 수 있다.
- 월지의 입장 : 일간은 월지가 극하는 재성의 오행이므로 수囚가 된다. 월지 酉도 해당하고, 일간이 乙일 경우에도 동일하다.

다른 일간의 경우도 위와 같이 판단할 수 있다. 오행의 왕旺 상相 휴休 수囚 사死를 표로 정리해보자.

【천간 오행의 왕 상 휴 수 사】

월지 ＼ 오행	목木 甲乙	화火 丙丁	토土 戊己	금金 庚辛	수水 壬癸
木봄(寅 卯월)	왕旺	상相	사死	수囚	휴休
火여름(巳 午월)	휴休	왕旺	상相	사死	수囚
土환절기(辰戌丑未월)	수囚	휴休	왕旺	상相	사死
金가을(申 酉월)	사死	수囚	휴休	왕旺	상相
水겨울(亥 子월)	상相	사死	수囚	휴休	왕旺

행복한 삶의 지혜를 찾는 생활 속의 사주명리 ⓢ

　(2) 12운성十二運星 : 12운성은 사람이나 동식물이 포태胞胎에서 태어나 살다가 죽고 다시 새로운 생명으로 나타나는 지속적인 순환과정을 나타낸 것이라고 할 수 있다. 즉 사람이나 동식물의 생生 노老 병病 사死의 순환循環과정을 사주분석에 활용한 것이다.

　12운성을 사람의 경우에 대입하면, 서로 단절斷絶되어 모르는 관계의 남녀가 만나 사랑을 나누고 정자와 난자가 결합하면 모태母胎속에서 육성되어 세상에 태어나면 목욕을 시키고, 부모님의 도움으로 의젓하게 성장하여 사회생활을 시작하고 최절정기의 전성기를 보내며, 세월이 흘러 몸이 쇠약해지고 병이 들어 죽으면 무덤에 묻혀 세상과 모든 것이 단절된다. 단절된 후에는 다시 새로운 생명으로 잉태하여 새롭게 순환의 과정을 시작하며, 이것은 불교에서 말하는 윤회輪廻와 유사할 수 있다.

　십이운성은 사람의 수명과 관련하여 참고하기도 하고, 일간이나 천간의 강약을 분석하는 데도 활용할 수 있다. 십이운성의 활용방안을 살펴보도록 하자.

  • 12운성은 주로 일본에서 공망空亡이나 구성학九星學과 함께 많이 활용하고 있으며, 한국이나 중국에서는 활용도가 비교적 낮은 편이다. 그러나 12운성은 공망空亡이나 원진元嗔, 신살神殺 등과 병용하여 원국을 분석하는데 자주 활용되기도 한다.
    12운성을 포태법胞胎法이라고도 하며, 음양과 오행의 생극生克원리나 왕쇠론旺衰論과 다소 일치하지 않는 부분이 있기 때문에 활용상의 이견異見이 있기도 하다.
    결론적으로 말하면 양간陽干에 해당하는 甲 丙 戊 庚 壬의 양포태법陽胞胎法은 일치하고, 乙 丁 己 辛 癸의 음포태법陰胞胎法은 일치하지 않아 혹자는 포태법의 운행을 다르게 분류하여 사용하기도 한다.
    흔히 활용하는 12운성의 운행은 천간이 양陽이면 순행順行하고, 음陰이면 역행逆行한다는 원리가 보편적으로 활용되고 있다.

- 강약强弱과 길흉吉凶의 판단 : 해당하는 천간의 지지가 장생長生 관대冠帶 건록建祿 제왕帝旺이 되면 사왕四旺이라고 하여 기가 강하므로 길하다고 하고, 목욕沐浴 묘墓 태胎 양養은 사평四平이라고 하여 중간 정도의 힘이 되므로 평범하다고 하며, 쇠衰 병病 사死 절絶은 사쇠四衰라고 하여 기가 약하므로 흉하다고 판단하기도 한다. 때로는 장생長生 관대冠帶 건록建祿 제왕帝旺 목욕沐浴 양養은 유기有氣하므로 길吉하다고 판단하고, 쇠衰 병病 사死 묘墓 절絶 태胎는 무기無氣하므로 흉凶하다고 판단하기도 한다. 무엇보다도 음양과 오행의 원리에 입각하여 원국을 철저히 분석하는 것이 필요하다.

- 십이운성은 지지에서 천간을 받쳐주는 봉逢하는 12운성이 주로 활용되며, 일간이나 해당 천간의 강약을 평가하거나 그 사람의 수명이나 건강을 파악할 때 참조參照할 수 있다. 특히 12운성은 단식간명을 할 때 자주 활용하고, 운에서 올 경우에도 그 기간 동안에는 해당하는 십이운성의 작용이 나타난다고 판단하고 간명을 할 수 있다. 12운성에 대한 다른 견해도 있지만 여기서는 일반적으로 적용하는 십이운성표와 기본적인 의미를 살펴보도록 하자.

【십이운성표十二運星表】

운성 \ 천간	장생	목욕	관대	건록	제왕	쇠	병	사	묘	절	태	양
甲	亥	子	丑	寅	卯	辰	巳	午	未	申	酉	戌
乙	午	巳	辰	卯	寅	丑	子	亥	戌	酉	申	未
丙	寅	卯	辰	巳	午	未	申	酉	戌	亥	子	丑
丁	酉	申	未	午	巳	辰	卯	寅	丑	子	亥	戌
戊	寅	卯	辰	巳	午	未	申	酉	戌	亥	子	丑
己	酉	申	未	午	巳	辰	卯	寅	丑	子	亥	戌
庚	巳	午	未	申	酉	戌	亥	子	丑	寅	卯	辰
辛	子	亥	戌	酉	申	未	午	巳	辰	卯	寅	丑
壬	申	酉	戌	亥	子	丑	寅	卯	辰	巳	午	未
癸	卯	寅	丑	子	亥	戌	酉	申	未	午	巳	辰

① 태胎胎 : 태胎胎는 정자와 난자가 만나 어머니 뱃속에서 잉태됨을 말한다. 모태에서 안착을 하는 단계이므로 외부의 변화나 충격에 적응하는 힘이 약하고, 무형無形의 시작이므로 실질적인 행동으로 옮기지는 못한다. 그러나 희망적이고 발전가능성을 지니고 있으며, 호기심이 많고 남의 관심끌기를 좋아할 수 있다. 기적氣的으로는 평범하고 무난할 수 있다.

② 양養 : 양養은 어머니 태중에서 안정적으로 성장하는 시기를 뜻한다. 태중의 상태는 완벽한 공간이므로 안정적이고 현실에 만족하는 경향이 강하며, 생각이나 행동이 체계적이고 순리적일 수 있다. 그러나 스스로 행동하여 결과를 창출할 능력이 약하므로 사회에 나갈 준비를 하는 시기라고 할 수 있고, 역시 기적氣的으로는 평범하고 무난할 수 있다.

③ 장생長生 : 장생長生은 생生이라고도 하며 어머니의 몸속에서 출생出生하여 세상에 나오는 것을 말하고, 삶을 처음으로 시작하는 의미를 나타낸다.

원국에 장생이 있으면 장수長壽할 수 있고, 무한히 발전하고 성장할 여력이 있으므로 길吉하다고 한다. 즉 세상에 태어났으므로 무한한 가능성과 꿈이 있고, 두려움 없이 행동하여 원만한 대인관계와 사회생활을 하면서 앞으로 나아가는 것을 의미한다. 기적氣的으로는 강强할 수 있고, 장생이 시지時支에 있을 경우에는 자녀의 수가 많다고도 한다.

④ 목욕沐浴 : 목욕沐浴은 욕浴 또는 패지敗支라고도 하며 태어나서 첫 목욕을 하는 것을 나타내고, 목욕을 하기위해 옷을 벗는다는 의미를 지니고 있다.

원국에 목욕이 있으면 이성관계가 문란紊亂하고 풍류風流를 즐기며, 방탕放蕩하여 주색酒色을 좋아한다고 하여 패지敗支라고도 한다. 또한 옷을 자주 갈아입는다는 의미도 있으므로 싫증과 변덕이 심하고 성공과 실패가 서로 교차한다고 하여 길吉하게 보지 않는다. 그러나 변화에 민감하고 신속히 대처할 수 있는 장점도 있다. 단 기적氣的으로는 평범하고 무난할 수 있다.

⑤ 관대冠帶 : 관대冠帶는 대帶라고도 하며 성장하여 성인成人이 되어 스스로 의복을 갖추어 입고 사모관대를 착용하여 직장이나 관직 등의 사회생활을 위한 준비가 된 것을 의미한다.

원국에 관대가 있으면 자기주관과 목표를 정하고 사회에 진출할 준비가 되었으므로 자존심과 명예욕이 강하고, 강한 의지와 힘을 지니고 있다고 하여 길吉하다고 한다. 기적氣的으로도 강강强할 수 있다.

⑥ 건록建祿 : 건록建祿은 임관臨官 또는 관官이라고도 하며 사회나 공직에 진출하여 관직이나 직업에 종사하면서 자신의 꿈을 실현하는 의미를 지니고 있다. 그러므로 원국에 건록이 있으면 당당하게 자신의 포부를 펼쳐나갈 수 있고, 직업이나 일을 통하여 돈벌이를 하므로 식록食祿이 풍부하고 독립심과 자립심이 강하며, 많은 일을 추구하면서 자수성가를 하므로 길吉하다고 한다. 역시 기적氣的으로 강강强할 수 있다.

⑦ 제왕帝旺 : 제왕帝旺은 왕旺이라고도 하며. 자신의 힘이 일생을 통하여 가장 강한 인생의 최고 절정기를 의미하고, 기세氣勢가 당당하고 세력을 얻어 권세와 부귀를 누리는 것을 말한다. 그러므로 원국에 제왕이 있으면 강한 정신력과 승부사 기질이 강할 수 있고, 타인의 의견이나 지시를 싫어하고 무시할 수 있으며, 간섭받는 것은 특히 싫어하고 낭비가 심할 수 있다

고 한다.

일간이 제왕이 되는 경우에는, 일명 양인陽刃이라고도 하여 자신의 기氣가 대단히 강해 타인을 손상할 수도 있다. 기본적으로 길吉작용을 한다고 말하지만 조심성을 지니는 것이 필요하다.

⑧ 쇠衰 : 쇠衰는 절정의 힘을 발휘하던 왕旺한 시기를 지나 기력氣力이 점차 떨어져서 의욕이 상실되고 점점 쇠약해지는 것을 의미한다. 그러므로 원국에 쇠衰가 있으면 강한 추진력이나 활동력은 약하고 변화나 새로운 일을 시작하기를 싫어하며, 현실에 안주하기를 바라는 보수적인 기질이 나타날 수 있다고 한다. 즉 매사가 무난한 것을 원하며 기적氣的으로는 약弱하고 흉凶할 수 있다.

⑨ 병病 : 병病은 정신적으로나 육체적으로 쇠衰하여 몸에 원기가 빠져 병들어 신음呻吟하는 것을 의미한다. 그러므로 원국에 병病이 있으면 긍정적이고 적극적인 활동이나 사고思考를 하지 못하며, 활동이 정지되어 사색적이고 매사에 비관적이며 감상적感傷的일 수 있다. 대신에 병든 자신의 처지를 알듯이 타인에 대한 동정심이 많고, 기적氣的으로는 약弱하며 더 이상의 새로움이나 발전성이 없으므로 흉凶하다고 한다.

⑩ 사死 : 사死는 병病이 깊어 마침내 죽음에 이르는 것을 의미하고, 모든 일이 동결凍結되어 패망敗亡에 이르거나 종말終末을 고하는 것을 의미한다. 그러므로 원국에 사死가 있으면 항상 초조하고 불안하며, 마무리를 위해 마음과 행동이 성급하거나 상황에 따른 판단이나 결정이 흐릴 수 있다고 한다. 기적氣的으로는 약弱하고 흉凶하다고 말한다.

⑪ 묘墓 : 묘墓는 죽어서 무덤에 묻히므로 묘墓라고 하고, 고庫 또는 장藏이라고도 있다. 묘墓는 모든 것을 감추고 덮어두는 것을 의미하므로 비밀이 많을 수 있고, 창고倉庫에 저장貯藏한다는 것은 모으고 쌓아두는 것을 의미할 수 있다.

원국에 묘墓 또는 고庫에 해당하는 지지가 있을 경우에는 자신의 의사나 행동을 외부로 드러내지 못하고 홀로 외톨이가 되거나 외부와의 만남이 단절되므로 때로는 형제나 다른 사람과 함께하지 못할 수도 있다고 한다.

묘墓 또는 고庫는 辰 戌 丑 未의 지지에 해당하므로 원국을 분석할 때 12운성을 떠나서 기본적으로 많이 활용하는 부분이며 다양한 작용을 하므로 복잡하기도 하다. 기적氣的으로는 약하고 평범하다고 한다.

⑫ 절絶 : 절絶은 묘안에서 시신이 썩어 없어지므로 모든 외부관계가 종식終熄되고 기가 단절되는 것을 의미한다. 즉 세상이나 외부와 인연이 단절되고 아무것도 존재하지 않는 무극無極의 공간일 수 있다. 그러므로 새로운 생명의 기운을 잉태할 수 있는 준비를 할 수 있으므로 포궁胞宮이라고도 한다.

원국에 절絶이 있으면 음적陰的인 기질이 강할 수 있고 자신을 드러내지 않지만 환경 변화에 민감하게 반응하며, 대인관계나 육친관계가 쉽게 단절될 수 있다고 한다. 기적氣的으로도 아주 허약虛弱하고 흉凶하다고 한다. 일간을 중심으로 십이운성을 살펴보도록 보자.

시	일	월	년
壬	丙	癸	丁
辰	戌	丑	巳

- 일간 丙火기준 : 시지 辰은 관대, 일지 戌은 묘, 월지 丑은 양, 연지 巳는 건록이 된다. 이 경우에는 시지에 관대가 있으므로 나이가 들어서도 주관이나 의지가 강하고 긍정적인 사고와 행동을 할 수 있다.

```
시 일 월 년
壬 庚 壬 丁
午 申 寅 未
```

- 일간 庚金기준 : 시지 午는 목욕, 일지 申은 건록, 월지 寅은 절, 연지 未는 관대가 된다. 각각의 운한에 따라 해당하는 십이운성을 넣어 통변을 해보는 것도 재미날 수 있다.

- 십이운성을 쉽게 익히는 방법 : 지지의 삼합三合이 되는 생지生支와 왕지旺支와 고지庫支를 활용하여 천간의 12운성을 파악하면 수월할 수 있다. 살펴보도록 하자.
  천간이 甲 丙 戊 庚 壬의 양간陽干일 때 寅 午 戌 삼합의 경우에는 합하여 火가 되므로 丙火를 기준으로 삼합의 첫 글자인 생지生支에 해당하는 寅이 丙火와 戊土의 장생長生에 해당하고, 두 번째 글자인 왕지旺支에 해당하는 午가 제왕帝旺에 해당하며, 세 번째 글자인 고지庫支에 해당하는 戌은 묘墓에 해당한다. 즉 寅 午 戌은 차례대로 丙火와 戊土의 생生 왕旺 묘墓 또는 고庫에 해당한다.
  巳 酉 丑 삼합의 경우에는 합하여 金이 되므로 庚金의 생지生支이면서 삼합의 첫 글자인 巳는 장생長生이 되고, 왕지旺支인 酉는 제왕帝旺이 되며, 고지庫支인 丑은 묘墓에 해당한다.
  申 子 辰 삼합의 경우에는 壬水의 생지生支인 申이 장생長生이 되고, 왕지旺支인 子는 제왕帝旺이 되며, 고지庫支인 辰은 묘墓에 해당한다.
  亥 卯 未 삼합의 경우에는 합하여 木이 되므로 甲木의 생지生支인 亥는 장생長生이 되고, 왕지旺支인 卯는 제왕帝旺이 되며, 고지庫支인 未는 묘墓에 해당한다.
  다른 방법으로는 지지 삼합三合의 첫 글자를 기준으로 생지生支와 같은 오행의 양간이 건록建祿이 되고, 왕지旺支와 같은 오행은 사死에 해당하며, 묘지墓支에 해당하는 오행은 양養에 해당한다. 즉 양간의 삼합에서 록祿 사死 양養의 순서대로 암기할 수도 있다. 예를 들면 일간이 庚일 경우에 申 子 辰 삼합의 생지生支인 申은 천간 庚의 건록建祿이 되고, 子는 사死가 되고, 辰은 양養이 되는 것이다. 암기하는 방법은 각자가 편리한 방법을 찾아 활용하여도 무방하다.

천간이 乙 丁 己 辛 癸의 음간陰干일 경우에는 장생長生은 일간이 生하는 식신에 해당하는 오행이 된다. 예를 들면 천간 乙의 장생은 生하는 식신에 해당하는 午가 되고, 辛의 장생은 生하는 식신에 해당하는 子가 되며, 癸의 장생은 生하는 식신에 해당하는 卯가 된다. 단 丁과 己의 장생은 己가 生하는 식신에 해당하는 지지의 酉가 장생이 된다.

(3) 통근通根 : 기본적으로 통근은 천간의 뿌리가 되는 동일한 오행이 지지에 있는 경우를 말한다.

① 통근通根의 의미 : 통근通根은 일간이나 천간의 지지에 뿌리가 있는 것을 말하며, 달리 표현하면 천간의 힘이 되는 동일한 오행이 지지나 지장간에 있는 것을 말한다. 기본적으로 통근은 천간의 오행과 동일한 비겁比劫에 해당하는 오행이 지지나 지장간에 있는 경우를 말하고, 때로는 천간을 생生하는 인성印星에 해당하는 오행이 지지나 지장간에 있을 경우에도 어느 정도 힘이 되므로 통근했다고 보기도 한다. 그러나 천간과 동일한 오행이 지지나 지장간에 있을 경우에는 통근으로 판단하고, 천간을 생生하는 오행이 지지나 지장간에 있을 경우에는 통근으로 보지 않고 단지 천간의 힘이 강해지는 정도로 파악하기도 한다. 통근을 파악하려면 12지지의 지장간支藏干을 정확하게 파악해야 한다.

통근通根은 원국의 일간 뿐만 아니라 다른 천간의 강약을 파악하는 데도 유용하게 활용할 수 있다.

기본적으로 천간의 뿌리가 지지에 통근하여 튼튼하게 존재하면 해당하는 천간은 힘이 강하여 쉽게 흔들리거나 손상되지 않으며, 뿌리가 약하거나 없을 경우에는 쉽게 손상될 수 있으므로 다른 오행이나 지지의 도움을 받아야만 한다. 이러한 도움이 필요한 경우를 찾는데 통근을 활용할 수 있다.

예를 들면 자영업이나 기업을 경영하는 경우에도 집안이 부유하지 못하

행복한 삶의 지혜를 찾는 생활 속의 사주명리 상

거나 자금이 부족할 경우에는 재원財源 확보를 위한 대책을 다양한 루트를 통하여 사전에 세워야 하고, 인력이 부족할 경우에는 미리 인력의 확보를 위한 방안을 강구하는 것과 같은 원리라고 할 수 있다. 또한 기술력이 부족하다고 판단될 경우에는 기술력 확보를 위한 대책을 다각도로 세워야만 자신이 운영하는 일이나 사업을 원활하게 유지하고 성장시킬 수 있는 것과 유사하다.

일간의 통근을 분석하여 자신에게 필요한 인·사·물을 구하듯이 기업을 운영하는 사람도 항상 회사의 부족한 부분이나 보완할 부분을 철저히 분석한 후 사전에 준비하고 대비해야만 지속적으로 사업체를 존속시키고 발전시킬 수 있다.

자영업자나 개개인도 마찬가지로 철저한 분석을 통하여 부족하거나 예상되는 어려움을 미리 대비하고 계획을 세워 단계적으로 실천할 때 안정적으로 성장을 유지하면서 더욱 발전할 수 있고, 자신의 꿈과 희망을 실현할 수 있다.

사업을 시작하려는 경우에도 자신의 경험이나 재능과 적성을 살핀 후에 일정기간 동안 기본적인 종자 돈(Seed Money)을 마련하는 과정이 필요하며, 종자돈이 마련되면 확보할 수 있는 자금의 범위에 맞게 사업의 규모나 운영계획을 세워야 한다. 이 경우에도 자신의 근본적인 힘이 되는 뿌리를 알고 가능한 규모의 일이나 직업을 선택해야 한다. 이런 의미를 파악할 수 있는 것이 통근通根이다. 통근은 일간뿐만 아니라 개별 오행의 강약을 구분하는 중요한 판단의 근거로 활용할 수 있다.

② 통근通根의 예 : 천간이 甲木이나 乙木일 때 지지는 寅木이나 卯木이 되면, 甲木이나 乙木이 지지 寅木의 정기正氣에 통근하고, 卯木의 정기正氣와 초기初氣에 통근한다. 또한 지지에 亥水가 있을 경우에는 亥水의 중기中氣

지장간인 甲木에 통근하고, 辰의 초기初氣 지장간 乙木과 未土의 중기中氣 지장간 乙木에도 통근한다. 다른 간지의 경우에도 이와 같은 방법으로 통근의 경우를 찾을 수 있다. 물론 통근을 하더라도 힘의 강약은 지장간의 정기正氣에 통근할 경우에 가장 강하고, 초기나 중기에 따라 각각 다를 수 있다.

간지干支가 乙卯일 경우에는 지지 卯木의 지장간이 모두 비겁比劫으로 구성되어 전적으로 천간 乙木의 뿌리가 되므로 천간의 힘이 강할 수 있다. 여기서는 지지나 지장간支藏干에서 천간天干의 오행을 생生하는 인성印星오행이 있을 경우에도 어느 정도의 힘이 되므로 통근通根으로 간주하도록 하자.

예를 든다면 甲子일 경우에 지지의 子水의 지장간인 水가 천간의 甲木을 生하므로 도움이 되고 힘이 될 수 있다. 그러나 子水는 木의 근본적인 뿌리가 되지는 못하지만 힘이 되므로 통근으로 간주한다. 반면에 亥水는 지장간이 戊 甲 壬이 되므로 뿌리가 되면서 생하여 줄 수 있으므로 통근이 된다. 물론 지장간을 알고 있으면 굳이 외우지 않아도 자연스럽게 천간에 힘이 되거나 뿌리가 되는 것을 찾을 수 있다. 또한 申金의 중기 지장간인 壬水와 丑土의 초기 癸水도 木에게 도움이 될 수 있다. 이와 같이 12지지의 지장간을 살펴 통근의 역량을 파악할 수 있다.

③ 통근通根의 강약 변화 : 통근을 하더라도 합이나 충이 될 경우에는 힘의 강약이 변할 수 있다. 간략하게 알아보도록 하자.

- 합슴이나 충沖이 되는 경우 : 원국에서 일간이나 천간의 뿌리에 해당하는 지지地支가 다른 지지와 슴이나 沖이 되어 뿌리의 역할을 제대로 못하는 경우에는 해당천간에게 큰 힘이 되지 못할 수 있고, 천간의 뿌리가 되는 지지가 합하여 다른 오행으로 변할 경우에도 변화된 오행이 일간에게 길吉작용을 하는 희喜·용신用神이 되거나 흉凶작용을 하는 기흉·구신仇神의 오행으로 변할 수 있다.
  흔히 통근한 지지가 충沖이 되면 무조건 나쁘다고 판단하는데, 이 경우에도 천간에서 길작용을 하는 희·용신에 해당하는 오행의 지지가 충沖이 되면 필요한 뿌리가 손상되어 불리하지만, 일간이나 천간에게 흉작용을 하는 기·구신이 冲이 되면 오히려 이로울 수 있다. 그러므로 통근의 경우에도 지지의 合과 冲의 영향력을 자세히 살펴서 판단하는 것이 중요하다.

통근通根한 천간의 오행이 희·용신이거나 격格을 이룰 경우에는, 지지가 冲이나 合을 하면 통근한 지지가 본래의 역할을 온전하게 할 수 없으므로 용신用神이나 격格이 약해지거나 격의 품질이 저하될 수 있다. 특히 지지가 삼합三合이나 방합方合이 되는 경우에는, 천간에 합화한 오행에 해당하는 오행이 있으면 통근의 힘이 더욱 강하게 되어 원국을 주도하는 격국格局을 이루게 되어 강력한 힘을 발휘할 수 있다. 이 경우에는 길흉의 작용이 뚜렷하게 나타날 수 있으드로 원국에서의 작용력을 세밀하게 살펴야 한다.

• 통근하지 못할 경우 : 원국의 천간이나 지지의 지장간에도 통근에 해당하는 비겁比劫이나 인성印星이 없을 경우에는 해당하는 천간이나 일간이 무력하게 되어 본래의 역할을 수행하기 어려울 수 있다. 이런 경우에는 원국의 강한 오행을 종從하여 따라가는 것도 좋은 생활의 방안이 될 수 있다.

예를 들면 부모가 강하고 재물이 많을 경우에는 자신의 의지나 뜻대로 살기보다는 부모의 뜻을 좇아 살아갈 수 있고, 배우자가 힘이 강할 경우에는 역시 배우자의 뜻을 따라 살아가면 무난한 삶이 될 수 있다. 이때는 오히려 운에 의해 자신의 힘이 강해지면 그 시기에는 저항하거나 거부하여 불리할 수 있으므로 오행이 전도顚倒된 경우라고 할 수 있다.

④ 통근通根의 활용 : 통근은 해당하는 오행의 강약을 파악하여 원국의 희신喜神이나 용신用神 또는 구신救神을 찾을 수 있고, 기신忌神이나 구신仇神 또는 한신閑神을 분별할 수 있다. 또한 해당 오행의 육친이나 인·사·물의 힘의 정도를 파악할 수 있고, 길흉吉凶의 작용력을 파악할 수 있다고 하였다. 또한 통근은 일간이나 천간의 강약을 판단하는 중요한 자료가 될 수 있고, 일간에게 영향력이 강한 월지月支가 천간의 어떤 오행에 통근하였는가를 파악하여 격의 고저高低를 판단할 수 있다. 여기서 통근의 기초적인 활용방법을 알아보자.

- 원국의 일간日干은 특히 월지月支와 일지日支에 일간과 동일한 오행인 비겁比劫이나 生하는 인성印星이 통근하고 천간에도 비겁이나 인성이 있을 경우에는, 자신의 의지대로 적극적으로 일을 추진하려는 마음이 강하고 남의 간섭이나 조언을 받아들이지 않으며, 자존심과 주관이 뚜렷하기 때문에 직장의 상사나 타인의 명령이나 지시를 받는 것을 꺼리고 소신껏 자신의 일을 하는 것을 원한다. 이런 경우에는 자신이 타인의 간섭이나 지시를 받지 않고 스스로 할 수 있는 영업이나 자유업이 무난할 수 있고, 직장에서 근무하려는 경우에는 자신의 전문적인 지식이나 기술을 습득하여 타인이나 윗사람의 간섭이나 지시를 덜 받으면서 스스로 결과를 창출할 수 있는 일을 하는 것이 유리할 수 있다. 또한 자격증이나 라이선스(License)를 활용한 일이나 자영업을 하는 것도 무난하다.

- 반대로 일간日干이 월지月支와 일지日支에 일간과 동일한 오행인 비겁比劫이나 일간을 生하는 인성印星이 없어 통근通根하지 못할 경우에, 일간은 자신의 의지나 주관이 약하거나 부족할 수 있고, 추진력이나 자신감이 결여되어 결단력이나 과감성이 부족할 수 있다. 이 경우에는 본인의 의지나 주관대로 자영업이나 사업을 하기 보다는 근무환경이 상대적으로 경쟁이 심하지 않은 안정된 조직이나 직장을 선택하는 것이 순리대로 살아가는 방법이 될 수 있다. 왜냐하면 경쟁이 심한 조직에서 살아남는 방법은 선善하고 인자한 것만으로는 부족하여 어느 정도의 배짱이나 힘이 뒷받침되지 않으면 생존하기가 어렵기 때문이다. 통근하지 못하고 일간이 生하는 식상食傷에 해당하는 오행이 많아서 활동적이거나 배려하는 마음이 강한 경우에는, 자선단체나 환경단체 또는 종교단체나 공공기관 등에서 근무하는 것도 무난할 수 있다.

⑤ 통근通根의 계량화計量化 : 사주와 명리를 연구하는 많은 분들이 원국의 일간이나 오행의 강약을 분석하는 방법으로 다양한 기법을 개발하여 수량화數量化하려고 노력한다. 개인마다 각각의 방법으로 천간과 지지의 오행을 계량화하여 역량을 분석하기도 하지만 여기서는 지장간支藏干의 월분月分에 의한 방법으로 간지의 강약을 계량화하여 보자. 지장간에 대한 분류에서 다소의 의견차이가 있지만 아래에서 정한 지장간의 월분표에 의해 수치화를 해보자.

한 해를 361일로 정하고 한 달을 30일로 가정하여 12지지를 월별로 나누면 지지별로 약 30일이 된다. 한 개 지지의 30일을 초기初氣 중기中氣 정기正氣의 기간으로 나누어 해당하는 기간을 통근의 수치로 정하였다. 물론 다른 방법으로 수치數值를 정하여 판단할 수도 있다. 이런 방법으로 60갑자의 개별지지의 지장간을 수치화하여 천간의 강약을 살펴보도록 하자.

※지장간의 월분일月分日표(시간은 표시하지 않았음)

	子	丑	寅	卯	辰	巳	午	未	申	酉	戌	亥
초기	10일 壬	9일 癸	7일 戊	10일 甲	9일 乙	7일 戊	10일 丙	9일 丁	7일 戊	10일 庚	9일 辛	7일 戊
중기		3일 申	7일 丙		3일 癸	7일 庚	10일 己	3일 乙	7일 壬		3일 丁	7일 甲
정기	20일 癸	18일 己	16일 甲	20일 乙	18일 戊	16일 丙	11일 丁	18일 己	16일 庚	20일 辛	18일 戊	16일 壬

- 30으로 통근通根한 간지干支 : 乙卯 辛酉 壬子 戊午 癸酉 甲子 丁卯. 이 경우에도 천간과 지지가 동일한 오행인 비겁比劫으로 구성되어 다른 성분이 포함되지 않은 간지가 가장 강할 수 있다. 즉 천간天干이 지지地支의 왕지旺支인 子 卯 酉로 구성된 것을 나타내며 乙卯 辛酉 壬子가 해당한다.

  乙卯의 경우 卯의 지장간이 甲木 - 10의 기운과 乙木 - 20의 기운으로 구성되어 있으므로 30으로 보고, 辛酉의 경우에는 酉의 지장간이 庚金 - 10과 辛金 - 20으로 구성되어 있으므로 30으로 계량하였으며, 壬子의 경우에도 子의 지장간이 壬水 - 10과 癸水 - 20으로 지장간이 구성되어 있어 간지가 가장 강할 수 있다.

  戊午의 경우에는 午의 지장간이 丙火 - 10과 己土 - 9와 丁火-11로 구성되어 있으므로 30으로 계량할 수 있지만 生하는 기운이 섞여있어 별도로 분리하였으며 역시 간지가 강할 수 있다.

  다음으로는 生하는 오행으로 구성된 癸酉 甲子 丁卯의 경우에도 천간의 힘이 강할 수 있다.

癸酉는 酉의 지장간 庚金 - 10과 辛金 - 20의 인성印星이 30의 힘으로 生하고, 甲子는 子의 지장간 壬水 - 10와 癸水 - 20가 生하고, 丁卯는 卯의 지장간 甲木 - 10의 기운과 乙木 - 20의 인성印星이 30의 힘으로 生하므로 천간이 강할 수 있다. 단 지지가 인성印星인 경우에는 지지가 천간을 生하므로 지지의 힘이 많이 빠지게 되어 다른 지지의 도움을 받지 못하고 다시 힘을 빼앗기게 되면 해당하는 육친이나 인·사·물이 피곤하거나 손상될 수 있다. 이와 같이 지장간의 기운으로 60갑자의 천간과 지지의 힘의 정도를 분석할 수 있다.

아래의 계량수치도 위와 같은 방식으로 분석하였으며, 천간과 지지의 강약을 판단하는 기준으로 참조할 수 있다.

• 27로 통근通根한 간지干支 : 己未 庚戌. 이 경우에도 천간과 지지가 모두 강하다고 할 수 있고, 己未의 경우에는 未의 지장간이 丁 - 9, 乙 - 3, 己 - 18로 구성되어 있으므로 18 + 9의 힘이 되어 27정도로 판단할 수 있고, 庚戌의 경우에는 戌의 지장간이 辛 - 9, 丁 - 3, 戊 - 18로 구성되어 있으므로 18 + 9의 힘이 되어 역시 27정도로 판단할 수 있다. 이 경우에 천간은 자신의 힘이 강하므로 스스로 자신의 일을 처리하고 해결할 수 있는 힘이 있다고 할 수 있다.

• 23정도 : 5간지 : 乙亥 丙寅 己巳 庚申 壬申.
• 21정도 : 3간지 : 戊戌 丙午 辛丑.
• 18정도 : 4간지 : 戊辰 己丑 庚辰 辛未.

• 16정도 : 3간지 : 甲寅 丁巳 癸亥. 이 경우에는 천간과 같은 오행을 가지고 있지만 寅의 지장간이 戊 - 7, 丙 - 7, 甲 - 16이고, 丁巳의 경우 巳의 지장간이 戊 - 7, 庚 - 7, 丙 - 16으로 구성되어 있으므로 천간 甲의 힘이 16정도이며, 癸亥의 경우 亥의 지장간이 戊 - 7, 甲 - 7, 壬 - 16으로 구성되고 천간 壬의 뿌리가 있으므로 실질적인 힘은 16정도로 판단할 수 있다. 하지만 이 경우에도 천간의 힘은 15이상이므로 어느 정도 강하다고 판단할 수 있고 원국 주변오행의 生 克 冲 合 등을 보고 강약을 판단하면 도움이 될 수 있다. 또한 지지가 생지生支이므로 활발하고 활동적이라고 판단할 수 있다.

천간의 힘이 15이상 이면서 양간陽干일 경우에는 스스로 활동할 수 있지만 다른 오행의 도움을 받는 것이 유리할 수 있고, 특히 양간은 이 정도의 힘만 있어도 강한 다른 오행을 따라 종從하지 않는다.

계량화한 수치가 14이하일 경우에는 다른 간지의 도움을 받아야 온전한 역할을 할 수 있다고 판단할 수 있다.

- 14정도 : 2 간지 : **戊寅 辛巳**. 戊寅의 경우에는 寅의 지장간이 戊 - 7, 丙 - 7, 甲 - 16으로 구성되어 있으므로 지장간이 서로 살인상생殺印相生이 되어 어느 정도 힘이 증가할 수 있다. 辛巳의 경우에는 巳의 지장간이 戊 - 7, 庚 - 7, 丙 - 16이므로 극克과 생生을 동시에 받고 있어 다소 약해질 수 있다.
- 12정도 : 3 간지 : **甲辰 丁未 癸丑**. 이 경우에는 큰 도움을 받기는 어려우나 그럭저럭 힘이 된다고 할 수 있다.

- 9정도 : 4 간지 : **乙丑 庚午 丙辰 壬戌**. 이 경우에는 지장간의 정기가 아닌 초기나 중기의 인성에 비록 통근은 하였지만 실질적인 뿌리의 역할을 하기는 어려울 수 있다. 즉 지지가 천간의 힘을 빼므로 스스로 지탱하기 어려워 비겁比劫이나 인성印星의 도움을 받아야 역할을 할 수 있다. 그러나 지장간으로 볼 경우에는 약간의 힘이 될 수 있고, 비상시에는 없는 것 보다는 도움이 될 수 있다.
  乙丑의 경우에는 지장간이 癸 - 9, 辛 - 3, 己 - 18이 되지만 서로 생生하는 관계이므로 힘이 강해질 수 있으나 조후調候로 볼 때 얼어붙은 木이 되므로 水 木 응결凝結로 보고 火의 도움이 필요하다.

- 7정도 : 7 간지 : **甲申 丁亥 戊申 己亥 庚寅 辛亥 癸巳**. 이 경우에는 지장간의 정기가 중기를 生하여 다소 힘이 될 수도 있으나 근본적으로는 천간의 힘이 약해 다른 지지나 천간의 도움을 받아야 역할을 다할 수 있다. 그러나 적천수滴天髓에서는 甲申과 庚寅의 경우에는 천간이 어느 정도 힘이 강하다고 보기도 한다. 그 이유는 甲申의 경우 申의 지장간이 戊 - 7, 壬 - 7, 庚 - 16이 되므로 金이 水를 생하여 마른 흙이 습기가 생겨 甲木이 土에 뿌리를 내릴 수 있기 때문이고, 庚寅의 경우 寅의 지장간이 戊 - 7, 丙 - 7, 甲 - 16이 되어 서로 생生하는 관계로 土의 힘이 강하게 되어 金이 역할을 할 수 있다고 보기 때문이다. 그러나 천간이 약한 가운데 어느 정도의 힘을 가진다고 생각할 정도에 불과하고 다른 비겁이나 인성에 해당하는 오행의 도움을 받아야 천간 본래의 역할을 할 수 있다고 본다. 甲申과 庚寅이 일주日柱가 될 경우에는 비록 천간이 약하지만 다른 오행을 따라 종從하지는 않는다.

- 3정도 : 3 간지 : **乙未 丙戌 壬辰**. 乙未 간지의 未土 지장간이 丁 - 9, 乙 - 3, 己 - 18 로 구성되고, 丙戌 간지의 戌土 지장간이 辛 - 9, 丁 - 3, 戊 - 18로 구성되고, 壬辰 간 지의 辰土의 지장간이 乙 - 9, 癸 - 3, 戊 - 18로 구성되어 3정도로 수치화를 할 수 있다. 비록 3정도의 힘이지만 지지가 천간의 고庫에 해당하므로 항상 천간의 기운을 저장하거나 무덤에 빠지는 의미를 지니고 있으므로 가감加減할 수도 있다.

- 통근通根이 되지 않은 간지 : 17간지 : **甲午 甲戌 乙巳 乙酉 丙子 丙申 丁酉 丁丑 戊 子 己卯 己酉 庚子 辛卯 壬寅 壬午 癸卯 癸未**. 이러한 경우에는 천간이 전혀 지지의 도움을 받을 수 없는 상황이므로 다른 지지나 천간의 도움을 받아야만 천간이 본래 의 역할을 할 수 있다. 다른 지지나 천간의 도움이 없을 경우에는 천간오행에 해당하 는 육친이나 인·사·물이 무력할 수 있다.

  기본적으로 통근하지 않은 간지는 천간이나 지지의 성패成敗나 존립存立 자체가 주 변 환경의 영향을 많이 받을 수 있고, 또한 대운大運이나 세운歲運의 영향을 많이 받 을 수 있다. 동시에 원국의 음양오행이 조화와 균형을 상실하거나 불안정할 경우에 는 성공과 실패의 굴곡이 심할 수 있다. 특히 일주가 이러한 경우에는 사업이나 자 영업을 하더라도 소규모로 해야 하고, 운의 도움으로 재물을 모으더라도 지나치게 확장하거나 한 부분에 모든 자금이나 재산을 올인원(All in one)하는 것은 큰 위험이 나 실패를 초래할 수 있으므로 반드시 포토폴리오를 실현하여야 하며, 항상 업무의 전반적인 흐름을 정밀하게 살피고 작지만 성실하게 성장하는 기업모델(model)을 학 습하는 것이 필요하다.

(4) 천간 오행의 계량화 : 천간의 경우에는 일간과 동일한 2~3개의 오행 이 있을 때 지장간의 정기正氣 1개 정도의 힘으로 판단하고, 기본적으로 천 간의 비겁比劫은 지장간의 초기初氣나 중기中氣 정도의 힘으로 판단할 수 있 다. 즉 천간은 일간과 동일한 오행이나 생하는 오행이 2~3개가 될 때 일간 이 1개의 정기에 통근한 힘과 유사하게 판단할 수 있다. 물론 이 경우에는 정신적으로나 심리적으로는 대단히 강한 의지나 고집으로 표출될 수 있다. 참고하면 강약을 판단하는 기준으로 도움이 될 수 있다.

※ 원국의 통근通根을 살펴 통근通根한 간지가 좋은 역할을 하는 희喜·용신用神인지 또는 불리한 역할을 하는 기忌·구신仇神인지를 잘 파악하여야 한다. 기본적으로 하나의 간지에서 통근의 수치가 16정도 이상이면 해당하는 천간은 어느 정도 힘이 있으므로 운의 영향이나 외부의 도움을 받지 않고 본래의 역할이나 작용을 할 수 있다. 또한 원국의 일간이 지지에서 통근의 수치로 계산하여 일간을 제외하고 70이상이면 힘이 강하므로 스스로 식상食傷이나 재성財星 또는 관성官星을 추구할 수 있고, 통근의 수치가 일간을 제외하고 50이하가 되는 경우에는 인성印星이나 비겁比劫의 도움을 받는 것이 유리할 수 있다.

　점수의 배정으로 강약을 구분하는 방법에는 일정한 원칙이 정립되지 않아 학자에 따라 달리 점수를 배정하기도 한다. 그래도 참고적으로 하나의 방법을 만들어 보자. 기본적으로 개별천간은 수치를 10으로 판단하여 일간을 제외하면 총 150으로 계량화할 수 있고, 일간을 포함하면 160이 된다. 즉 천간은 일간을 제외하고 각각 10으로 판단하여 30으로 가정하고, 4개 지지의 120과 합쳐 150 정도로 가정할 수 있다. 물론 합이나 극 또는 충으로 힘이 가감될 수 있다. 이 때 전체 수치가 85~115미만이면 편강偏強으로 판단할 수 있고, 115~135미만이면 태강太強으로 판단할 수 있으며, 135이상은 극강極強으로 판단할 수 있다. 또한 70~85미만이 될 경우에는 중화中和로 판단할 수 있고, 70~40미만일 경우에는 편약偏弱으로 판단할 수 있으며, 40~15미만일 경우에는 태약太弱으로 판단할 수 있고, 15미만일 경우에는 극약極弱으로 판단하면 무난할 듯하다. 물론 합이나 충에 의한 변수도 판단하여 분별하거나 월지를 더욱 큰 비중을 두기도 하므로 일정한 법칙은 없다.

2) 간지干支 오행의 강약 변수變數의 종합

　간지 오행의 강약 변수는 다양하다. 그러나 기본적인 변수를 판단하면 십성十星에 해당하는 오행의 강약을 어느 정도 판단할 수 있다. 차례대로 살펴보도록 하자.

(1) 천간이 지지를 생生하거나 극克할 경우 : 기본적으로 천간이 지지를 生하는 경우에는 천간 오행의 힘은 약해지고, 지지 오행의 힘은 본래의 힘보다 강해진다.

천간이 지지를 克하는 경우에도 천간오행의 힘은 더욱 약해지고, 지지오행의 힘도 본래보다 약해진다. 이러한 경우에는 천간은 인성印星이 나 비겁比劫의 도움을 받아야 역할을 할 수 있다. 예를 보도록 하자.

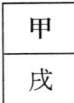

- 甲木은 지지의 戌土에 통근하지 못하여 힘이 나약하다. 하지만 甲木은 戌土를 克하므로 甲木의 기운도 약해지고 戌土의 기운은 더욱 약해진다. 이 경우에 甲木은 인성이나 비겁의 도움을 받아야 온전하게 편재 戌土를 취할 수 있다.

- 甲木은 지지의 午火에 통근하지 못하여 힘이 나약하다. 그러나 甲木은 午火를 生하므로 甲木의 기운은 약해지고 午火의 기운은 더욱 강해진다. 이 경우에도 역시 甲木이 온전한 역할을 하려면 인성이나 비겁의 도움을 천간이나 지지에서 얻거나 운에서 올 때 가능하다. 물론 운에서 올 경우에도 그 기간 동안에만 도움이 될 수 있다.

甲	壬
戌	子

- 甲木이 지지에 통근하지 못했지만 월주의 간지로부터 인성의 도움을 받고 있다. 甲木이 천간 壬水와 지지 子水의 生을 받아 힘이 있으므로 재성에 해당하는 戌土를 克할 수 있다.

(2) 지지가 천간을 생生하거나 극克할 경우 : 지지가 천간을 生하는 경우에는 천간 오행의 힘은 본래의 힘보다 강해지고, 지지의 오행은 본래의 힘보다 약해진다.

지지가 천간을 克하는 경우에는 천간 오행의 힘은 본래의 힘보다 약해지므로 다른 지지나 천간의 인성印星이나 비겁比劫의 도움을 받아야 역할을 할 수 있다. 동시에 지지도 본래의 힘보다 약해지므로 다른 지지의 도움을 받는 것이 필요하다. 예를 보도록 하자.

壬
戌

- 천간 壬水는 지지에 통근하지 못하여 힘이 무력하다. 이 경우에 戌土의 克을 받는 壬水는 힘이 대단히 약하므로 비겁이나 인성에 해당하는 金 水의 도움을 받아야 본래의 역할을 할 수 있다.

丙
寅

- 천간 丙火는 지지의 중기와 정기에 통근하여 힘이 강하다. 이 경우에는 寅木의 生을 받은 丙火는 힘이 강해지고 寅木은 힘이 빠질 수 있다. 그러나 천간 丙火는 기본적인 자신의 역할을 다할 수 있다.

壬	辛
戌	亥

- 천간 壬水는 戌土 지지의 극을 받으면서 통근하지 못하여 힘이 무력하다. 그러나 다른 간지에 있는 인성과 비겁에 해당하는辛亥의 도움을 받아 힘이 강하게 되었다. 그러므로 壬水는 戌土의 克을 충분히 극복하고 자신의 역할을 다할 수 있다.

(3) 천간이 천간을 생生하거나 극克 또는 충沖할 경우 : 천간이 천간을 生할 경우에도 지지의 生을 받거나 통근通根하는 것보다 힘은 덜되지만 어느 정도의 힘을 얻거나 도움이 될 수 있고, 生하는 오행은 힘이 약화되고 生을 받는 오행은 힘이 증가한다.

천간이 천간을 克할 경우에는 음양에 따라 정도의 차이는 있지만 克을 하는 오행도 힘이 약해지고, 克을 받는 오행은 더욱 힘이 약해진다.

沖을 할 경우에도 克과 마찬가지로 沖을 하는 오행도 힘이 빠지지만 沖을 받는 오행은 더욱 약해지거나 손상될 수 있으므로 다른 오행이나 인·사·물의 도움이 필요하고, 다른 방안으로는 沖하는 오행을 유통流通시킬 수 있는 오행이 필요하다. 예를 보도록 하자.

- 천간이 □ 甲 壬 庚과 같은 경우에는 甲木은 壬水의 도움을 받아 정신적인 힘이 강해지고, 壬水는 庚金의 도움을 받아 정신적인 힘이 강해진다. 기본적으로 甲木은 庚金의 극충克沖을 받아 힘이 약해질 수 있지만 壬水의 도움을 받아 유통流通되므로 실질적으로 힘이 약해지지 않고 오히려 도움을 받을 수 있다. 이 때 庚金도 甲木을 충沖하기보다는 壬水를 生하므로 沖이 되지 않는다. 그러나 운에서 沖이 되는 庚金이 강하게 오면 甲木은 힘이 약해질 수 있고 본인의 역할을 하기에 피로하고 힘들 수 있다. 물론 壬水가 유통시켜주므로 큰 어려움은 없지만 정신적으로나 심리적으로 조금은 방황하거나 억압을 받을 수 있다.
  천간이 乙 己 乙 □와 같은 경우에는 己土는 乙木의 강한 克을 받아 힘이 약해지고, 지지의 인성印星이나 비겁比劫의 도움을 받아야 역할을 할 수 있다. 다른 천간의 경우에도 동일하게 적용할 수 있다.

- 천간이 □ 丙 壬 壬과 같은 경우에는 丙火는 壬水의 실질적인 극충克沖을 받아 기적氣的으로 쇠약하여 힘이 약해지므로 지지의 인성印星이나 비겁比劫의 도움을 받아야만 丙火의 긍정적인 역할을 할 수 있다. 또한 천간으로는 통관通關할 수 있는 甲木이나 乙木의 도움을 받을 경우에는 丙火의 긍정적인 역할을 할 수 있다. 운에서 丁火가 오면 丁 壬 합을 하여 일간에게 힘이 될 수 있지만 丙火나 壬水가 오면 사사건건 충돌하고 방해할 수 있으므로 함께 하기가 어려울 수 있다.

- 기본적으로 천간이 천간과 동일한 오행을 만나거나 生하는 오행을 만나면 정신력이
  나 기氣가 강해지고, 극克하거나 충沖하는 오행을 만나면 정신적인 방황이나 갈등이
  많을 수 있다. 또한 비록 克이나 沖을 하더라도 중간에서 소통疏通하는 오행이 있을
  경우에는 오히려 힘이 될 수 있다.

(4) 천간끼리 합合하거나 비겁比劫이 있을 경우 : 합을 하는 경우에는 합
한 오행이 일간에게 도움이 되는 비겁이나 인성이 되면 힘이 강해질 수 있
고, 비겁이 있을 경우에도 일간이나 해당 오행의 십성은 강할 수 있다.

- 천간이 □ 丙 丁 壬과 같은 경우에는, 丁 壬 합하여 丙 壬 충을 막아주므로 丙火의
  힘이 약해지지 않으면서 오히려 인성 木의 기운으로 변할 수 있으므로 도움을 받을
  수 있다. 이 경우에는 丙火의 힘이 강해져서 본래의 역할을 할 수 있다.
  천간이 丙 丙 丁 □와 같은 경우에는, 동일한 오행인 丙火나 丁火가 있으므로 火의
  기운이 강해진다. 물론 지지 오행의 생生이나 극克을 보고 火의 역량을 판단해야 하
  지만 정신적으로나 심리적으로는 강인할 수 있다. 이 경우에는 자존심이나 고집이
  강하고 빼앗기는 작용을 할 수 있으므로 조심성이 많을 수 있다. 이 경우에도 지지
  는 실질적인 힘이나 행위를 나타내고 천간은 정신적인 부분의 힘의 변화와 외적으
  로 나타나는 작용의 변화를 나타내므로 실질적인 힘의 작용은 지지보다 약하다.

(5) 지지가 지지를 방조幇助하거나 극克 또는 충沖을 할 경우 : 지지가 지
지를 방조幇助하는 경우는, 지지가 동일한 비겁比劫이나 인성印星에 해당하
는 오행의 도움을 받는 것을 의미한다.

비겁比劫이 있을 경우에는 해당하는 십성의 오행이 서로 힘이 강해지고,
인성印星이 있을 경우에는 도움을 받는 비겁은 강해지고 인성은 유통이 되
지만 상대적으로 힘이 약해질 수 있다. 반대로 지지가 서로 극이나 충을
하는 경우에는, 해당하는 두 오행은 본래의 힘보다 약하게 되고 沖을 받는
오행은 더욱 약화되어 역할을 하기 어려울 수 있으므로 다른 오행의 도움
을 받는 것이 필요하다. 물론 이 경우에도 지지에서 유통하는 오행이 중간

에 있을 경우에는 오히려 힘이 강해지거나 본래의 긍정적인 역할을 다할 수 있다. 그러나 이 경우에는 운에서 다시 유통하는 오행을 극이나 충을 하면 그 기간 동안에는 오행 본래의 역할이 무력해질 수 있다. 통관通關이나 유통流通 또는 소통疏通이라는 용어는 동일한 의미를 지니고 있다. 간단한 사례를 보도록 하자.

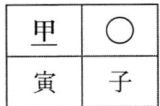

- 子水의 生을 받은 寅木의 힘이 강해지고, 寅木의 생을 받는 甲木도 강해진다.

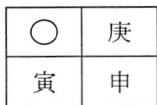

- 庚申의 강한 金이 寅木을 충극하여 무력하게 되므로 본래의 역할을 하기 어렵다. 이 경우에도 ○가 壬水가 될 경우에는 寅木이 본래의 작용을 할 수 있다.

○	○	庚
寅	子	申

- 子水의 유통으로 寅木은 힘이 강해지고 寅 申충은 되지 않는다. 이 경우에도 寅木은 본래의 역할을 할 수 있다. 단 午火나 巳火의 운이 올 경우에는 그 기간 동안에는 유통이 되지 못하고 寅木은 힘이 약해질 수 있다.

(6) 지지끼리 합合하거나 비겁比劫이 있을 경우 : 지지끼리 합하는 경우에는 합한 오행이 천간과 동일한 오행이 되거나 생生하는 오행이 되는 경우에는 천간오행의 힘이 증가하게 되고, 합하여 천간과 다른 오행이 되거나 극克하는 경우에는 천간의 힘이 약해진다. 또한 지지에 천간과 동일한 오행인 비겁比劫이 있을 경우에는 천간과 지지의 힘이 모두 강하게 된다. 예

를 보도록 하자.

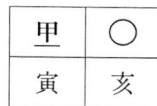

- 寅 亥 合을 하여 寅木과 甲木의 힘이 강해지고 亥水는 인성에 해당하는 金이나 비
  겁에 해당하는 水의 도움을 받지 못하면 힘이 약해지거나 다른 오행으로 변하여 무
  력할 수 있다.

- 巳 申 合으로 水의 기운이 되므로 巳火와 金의 기운이 약해질 수 있다. 그러나 이
  경우에는 기본적으로 金은 기운이 강하므로 합만 하고 변하지 않고 실질적으로 巳
  火의 기운이 무력할 수 있고 이때 木의 도움을 받지 못하면 巳火는 본래의 작용을
  하기 어려울 수 있다.

- 비록 金의 기운이 다른 간지의 도움을 받아 기운이 강하지만 지지에서 亥水로 유통
  되어 힘을 설洩할 수 있으므로 무난할 수 있다. 이러한 경우에도 천간의 오행에 의
  해 영향을 받을 수 있다.

　기본적으로 동일한 오행의 비겁比劫이나 생生하는 인성印星이 간지가 있을
경우에는 해당하는 오행의 힘은 강하게 되고, 간지를 극克하거나 설洩하는
식상食傷이나 재성財星 또는 관성官星의 간지가 있을 경우에는 해당하는 오
행의 힘은 약화된다. 마찬가지로 합合이나 충沖 또는 극剋이 되면 본래 오행
에 해당하는 십성의 역할이 어렵거나 무력할 수 있다.

(7) **지장간의 투출**透出 **또는 투간**透干 : 투간透干은 월지의 지장간支藏干이 천간天干에 나타난 것을 의미하며, 오행의 강약 판별뿐만 아니라 다음에 배울 격格이나 격국格局을 정할 때 유용하게 활용할 수 있다. 투출透出은 통상적으로 사주에 오행이 나타나는 것을 의미하므로 투출透出과 투간透干은 함께 혼용하여 쓸 수 있다. 기본적으로 투간透干은 지장간支藏干의 초기나 중기 또는 정기에 해당하는 천간오행이 천간에 있거나 또는 대운이나 세운에 의하여 천간에 오는 경우를 말한다.

투출透出의 다른 의미로는 고지庫支에 해당하는 辰 戌 丑 未의 지장간이 충沖할 때 천간에 동일한 오행이 있을 경우에는 해당하는 오행의 작용력이 나타나게 되는 것을 의미하기도 한다. 이 경우에는 土오행은 더욱 강하게 되고 작용력이 강할 수 있다. 일간에게 유리한 오행이 천간에 투간 또는 투출이 되면 더욱 뚜렷하게 좋은 작용력을 나타낼 수 있고, 불리한 오행이 천간에 투간되거나 투출하면 더욱 불리할 수 있다. 물론 운에서 투간되거나 투출할 경우에도 그 기간 동안에는 동일한 작용력을 나타낼 수 있고, 충이나 합을 할 경우에는 작용력이 반감되거나 작용력이 나타나지 않을 수 있다. 격格이나 격국格局을 배울 때 자세히 살펴보도록 하자.

2. 기본적인 일간日干의 강약强弱 분석

오행五行의 강약을 분석하는 방법인 왕쇠론旺衰論, 십이운성, 지장간支藏干의 통근通根 등의 분석과 합습이나 충沖·극克으로 인한 개별오행의 힘의 증감增減을 분석하여 원국의 개별오행이나 일간의 강약을 분석할 수 있다.

일간의 강약을 분석하여 일간日干에게 미치는 해당 오행의 인人·사事·

물物의 작용력을 파악할 수 있고, 일간에게 도움이 되고 필요한 오행에 해당하는 희喜·용신用神을 찾을 수 있으며 동시에 일간에게 해害가 되는 오행인 기忌·구신仇神을 찾을 수 있다. 또한 작용력이 바뀔 수 있는 오행인 한신閑神도 찾을 수 있다.

1) 강약强弱 분석의 방법 : 기본적으로 원국原局에서 강약을 분석하는 대상은 각각의 오행과 사주의 주체인 일간日干이다.

원국의 일간이나 개별 육친의 강약을 파악할 경우에는 해당하는 오행의 간지干支의 통근通根 여부를 우선 살피고, 다음에는 주변 오행의 생生 극克 합合 충沖 비比를 살펴야 한다. 먼저 일간의 강약을 판단하는 기본적인 기준을 알아보도록 보자.

(1) 일간日干의 강약 판단기준 : 원국의 일간이나 개별오행의 강약을 판단하는 것은 대단히 중요하면서도 판단하기 어려운 경우가 많으므로 많은 원국을 보고 나름대로의 판단기준을 정립하는 것이 필요하다. 사주의 임상을 통해 보편화된 몇 가지 판단방식을 보도록 하자.

위에서 배운 왕쇠론旺衰論과 12운성運星, 통근通根과 지장간支藏干 등의 활용은 강약을 판단하는 훌륭한 기준이 될 수 있다. 더하여 원국이나 운에서 발생할 수 있는 생生 극克 합合 충沖 비比에 의한 힘의 변화도 강약의 판단에 많은 영향을 준다. 용어를 활용하여 강약을 판단하는 기준을 살펴보자.

일간의 강약을 판단하는 기본적인 기준은 일간의 득령得令 득지得支 득세得勢와 실령失令 실지失支 실세失勢로 알 수 있다. 기본적으로 일간이 득령得令하고 득지得支 득세得勢한 경우에는 강强하고, 실령失令하고 실지失支 실세失勢한 경우에는 약弱하다.

십성으로 표현하면 일간은 식상食傷이나 재성財星과 관성官星이 많으면 힘이 약해지고, 비겁比劫이나 인성印星의 도움을 받으면 힘이 강해진다. 차례대로 살펴보자.

① 일간日干의 힘이 강해지는 경우

• 득령得令 : 득령得令이란 일간日干이 월지月支에 일간日干과 같은 오행五行을 얻는 경우를 말한다. 이 경우에도 일간과 오행이 같으면서 음양陰陽이 같은 비견比肩과 오행은 같지만 음양이 다른 겁재劫財로 나눌 수 있다.

이처럼 일간이 월지에 일간과 동일한 오행을 얻을 경우에 득령得令하였다고 말하고, 이 경우에는 일간에게 큰 힘이 될 수 있다. 참고적으로 득령得令과 같은 의미로는 득시得時, 당령當令 또는 월령月令이라는 용어를 쓰기도 한다.

득령得令은 월지가 일간의 비겁比劫에 해당하는 오행일 때 왕旺 상相 휴休 수囚 사死의 왕旺에 해당하고, 일간이 월지에 통근通根한 경우에 해당하며, 12운성으로 볼 때 건록建祿이나 제왕帝旺이 된다. 득령을 하면 일간의 몸인 체體가 강할 수 있으므로 이 경우에는 자신의 의지나 주관대로 생각하고 행동하려는 주체성과 추진력이 강할 수 있다.

비겁比劫의 경우와는 다르지만 일간을 생生하는 인성印星에 해당하는 정인正印이나 편인偏印에 해당하는 오행이 월지에 있을 경우에도 역시 득령得令하였다고 할 수 있다. 이 경우에는 왕旺 상相 휴休 수囚 사死의 상相에 해당하고, 일간이 월지의 인성에 통근한 경우에 해당한다. (참고 : 통근의 경우에는 인성印星은 통근으로 보지 않는 경우도 있다.).

일간이 양간陽干이면서 약하더라도 월지 지장간의 여기餘氣나 중기中氣에 통근하여 득령할 경우에는 종격從格으로 변하지 않으며, 특히 월의 지장간 여기나 중기에 사령司令할 경우에는 더욱 종從하기가 어렵다. 또한 월지가 子 午 卯 酉의 왕지旺支이면서 다른 지지와 합하여 삼합의 방국方局이나 합국合局이 되어 합화한 오행이 일간과 같을 경우에는 일간이나 해당하는 천간은 더욱 강해질 수 있다.

월지가 왕지가 아니면서 3개의 지지가 떨어져서 삼합三合이나 방합方合을 이룰 경우에는, 합한 오행의 기운은 반합半合이나 육합六合정도라고 판단하고 일간과 동일한 오행이 될 경우에는 일간의 힘이 강할 수 있다.

- 득지得支 : 득지得支는 일간이 일지日支에 비견比肩이나 겁재劫財에 해당하는 오행을 얻는 것을 말하며, 넓게는 일지 지장간의 정기 외의 여기나 중기에 비겁比劫에 해당하는 오행이 있을 경우에도 통근하였다고 할 수 있다. 이 경우에도 정기에 통근通根하는 경우가 일간에게 더 큰 힘이 될 수 있고, 초기나 중기일 경우에는 역시 사령司令할 경우에는 도움이 될 수 있으며, 일간의 체體도 어느 정도 강할 수 있다. 또한 일지에 일간을 生하는 정인正印이나 편인偏印에 해당하는 오행이 있을 경우에도 일간에게 도움이 되므로 어느 정도 힘이 강해질 수 있다. 이 경우에도 역시 원국 전체를 살펴서 일간의 강약을 판단해야 한다. 역시 일간이 일지에 비겁을 얻으면 왕쇠론旺衰論의 왕旺에 해당하고 십이운성의 건록建祿이나 제왕帝旺에 해당하며, 이 경우에는 일간이 일지에 통근했다고 말한다. 일지에 정인正印이나 편인偏印이 있으면 왕쇠론旺衰論의 상相에 해당하므로 역시 일간의 힘이 된다.

- 득세得勢 : 득세得勢는 일간이 일지日支와 월지月支를 제외한 다른 천간이나 지지에 비겁比劫에 해당하는 오행이나 인성印星에 해당하는 오행이 있는 경우를 말한다. 이 경우에도 천간과 지지에서 세력勢力을 많이 얻을 경우에는 일간이 강해질 수 있다. 그러나 천간의 비겁이나 인성에 해당하는 오행은 비록 일간의 힘이 되지만 지지에 통근하지 못할 경우에는 천간의 기운은 월지의 ½정도의 힘으로 판단하기 때문에 실질적인 힘이 되기에는 미흡할 수 있다. 즉 일간의 힘이 되는 천간의 비겁이나 인성에 해당하는 오행 2~3개의 힘은 지지의 도움을 받지 못할 경우에는 월지의 정기에 통근한 오행 정도의 힘밖에 안된다고 할 수 있다. 기본적으로 지지에 뿌리가 없으면 지탱할 힘이 없어 홀로 천간에 떠있는 경우가 되므로 실질적인 힘이 되지 못하기 때문이다. 하지만 일간이 약할 경우에는 큰 도움이 될 수 있으며, 대운이나 세운에 의해 지지에 통근할 경우에는 일간의 힘이 그 기간 동안에는 강해질 수 있다.
득령得令이나 득지得支를 하지 못하고 세력만으로 일간이 강해지기는 쉽지 않다. 이 경우에는 운의 영향에 의해 일간의 강약이 변할 수 있고, 운에 의해 3개의 지지가 삼합三合 또는 방합方合이나 반합半合 또는 육합六合을 한 오행이 일간과 동일한 오행이 될 경우에는 그 기간 동안에는 일간에게 큰 힘이 될 수 있다. 이제 반대의 경우를 살펴보자.

② 일간日干의 힘이 약해지는 경우

• 실령失令 : 실령失令은 득령과 반대의 경우를 말한다. 즉 월지月支에 일간의 힘이 되는 비겁比劫이나 인성印星에 해당하는 오행을 얻지 못하거나 월지 지장간의 정기를 포함하여 여기나 중기에서도 비겁比劫이나 인성印星에 해당하는 오행이 없는 경우를 말한다. 이 경우에는 기본적으로 일간의 체體가 약할 수 있다. 그러나 실령失令하더라도 일지나 주변세력의 도움이 많을 경우에는 강할 수도 있다.

• 실지失支 : 실지失支는 득지와 반대의 경우를 말한다. 즉 일지日支에 일간의 힘이 되는 비겁이나 인성에 해당하는 오행을 얻지 못한 경우를 말하며, 일지 지장간의 정기를 포함하여 여기나 중기에서도 비겁이나 인성에 해당하는 오행이 없는 경우를 말한다. 이 경우에는 일간은 약할 수 있고 실지失支했다고 한다. 그러나 일간이 실지失支를 하더라도 득령得令하고 주변세력의 도움이 많을 경우에는 일간의 체體는 강할 수 있다.

• 실세失勢 : 실세失勢는 일간에게 힘이 되는 비겁이나 인성에 해당하는 오행이 사주의 천간이나 지지에 없는 것을 말한다. 그러나 일간이 실세하더라도 득령得令과 득지得支를 하면 일간인 체體가 강할 수 있다. 그러므로 원국 전체를 보고 일간의 강약을 판단해야 한다.

• 기타 : 일간의 힘을 파악할 때는 우선적으로 월지月支를 살펴야 한다. 일간의 힘이 특히 강하게 되는 경우는 지지의 삼합국(申子辰, 亥卯未, 寅午戌, 巳酉丑)이나 방합국(寅卯辰, 巳午未, 申酉戌, 亥子丑)이 되어 일간과 동일한 오행이 되는 경우라고 할 수 있다.

다음에는 子 ·午 卯 酉의 왕지旺支를 포함한 반합半合이나 육합六合이다. 이러한 합이 이루어져 일간과 동일한 비겁比劫이나 일간을 생하는 인성印星이 될 경우에는 일간의 힘은 강하게 된다. 반대로 합을 하여 일간의 식상食傷이나 재성財星 또는 관성官星의 오행으로 변하는 경우에는 일간의 힘은 감소할 수 있다. 또한 대운이나 세운에서 일간에게 힘이 되는 오행이 오는 경우에도 그 기간 동안에는 일간의 힘이 강해질 수 있고, 힘을 빼는 오행이 오는 경우에는 그 기간 동안에는 일간이 약해질 수 있다.

행복한 삶의 지혜를 찾는 생활 속의 사주명리 🌖

이밖에 간지의 오행 상호간에 충沖이나 극剋이 될 경우에도 일간의 힘이 증감增減될 수 있다. 물론 공망空亡이나 십이운성 파破 해害 형刑 등이 될 경우에도 변화가 발생할 수 있으므로 참고할 수 있다. 학문의 깊이를 더하여 원국을 올바르게 파악하면 명리命理의 신뢰도는 더욱 높아질 수 있다.

2) 기본적인 강약强弱 분류방법 : 일간의 강약을 판단할 때 흔히 신강身强사주와 신약身弱사주로 분류하거나 또는 신왕身旺사주와 신쇠身衰사주의 2단계로 분류하는 경우가 많다.

신왕身旺 또는 신강身强과 신쇠身衰 또는 신약身弱으로 구분하는 것은 체體와 용用의 균형을 살펴 판단하는 것이다.

일간日干을 기준으로 몸을 나타내는 체體와 일간이 이용하는 용用의 관계에서 체體에 해당하는 비겁比劫과 인성印星이 많아서 일간이 강할 경우에는 신왕身旺 또는 신강身强하다고 표현하고, 용用에 해당하는 식상食傷과 재성財星 또는 관성官星이 많아서 일간이 약할 경우에는 신쇠身衰 또는 신약身弱하다고 표현한다.

일간이 신왕 또는 신강할 경우에는 정신적精神的으로나 실질적實質的으로 의지나 주체성이 강하고 추진력이 강할 수 있으며, 일간이 신쇠 또는 신약할 경우에는 새로운 일을 추진하기보다는 소심하거나 실리를 중시하고 주어진 일에 최선을 다하는 성향이 강할 수 있다.

신강身强과 신약身弱은 원국에서 일간의 강약强弱이 명확할 경우에는 판단하기 쉽지만 대부분의 사주가 오행의 강약을 분별하기 어렵거나 모호하므로 좀 더 세밀한 분류가 필요하다.

사주의 강약을 판단하는 용어로서 기본적으로 사용되는 신강身强사주와 신약身弱사주의 의미를 간단하게 알아보도록 하자.

(1) **신강**身强**사주** : 신강身强사주는 원국에 일간의 체體에 해당하는 비겁比劫과 인성印星에 해당하는 오행이 많고 강한 경우를 말한다. 흔히 일간이 월지月支와 일지日支에 비겁比劫이나 인성印星에 해당하는 오행을 가지고 있을 경우와, 원국의 간지干支에 일간과 같은 비겁이 많거나 도움을 주는 인성이 많은 경우에 해당할 수 있다. 이 경우에 일간은 힘을 빼는 식상食傷이나 재성財星 또는 관성官星의 오행을 용用하면 도움이 될 수 있다. 원국의 예를 보면서 통변하는 방법을 살펴보자.

```
시 일 월 년
甲 己 戊 戊
子 未 午 午
```

- 월지 득령 ⇨ 午의 여기와 중기와 정기.
- 일지 득지 ⇨ 未의 초기와 정기.
- 간지의 득세 ⇨ 월간 戊 연간 戊 연지 午의 여기와 중기와 정기.

이 사주의 일간 己土는 비겁에 해당하는 土와 인성에 해당하는 火가 강하여 일간이 신강하다. 일간 己土는 월지와 연지 午火 인성의 도움을 받으면서 일지 未土 비견에 통근하고, 다시 연간과 월간의 戊土 겁재의 세력을 얻어 더욱 강한 사주가 되었다. 즉 월지와 연지의 인성 午火 지장간의 초기인 丙火와 정기인 丁火의 생生을 받고 중기인 비견 己土에 통근하고, 일지 비견 未土의 지장간 여기(초기와 같은 의미) 丁火의 生을 받고 본기(정기와 같은 의미) 비견 己土에 통근하였다. 또한 천간의 戊土 겁재가 일간의 힘이 되므로 일간은 지나칠 정도로 강하다. 이 경우에는 일간은 식상이나 재성 또는 관성을 활용하는 것이 필요하다. 여기서는 水의 재성과 木의 관성에 해당하는 오행의 육친이나 인·사·물을 강하게 추구하려고 한다. 하지만 일간이 크게 강할 경우에는 식상으로 기운을 자연스럽게 설洩하는 오행이 있으면 더 큰 도움이 될 수 있지만 이 원국에는 식상이 존재하지 않으므로 식상은 한 신閑神이 될 수 있다.

```
시 일 월 년
甲 丙 甲 戊
午 戌 寅 寅
```

- 월지 득령 ⇨ 寅의 지장간 중기와 정기.
- 일지 득지 ⇨ 戌의 지장간 丁.
- 득세 ⇨ 월간 甲 시간 甲 연지 寅 시지 午. 지지가 모두 寅 午 戌 삼합.

일간日干 丙火는 양陽중의 양이면서 월지와 연지의 인성 寅木의 생生을 받고 시지의 겁재 午火에 통근하고 천간의 편인 甲木의 生을 받아 대단히 강하다. 즉 월지와 연지의 편인인 寅木의 지장간 중기 丙火에 통근하고 본기(정기) 甲木의 生을 받고, 일지 식신인 戌土의 중기 丁火와 시지 겁재 午火의 여기(초기) 丙火와 정기 丁火에 통근하고, 월간과 시간의 편인 甲木의 도움으로 일간의 힘이 강하다. 특히 편인 木이 강하면서 지지가 월지를 포함하여 寅 午 戌 삼합하여 지지가 모두 火局을 이루어 일간의 힘이 대단히 강한 사주라고 할 수 있다. 이러한 경우에는 강한 오행의 기운을 극克하기보다 차라리 순생順生하거나 강한 木과 火의 기운을 따라가는 것이 무난할 수 있다. 약한 水나 金의 기운은 오히려 증발하거나 부서질 수 있기 때문이다.

일간 자신은 강한 고집이나 주관을 가지고 강력하게 자신의 일을 추진하며 외골수의 기질도 지니고 있다. 오직 자신의 힘과 지식이나 재능만 믿고 살아가는 전문가의 형상을 나타낸다.

寅월에 태어나서 계절상으로는 다소 쌀쌀하지만 寅午戌 火局을 이루므로 조후를 생각하지 않아도 되며, 丙火의 예의를 중시하면서 광명정대光明正大한 일을 하는 심정으로 우직하고 묵직하게 자신의 일을 할 수 있다.

```
시 일 월 년
丁 丁 庚 辛
未 未 寅 卯
```

- 월지 득령 ⇨ 寅의 지장간 중기와 정기.
- 일지. 득지 ⇨ 未의 지장간 여기와 중기 丁 ·乙.
- 간지의 득세 ⇨ 시간 丁 연지 卯 시지 未의 지장간 丁.

　이 사주의 일간 丁火는 월지와 연지의 인성 寅木과 卯木의 生을 받으면서 득령하고, 일지와 시지 未의 지장간 여기 丁火에 통근하여 득지하고 중기 乙木의 생을 받고, 시간의 비겁 丁火가 힘이 되므로 강하다. 즉 월지 寅木의 중기 丙火에 득령하고 정기 甲木의 生을 받으면서 연지 卯의 여기 甲木과 정기 乙木의 세력을 얻고 있다. 또한 일지의 여기에 득지하고 주변에 인성 木과 비겁 火의 세력이 강하므로 일간 丁火는 木 火의 기운이 강한 사주다. 이 경우에는 초봄에 태어난 일간 丁火가 자신이 익힌 학문이나 재능을 바탕으로 식상 土의 꽃을 피우고 결실인 재성 金의 열매를 맺고자 하는 마음이 강하다.

　성격과 행동은 온화하면서도 활동적이며 결실을 중시할 수 있으며, 식상食傷에 해당하는 土와 재성財星에 해당하는 金의 육친이나 인·사·물을 원하고 추구한다.

　대운이나 세운에서 이러한 土나 金의 기운이 온전하게 오는 경우에는 그 기간 동안에는 자신이 원하는 결과를 얻을 수 있다. 반대로 木이나 火의 기운이 운에서 오는 경우에는 그 기간 동안에는 나태하거나 자만심으로 인하여 약한 金에 해당하는 재성을 깰 수 있으므로 조심해야 한다.

(2) 신약身弱사주 : 신약身弱사주는 일간의 체體에 해당하는 비겁比劫이나 인성印星에 해당하는 오행이 약하고, 용用에 해당하는 식상食傷이나 재성財星 또는 관성官星에 해당하는 오행이 많거나 강한 경우를 말한다. 기본적으로 지지에 뿌리가 되는 비겁比劫이 약하거나 도와주는 오행인 인성印星이 약한 경우를 말하며, 보통 월지와 일지에 일간과 동일한 오행이 없거나 도와주는 오행이 없을 경우에 해당한다. 이 경우에 일간은 힘을 얻을 수 있는 비겁比劫이나 인성印星의 오행이 필요하다. 원국의 예를 보면서 통변하는 방법을 살펴보자.

시	일	월	년
戊	**甲**	己	癸
辰	戌	未	丑

- 득령 ⇨ 월지 未土의 지장간 중기 乙.
- 세력 ⇨ 시지 辰土의 지장간 여기 乙과 중기 癸, 연지 丑土의 지장간 여기 癸水와 연간의 癸.

일간 甲木의 힘이 되는 것은 월지 정재 未土의 지장간 중기인 乙木 겁재와, 연지 정재 丑土의 지장간 여기인 癸水 정인과, 시지의 편재 辰土의 지장간 여기인 乙木과 중기인 癸水 정인이 있다. 그러나 丑 未 충과 辰 戌 충이 되어 도움을 받기 어렵고, 연간의 정인 癸水가 일간을 生하지만 己土의 克을 받고 있으므로 힘이 되기 어렵다.

근본적으로 득령과 득지를 하지 못하고 세력도 약하므로 일간 甲木은 세력이나 힘이 미약하여 신약하다. 또한 후덥지근한 여름의 未월에 태어난 일간 甲木은 더위를 식혀줄 인성 水기운이 丑 未 충과 辰 戌 충이 되어 도움을 받기 어렵고, 지지의 沖으로 인하여 생활환경의 변동이 심할 수 있다. 나아가 재성에 해당하는 土기운이 지나치게 강하여 甲木이 뿌리내리기가 쉽지 않을 수 있다. 그러므로 자신의 힘을 기를 수 있는 재능이나 학문에 투자를 하면서 안정적이고 합리적인 생각과 행동을 하는 것이 필요하다.

일간은 지지가 辰 戌 沖과 未 丑 沖이 되고 일간은 甲 己 合을 하므로 힘도 없는 사람이 재성을 추구하느라 항상 분주하여 가정에 충실할 수 없고, 재물의 변동이나 변화가 심할 수 있으며, 자신의 타고난 어질고 선한 장점을 살리지 못할 수 있다.

재성이 지나치게 많고 일간이 약한 경우를 재다신약財多身弱이라고 하며, 이 경우에는 지나치게 재성에 해당하는 육친이나 人·事事·物物에 집착하지만 결과는 나오지 않고 오히려 힘이 빠질 수 있다. 위 사주의 경우에는 다음에 배울 甲 己 합화合化 가화假化 土격이 될 수 있다. 그러므로 자신의 고집이나 주관을 내세우지 말고 강한 부친이나 배우자를 믿고 의지하면서 따라가는 삶도 무난할 수 있다.

```
시 일 월 년
辛 乙 丁 己
巳 酉 卯 未
```

- 득령 ⇨ 월지 卯 건록.
- 세력 ⇨ 연지 未土의 지장간 중기 乙.
- 주변의 상황 : 일간과 시간의 乙 辛 충沖, 월지와 일지의 卯 酉 沖, 연지와 월지의 卯 未 반합半合, 일지와 시지의 巳 酉 半合을 하고 있으므로 일간이 믿고 의지할 수 있는 십성이 온전하지 못하여 약하다.

일간 乙木은 월지 비견 卯木를 얻어 득령했지만, 일지에 득지나 통근을 하지 못하고 주변의 세력을 얻지 못했다. 또한 세력에 해당하는 연지의 편재 未土의 지장간 중기 乙木과 통근했지만 식상 火와 편재 土와 편관 金의 세력이 강하여 일간이 약하다.

지지가 卯 未 반합하여 木의 기운이 강해지므로 일간이 크게 약하지는 않은 사주라고 할 수 있지만, 卯 酉 沖이 되어 일간의 뿌리가 흔들리기 쉽다. 또한 천간이 辛 乙 충하고, 지지가 巳 酉 반합을 하여 金이 강해지므로 나이가 들어서는 정신적인 갈등이 많고 행동이나 감각이 예민할 수 있으며, 특히 몸이 쇠약할 수 있고 간肝이나 담膽과 관련된 병을 조심해야 한다. 기본적으로 일간은 지지가 巳 酉 반합과 卯 未 합을 하여 대인관계가 원만하고 협력적인 관계를 유지하지만, 일지와 월지는 卯 酉 沖을 하므로 가정에서는 배우자와 모친 또는 배우자와 일간의 형제와의 관계가 원만하지 못할 수 있으므로 항상 서로 존경하고 이해하는 마음을 가지고 생활하는 것이 필요하다.

일간 乙木의 특성인 끈기와 인내를 가지고 세상을 바르게 살려고 노력하며 직장생활을 하면서 살아갈 수 있다. 지지나 천간으로 水운이 오는 경우에는, 그 기간 동안에는 좋은 결실을 얻을 수 있지만 모친의 도움을 받기 어려운 것이 아쉽다.

```
시 일 월 년
癸 壬 壬 丙
卯 戌 辰 午
```

- 득령 ⇨ 월지 중기 癸.
- 세력 ⇨ 월간 비견 壬, 시간 겁재 癸.
- 주변의 상황 : 월간과 연간의 丙 壬 沖, 월지와 일지의 辰 戌 沖으로 癸가 무력, 일지와 시지의 卯 戌 육합六合을 하고 있다. 이 경우에는 일간의 氣는 강하지만 실질적인 힘은 약하다.

일간 壬水는 월간의 비견 壬과 시간의 겁재 癸를 얻어 정신적인 힘이 되므로 자존심이나 주체성이 강하고, 월지 편관 辰土 지장간의 중기 癸水와 일지 편관 戌土 지장간의 여기인 辛金을 얻어 약간의 실질적인 힘이 될 수 있지만 근본적으로 辰 戌 沖이 되어 실질적인 힘을 얻지 못하며, 지지가 모두 식상 木과 재성 火와 편관 土가 되어 일간이 신약한 사주가 되었다.

월지와 일지가 辰 戌 沖이 되어 일간의 청년기와 장년기의 생활환경과 가정환경이 불안정할 수 있고, 또한 연간과 월간이 壬 丙 沖을 하므로 어린 시절과 청년기에 정서적으로 불안정한 생활을 하거나 학문에 전념할 수 없어 일찍부터 스스로 재물을 추구하면서 직장생활을 할 수 있다. 물론 이 경우에도 운의 도움이 있을 경우에는 무난한 삶을 살 수 있다.

3) 일간의 강약强弱에 내포된 일반적 의미 : 원국의 일간日干이나 개별오행의 강약을 분석하여 본인과 해당 육친의 인·사·물의 길흉吉凶작용, 손익損益관계, 선호도選好度, 건강이나 질병, 일간의 장단점 등의 다양한 정보를 파악할 수 있다. 이 경우에는 지나치게 포괄적이고 광범위한 판단이 되어 정밀성과 정확도가 부족할 수 있지만, 여기서는 단지 일간이 강한 사주와 약한 사주의 특성을 알아보도록 하자.

(1) 일간이 강强한 사주의 특성 : 비겁比劫이 많아 일간이 강한 사주의 기본적인 특성은 주체성과 자존심이 강하고, 투지와 경쟁심이 강하며, 강력한 추진력을 지닐 수 있다. 특히 정신적인 활동보다는 육체적인 활동을 선호하고 외부로 자신을 드러내기를 좋아할 수 있다. 특히 인성印星이 많아 일간이 강할 경우에는 학식이 풍부하고 해박該博하면서도 다소 게으르고 여유로운 성품을 지니는 경우가 많다.

기본적으로 일간이 태강太强하거나 극강極强하면 과격하거나 교만할 수 있고, 남의 의견이나 충고를 무시하고 자신의 고집이나 주장을 강하게 내세울 수 있으며, 저돌적으로 행동하지만 실질적인 결과를 얻기 어려울 수 있다. 특히 남명의 경우에는 일간이 강한 사주가 기적氣的으로 추진력이 강하므로 일방적으로 좋다고 하는 경우가 많지만 강하다고 모두 좋은 것은 아니며 약하다고 모두 나쁜 것은 아님을 알아야 한다.

일간이 강強한 사주일 경우에도 일간이 양간陽干인 경우와 음간陰干인 경우로 분리하여 살펴야 하고, 양간陽干인 경우에도 木 火의 양간인지 金 水의 양간인지에 따라 생각이나 활동의 방법이 다를 수 있다. 마찬가지로 음간陰干의 경우에도 역시 木 火의 음간인지 金 水의 음간인지를 살펴서 논해야 한다. 왜냐하면 木 火는 비록 음간이지만 근본이 양陽이므로 밝고 활동적이고 긍정적인 면이 강하고, 원국의 구성에 따라서는 덜렁대거나 기분파가 될 수 있기 때문이다.

木 火의 음간陰干보다 金 水의 음간陰干은 근본이 음陰이므로 더욱 음적陰的인 특성을 드러낼 수 있고, 부드럽고 침착하면서도 차가운 면을 지니고 있으며, 내실을 중시하므로 실질적이고 현실적인 면이 강할 수 있다. 土의 천간天干은 중후하고 온후하면서 중립적인 성품을 드러낸다고 할 수 있다.

위에서 배운 방식으로 스스로 득령과 득지 세력을 살펴보고 인성印星이 많아서 강한 사주인지 비겁比劫이 많아서 강한 사주인지 또는 인성과 비겁이 함께 많은 강한 사주인지 살펴보자. 때로는 월지月支를 얻지 못해도 일간이 강한 사주가 될 수도 있다. 일간이 강強한 사주의 예를 보도록 하자.

시 일 월 년	시 일 월 년	시 일 월 년
丙 丁 甲 辛	甲 己 戊 戊	甲 丙 甲 戊
午 酉 午 卯	子 未 午 午	午 戌 寅 寅

위의 사주는 모두 인성과 비겁이 대단히 강한 사주이며, 이러한 경우에는 일간은 주로 육체적인 활동을 하는 직업을 선호하며, 타인에게 고용되어

생활하거나 직장에 종사하기보다는 스스로 창업하거나 자영업에 종사하는 경향이 강할 수 있다. 또한 직업을 가지더라도 남의 간섭이나 통제가 덜한 전문직종의 업무를 스스로 책임지고 하는 경우가 많다.

(2) 일간이 약弱한 사주의 특성 : 일간이 약弱한 사주를 흔히 신약사주身弱四柱라고 통칭하기도 한다.

일반적인 신약사주身弱四柱의 특징은 자기주장이나 고집이 강하지 않고, 비교적 추진력이나 경쟁심은 약할 수 있지만 끈기와 인내심이 강하며, 타인과 상호 협력적이거나 의존하고 싶은 마음이 강할 수 있다. 또한 육체적인 활동이나 대외활동보다는 정신적인 활동과 내부적인 일을 선호할 수 있으며 내성적일 수 있다. 물론 해당하는 십성의 오행에 따라 다르게 나타날 수 있다. 기본적으로 일간이 태약太弱하거나 극약極弱하면 의지나 주체성이 약하고 우유부단할 수 있으며, 때로는 자신의 주관이나 생각을 표현하지 못하는 소심한 성격이 될 수도 있다. 또한 운運의 흐름에 따라 잔병치레를 많이 하거나 때로는 지병持病이 있거나 약골일 수도 있다. 그러나 대운의 흐름이 좋을 경우에는 그 기간 동안에는 무난하고 적극적인 활동을 할 수 있다. 흔히 남자가 신약하면 무조건 나쁘다고 하는 경우가 있는데 잘못된 판단이며, 여기에 연연하는 것은 시간이나 에너지의 낭비일 뿐이다.

일간이 약한 사주에서도 역시 일간이 양간陽干인 경우와 음간陰干인 경우로 나누어 살펴야 한다. 또한 양간인 경우에도 木 火의 양간인지 金 水의 양간인지를 살펴서 논해야 한다.

일간이 약하지만 木 火의 양간陽干일 경우에는 활동성과 진취성이 강할수 있고, 다른 세력에 종從하기를 싫어하고 운에서 도움을 주는 경우에는 그 기간 동안에는 뚜렷한 소신所信과 주관主觀을 가지고 활발한 활동을 통하여 목표나 결과를 창출할 수 있다.

金 水의 양간陽干일 경우에도 쉽게 다른 사람의 생각이나 의견에 동조하지 않고 스스로 활동하여 결과를 창출하기 원한다. 그렇지만 비교적 소심하거나 차분하고 실리적實利的인 일에 관심이 많을 수 있다. 음간陰干의 경우에도 역시 木 火의 음간인지 金 水의 음간인지를 살펴서 논하는 것이 필요하다.

金 水의 음간陰干일 경우에는 주로 자신의 기氣를 내세우기보다는 세력勢力에 추종하기가 쉽고, 성품이 섬세하고 예민하여 남의 눈치를 살피는 경우가 많을 수 있다. 또한 소신이나 주장을 내세우기보다는 다른 사람의 의견에 순종하거나 동조하는 경향이 강하며 상호 협조적인 마음을 지닐 수 있다. 비교적 부끄러움이나 수줍음을 많이 탈 수 있고 실질적인 결과에 대한 욕심이 클 수 있다. 때로는 월지에 득령得令하고도 득지와 득세하지 못하여 약할 수도 있고, 월지가 충沖이나 합슴이 되어 본래 오행의 역할을 하지 못하여 약하게 될 수도 있다.

여자의 경우에는 일간이 음간陰干일 때 여성스럽고 가정적이며 비교적 순종적인 사람이 많다. 일간이 약한 사주의 예를 보도록 하자.

시 일 월 년	시 일 월 년	시 일 월 년
甲 癸 戊 戊	丙 癸 戊 乙	壬 乙 辛 丙
寅 亥 午 午	辰 未 未 丑	午 未 丑 午

위의 사주는 모두 인성과 비겁이 약하고 관성官星이나 재성財星 또는 식상食傷이 강하여 일간이 신약한 사주다. 이러한 경우에는 일간이 추진력이나 의지를 가지고 스스로 창업을 하거나 자영업에 종사하기보다는 공직이나 직장생활 또는 전문직에 종사하는 경우가 유리할 수 있다. 일간이 지나치게 약한 경우에는, 자신의 사업을 하면 강한 의지와 집념을 가지고 모질고 독하게 관리하지 못하므로 중도에 포기하거나 좌절하기가 쉽다.

(3) 일간이 강强하거나 약弱하지 않은 중화中和사주 : 원국의 음양이 조화를 이루면서 오행을 구비하고 개별오행이 충극沖克이 없는 사주를 말한다. 이러한 경우에는 매사를 합리적이고 안정적으로 처리하며, 실질적이고 현실적이면서도 정도正道를 가려고 한다. 또한 편협偏狹하거나 모나지 않으므로 대인관계도 원만하고 살면서 굴곡이 심하지 않은 일생을 영위할 수 있다. 물론 대운의 흐름이나 어떤 배우자를 만나느냐에 따라 조금은 달라질 수도 있지만, 운의 영향을 강하게 받지 않는 최상의 사주라고 할 수 있다. 그러나 이 경우에는 합리적이고 긍정적인 성품으로 인하여 매사에 급한 것이 없는 여유로운 사람이면서 큰 권력이나 재물에는 소홀할 수 있다. 이 경우에도 일간의 음양陰陽과 오행五行에 따른 차이는 있다. 일간이 木 火의 양간陽干일 경우에는 낙관적이고 긍정적인 성품을 지니고 활발한 대인관계나 사회활동을 하며, 타인으로부터 인정을 받는 경우가 많다. 일간이 金 水의 양간일 경우에는 소신과 책임감이 강하고 매사를 정확하게 처리하며, 합리적이다. 물론 두 경우에도 모두 여유롭게 안정적으로 살아갈 수 있다. 일간이 木 火의 음간陰干일 경우에는 사교적이고 부드러우면서도 긍정적이고 밝으며, 일간이 金 水의 음간일 경우에는 차분하고 침착하면서도 내성적이며, 현실감각이 뛰어날 수 있다. 역시 심적인 여유가 있고, 안정적이므로 살아가면서 운의 영향을 크게 받지 않을 수 있다. 중화된 사주의 예를 보도록 하자.

시	일	월	년
庚	癸	癸	丙
申	未	巳	申

- 건명乾命, 음양이 어느 정도 조화를 이루었으며 未土의 지장간에 乙木을 구비하여 오행을 구비하였고, 충이나 극이 없다.
  일간 癸水의 성품은 맑고 깨끗하며, 순수한 성품을 지닌 사람이라고 할 수 있다. 비

록 월지에 득령得令하지 못하고 일지에 득지하지 못했지만 월간의 비견 癸水와 시주의 인성 庚 申 金과 연지의 인성 申金을 얻고 월지 巳의 지장간 중기 庚金을 얻어 약하지 않고 중화를 이루었다. 이러한 경우에는 대운에 의해 일간이 강하게 될 수도 있고 약하게 될 수도 있으므로 여기에 맞는 세운의 길흉을 살필 수 있다. 木의 기운이 다소 약해 온전한 중화사주라고 할 수는 없다.

戊戌 대운이 오는 경우에는 일간의 힘이 되는 癸水가 천간에서 戊 癸 합을 하여 동료나 힘이 되어주는 사람이 사라지고, 지지에서는 戌 未 형刑과 파破가 되어 관성은 강해지고 일간의 힘은 약하게 되므로 이 시기에는 주관이나 소신이 뚜렷하지 못할 수 있고, 사업을 하는 경우에는 지나치게 재성과 관성의 인·사·물을 탐하여 손실이 발생할 수 있다.

대인관계에서도 자신의 목표와 추구하는 방향이 명확하지 못할 수 있다. 동시에 일지의 가정이 불안정할 수 있으므로 이 시기에는 가정의 안정을 위한 노력이 절실히 필요할 수 있다. 또한 지나치게 큰 사업을 시도하거나 무리한 욕심을 내면 파재破財할 수 있다. 대신에 정관正官의 마음으로 명예나 직위를 유지하는 것은 도움이 될 수 있다. 즉 지나치게 큰일을 추진하지 않고 무리한 욕심을 내지 않으면 무난한 삶을 영위할 수 있다.

실제로 어려움 없이 성장하여 대학을 졸업하고 대기업에서 근무하다가 퇴사하여 젊은 시절에 유통업을 시작하여 상당한 규모로 성장시켰으며, 사업을 20년 이상 운영하면서 다양한 명예직을 가지고 살았다.

5대운인 戊戌 정관 대운의 丁亥년 壬子월에 겁재劫財가 간지干支에 동시에 나타나면서 연간과 월운의 천간이 丙 壬 충을 하고 월간과 세운의 천간이 丁 癸 충을 하며 월지와 세운의 지지가 巳 亥 충을 하여 재성이 완전히 파괴되었다. 또한 대운의 지지와 일지는 戌 未 형刑을 하여 원국의 재성은 사라졌다. 실제로 직원들과 아는 사람들에 의한 피해를 입고 사업체와 재물을 모두 잃었다. 그러나 재물외의 다른 육친이나 가정의 피해는 모두 무사히 극복하고 건강하게 인성에 해당하는 학문과 관련된 일을 하고 있다.

```
시 일 월 년
己 乙 甲 庚
卯 亥 申 午
```

- 건명乾命, 일간 乙木의 성품은 기본적으로 어질고 끈기와 인내심이 강할 수 있다. 오행을 구비하고 있으며, 비록 월지에 득령하지 못하였으나, 일지의 인성 亥水에 득지하고, 시지의 비견 卯木과 월간의 겁재 甲木과 월지 申金의 지장간 중기 壬水를 얻어 일간의 힘이 강하거나 약하지 않은 어느 정도 중화를 이룬 사주라고 할 수 있다. 이 경우에는 월간과 연간이 甲 庚 冲을 하지만 연지 식신 午火가 절각截脚하여 충이 강하게 작용하지는 않는다. 하지만 다소 방황하는 청년기를 지낼 수 있다. 그러나 정관의 마음과 익힌 재능을 바탕으로 직장생활을 하다가 퇴사하여 과수원을 운영하면서 비교적 여유롭게 살아가고 있다.

```
시 일 월 년
己 辛 丁 戊
丑 卯 巳 申
```

- 건명乾命, 일간 辛金의 기본적인 성품은 결과를 중시하고 침착하며 의리가 강한 사람이라고 할 수 있다. 이 경우에는 일간의 힘이 거의 중화에 가깝다고 할 수 있다. 일간이 득령과 득지를 하지 못하였으나 연간의 인성 戊와 연지의 비겁 申과 시주의 인성인 己丑을 얻고 월지 巳의 지장간 중기의 庚金의 도움을 받아 중화에 가까운 사주라고 할 수 있다. 월주가 관성격을 이루고 있으므로 젊은 시절부터 직장생활을 꾸준하게 하였으며, 40대 중반부터 개인택시를 운영하고 있다. 배우자와 함께 맞벌이를 하면서 두 아들을 두고 행복한 가정을 꾸미고 자신의 생각대로 살아가는 분이다. 항상 배우는 것에 대한 관심이 많고, 큰 욕심을 내지 않고 원만하게 살아갈 수 있다.

※ 일간이 중화中和에 가까울 경우에는 대운이나 세운의 영향을 받아 강약強弱이 변할 수 있다. 이러한 경우에는 대운이 일간을 강하게 하면 세운은 일간의 강한 기운을 억제하여 중화시키는 운이 유리하고, 대운이 일간을 약하게 하면 세운에서 비겁比劫이나 인성印星으로 도움을 주어 균형을 맞추는 운이 유리할 수 있다. 중화中和사주의 경우에도 다른 경우와 마찬가지로 대운과 세운이 천충지충天沖支沖이 되거나 또는 천합지합天合支合이 되는 경우에는 그 기간 동안에는 작용력이 무력하게 되어 일간에게 도움이 되지 못할 수 있다. 특히 日柱와 세운이 천충지충天沖支沖이 되거나 또는 천합지합天合支合이 되면 그 기간 동안에는 건강과 재물 가정 등에 대하여 역시 조심해야 하고 대인관계에서 재물과 관련된 일은 삼가거나 뒤로 미루는 것이 이로울 수 있다.

　　참고로 사주四柱가 음팔통陰八通이나 양팔통陽八通으로 이루어진 경우가 있는데 이것의 판단은 천간天干의 음양으로만 판단하면 된다. 왜냐하면 천간과 지지의 결합은 음陰은 陰과 결합하고 양陽은 陽과 결합하기 때문이다. 즉 사주의 천간이 모두 陽干으로 구성되어 있으면 양팔통이 되고 사주의 천간이 모두 陰干으로 구성되어 있으면 음팔통이라고 할 수 있다. 좀 더 세밀하게 표현하면 천간이 모두 金과 水에 해당하는 음陰이면서 金과 水의 陰의 간지로 구성된 사주가 진정한 음팔통 사주가 될 수 있고, 오행이 木과 火에 해당하는 양陽이면서 木과 火의 陽의 간지로만 구성된 사주가 진정한 양팔통 사주라고 할 수 있다. 이러한 사주일 경우에는 음양의 기운이 한쪽으로 치우쳐 편협한 성품을 나타낼 수 있으므로 대개 나쁘다고 간명하지만, 중요한 것은 원국을 분석한 후 운運의 흐름을 함께 파악하여 어느 시기에 나쁘고 주의해야 할 일이 무엇인가를 알려주고 일련의 방책을 제시하는 것이라고 할 수 있다.